国家“双高计划”铁道机车专业群融合课程特色系列教材

列车智能网络控制

毕红雪　赵　慧◎主　编
刘汉峰　王　洋◎副主编
周　峰◎主　审

中国铁道出版社有限公司
2021年·北　京

内容简介

本书为国家"双高计划"铁道机车专业群融合课程特色系列教材之一，包括《列车智能网络控制》《列车智能网络控制活页实训手册》两部分，其中《列车智能网络控制》从绪论、数据通信基础、计算机网络控制基础、TCN 列车通信网络、TCN 列车通信网络的应用、其他列车通信网络、其他列车通信网络的应用七个项目进行知识讲述；《列车智能网络控制活页实训手册》通过八个具体的学习情境，从学习情境描述、学习目标、任务书、任务分组、引导问题、任务实施、任务评价七个方面出发，完成相应实训任务。

本书可作为高等职业院校轨道交通驾驶、检修等专业的教材，也可作为相关岗位职工培训及海外铁路职业技能培训的教材。

图书在版编目(CIP)数据

列车智能网络控制/毕红雪，赵慧主编. —北京：中国铁道出版社有限公司，2021.12

国家"双高计划"铁道机车专业群融合课程特色系列教材

ISBN 978-7-113-28615-6

Ⅰ.①列… Ⅱ.①毕… ②赵… Ⅲ.①列车-计算机网络-控制系统-高等职业教育-教材 Ⅳ.①U284.48

中国版本图书馆 CIP 数据核字(2021)第 247828 号

书　　名：列车智能网络控制
作　　者：毕红雪　赵　慧

责任编辑：亢丽君　王明容　　**编辑部电话**：(010)51873205　　**电子邮箱**：67204751@qq.com
封面设计：刘　莎
责任校对：孙　玫
责任印制：高春晓

出版发行：中国铁道出版社有限公司(100054，北京市西城区右安门西街 8 号)
网　　址：http://www.tdpress.com
印　　刷：北京铭成印刷有限公司
版　　次：2021 年 12 月第 1 版　2021 年 12 月第 1 次印刷
开　　本：787 mm×1 092 mm　1/16　**印张**：27.75　**字数**：677 千
书　　号：ISBN 978-7-113-28615-6
定　　价：68.00 元

前　言

国家“双高计划”铁道机车专业群融合课程特色教材是依据轨道交通行业“轨道列车司机”“铁路机车制修工”“铁路车辆制修工”“动车组制修员”所对应工种岗位新技术、新工艺、新规范，结合职业技能等级证书要求，并配合“两主线、两融合、三层次”课程体系开发的专业课程融合教材。本系列教材具有以下特点。

1. 系统性：内容全面覆盖铁道机车、高速动车组、铁道车辆、城市轨道交通车辆四大专业领域，思政元素、信息化技术贯穿其中。立德树人是教育的根本任务，专业课程必须与思想政治理论同向同行。本系列教材的编写，充分融入了全国技术能手、铁路工匠等的真实成长案例，让学生在学习专业知识的同时，又受到工匠精神的熏陶。在潜移默化中，不断提高学生的思想政治觉悟。

2. 实用性：内容围绕轨道交通专业实践场景，结合海外铁路建设和培训经验，以项目化教材为主，活页式、工作手册式教材为辅，配套使用。项目化主教材以行业现场实际任务为驱动，既传输专业知识和技能，又引导基于工作过程的批判性思维。工作手册式辅助教材以问题引导、任务实施、效果评价等环节，培养学生自主解决问题的能力。

3. 权威性：编写依据中国铁路、城市轨道交通行业相关标准，融入海外铁路建设和培训项目。

4. 实践性：除专业知识外，注重现场实践生产任务，融合轨道交通“1+X”证书培训，铁道行业技能比赛、世界技能大赛项目，激发学生学习的热情，又强化学生的动手能力。

本书为国家“双高计划”铁道机车专业群融合课程特色教材之一。郑州铁路职业技术学院铁道机车专业群是国家首批“双高计划”项目入选专业群，该专业群以培养轨道交通类高素质、高技术技能型人才为核心。

本书从铁道机车、高速动车组、城市轨道交通车辆等列车网络控制系统出发，围绕计算机技术和通信技术两大体系，分别从列车通信网络标准、控制系统拓扑结构、模块基本工作原理和功能、单模块实验、主干网线缆制作技术参数、虚拟组网等方面进行介绍，选取岗位典型工作任务，对列车网络控制系统日常维护检修、故障处理等程序、标准也进行了详细的介绍，是列车智能网络控制新技术、新知识学习的必备用书。

本书内容涵盖面广，内容丰富，实用性强，可作为高等职业院校轨道交通驾驶、检修专业的教材，也可作为相关岗位职工培训及海外铁路职业技能培训教材。

本书由郑州铁路职业技术学院毕红雪、赵慧任主编，中国铁路郑州局集团有限公司郑州机务段刘汉峰、郑州铁路职业技术学院王洋任副主编，中车株洲电力机车有限公司周峰任主审，参与编写的还有郑州铁路职业技术学院刘峻峰、海方。具体编写分工如下：毕红雪编写项目一、项目四、项目五任务一、项目七任务一、学习情境一、学习情境二、学习情境三、学习情境四；刘峻峰编写项目二；海方编写项目三；王洋编写项目五任务二、项目七任务二、学习情境七、学习情境八；赵慧编写项目五任务三、项目六、项目七任务三、学习情境六；刘汉峰编写学习情境五。

本书在编写过程中，得到了中国铁路郑州局集团有限公司的大力支持，中国铁路郑州局集团有限公司郑州机务段、动车段，郑州地铁车辆段对编写工作给予了具体的指导和帮助，在此一并表示感谢。

由于作者水平所限，难免有疏漏和不当之处，恳请读者给予批评指正。

编　者

2021年10月

目　　录

项目一　绪　论

项目描述

轨道交通列车系统通信网络是随着轨道交通列车控制技术和计算机网络技术的发展而发展起来的。列车控制技术的发展是列车通信网络的需求，也是技术发展的必然，计算机网络技术的发展则为列车通信网络的发展提供技术基础。

计算机网络技术的发展，促使着控制技术产生深刻变革，并导致与之相应的新的控制理论的研究和发展。控制系统结构的网络化、控制系统体系的开放性、控制技术与控制方式的智能化、高速化、自动化、舒适化的方向发展已经成为必然趋势。列车通信网络已成为高速列车控制系统的关键技术，是当前控制技术发展与创新的方向和主要潮流。

计算机网络技术不仅实现管理层的数据通信与共享，同时应用于控制现场的设备层，并将控制与管理综合化、一体化。计算机网络技术在轨道交通列车上的运用推动了轨道交通列车智能化的发展，是轨道交通技术发展的动力，也为轨道交通列车乃至整个轨道交通系统昭示了技术的发展前景。

任务一　列车通信网络概述

学习目标

1. 知识目标

(1)掌握列车通信网络结构。

(2)掌握网络分布式控制方式。

(3)掌握列车检修网络化发展方向。

2. 能力目标

(1)能够叙述列车通信网络串行通信的作用。

(2)能够对列车总线和车辆总线进行区分。

(3)能够叙述列车通信网络带来的好处。

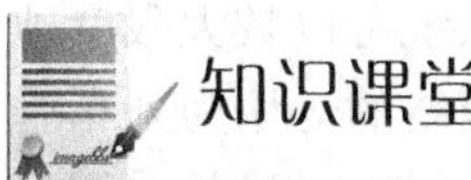

知识课堂

一、列车通信网络概况

现代微机控制系统由于其控制的先进性和可靠性已经成为城市地铁和轻轨列车安全、准点运行的重要保障。除此之外，列车通信系统也在为旅客提供有效的信息服务方面，有着重要作用，列车通信网络结构由多个单元和总线相连接而成，如图 1-1 所示。就整体而言，轨道交通列车的微机控制系统是一个多微机控制系统，一般包括牵引控制单元、制动控制单元、辅助系统控制单元、车门控制单元、空调控制单元、车辆控制单元，列车控制单元（又称中央控制单元）以及轴温检测、故障诊断存储单元和列车自动控制（ATC）等采用微机系统的功能控制单元。这些微机之间及微机与人机接口之间的信息传输和工作协调则需要微机系统的功能控制单元通过直接连线方式或通信网络来实现。

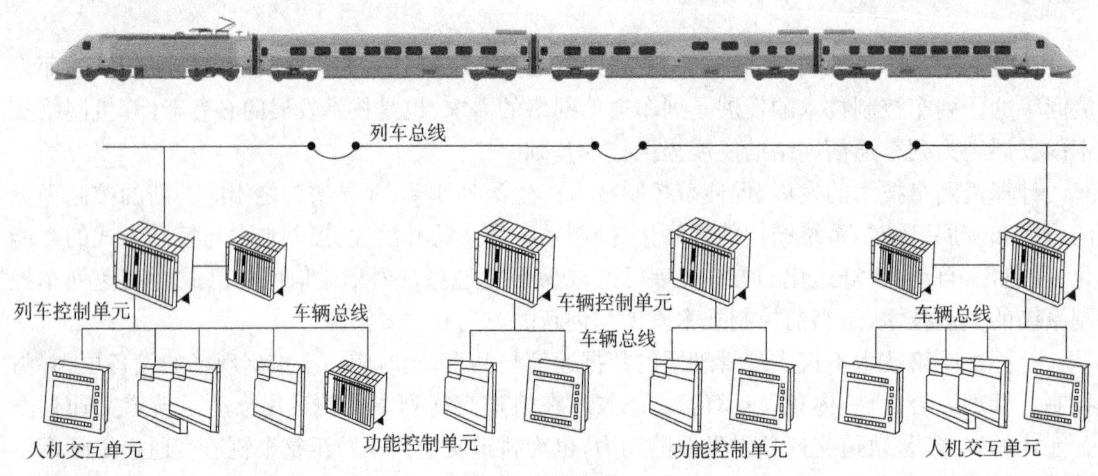

图 1-1　列车通信网络结构示意图

列车通信网络的产生与发展是技术发展的产物，是技术发展的必然，其产生与发展主要有三个直接的推动因素，即列车控制系统技术发展的要求、列车信息化的技术需求和列车运行控制技术发展的要求。

1. 列车的微机控制系统技术由集中方式向分布方式发展

轨道交通列车控制系统是从单个微机控制单元发展起来的，当列车或车辆内的微机控制单元发展为多个微机控制单元时，这些微机控制单元间的消息交换和信息共享就成为技术发展的必然要求。由于这些微机控制单元分散在列车的各个位置或车辆内的不同位置，具有固有的位置分散性，于是串行通信就成为各微机控制单元之间信息交换的最适合的技术手段，而计算机网络则是串行通信的技术发展。计算机通信网络的运用从根本上改变了列车控制系统的性质，即从集中式控制方式发展成分散式控制方式，进而为实现分散控制的高级方式——分布式控制方式打下了基础。多微机控制系统的优点在于系统的风险分散，单个微机的失效不会造成整个系统的瘫痪，规避了集中式控制系统风险集中的弊病，提高了控制系统的可用性(Availability)，即计算机通信网络起到隔离故障的作用。

计算机通信网络的运用也使列车控制系统的控制领域扩大，从而使系统可以较大限度地扩大。列车控制系统的控制范围可以深入到各个子系统，特别是计算机网络的运用为列车中各种电气设备的状态检测和故障诊断提供了条件。近年来随着各种传感元件的发展，采用现场总线连接，因此构成的传感器网络，为列车控制系统的拓展开辟了新的空间。

计算机网络的传输介质可以是双绞线、同轴电缆或光纤，不论采用哪一种传输介质，计算机网络的运用都极大地减少了微机控制单元之间信号传送的连接线。根据可靠性原理的分析,其传输方式的可靠性比信号连接线传输方式的可靠性要提高很多,从而也提高了整个列车控制系统的可靠性。另外,由于连接线的减少使车辆和列车的重量也得以减轻。有国外的车辆制造企业在列车控制网络采用的初期曾经计算过,其制造的列车上采用网络通信后,列车减重达 4 000 kg,工业以太网和无线网络的发展为列车通信网络的未来发展提供更好的技术支持。

2. 列车信息的传输要求通信技术的网络化发展

随着列车运行对控制系统的性能要求不断提高,控制的策略和控制的方法即各种新的控制理论和控制手段得到了运用,这些控制理论和控制手段一般需要较多的信息和数据才能实现,因此大信息量传输的需求直接推动了通信技术及通信网络的发展。推动通信技术和通信网络发展的另一个因素是信息和数据的可信性(Creditability)和安全性(Safety)要求。在列车控制过程中需要运行控制的命令(包括来自乘务员的命令及列车自动控制 ATC 的命令)和当前的实时状态信息,如列车速度、网压、电机电压、电机电流、空气制动系统的压力值、设备和器件的温度等信息。这些信息直接影响控制命令的形成和列车运行状态的改变,从而影响列车的运行安全。计算机通信网络的机制和协议的规范可以提高数据传输的可靠性、可信性和安全性,相比一般的串行通信,计算机通信网络中传输的数据其可靠性和可信性能够提高几个数量级。

由于列车通信网络一般均采用国际标准的通信协议,因此具有较好的扩展性。这种标准化的协议和接口规范使得不同企业生产的智能化设备能够非常简单地实现互联互通,为车辆制造企业的系统集成提供了极大的便利,并使成本降低,同时也为系统的优化提供了较大的空间和可能性。

3. 列车通信网络是对检修作业及其自动化的最好支持

列车和车辆的检修作业需要大量的运行状态数据和故障记录,只有在实现列车通信网络的条件下,才能获得这样大量实时记录的数据和故障状态记录。因此,列车和车辆的检修作业需求也是推动列车通信网络发展的动力之一,特别是在提出"检修作业自动化"的概念后,列车通信网络就成为实现这个目标的基本和必须的措施之一。根据检修作业自动化的概念,列车运行中的状态数据是检修作业的重要依据,因此,列车各功能单元必须记录和保存运行过程中的各种状态数据和故障情况,并通过通信网络传送到列车所指定的记录单元,以便列车返回检修基地时,由检修人员读取这些信息后,在地面检修系统中分析、保存列车的状态并确定检修作业的流程及部件和设备的维修项目等。另一方面运用列车的状态信息还可以开展动态维修作业。列车在运行过程中通过网络获取列车中的设备或部件的故障,并将该信息传至地面运行控制中心,由该控制中心发出指令,在列车运行的后续站做好必要的准备工作、当列车到达后续站时,检修人员可以迅速地实行检修作业或设备更换,使列车在运行过程中始终保持良好的状态,大大提高了列车的安全性。

当前轨道交通列车的通信网络已经成为列车运行安全、可靠的重要技术手段,并且该通信网络在旅客信息系统(PIS)和列车运行控制系统(ATC 成 CTCS)中也有重要的作用。

二、列车通信网络特点

列车通信网络属于局域网的范略,具有一般局域网的特性,但其是在列车特定的环境条件下,在列车控制系统中使用的一种数据通信网络,因此它同时具有非常鲜明的控制网络的特点和符合列车环境要求的特色。列车通信网络一般具有以下主要特点。

1. 网络结构相对简单

相对于互联网或一般局域网而言，列车通信网络的结构比较简单，这主要是因为列车空间及通信节点的数量有限。另外，出于实时性要求的考虑，在构筑列车通信网络时也尽可能地采用简单的结构形式，以减少数据传输中的路由环节。

列车通信网络一般可分为列车总线（Train Bus）和车辆总线（Vehicle Bus），列车总线连接各个车厢内的节点构成网络，网络的拓扑结构主要为总线形，也可以是环形。车辆总线连接各车厢内的节点（功能单元）构成网络，网络的拓扑结构一般可以是总线形或星形，列车总线与车辆总线之间采用网关（Gateway）连接，一般来说，列车总线在各车厢内的节点同时也是列车总线和车辆总线之间的网关。

2. 数据传输量小且采用短结构

列车通信网络中传输的数据主要可分为三类，即控制命令、状态信息和网络管理命令或信息，这三类数据本身都可以采用单字节或双字节形式表示，更有一些状态信息仅为一位或二位的布尔变量，采用组合成字节来传送，因此数据帧短小。列车通信网络中一般不需要传送大容量的文件或图片，所以与一般的局域网或互联网相比，列车通信网络的传输量小得多。再者，列车通信网络的带宽小，也不允许传送大容量的信息。

无论是列车总线还是车辆总线其数据都有一个确定的最大长度，用以保证在一个确定的时间范围内每个节点都能发送信息成命令。例如：TCN 标准的多功能车辆总线 MVB，其变量传输数据帧的最大长度只有 32 个字节。

3. 数据传输的实时性与突发性

在局域网的通信协议和规范中数据的实时传送成随机传送（发送数据传输）机制是由数据链路层中的介质存取控制子层 MAC（Media Access Control）协议决定的。根据局域网协议，这两种机制是相互不兼容的，即一个网只能有一种传送机制，但列车通信网络通过一定的技术手段将这两种机制进行了融合，即列车信网络既能传送实时性数据，又能在需要时传送突发性数据。列车通信网络融合了实时性和突发性，这是列车通信网络的一大特色，也是有别于其他控制网络或局域网的技术特色。这个特点既体现了控制网的要求（实时传送），又体现了列车运行需求的特点。

然而，列车通信网络在融合实时传送和突发性传输的技术时是付出了代价的，这个代价就是牺牲了网络效率的（这里的网络效率是指在单位时间内传输的数据量），但这并不影响列车通信网络的正常运行和完成必要的功能。

4. 列车通信网络具有自组网能力

自组网能力是列车总线所具有的性能特点。一般的通信网络在有新节点入网时需要进行设置，而且这种设置基本上是在静态条件下进行的，但列车运行的条件却常常不允许列车总线进行这种静态的设置，如列车进行重新编组，特别是在不同制造商的车辆之间进行连挂，甚至是不同国家间的车辆进行编组连挂时，就要求列车总线能够自动组网，即一旦车辆连挂成功，列车总线就能组合成网，实现列车通信。这是列车通信网络所特有的功能，也是列车通信网络有别于其他网络的另一个显著的特色。

自组网能力主要应用于那些在运行过程中可能发生列车解编、重新编组的干线铁路列车上，尤其是国际列车上的通信网络系统中，而对于那些采用固定编组的动车组、城市地铁、轻轨列车等，自组网能力就不是必要的了。

5. 列车通信网络具有较好的扩展性

网络的扩展性是控制网络的基本特性之一，列车通信网络应用于列车控制系统，因此也必然需要具备良好的扩展性。列车通信网络的扩展性为列车控制系统的扩充、升级和完善提供了基本的条件，也为车辆电气设备和控制设备的制造企业提供了机遇，为列车和车辆的制造企业扩大了系统集成的空间。

扩展性是依赖于系统的标准化来实现的，只有标准化的系统才能实现扩展。因此，列车通信网络基本上都是采用国际标准的网络协议，如国际电工委员会(IEC)标准、美国电气和电子工程师协会(IEEE)标准、国际铁路联盟(UIC)标准等。

6. 列车通信网络的可用性强

列车通信网络的运用环境和工作条件要求网络具有强可用性，其一般采用冗余技术来达到要求的强可用性，而且是热备冗余。无论是列车总线还是车辆总线都使用A线和B线的双线方式，网络接口单元NIU(Network Interface Unit)以一个预定的方式或规律控制收发器在A、B线之间来回切换使用，以保证通信网络的正常工作，为此，列车通信网络的每个节点通常同时在两条线上发送信息，而接收信息则在A、B线之间切换。在环形网络中则是采取双环的结构，且信息的传送在两个环上按相反的方向同时进行，以保证信息的可靠传送。

为了避免“主/从”方式下的主节点故障而导致网络瘫痪，列车通信网通常还设有多个备用主节点，按一定的规则和方法使通信网络的控制权在这些主节点之间转移、获得控制权的主节点为当前的控制主节点，而未获得控制权的主节点只是网络上的普通节点。

任务二 列车通信网络的发展与现状

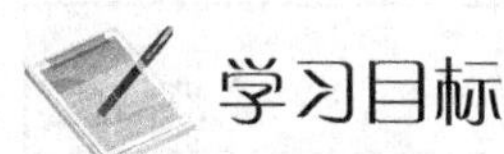

学习目标

1. 知识目标

(1)掌握国内外各种类型列车网络的使用和发展情况。

(2)掌握我国列车通信网络在机车上的应用情况。

(3)掌握我国列车通信网络在动车组上的应用情况。

(4)掌握我国城市轨道交通车辆通信网络结构图。

2. 能力目标

(1)能够叙述列车通信网络所遵循的标准。

(2)能够正确说出各型机车、动车组及地铁列车的列车总线和车辆总线。

(3)能够正确画出HXD_{1C}型电力机车、CR400BF型动车组和郑州地铁2号线列车的网络拓扑结构图。

知识课堂

列车通信网络是随着列车控制系统的发展而发展起来的，当机车和列车上采用计算机或微处理器实现智能化控制的部件或装置越来越多，即由单个微机控制器发展为多处理机控制和分布式控制系统时，各微机控制器间的协调和信息交换就显得越来越重要，因此，列车内的数据通信就成为列车控制系统的一项关键技术。

一、国外列车通信网络的发展

1. 欧洲的列车通信网络发展

列车通信网络的发展主要是从欧洲开始的。20 世纪 70 年代末至 20 世纪 80 年代初，车载微机的雏形分别在 SIEMENS 公司和 BBC(ABB)公司出现，开始仅仅是用于传动装置的控制、随着控制、服务对象的增多、人们把铁路系统依次划分为 6 个层次：公司管理、铁路运营、列车控制、机车车辆控制、传动控制和过程驱动，从而使得在各层次之间和各个层次内各设备之间信息的交换成为关键问题，于是列车通信网络便逐步发展起来。列车通信网络是在初期的串行通信总线的基础上产生、发展起来的，并从原来不同公司的企业标准走向国际标准，逐步形成了列车通信的标准化以及模块化的硬件系列和全方位的开发、调试、维护、管理软件工具。

SIEMENS 公司最早于 1981 年专为铁路机车动车控制研制了微机控制系统 SIBAS 16，全称为西门子铁路自动化系统(Siemens Bahn Automatisierungs System)，并在纽伦堡交通运输管理局的地铁车辆上安装了第一台样机。随后短短几年时间里将其完善成为一种机车通用的控制系统，并广泛用于世界范围内 70 多种不同的应用场合，可以实现机车的全部控制。这种带有串行通信总线的 SIBAS 16 系统以 16 位的微处理器构成系统的核心部分，围绕着这个核心，通过串行通信总线形成对外围组件的连接。由此实现的这种全新的主控装置结构的机车控制系统，对车载微机控制的发展具有非常重要的意义。SIEMENS 公司初期在铁路自动化系统 SIBAS 16 上使用的各类通信总线情况见表 1-1。

表 1-1　SIEMENS 公司初期在铁路自动化系统 SIBAS 16 上使用的各类通信总线情况

总线名称	物理接口	比特率(bit/s)	编码/协议	组态	标准
列车总线	RS-485/60 V，2 线	100	Manchester HDLC	主/从	DIN 43322 第 3 部分
车辆总线	RS-485，4 线	100	Manchester HDLC	主/从	DIN 43322 第 2 部分
控制总线	RS-485，2 线	62.5	西门子标准	主/从	西门子标准
显示总线	RS-232C/RS-422，20 mA	4.8	异步	—	—
诊断总线	RS-232	4.8	异步	—	—
旅客信息 IBIS 总线	IBI 标准 VOV，4 线	1.2	异步	主/从	—

20 世纪 90 年代，在 SIBAS 16 的基础上，SIEMENS 公司又推出了基于 32 位微处理器和数字信号处理器 DSP(Digital Signal Processor)的车载微机控制系统 SIBAS 32，并保持与 SIBAS 16 系统的接口兼容，SIBAS 32 系统采用了 TCN 标准的列车总线和车辆总线，其性能较 SIBAS 16 更加优越。

瑞士的 BBC 公司于 1980 年开始在运输部门应用有存储程序的系统，其开发的微型计算机自动控制系统 MICAS 比较理想地运用于机动车与船只的控制功能。MICAS 问世后，为了方便其在不同领域的应用，技术人员做了大量的硬件模块和工具软件的开发工作，形成了包括

MICAS-S、MICAS-L 和 MICAS-E 等系列的微型计算机自动控制系统。其中的 MICAS-S 特别适合于对过程处理速度和性能有很高要求的牵引控制系统，1985 年牵引控制系统首先采用了 MICAS-S 系统的技术。

1988 年瑞典的 ASEA 公司和 BBC 公司合并而成 ABB 集团。ABB 公司的微机自动化系统 MICAS-S2 在列车层采用了频移键控 FSK(Frequency Shift Keying)列车总线，比特率 19.2 kbit/s，车辆总线采用了在 RS-485 控制器总线基础上进一步开发的 MICAS 车辆总线 MVB，比特率 1.5 Mbit/s，这两种总线均具有全方位的软件工具支持。

欧洲的其他铁路运输设备制造企业，如意大利的 ANSALDO、法国的 ALSTOM 公司等，均在其牵引系统和列车控制系统的发展过程中采用或发展了其用于列车控制系统的通信网络，其中比较著名的是 ALSTOM 公司的 WorldFIP 通信网络，WorldFIP 通信网络是在欧洲的 FIP(Factory Instrument Protocol)现场总线的基础上发展成用于列车控制系统的通信网络，并在法国的 TGV 列车上获得广泛的应用。

上述 SIEMENS、ABB、ALSTOM 三家公司列车微机控制系统的通信网络对后来产生的 TCN 标准均具有重要的影响，其中有些网络就是 TCN 标准的原形。

2. 美国的列车通信网络技术

美国铁路主要运用于货运，且主要采用电传动内燃机车。从 20 世纪 70 年代后期开始，美国的内燃机车开始采用电子控制装置，到 20 世纪 80 年代初开始设计运用微处理器的控制装置。例如：当时美国主要的两家内燃机车制造企业之一的 GE(General Electric)公司设计生产了采用微机控制的 C39-8 型内燃机车，在该机车上使用了 RS-232 串行通信，用于微机控制器与显示屏之间的数据通信。

1997 年 5 月，美国铁路协会 AAR(Association of American Railroad)将 LonWorks 作为其列车内部通信规范，编号为 S-4230。目前主要以重载货运为主的美国铁路运输，其列车控制网络技术以实用为原则，大量采用包括 LonWorks、CAN、无线网络等通用或在通用技术基础上的改进技术，成功地实现了列车的重联，显著地提高了列车的抗干扰能力。而且使用 LonWorks 网络化的数据传送保障了数据的完整性，降低了列车的故障率，也较好地满足了铁路运输的需要。

正是由于美国铁路选择了 LonWorks 作为列车通信网络，使得目前 LonWorks 网络在北美地区的列车上有比较普遍的运用。

3. 日本铁路的列车通信网络

日本的铁路运输和城市轨道交通十分发达，但由于日本地形的特点，其列车控制网络技术模式不同于欧洲和美国，有其独特的特色。

日本的新干线于 1964 年开通运行，但当时新干线上的主力车型 0 系列车及后续的 100 系、200 系列车均为交—直传动系统，也没有通信网络的应用。直到 20 世纪 80 年代中期采用交流传动的新型 300 系列车投入运用时，列车通信网络开始在列车上得到运用。以后的各型列车均采用了通信网络技术，且通信网络在列车控制系统中的作用不断提高，重要性逐渐增强。TIS(Train control Information management System)是日本新干线各型列车上装备的信息控制与传输系统，其目前没有国际标准，可以看作是一种企业标准。

TIS 由列车通信网络和各车厢通信网组成，在各车厢内设有一个终端站，它是列车通信网上的节点，也是本车厢信息传输的主站，各车厢内功能单元的信息均通过这个终端站(节点)向列车通信网络发送或从列车通信网接收信息。新干线的列车编组是以2～4节车厢组成一个单元为基础的，在一个单元内，由牵引制动控制系统、辅助电源、车门空调控制、变压器及信息子系统等相对独立的子系统构成对车组单元的完备控制。当列车根据需要由n个单元构成列车编组时，这些相对独立的子系统，通过一定的信息传输手段连成一个完整的列车控制系统。

TIS的网络基本结构有两种，一种结构是车厢内的终端站（节点）只传输TS的信息；另一种是节点既传输信息又传输控制命令，因此在日本新干线及既有线铁路列车上有以下三种应用形式。

(1)二重直通线的方式。采用控制命令和TIS的信息都在二重的直通线上传输，A、B总线上的传输方式为FSK，传输速率为100 kbit/s。控制命令用二重直通线，即控制命令从司机台发出，通过A、B二重总线与各车厢变流器——逆变器单元直接连接。命令传送方式采用FSK方式，传输速率为19.6 kbit/s，TIS的信息用单一FSK方式传输，传输速率为38.4 kbit/s。

(2)列车总线和车厢总线方式。各车厢的节点通过两个方向相反的环形网络连接，采用光纤作为介质，传输速率为2.5 Mbit/s；车厢总线用于连接车厢节点和车厢内的功能单元，采用双绞线及RS-485电气标准，传输速率最大为1 Mbit/s，控制命令和TIS信息都在这两个网上传输。

新干线列车通信网络的结构与世界其他国家运用的网络结构完全不同，在列车级网络采用环形结构，而在车辆级网络结构为星形，TIS系统网络结构示意图和环形结构与直通传输线结构示意图分别如图1-2和图1-3所示。

系统中环形结构网络用于控制检测，其传输协议为令牌传递方式，采用基带传输，传输速率为2.5 Mbit/s，终端阻抗为120 Ω，链路层协议则采用HDLC标准。直通（备份）传输线是一种多点结合的双向传输，采用轮询方式，传输速率为38.4 kbit/s，基带传输终端阻抗为120 Ω，链路层协议也是HDLC标准。

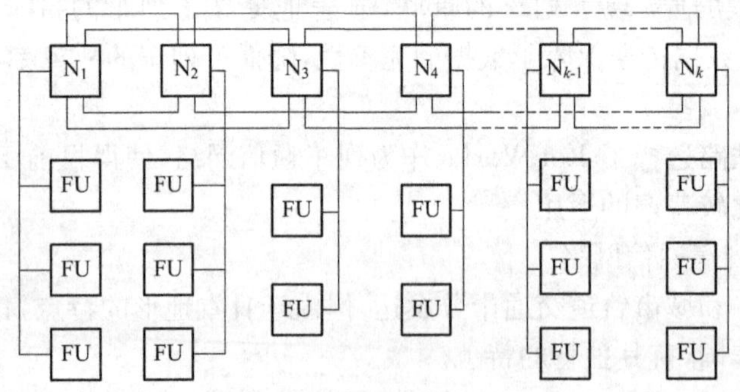

图1-2　TIS网络结构示意图

TIS具有控制命令传送、司机操作向导、乘务员操作、维修支持和旅客服务等功能，控制命令传送功能只有在700系列车上才有完全的运用。传送的控制命令包括牵引动力、制动、门控与空调、照明、辅助电源、受电弓、蓄电池开闭等。司机操作向导可以向司机指示设备的工作信息，在异常情况下，给出操作指南及简单的检查程序，能进行出库检查，并指示运行图，以指导列车正确、正点运行。乘务员操作功能使乘务员可以通过TIS的终端站（车长站）设定车厢的空调温度，异常情况下能发出警报，乘务员可以通过TIS查询情况，并对列车的情况做出处

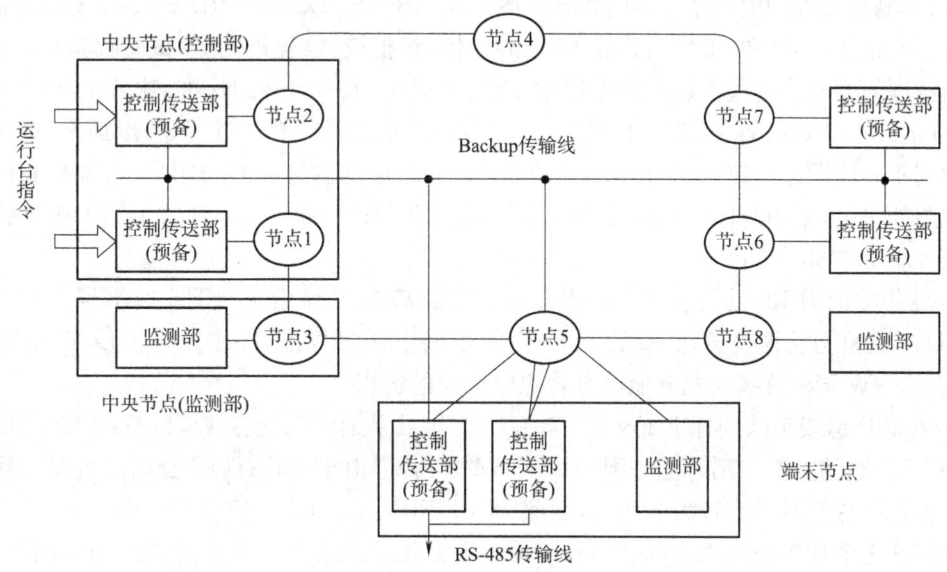

图 1-3 环形结构与直通传输线结构示意图

理。维修支持具有自动测试各功能单元的运行情况(用于系统调试),调阅各设备的故障记录,做出故障分析,收集、记录运行数据,为检修提供依据等功能。旅客服务功能向旅客提供各种信息,如到站和前方站、运行时刻表等信息。

随着 TIS 功能的增强,它在列车控制系统中的作用越来越重要,已经成为新干线列车系统中不可缺少和不可替代的一个重要组成部分。TIS 在列车运行、检修和故障诊断中的作用越来越大,有关人员对其依赖性也越来越强,维修基地的工作人员基本都是按 TIS 的检查测试结果来检修控制系统及各功能单元的故障,而 TIS 本身的可靠性也很高,几乎没有关于 TIS 本身故障的记录。

TIS 的结构形式可以看作是一种实用主义技术路线的产物,同样满足了包括新干线高速列车在内的各种列车的控制需求,具有较高的性价比。但是,由于近年来 TCN 标准的通信网络获得普遍的运用,日本也开始研究 TCN 通信网络以争取国外市场,特别是在城市轨道交通领域,已经研制了 TIS 与 TCN 的接口,也出现了在车厢内采用 MVB 总线的通信网络。

4. 列车通信网络标准

随着牵引系统的发展和列车运行速度的提高,列车和车辆内的通信显得越来越重要,特别是对动力分散型的动车组来说,各种辅助装置的控制和服务装置的控制都需要纳入列车控制系统中来,分散型控制系统或者说是分布式控制系统于是就成为研究开发的重点,而一个技术完善的列车通信网络则是必备的条件。为了使牵引系统和控制系统中的各种微机系统设备都能连接到列车通信网络中,也为了各个部件生产企业的设备都能在通信网络中互联互通,需要有一个各方都能遵守的网络协议。在这个需求下,各国际组织研究和制定的各种通信网络标准应运而生。

1988 年国际电工委员会 IEC 的第 9 技术委员会—— 牵引控制委员会(TC9 委员会)联合国际铁路联盟 UIC 成立了一个 WG22 工作组,开展制定列车通信网络协议的标准。参加这个工作组的有包括中国在内的德国、法国、意大利、瑞士、印度、南非等国家的铁路运营部门及铁路机车、车辆和部件的生产企业,如:AISTON、SIEMENS、BOMBARDIER、ABB 等著名的铁路装备生产企业。WG22 工作组经过 10 年的工作,包括设计、样机制造、试验和验证,在 1998 年中国株洲的委员会会议上标准获得通过,成为 IEC 61375-1(1999)标准,这就是 TCN(Train Communication Network)标准。目前 TCN 协议已经成为运用最广泛、认可度最高、企业支持最强的列车通信网络协议,中国是 IEC 61375-1(1999)标准制订的参与国之一,根据我国铁路技术发展的状况,采用与国际标准接轨的方法,将 IEC 61375-1(1999)等效采纳为中国铁路行业标准 TB/T 3035—2002。

1999 年美国 IEEE 委员会在 LonWorks 总线的基础上,制定了 IEEE 1473 通信协议标准 IEEE 1473 标准分为两部分,其中的 Part-T 全文采用 TCN 标准,Part-L 则是 LonWorks 总线的标准。LonWorks 总线在北美地区有着比较广泛的运用。

WorldFIP 总线是欧洲标准 EN 50170-3,1999 年被采纳为现场总线国际标准 IEC 61158-7。WorldFIP 总线的主要应用者是法国 ALSTOM 公司,但由于 ALSTON 公司的机车车辆产品在世界各地(包括中国)有较大的应用,因此 WorldFIP 总线也有较广泛的运用。

上述这三个列车通信网络标准是目前国际上公认的适合于列车上运用的通信网络协议,可以说,目前国内外的轨道交通列车上(除日本以外)采用的通信网络协议基本上都属于这三个标准。

二、我国铁路列车通信网络的发展

我国列车通信网络的应用研究开始于 20 世纪的 80 年代后半期,也是随着机车微机控制系统的研究、开发同时发展起来的。我国机车控制系统的微机化发展在起步阶段呈现出两个略有不同的方向:电力机车微机控制系统主要借鉴欧洲电力机车微机系统的技术;内燃机车则主要借鉴美国的微机系统技术。20 世纪 90 年代后期我国旅客列车的车厢开始装备采用微机系统控制的设备,连接这些微机系统的通信网络基本是 LonWorks 总线。从 20 世纪 90 年代末到 21 世纪初期,我国铁路开始涌现并大批运用动车组,在动车组上的列车通信网络基本上采用 TCN 总线。我国地铁列车和轻轨列车从 20 世纪 90 年代开始就主要依靠欧洲的技术,2000 年以后我国城市轨道交通进入超大规模的发展时期,采用 TCN 标准的列车通信网络技术,在地铁列车上得到比较普遍的运用,但同时 WorldFIP 总线也有一定程度的运用,部分城市的地铁列车采用了日本的技术。因此,地铁列车的通信网络基本上运用的是 TCN 标准和 WorldFIP 标准的网络。

1. 电力机车通信网络的发展

我国电力机车通信网络的运用研究始于 20 世纪 80 年代末,起步于串行通信总线。初期是局部采用 RS-485 总线进行信息交换,机车控制系统内运用通信网络是从 SS_4 型电力机车的 038 号试验机车开始的。SS_4 型电力机车是由 2 节机车重联的 8 轴直流传动电力机车,每轴均为动力轴,一个转向架的 2 台牵引电机由一台微机控制。试验机车的通信网络作为列车微机控制系统的一个组成部分,用于 4 个微机系统和 2 个司机台显示器之间的控制命令和信息传输:SS_4 型试验机车微机系统通信网络结构如图 1-4 所示。该通信网络采用主/从工作方式,以司机台的显示器为主节点,其他的节点为从节点,通信周期为 20 ms,通信传输速率为19.2 kbit/s。

1994 年开始试制、1997 年生产的 SS_8 型电力机车的微机控制系统移植了 SS_4 型试验机车的通信网络技术,是我国生产的第一个采用微机控制系统和通信网络的电力机车。SS_8 型电

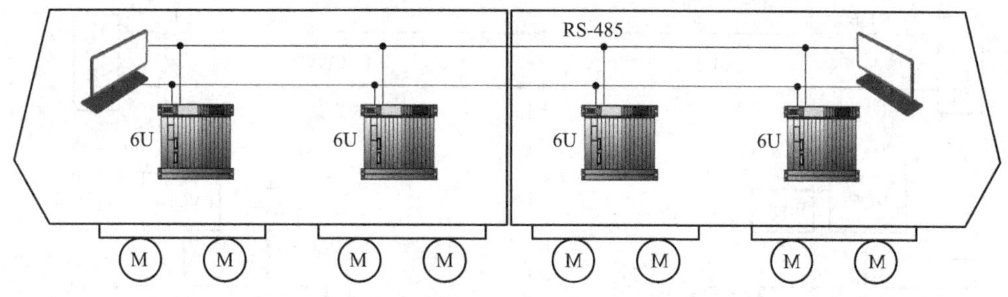

图 1-4 SS4 型试验机车微机系统通信网络结构示意图

力机车的控制系统具有 4 个通信网络节点，其 RS-485 总线采用的是三线方式，即一对平衡差分总线和一根参考电位线。主/从控制模式，传输速率为 28.8 kbit/s。SS8 型电力机车运用的三线式 RS-485 通信结构如图 1-5 所示。

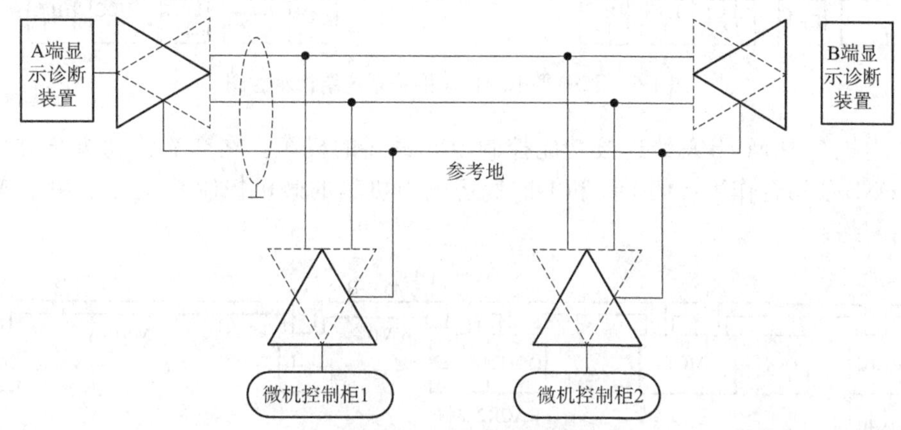

图 1-5 三线式 RS-485 通信结构示意图

20 世纪 90 年代中后期我国生产的交—直流传动的电力机车，其微机控制系统均采用与 SS8 型电力机车相同的通信网络，如 SS7D、SS9、SS4B 型电力机车等。

2000 年后我国电力机车由交—直流传动向交流传动转型，无论是交—直流传动还是交流传动微机控制的电力机车，其微机控制系统的通信网络都逐步转向 TCN 标准的列车通信网络，其中主要运用的是 TCN 标准中的 MVB 总线。

2002～2006 年生产的 SS3B 大功率干线货运电力机车采用了符合 TCN 标准的机车网络控制系统，其是 2 节重联的 12 轴的交—直流传动电力机车，持续功率 2×4 320 kW，设计时速为 100 km。SS3B 型电力机车的每节车是一个完整的系统，两节之间由各自的中央控制单元 CCU 通过绞线式列车总线 WTB 进行通信，每节机车内则使用 MVB 总线，另外在机车逻辑控制单元 LLC(HLC)、空调控制单元 AIC 和制动机 DKL 部分采用了 CAN 总线。SS3B 型电力机车网络系统结构如图 1-6 所示，这是我国在电力机车上第一次完整地采用符合国际标准 IEC 61375-1 的通信网络。

2004 年生产的两台“模块化”SS7E 型电力机车，在通信网络的运用方面具有鲜明的特色。该机车实现了机车重联的 WTB 总线和车内控制单元的模块化，并采用 MVB 总线连接了所有的控制模块。“模块化”SS7E 型电力机车通信网络结构如图 1-7 所示，这是我国所有

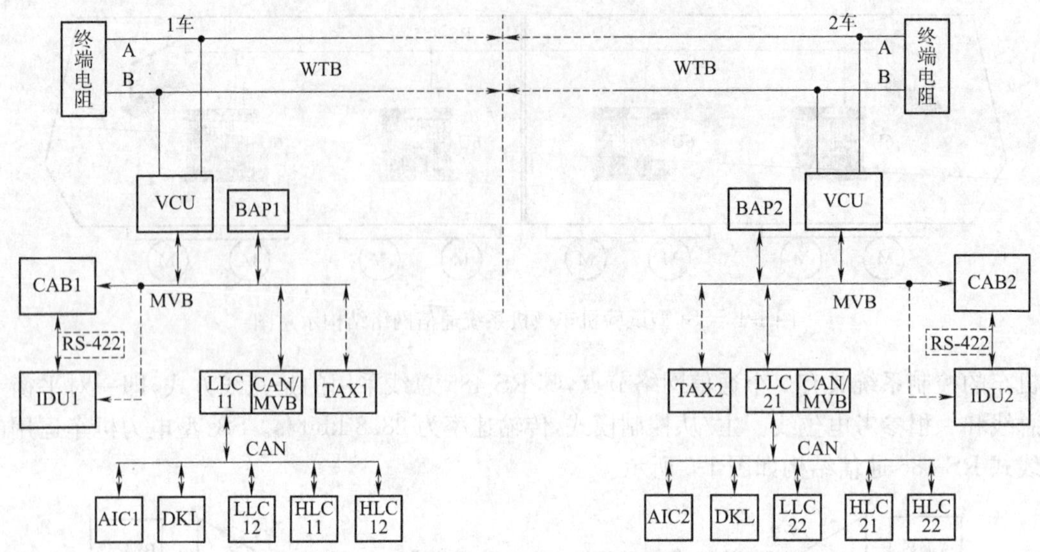

图 1-6　SS3B 型电力机车网络系统结构示意图

生产的电力机车中 MVB 总线连接功能控制单元最多的机车。在交流传动机车方面，我国与 SIEMENS 公司合作生产的 DJ_1 和 DJ_2 货运电力机车的微机控制系统都采用了 MVB 总线的通信网络。

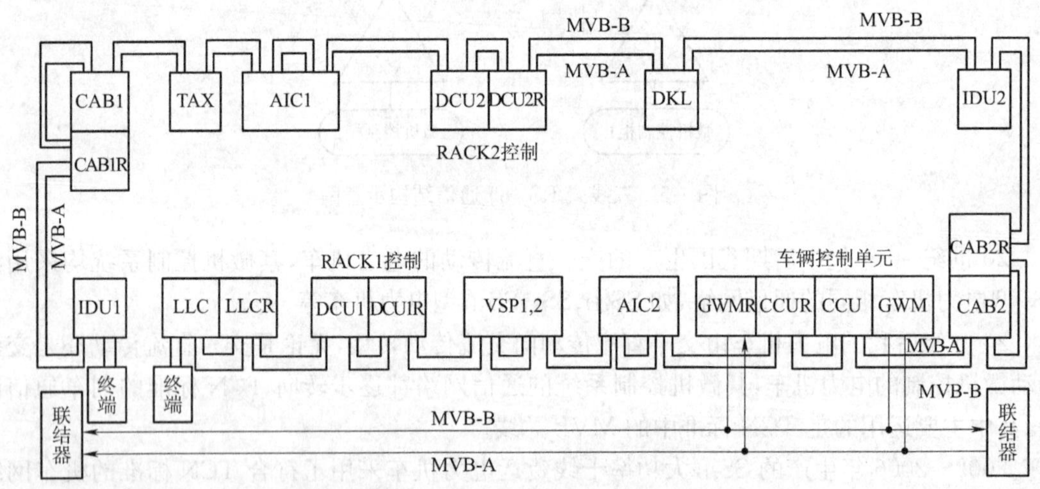

图 1-7　“模块化”SS7E 型电力机车通信网络结构示意图

近年来我国生产的大功率电力机车其牵引电机功率为 1 200 kW 和 1 600 kW，总功率达到 7 200 kW 和 9 600 kW。机车采用交流传动，全部运用了列车通信网络，如 HXD_1、HXD_{1C}、HXD_2、HXD_3 型电力机车，HXD_1 型电力机车其机车重联总线为 WTB，车辆总线采用 MVB，HXD_{1C} 型电力机车的通信网络结构如图 1-8 所示。

2. 内燃机车通信网络的发展

我国内燃机车的微机控制系统应用始于 1989 年生产的 DF 型干线货运内燃机车。

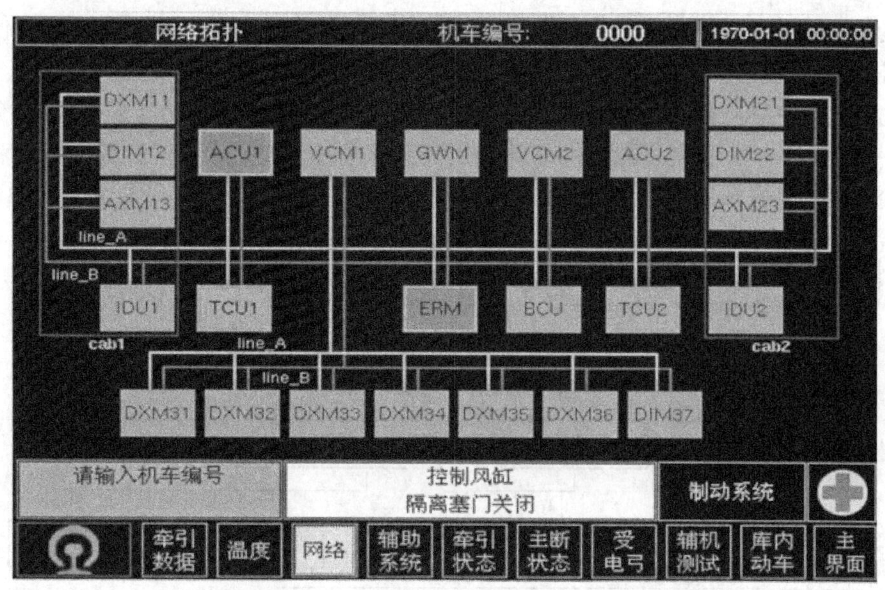

图 1-8 HXD1C 型电力机车通信网络结构示意图

1992 年生产的 DF11 型内燃机车是速度为 160 km/h 的准高速机车。由于内燃机车控制的特点，控制系统的微机一般只采用单微机控制，因此 DF11 型内燃机车上只有在控制微机与司机台显示器之间运用了 RS-232 总线，实现了微机系统与司机台显示器之间的数据通信。

1997 年生产的 DF8B 型内燃机车也是在司机台显示器之间采用 RS-232 总线，实现了微机系统与司机台显示器之间的数据通信。

2003 年生产的 DF11 改型内燃机车是 2 节重联的 12 轴准高速机车，设计时速为 170 km。DF11 改型内燃机车在重联机车之间及控制微机和显示器之间采用 LonWorks 总线传送控制信息和机车状态信息。DF11 改型内燃机车通信网络结构如图 1-9 所示。

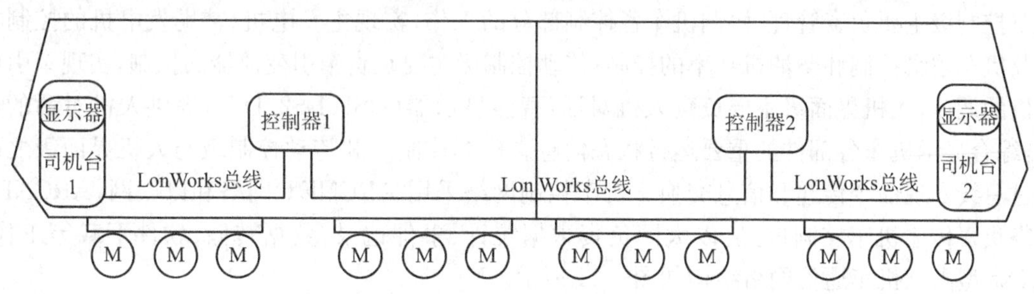

图 1-9 DF11 改型内燃机车通信网络结构示意图

HXN3 型内燃机车的主、辅传动采用了成熟可靠的交流控制技术。其技术先进性体现在：交流传动、大功率、高牵引力、高黏着利用率、排放达到国际先进水平、操纵方便、32 位 EM2000 微机网络控制、先进的网络通信控制和故障诊断自动起停系统、具有三机重联功能。2003 年自主研发的 HXN3 型内燃机车处理器模块 DLPU-MOP 基于成熟可靠的通用处理器进行开发，配套大规模可编程逻辑器件，实现各级机车级控制及总线通信等功能，在简化设计的同时提高了灵活性，并保证了可靠性。

自主研发的逆变控制器模块 DLPU-INC 采用高性能 DSP 作为处理核心，配合使用可编程逻辑器件实现反馈采集、脉宽调制、故障记录及 IGBT 保护等功能。

自主研发的控制软件，以程序模块化为整体要求。整机程序由各功能程序组成，分散式编制并统一集成接口，搭建统一的软件库并利用其组建应用程序，便于软件版本管理和功能定制。HXN_3 型内燃机车通信网络结构如图 1-10 所示。

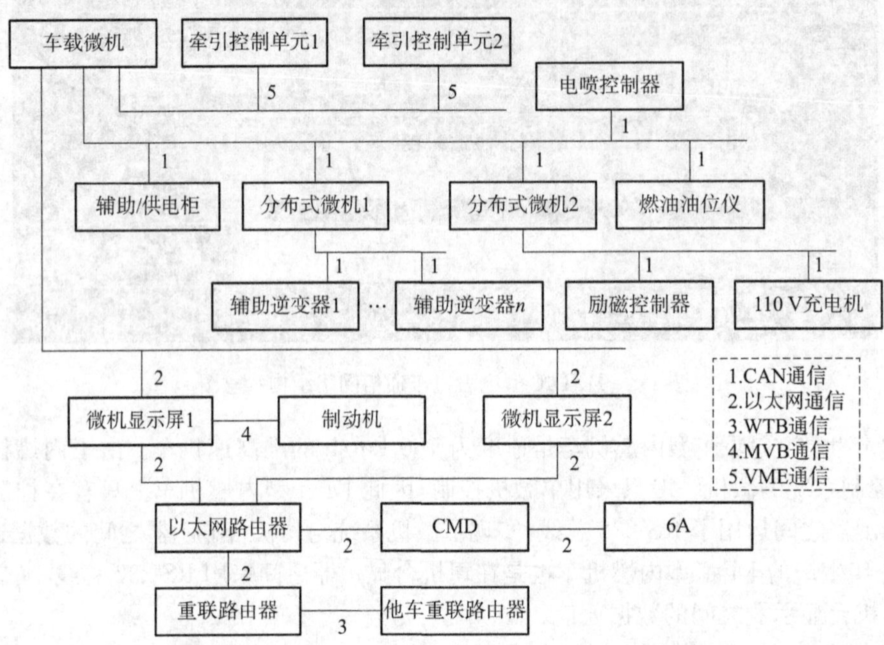

图 1-10　HXN_3 型内燃机车通信网络结构示意图

HXN_5 型内燃机车其网络控制系统分为机车控制级、传动控制级和人机界面三级结构。机车控制级主要负责管理、协调机车各控制部分的工作，实现主发电机、辅助发电机的控制机以及机车逻辑控制和柴油机功率的控制；传动控制级主要负责牵引变流器的控制，实现牵引电动机的调速，人机界面级主要负责人机对话，智能显示器(DS1、DS2、DS3)提供人机对话的界面，综合显示机车各部件的重要运行状态信息。机车控制级和传动控制级与人机界面级之间通过总线实现命令传递和信息交换。机车控制网络采用 ARCNET 网络和以太网，ARCNET 网络负责传输机车控制信息，以太网负责数据统计、事件记录、数据转储、软件下载等工作。HXN_5 型内燃机车通信网络结构如图 1-11 所示。

HXN_5 型内燃机车上还装有根据用户特定要求配备的第三方设备，包括电子空气制动机、车端装置、事件记录仪以及燃油位计等。这些装置发送相关信息到智能显示器以用于显示和控制，并通过智能显示器实时采集司机人员操作和准备指令，所有数据信息的传送都通过协议转换器(PTD)来进行，PTD 用作信息翻译和传送主要渠道。

表 1-2 总结了我国列车通信网络在机车上的应用情况。

3. 动车组列车通信网络

我国从 20 世纪 90 年代后期开始生产动车组。1997 年开始研制的电动车组“先锋号”是我国第一列自主研制的动力分散型电动车组，其由 2 个单元组成，每个单元的构成为 2 动 1

拖。"先锋号"动车组设计时速为 200 km,采用交流传动方式,全列应用微机控制。列车总线连接 6 节车辆,采用由屏蔽双绞线传送的 FSK 调制信号,传输速率为 19.2 kbit/s,而车辆总线采用 MVB 连接本节车厢的功能控制单元,传输速率为 1.5 Mbit/s,表 1-3 列出的是我国历年生产的一些动车组其通信网络运用情况。

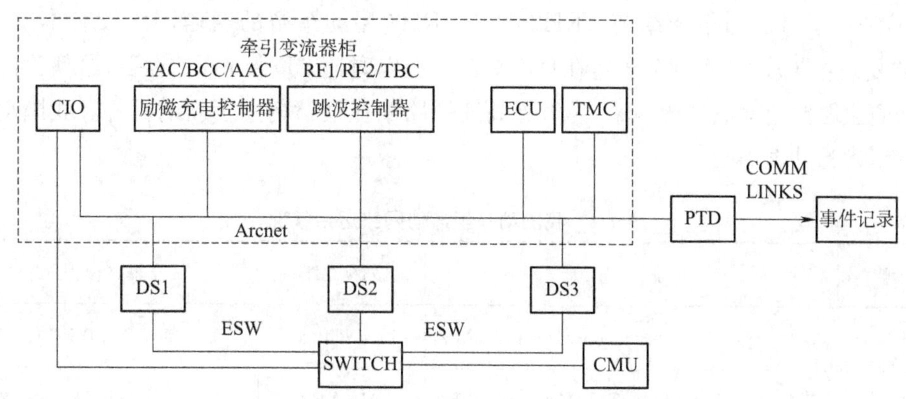

图 1-11 HXN_5 型内燃机车通信网络结构示意图

CIO—集成输入输出;TAC—主发电机励磁控制器;TBC—牵引通风机励磁控制;ACC—辅助发电机励磁控制器;RF1—冷却风扇电动机控制器 1;RF2—冷却风扇电动机控制器 2;BCC—蓄电池充电控制器;ECU—柴油机电喷控制单元;TMC—牵引电动机控制器;DS1、DS2、DS3—智能显示器;PTD—协议转换器;SWITCH—交换机;ESW—以太网;CMU—通信单元

表 1-2 我国列车通信网络在机车上的应用情况

车 型	列车总线	车辆总线	子系统总线	总线供应商
HXD_1 型电力机车 HXD_{1B} 型电力机车 HXD_{1C} 型电力机车 HXD_{1D} 型电力机车	WTB/SIBAS 32 系统	MVB	—	SIEMENS
HXD_2 型电力机车 HXD_{2B} 型电力机车	WorldFIP/AGATE	—	—	ALSTOM
HXD_3 型电力机车	Ethernet/以太网	RS-485	—	日本东芝
HXD_{3B} 型电力机车	WTB/MITRAC 系统	MVB	—	BOMBARDIER
HXN_3 型内燃机车		EM2000 系统	Ethernet/CAN	EMD
HXN_5 型内燃机车	Ethernet/以太网	ARCNET	—	GE

表 1-3 动车组通信网络运用情况

车 型	编 组	列车总线	车辆总线
TM1	2 动 10 拖	FSK 重联 2 动车	MVB
新曙光号内燃动车组	2 动 9 拖	LonWorks	
蓝箭动车组	2 动 6 拖	WTB	MVB
神州号内燃动车组	2 动 10 拖	LonWorks	
中原之星动车组	2 动 1 拖+2 动 1 拖	FSK 连接两个单元	MVB(单元内)
中华之星动车组	2 动 8 拖	WTB	MVB

我国自2007年以后，通过引进、消化、吸收国外的技术，陆续生产了“和谐号”动车组CRH1、CRH2、CRH3和CRH5，其中CRH1型、CRH2型、CRH5型动车组设计速度为250 km/h，CRH3型动车组设计速度为300 km/h。2009年后又在CRH2型和CRH3型动车组的基础上设计生产了时速为380 km的CRH380A型和CRH380B型动车组，但CRH380A型和CRH380B型动车组的通信网络与CRH2型和CRH3型动车组的通信网络没有本质的变化。2017年，“复兴号”CR400系列动车组在京沪高铁线上以时速350 km开始运营，这使我国成为世界上高铁商业运营速度最高的国家，为世界高速铁路商业运营树立了新的标杆。我国动车组通信网络运用状况见表1-4。

表1-4　我国动车组通信网络运用状况

车　型	编　组	列车总线	车辆(单元内)总线
CRH1	Mc1－Tp1－M1＋M3－Tb＋M2－Tp2－Mc2	WTB	MVB
CRH2	Tc1－M2－M3－Tp4－T5－Mp6－M7－Tc8	ARCNET	20 mA电流环、RS-485
CRH3	Mc1－Tp1－M1－T2－T3－M2－Tp2－Mc2	WTB	MVB
CRH5	Mc1－M2－Tp3－M4＋T5－Tp6－M7－Mc8	WTB	MVB、CAN
CRH380A	T1＋M1＋M2＋M3＋M4＋M5＋M6＋T2	ARCNET	20 mA电流环、RS-485
CRH380B	Mc1＋Tp2＋M3＋Tp＋M6＋Tp＋M8＋Tc8	WTB	MVB
CR400AF	Tc1＋M2＋Tp3＋M4＋M5＋Tp6＋M7＋Tc8	WTB＋ETB	MVB
CR400BF	Tc1＋M2＋Tp3＋M4＋M5＋Tp6＋M7＋Tc8	WTB＋ETB	MVB

CR400BF型动车组由两个对称的牵引单元组成，每个单元由4节车辆组成，单元内各设备由MVB总线通信，两个牵引单元间由WTB总线通信。CR400BF型动车组网络系统体系结构如图1-12所示。

4. 城市轨道交通车辆列车通信网络应用现状

我国的地铁和轻轨交通基本上是从2000年以后发展起来的，因此地铁和轻轨列车的技术起点高，基本涵盖了当前的最新技术。这些地铁和轻轨列车的列车控制系统都运用了列车通信网络。上述国际标准的IEC 61375-1(TCN)、IEEE 1473T、EN 50170-3(WorldFIP)和日本的列车通信网络技术在我国的地铁和轻轨列车上都有普遍的运用。以郑州市轨道交通为例，地铁2号线和5号线列车上的列车控制系统中主要采用的是TCN通信网络。郑州地铁2号线列车控制系统拓扑结构如图1-13所示。列车运用MVB总线连接6节车厢(其中4辆为动车)，每节车厢通过一个MVB重复器(Repeater)连接车厢内的各MVB节点。

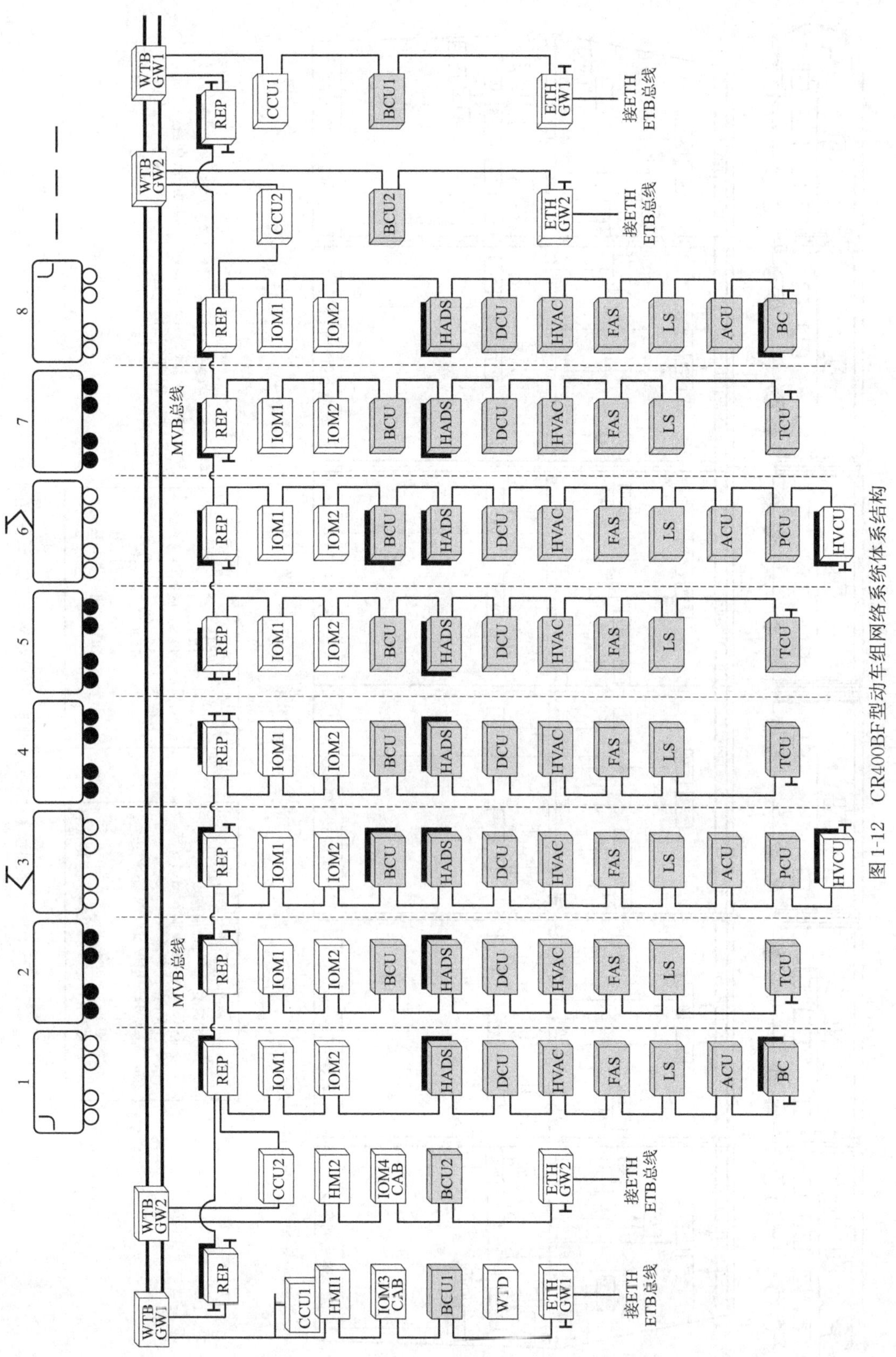

图1-12 CR400BF型动车组网络系统体系结构

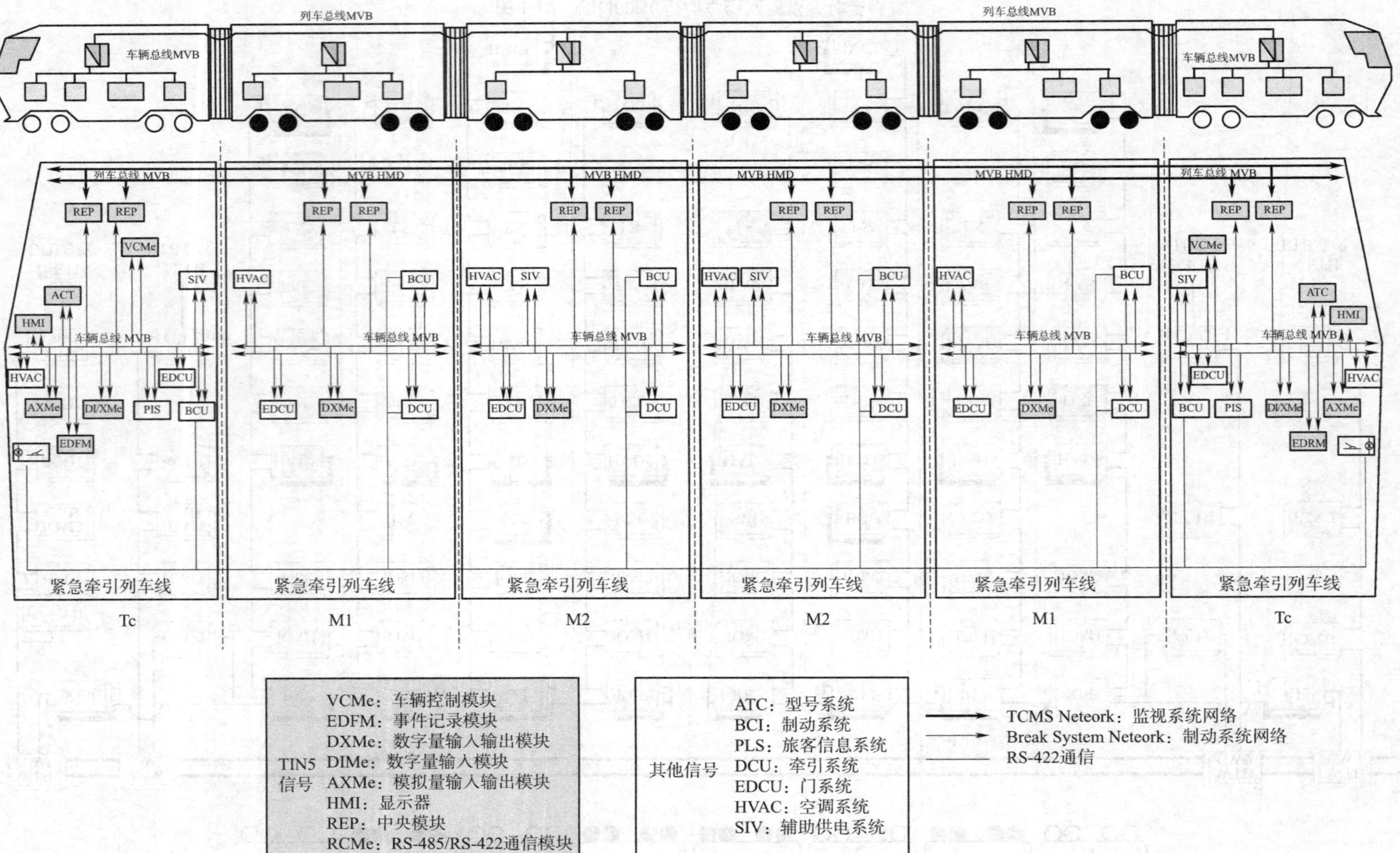

图 1-13　郑州地铁2号线列车控制系统拓扑图

上海地铁 9 号线采用的是 BOMBARDIER 公司的 MITRAC 系统，其列车控制系统拓扑如图 1-14 所示。列车编组为一个单元 2 动 1 拖，2 个单元组成一列车。列车总线采用 WTB，在两个单元之间通过总线耦合器(BC)连接，车厢内的 MVB 节点直接与总线连接。另外在动车的 DCU(驱动控制单元)上还设有局部 MVB 总线(Local MVB)，用以连接与 DCU 直接相关的 I/O 单元。

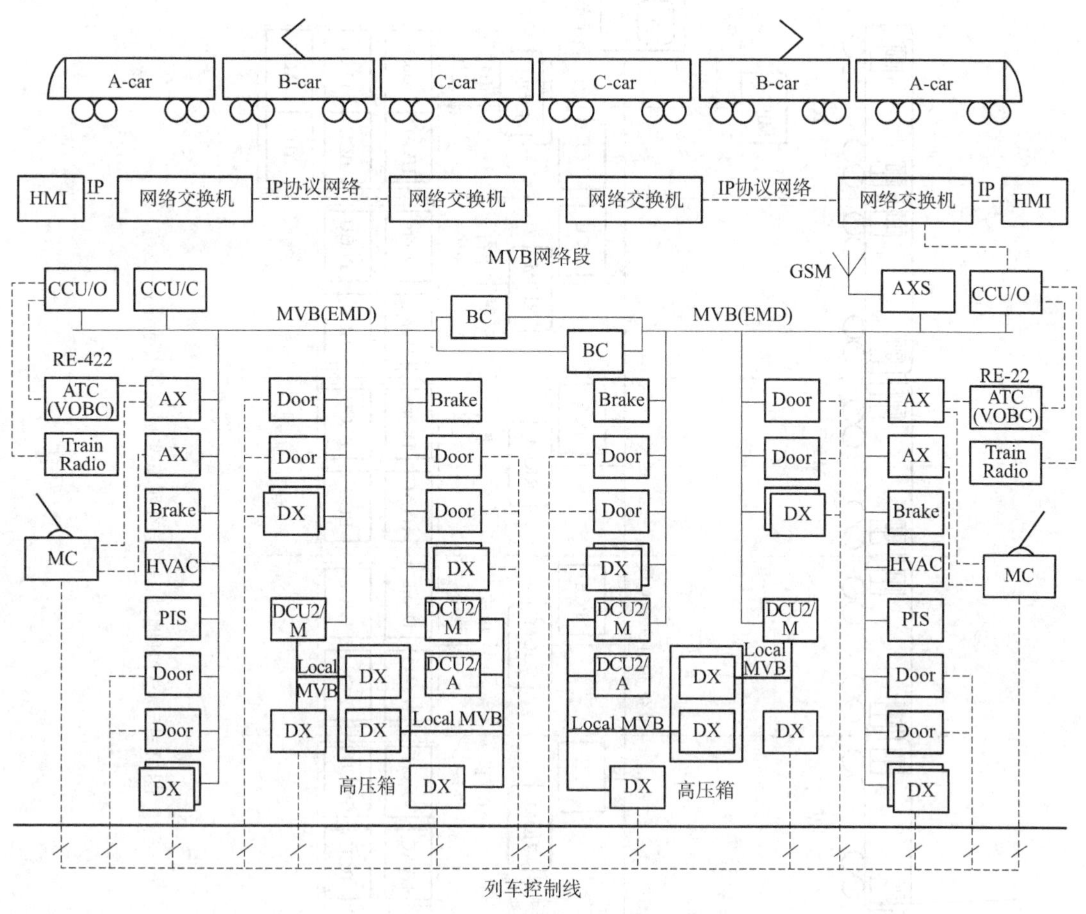

图 1-14 上海地铁 9 号线列车控制系统拓扑图

上海地铁 3 号线、5 号线、6 号线、8 号线的列车控制系统采用的是 ALSTOM 公司的 AGATE 系统，上海地铁 8 号线的列车控制系统拓扑如图 1-15 所示。该系统采用 WorldFIP 总线连接 6 节车厢，通过各车厢的 RIOM 连接车厢内的功能单元。

北京地铁和天津地铁一些线路的列车都采用日本的控制系统，图 1-16 是天津地铁 1 号线列车通信网络结构图。天津地铁 1 号线列车的编组是 1 动 1 拖为一个单元，一列车由 2 个单元或 3 个单元组成。列车通信网络采用列车总线及车辆总线两层结构，列车总线采用环形总线结构，车辆总线采用 RS-485 的多点式通信方式。

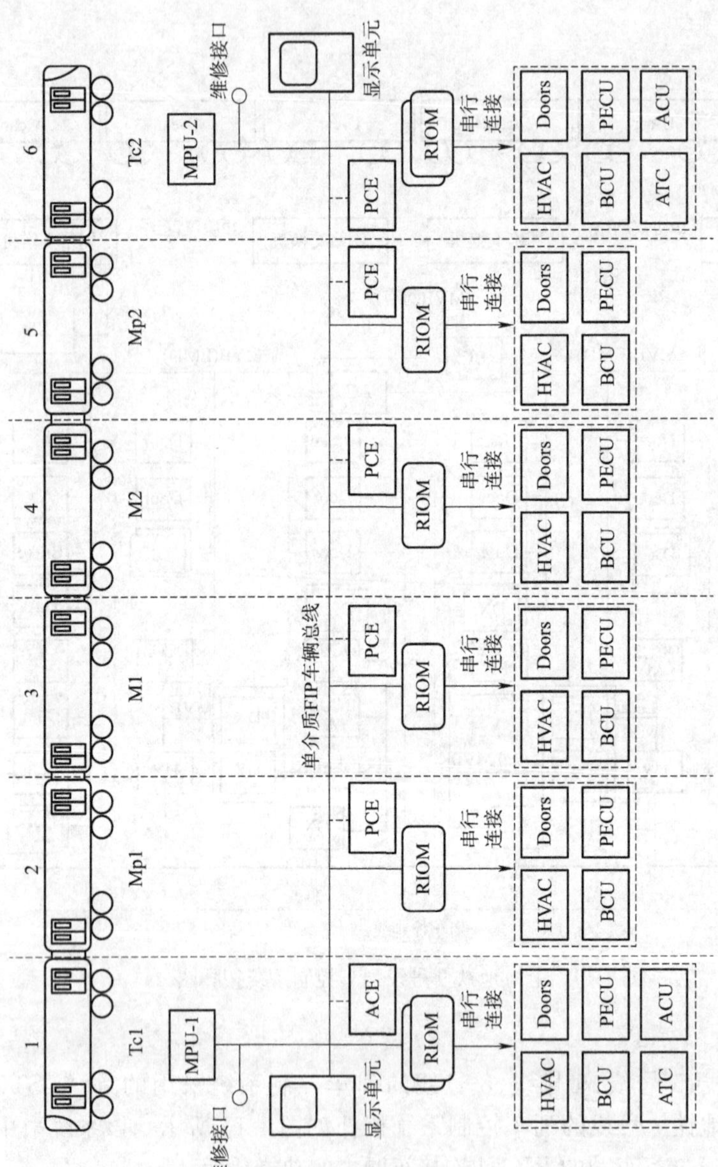

图 1-15 上海地铁8号线的列车控制系统拓扑图

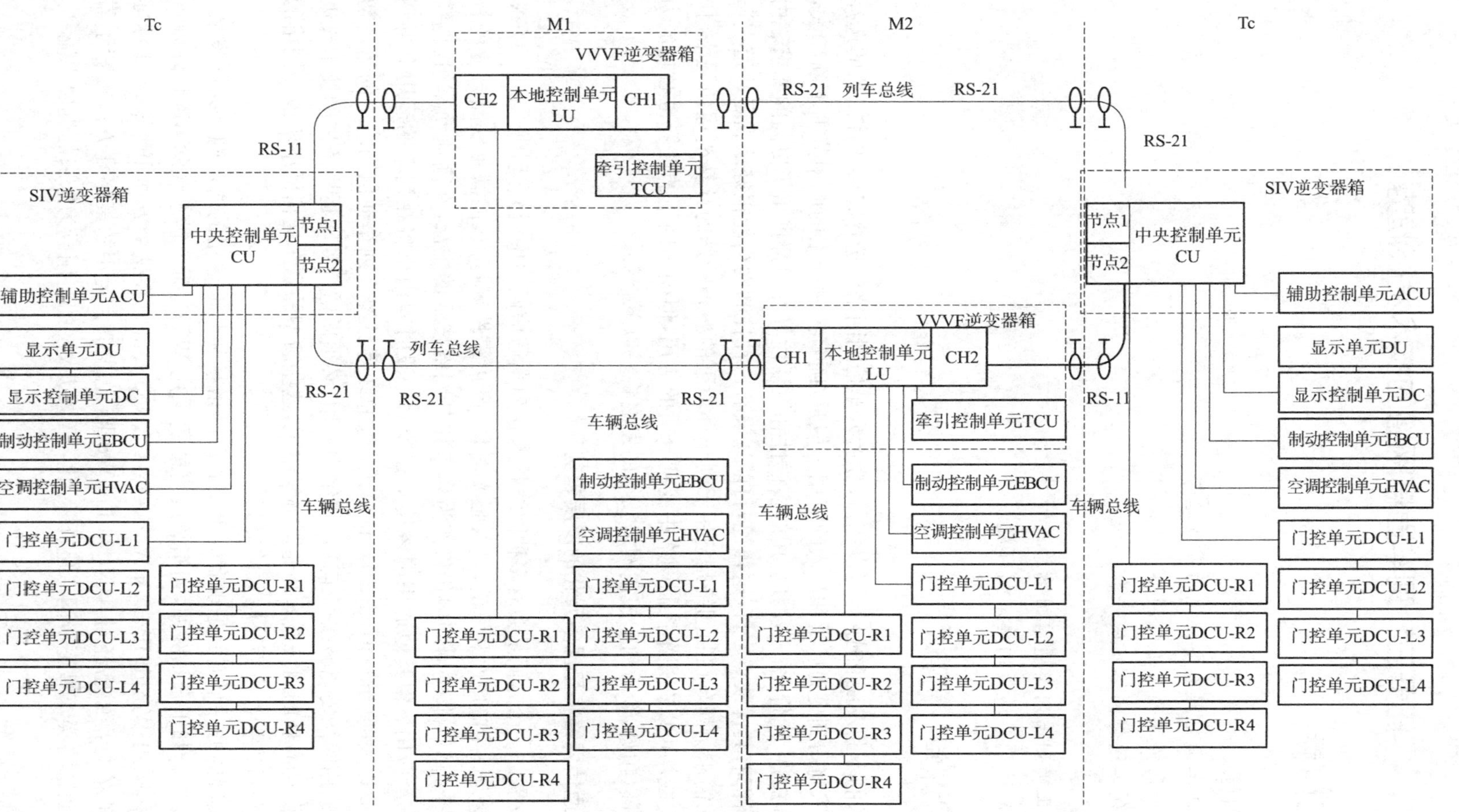

图 1-16 天津地铁1号线列车通信网络结构图

任务三　列车通信网络的技术发展趋势

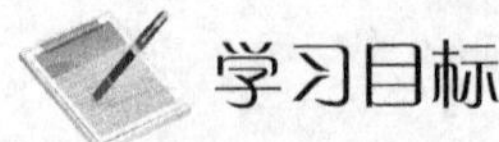

学习目标

1. 知识目标

(1)掌握列车通信网络多样化的发展趋势。

(2)掌握如何提高列车通信网络性能。

(3)掌握列车通信网络发展平台。

2. 能力目标

(1)能够正确列出列车通信网络总线种类。

(2)能够叙述列车通信网络应用环境。

知识课堂

随着技术的不断发展和成熟,可以相信,今后列车控制网络的选择将会比控制器的选择更为重要,其技术将得到更为广泛和深入的应用。但是,随着控制网络的应用范围不断扩大,用户对网络的开放性、性价比、开发和应用的多样性和灵活性等方面都提出了更高的要求。由于各种控制网络都有其优缺点,可以这样说,目前还没有一种控制网络能很好地满足轨道交通用户的所有应用需求。列车控制网络是应用于列车环境下的一种特殊的计算机通信网络,作为通用的现场总线均可以在列车控制网络中找到合适的应用,但列车网络的性能也必将成为竞争的热点。可以预见,今后列车控制网络技术的发展将呈以下趋势。

一、列车通信网络将呈现多元化的发展趋势

多元化发展的一个方面是会有多种网络技术在列车通信网络中得到运用。基于 TCN 的网络技术是专为铁路应用而开发的,具有强实时性、高可靠性等特点,能满足铁路行业的特殊需求,因而在今后相当长的时间内仍将作为列车控制网络技术的主流,在高速动车组、地铁列车等内得到广泛应用。但其他通用网络技术在今后一段时间内也将在列车的运用上得到发展,特别是工业以太网(Industrial Ethernet)、CAN 总线等已经在列车通信网络中的运用初见端倪。当然,通用网络要能够在列车通信网络中运用,必须做适合列车运用条件的技术改进或改善,也不排除会有新的网络技术和通信协议出现,这些新型的列车通信网络应该在网络的安全性、可信性和可维护性方面有较大的提高。

多元化发展的另一个方面是现有的主流通信网络将和其他通用的通信网络共同发展,取长补短并相互融合和组合。例如,列车总线可能仍采用 WTB,而车辆总线除 MVB 外则可能有更多的选择,采用 WorldFIP、LonWorks 或 CANopen 等。在这个方面 IEEE 1473 标准已经开启了先例,在标准中已经对 TCN 和 LonWorks 总线组合运用的策略和方法推荐了需要遵循的规范,目前各类车型逐步国产化、国际化,工业以太网的应用成为未来的发展主流。

二、列车通信网络性能的提高和优化

随着人们对列车运用要求的提高，人们希望列车控制系统信息处理的容量更大、速度更快、应用更可靠。根据这种要求，首先列车通信网络需要提高带宽，特别是对 TCN 来说，可以适当提高数据传输的速率，以适应大数据流的传输需求，其次是根据列车通信网络安全性的要求，列车控制网络的系统结构将会有所发展和突破，特别是单元控制机的结构和组织会有较大的改变。以往的总线式结构可能将会被淘汰，取而代之以更紧凑的系统结构形式。欧洲的相关组织已经在这方面提出了研究的课题，开展了研究和开发。图 1-17 是欧洲铁路研究课题中提出的一个网络的安全模型，采用二取一或三取二的策略来提高通信网络的安全性。

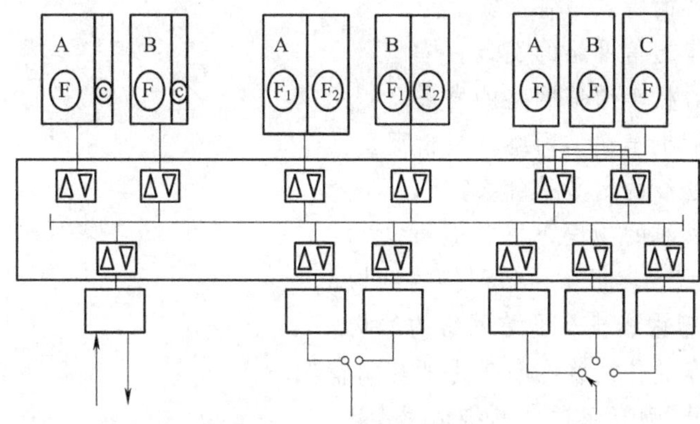

图 1-17　网络的安全模型

由于在列车的控制策略上各种新型的控制方法和手段将被应用到列车控制中来，特别是分布式控制概念的引入和分布式控制系统的实施将对列车通信网络提出更高的要求。因此，优化通信网络的性能，使其能真正符合分布式控制系统的要求，具有更快的响应速度和更好的可靠性，也将是列车通信网络技术发展的一个重要趋势。

三、列车通信网络将逐步融入公共的网络平台

列车通信网络联入公共的网络平台如互联网，这是运输部门实现大系统闭环控制的必然要求。近年来，工业以太网技术正在工业自动化和过程控制市场上迅速发展，高速以太网技术已渗透到工业控制中，出现了现场总线形网络技术与以太网、因特网开放型网络技术的自然结合。随着基于网络的远程诊断与维护、旅客信息与舒适性支持等新的用户需求的提出，以太网不仅可以成为列车控制网络中的高层信息网络，也极有可能上下贯通直接与下层车载控制设备相连，从而形成车辆控制与信息服务的新型宽带网络系统，实现控制网络与信息网络的有机融合。

列车通信网络和公共网络平台的融合将有利于各种新技术的运用，如云计算技术的应用，云计算技术的运用将对列车运行控制及各个控制系统的故障诊断具有根本性的改善，从而提高列车运行的可靠性和安全性。

值得注意的是，在实现列车通信网络与公共网格平台的融合过程中，尽管在实现系统联网的技术方面比较容易实现，但重要的问题在于通信网络系统的安全性(Security)。作为一个公

共交通工具的控制系统,其安全性即保证列车和旅客的安全是第一位的。因此列车通信网络系统必须具备很好的安全防范性能,当列车通信网络系统受到恶意攻击时,需要具有"自卫"能力和应急处理措施,从而保证列车运行的安全。

总之,列车通信网络技术是多种技术结合的产物,是多学科综合应用的结合体。列车通信网络的发展在很大程度上依赖于电子器件、计算机技术和网络技术的发展。相信随着电子技术、自动控制技术和计算机技术的发展,列车通信网络也会随之发展到一个更新、更高的程度。

复习思考题

1. 列车通信网络的特点是什么?
2. 简述国外列车通信网络的发展。
3. 简述我国电力机车通信网络的发展。
4. 简述我国内燃机车通信网络发展情况。
5. 多功能车辆总线的定义是什么?
6. 多功能车辆总线的物理介质有哪几种?
7. 画出 HXN_3 型内燃机车通信网络的结构。
8. 画出 HXN_5 型内燃机车通信网络的结构。
9. 分析我国列车通信网络在机车上的应用情况。
10. 分析"和谐号"动车组通信网络运用情况。
11. 画出 HXD_{1C} 型电力机车网络拓扑结构。
12. 画出 CR400BF 型动车组网络拓扑结构。
13. 画出郑州地铁 2 号线列车控制系统拓扑结构。
14. 简述列车通信网络多元化的发展趋势。
15. 分析我国铁路发展强国的目标是什么?

项目二　数据通信基础

项目描述

数据是指数字、字母以及组合意义的一种表达。而工业数据一般指与生产过程密切相关的数值、状态、指令等的表达。例如用数字 1 表示管道阀门的开启，用数字 0 表示阀门的关闭等都是典型的工业数据。

数据通信是两点或多点之间借助某种传输介质以二进制形式进行信息交换的过程，它是计算机与通信技术结合的产物。将数据准确、及时地传送到正确的目的地是数据通信系统的基本任务。数据通信技术主要涉及通信协议、信号编码、接口、同步、数据交换、安全、通信控制与管理等问题。

任务一　数据通信系统概述

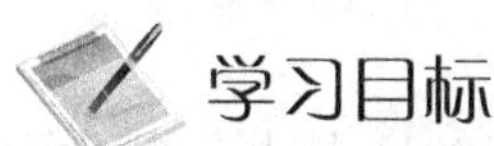

学习目标

1. 知识目标

(1)理解数据通信系统相关的专业术语。

(2)掌握数据通信系统的组成和作用。

(3)建立通信系统的整体概念。

2. 能力目标

(1)能够正确画出通信系统的基本模型。

(2)能够正确区分总线的三种寻址方式。

(3)能够叙述和计算数据通信的主要性能指标。

知识课堂

数据通信是将通信技术和计算机技术结合起来而产生的一种新的通信方式，其目的是通过通信系统将数据以某种信号形式从一处发出并安全、可靠地传输到另一处。由于数据通信具有诸多优点，目前已经得到广泛应用。

一、数据通信网络常用概念

1. 信息

信息是对客观事物特征和运动状态的描述，其形式可以是数字、文字、声音、图形、图像等多种形式。

2. 数据

数据(Data)是传输信息的实体,通信的目的是传送信息,传送之前必须先将信息用数据表示出来。数据可以分为两种形式:模拟数据和数字数据。用于描述连续变化量的数据称为模拟数据,如声音、温度等;用于描述不连续变化量(离散量)的数据称为数字数据,如文本信息、整数等。

3. 信号

信号(Signal)是数据在传输过程中的电磁波表示形式。常见的信号形式包括模拟信号和数字信号两种。模拟信号是一种连续变化的信号,其最常见的波形是连续的正弦波,其波形如图 2-1(a)所示;数字信号是一种离散信号,最常见也是最简单的数字信号是二进制信号,即用数字“1”表示高电平,用数字“0”表示低电平,其波形是一种不连续的有跳变的方波,其波形如图 2-1(b)所示。

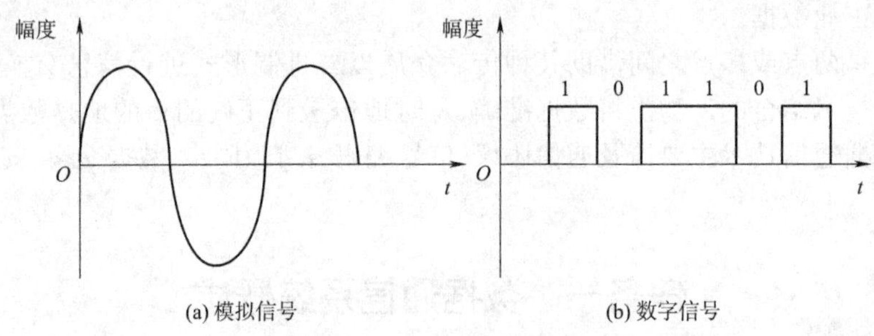

图 2-1　模拟信号和数字信号

4. 码元

码元(Symbol)是对数字信号中每一位的统称。例如二进制数字 1010011 是由 7 个码元组成的序列。

5. 信道

信道是传输信号的通道,由传输介质及其相应的附属信号设备组成。信道可以分为逻辑信道和物理信道。一条线路可以是一条信道(一般称为物理信道),但这条线路上可以有多条逻辑信道。例如,一条光纤可以供上千人通话,就有上千个逻辑信道。我们通常讲的信道都是指逻辑信道。根据逻辑信道传输的信号的不同,又将其分为模拟信道和数字信道。

6. 带宽

通常所讲的带宽主要包括信号带宽和信道带宽两种。数字信号传输时,信号的能量或功率的主要部分集中的频率范围称为信号带宽。若通信线路能够不失真地传输 2 MHz 或者 10 MHz 的信号,则该通信线路的带宽为 2 MHz 或者 10 MHz。信道上能够传送信号的最大频率范围称为信道的带宽。一般认为,信道的带宽必须大于信号的带宽。

7. 总线

总线是将信息从一个或多个源部件传送到一个或多个目的部件的一组传输线。通俗地说,总线就是多个部件间的公共连线,用于在各个部件之间传输信息。

二、通信系统的组成

在我们的生活中,当人们提到通信时,自然会想到传递消息最常用的电话、手机等通信方式。在这些通信方式中,它们都是用电信号来传递消息的,因而称之为电信。这些产生、传输电信号以及在接收端把电信号恢复为原信号的设备的总体,就构成了一个通信系统。

通信的目的是传输信息，通信系统的作用就是将信息从信源发送到一个或多个目的地。对于电信系统来说，首先要把消息转变成电信号，然后经过发送设备，将信号送入信道，在接收端利用接收设备对接收到的信号进行相应的处理，然后送给接收者。这一过程可用图 2-2 所示的通信系统基本模型来描述。

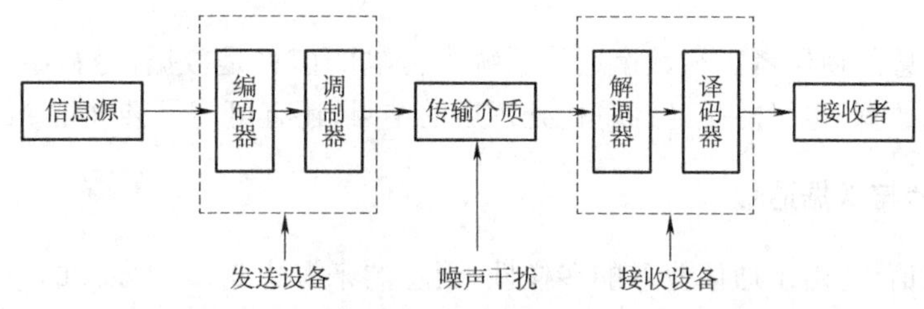

图 2-2 通信系统的基本模型

从图 2-2 中可以看出，通信系统是由信息源、发送设备、传输介质、接收设备和信息接收者等几个部分组成的。各个部分的作用如下：

1. 信息源

信息源是信息的来源，是信息的产生者。其作用是把各种可能的信息通过相应的传感器转换成原始的电信号(称为基带信号)。根据输出信号的性质的不同，可以将信息源分为模拟信息源和离散信息源。模拟信息源输出的是幅度连续变化的电信号，如电话线上传送的就是按照声音的强弱幅度连续变化的电信号。离散信息源输出的是离散的数字信号，如计算机所产生的电信号就是用两种不同的电平去表示 0 和 1 序列的电压脉冲信号。要注意的是，模拟信号源可以通过抽样和量化变换为离散信息源。随着计算机和数字通信技术的发展，离散信号源的种类和数量越来越多。

2. 发送设备

发送设备通常包括编码器和调制器等，其功能是将信息源和传输介质匹配起来，即将信息源输出的原始电信号变换为适合在信道中传输的信号。

对于数字通信系统来说，发送设备的编码常常又可分为信源编码与信道编码两大部分。信源编码是把连续的模拟信号变换为离散的数字信号，即模数转换(A/D 转换)。而信道编码则是为了克服数字信号在信道传输时，由于噪声、衰减以及热干扰引起的差错，按一定的规则在传输的信息码元中加入监督码元，进行差错控制编码。接收端的信道译码器按相应的逆规则进行译码，从中发现错误或纠正错误，从而提高通信系统的抗干扰能力。

3. 传输介质

传输介质指发送设备到接收设备之间信号传递所经媒介，它可以是无线的，也可以是有线的。目前，有多种有线和无线传输介质，如电磁波、红外线等是无线传输介质，各种电缆、光缆、双绞线等为有线传输介质。

4. 接收设备

接收设备主要包括解调器和译码器等设备，其基本功能是完成信息的反转换，即进行解调、译码、解密等。它的任务是将正常信息从带有干扰的信号中恢复出原来。对于多路复用信号，还包括解除多路复用，实现正确分路。

5. 噪声源

信息在传输介质中进行传输，其传输过程中必然会引起某些干扰，如热噪声、脉冲干扰、衰减等。噪声源不是人为加入的，而是通信系统中各种设备以及传输介质中噪声与干扰的集中表示。

6. 接收者

接收者是信息的使用者。在数字通信系统中传输的信息是数据，是数字化的信息。这些信息可能是原始数据，也可能是经计算机处理后的结果，还有可能是某种指令或标志。

三、模拟通信与数据通信

在实际的通信中，由于通信业务的多样性，消息的来源也是多种多样的，但基本可以分为两大类：连续的和离散的。连续的消息，如话音，声波振动的幅度是随时间连续变化的，若把它转换为随时间连续变化的电压信号，则信号幅度是时间的连续函数，这样的信号被称作模拟信号。离散消息，如打字机产生的消息，就是数字信号。所以，根据信号类型的不同，通信可分为模拟通信和数字通信。

如图 2-3 所示，模拟通信系统是利用连续的模拟信号来传递信息的通信系统，数字通信系统是利用离散的数字信号来传递信息的通信系统。

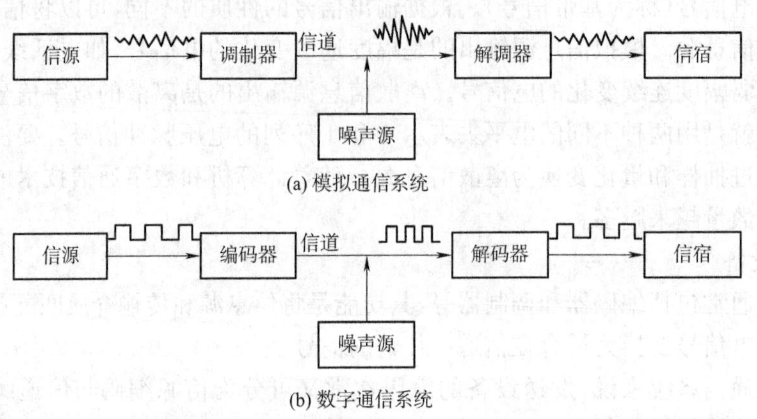

图 2-3　模拟通信系统与数字通信系统

数字通信与模拟通信相比，具有明显的优点：

(1)抗干扰、抗噪声能力强。在传输过程中模拟信号和叠加的噪声很难分离，噪声会随着信号被传输、放大，严重影响通信质量。而数字通信是采用中继再生方式，能够消除噪声，再生的数字信号和原来的数字信号一样，可继续传输下去，这样通信质量便不受距离的影响，高质量远距离通信就可以实现。

(2)数字信号易于加密，信息传输比较安全。数字信号的特殊形式，使得信息加密变得十分容易。

(3)数字通信设备的产品重复性好，有利于生产。

与数字通信系统相比，模拟通信系统也有自己的优点：设计较简单，电路的功率消耗一般比较低。

目前，模拟通信系统还在使用，但由于人们对各种通信业务的需求迅速增加，数字通信系统正在向着小型化、智能化、高速和大容量的方向迅速发展，最终必将取代模拟通信。

四、总线的基本术语

1. 总线与总线段

从广义来说，总线就是传递信号或信息的公共路径。如果一组设备通过总线连接在一起，那么这个总线被称为“总线段”。此外，还可以通过总线段相互连接，把多个总线段连接成一个系统。

2. 总线主设备

能在总线上发起信息传输的设备称为“总线主设备”。也就是说，主设备具备在总线上发起通信的能力，又被称为命令者。

3. 总线从设备

不能在总线上主动发起通信，只能挂接在总线上，对总线信息进行接收的查询设备称为“总线从设备”，也称基本设备。在总线上可能有多个主设备，这些主设备都可以主动发起信息传输。某一设备既可以是主设备也可以是从设备，但不能既是主设备又是从设备。被总线主设备连上的从设备被称为“响应者”，它参与总线主设备发起的数据传送。

4. 控制信号

总线上的控制信号通常有三种类型。一类控制连接在总线上的设备，让它进行所规定的操作，如设备清零、初始化、启动和停止等。一类用于改变总线操作的方式，如改变数据流的方向、选择数据字段的宽度和字节等。还有一些控制信号表明地址和数据的含义，如对于地址，可用于指定某一地址空间；对于数据，可用于指定它能否转译成辅助地址或命令。

5. 总线协议

管理主、从设备使用总线的一套规则被称为“总线协议”。这是一套事先规定的、必须共同遵守的规定。

五、总线操作的基本内容

1. 总线操作

总线上命令者与响应者之间的连接、数据传输、脱开的这一操作序列被称为一次总线交易，或称为一次总线操作。脱开是指完成数据传送操作以后，命令者断开与响应者的连接。命令者可以在做完一次或多次总线操作后放弃总线占有权。

微机系统各部件之间的信息交换是通过总线操作周期完成的，一个总线周期通常分为以下四个阶段：

(1)总线请求和仲裁阶段：当某个模块要发送信息时，需要向总线提出占用的请求，若有多个模块同时提出占用总线的请求，必须由仲裁机构仲裁，以一定的优先算法仲裁哪个模块应获得对总线的使用权。

总线判优控制按照仲裁控制机构的设置可分为集中控制和分散控制两种。集中式总线仲裁的控制逻辑基本集中在一处，需要中央仲裁器决定总线的使用权。分布式仲裁不需要中央仲裁器，每个潜在的主设备模块都有自己的仲裁号和仲裁器。当它们有总线请求时，把它们唯一的仲裁号发送到共享的仲裁总线上，每个仲裁器将仲裁总线上得到的号与自己的号进行比较。如果仲裁总线上的号大，则它的总线请求不予响应，并撤销它的仲裁号。最后，获胜者的仲裁号保留在仲裁总线上。

(2)寻址阶段:取得总线使用权的模块,经总线发出本次要访问的存储器或 I/O 端口的地址和有关命令。

(3)传送数据阶段:主模块(指取得总线控制权的模块)与其他模块之间进行数据的传送。

(4)结束阶段:主模块将有关信息从总线上撤除,主模块交出对总线的控制权。

2. 总线传送

一旦命令者与一个或多个响应者连接上以后,就可以开始数据的读写操作了。读数据的操作是读来自响应者的数据,写数据的操作是向响应者写数据。读写操作都需要在命令者和响应者之间传递数据。

3. 通信请求

通信请求是由总线上某一设备向另一设备发出的请求信号,要求后者给予注意并提供某种服务,该服务有可能是要求传送数据,也有可能是要求完成某种操作。

4. 寻址

寻址过程是命令者与一个或多个从设备建立起联系的一种总线操作。通常有以下三种寻址方式:

(1)物理寻址:用于选择某一总线段上某一特定位置的从设备作为响应者。由于大多数从设备都包含多个寄存器,因此物理寻址常常有辅助寻址,以选择响应者的特定寄存器或某一功能。

(2)逻辑寻址:用于指定存储单元的某一通用区,而并不顾及这些存储单位在设备中的物理分布。某一设备检测到总线上的地址信号,看其是否与分配给它的逻辑地址相符,如果相符,它就成为响应者。物理寻址与逻辑寻址的区别在于前者是选择与位置有关的设备,而后者是选择与位置无关的设备。

(3)广播寻址:广播寻址用于选择多个响应者。命令者把地址信息放在总线上,从设备将总线上的地址信息与其内部的有效地址进行比较,如果相符,则该从设备被连上。能使多个从设备连上的地址称为广播地址。为了确保命令者所选的全部设备都能响应,系统需要有适应这种操作的定时机构。

每一种寻址方法都有其优点和使用范围。逻辑寻址一般用于系统总线,而现场总线则较多地采用物理寻址和广播寻址。不过,现在一些系统总线常常具备上述两种甚至三种寻址方式。

5. 总线定时

总线操作用“定时”信号同步。定时信号用于指明总线上的数据和地址在什么时候是有效的。大多数总线标准都规定命令者可发起控制信号,用来指定操作的类型,还规定响应者要回送从设备状态信号。主设备获得总线控制权以后,就进入总线操作,即进行命令者和响应者之间的信息交换,这种信息可以是地址或数据。定时信号就是用于指明这些信息何时有效,它分为同步和异步两种。

6. 出错检测

信息在总线上传送时会因噪声和干扰而出错,因此在高性能的总线中一般设有校验机构,以实现对传送过程的出错检测。传送地址时,出错会使要连接的设备连接不上。传送数据时如果有出错,通常是再发一次。

六、数据通信的主要性能指标

通信系统的任务是快速、准确地传递信息，因而信息传输的有效性和可靠性是通信系统最主要的性能指标。有效性指通信系统传输消息的“速率”问题，即快慢问题。可靠性指通信系统传输消息的“质量”问题，即好坏问题。实际上，数字通信系统的有效性可用码元的传输速率来衡量，可靠性可用差错率来衡量。

1. 有效性指标

(1)码元传输速率 R_B

码元传输速率又叫调制速率。它表示信号调制过程中单位时间内调制信号波(即码元)的变换次数，即单位时间内传输码元的个数，码元传输速率的单位是波特(Baud，记为 B)，因而也被称为波特率。

(2)数据传输速率 R_b

数据传输速率表示单位时间内在信道上传输的二进制位的个数，数据传输速率的单位是比特/秒(bit/s)，因而也被称为比特率。

上述的比特率和波特率是两个不同的概念，仅当在二进制码元的传输中，每个码元代表一个比特的信息量，这是的比特率与波特率相等。在一定的波特率下，提高数据传输速率的途径是用一个码元表示更多的比特数。例如在 M 进制的数据中，每个码元信号代表 $\log_2 M$ 个比特的信息量，这是 R_B 与 R_b 的关系为

$$R_b = R_B \log_2 M \quad (\text{bit/s})$$

2. 频带利用率

数字通信传输系统的频带利用率 η_B 定义为：所传输的信息速率(或符号速率)与系统带宽之比值，其单位为 $\text{bit}\cdot\text{s}^{-1}/\text{Hz}$(或为 Baud/Hz)。频带利用率是描述数据传输速率和带宽之间关系的一个指标，也是衡量数据通信系统有效性的指标。它是单位时间内所能传输的信息速率，可表示为

$$\eta_B = R_b / B \quad (\text{bit}\cdot\text{s}^{-1}/\text{Hz}) \text{ 或 } \eta_B = R_B / B \quad (\text{Baud/Hz})$$

式中，B 为信道的传输带宽；R_b 为信道中实际的数据传输速率；R_B 为信道中实际的码元传输速率。

3. 协议效率

协议效率是衡量通信系统软件有效性的指标之一。协议效率是指所传输的数据包中有效数据位与整个数据包长度的比值。

4. 通信效率

通信效率是数据帧的传输时间与用于发送报文的所有时间之比。

5. 可靠性指标

数据通信系统的可靠性指标是用数据在传输过程中出现的差错率来表示的。差错率越大，说明系统的可靠性越差。差错率有以下的两种衡量方式。

(1)误码率 P_e

误码率 P_e 是指通信过程中系统传错码元的个数与所传输的总码元的个数的比值，也就是码元差错率。即

$$P_e = \frac{\text{传错码元的个数}}{\text{传输码元的总数}}$$

(2)误比特率 P_b

误比特率 P_b 也被称为误信率，是指传错信息的比特数目与所传输的总信息比特数之比，即

$$P_b = \frac{\text{传错的比特数}}{\text{传输的总比特数}}$$

【例】已知某八进制数字通信系统的信息传输速率为 3 000 bit/s，在接收端 10 min 内共测得出现 18 个错误码元，试求该系统的误码率。

解：依题意 $R_b = 3\,000$ bit/s，则 $R_B = R_b/\log_2 8 = 1\,000$，即该系统每秒钟传输的码元的个数是 1 000 个。在 10 min 内传输的总的码元的个数是 600 000 个，该系统的误码率为

$$P_e = \frac{\text{传错码元的个数}}{\text{传输码元的总数}} = \frac{18}{600\,000} = 3 \times 10^{-5}$$

任务二　数据编码技术

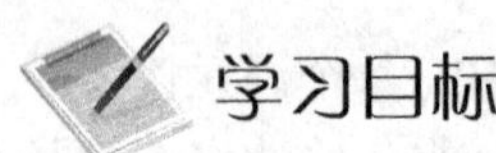

学习目标

1. 知识目标

(1)理解数据编码的概念。

(2)掌握通信系统中常用的数据编码技术。

2. 能力目标

(1)能够正确区分 BCD 码和 ASCII 的编码方式，以及进制数之间转换。

(2)能够正确画出模拟信号和数字信号的波形。

(3)能够正确画出数字信号中曼彻斯特编码和差分曼彻斯特编码。

知识课堂

一、数据通信的标准代码

通信系统在传送数据时，不能直接传送数据的十进制数值、字符或控制字符，而是将这些数据或字符信息用适合传输的代码来传输。通过编码的方法，把一种组合与一种确定的内容联系起来。例如：两位二进制的四种不同组合 00、01、10、11 可以分别用来表示断开、闭合、出错、不可用等四种不同的状态。常见的编码形式有 BCD 码和 ASCII 码。BCD 码（Binary-Coded Decimal）也被称为二进码十进数或二—十进制代码，它是用四位二进制数为一位十进制数编码，即用四位二进制数来表示一位十进制数。

字母和各种字符也必须按照特定的规则用二进制编码才能在计算机中表示。编码方式可以有很多种，其中 ASCII 码是最常见的一种。ASCII（American Standard Code for Information Interchange）码，即美国标准信息交换码，是由美国国家标准学会（ANSI）制定的，目前已被国际标准化组织（ISO）定为国际标准，称为 ISO 646 标准，也是目前计算机中用得最广泛的字符集及其编码方式。

ASCII码使用指定的七位或八位二进制数组合来表示128或256种可能的字符。标准ASCII码也叫基础ASCII码，使用七位二进制数来表示所有的大写和小写字母，数字0到9、标点符号，以及在美式英语中使用的特殊控制字符。ASCII码常用来在计算机中表示各种字符和字母，而BCD码则是用来方便的表示十进制数。

二、数据编码的类型

数据编码分为两大类：模拟数据编码和数字数据编码。模拟数据和数字数据都可以编码成模拟信号或数字信号，编码方案取决于具体的要求和所用的传输媒体及通信设备。根据承载数据的信号的不同，具体可分为四种编码方式，即模拟数据的模拟信号编码、数字数据的模拟信号编码、模拟数据的数字信号编码、数字数据的数字信号编码。其编码过程示意如图2-4所示。

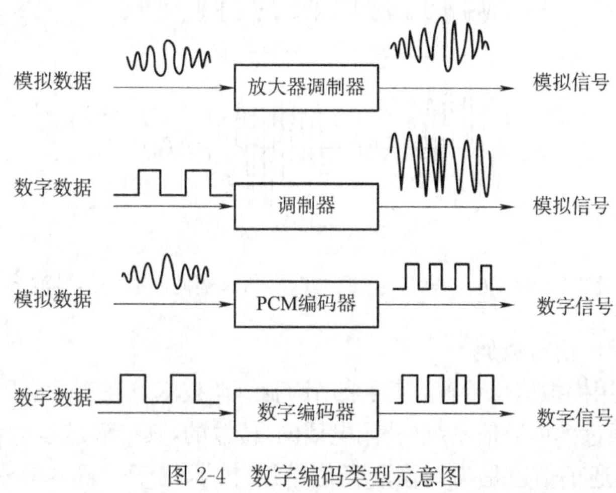

图2-4　数字编码类型示意图

1. 模拟数据的模拟信号调制

利用这种编码方式的通信设备有很多，例如电话机和本地局交换机之间传输信号时采用的就是这种编码方式，此时模拟的声音数据是加载到模拟的载波信号中传输的。这种编码技术中，通常涉及两种波形，分别是代表消息的调制信号和适合特定应用的载波。发送端的调制器可以系统地改变载波以保持其与调制信号的变化相一致，其结果使得已调制完成的波形中“携带”有消息信息。一般要求调制是一个可逆的过程，这样才能保证信息可以通过其逆操作解调而重新恢复出来。

对于模拟数据的调制常用的方法有三种：幅度调制、频率调制和相位调制。

以幅度调制为例，图2-5中给出了原始信号的一部分[图2-5(a)]，载波信号的波形[图2-5(b)]以及通过改变正弦载波幅值而获得的已调制的波形[图2-5(c)]。

实现幅度调制的原理如下：

首先，定义一个正弦载波信号$c(t)$：

$$c(t) = A_c \sin(2\pi f_c t)$$

式中，A_c是载波幅值；f_c是载波频率。为了使问题简化，此处假设了正弦载波的初始相位为0。将表示原始信号的波形表示为$m(t)$，产生载波与信号波的信源是相互独立的。幅值调制是这样一个过程:载波 $c(t)$的幅值围绕着某个均值随原始信号 $m(t)$呈线性变化,因此调幅调制后最普遍的时域表达式为

$$s(t)=A_c[1+k_a m(t)]\sin(2\pi f_c t)$$

式中,k_a是常数,称为产生已调信号 $s(t)$的调制器的调幅灵敏度。若载波幅度 A_c和原始信号 $m(t)$的单位为伏(V),则 k_a的单位为1/V。

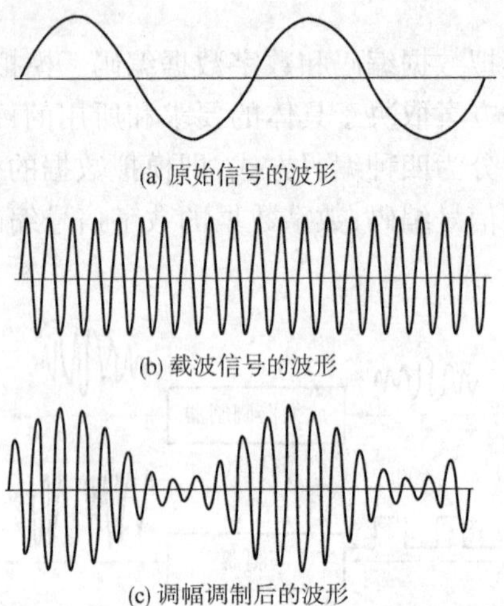

图 2-5　常见的原始信号、载波信号与调幅调制后的信号波形

2. 数字数据的模拟信号编码

若数字数据要采用模拟信号传输,需要采用调制解调技术。在实际应用中,利用传统电话线上网时,数字信号是通过模拟通信系统(公用电话网)传输的,其传输过程示意如图 2-6 所示。

图中传统的电话通信信道是为传输语音信号设计的,用于传输 300～3 400 Hz 的音频模拟信号,不能直接传输数字数据。为了利用模拟语音通信的传统电话网实现计算机之间的远程通信,必须将发送端的数字信号转换成能够在公用电话网上传输的模拟信号,这个过程称为调制。经传输后在接收端将话音信号逆转换成对应的数字信号,这个过程称解调。实现数字信号与模拟信号互换的设备称为调制解调器(Modem),就是通常所说的“猫”。

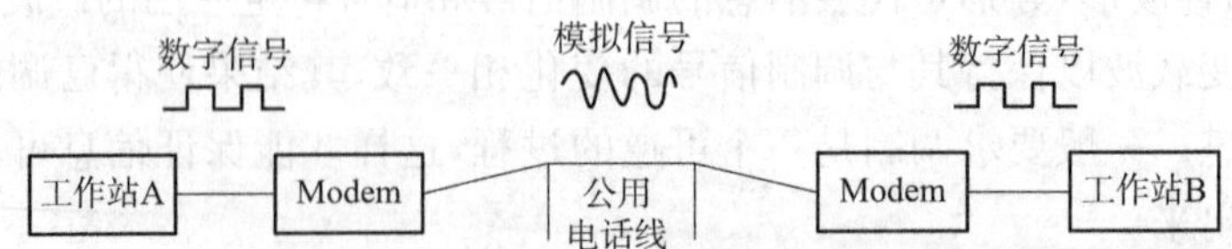

图 2-6　数字信号通过模拟通信系统的传输情况

数字数据转化成模拟信号时,实质上就是要用模拟信号来表达数字数据的 0 和 1 两种状态,该编码方式常用的基本技术有三种:振幅键控、频移键控和相移键控。众所周知,振幅、频率和相位是描述模拟信号的参数,而这三种基本技术正是通过调整这三个参数来实现模拟数据编码的。

振幅键控(Amplitude Shift Keying,ASK)方式下,载波信号的频率、相位不变,幅值随调制信号变化。例如一个二进制数字信号[图 2-7(a)],在调制后的波形表达式为

$$S_A = a_n A\cos\omega_c t$$

式中，A 是载波信号的幅度；ω_c是载波的频率；a_n代表二进制数字 0 或 1，当 a_n为 1 时，S_A所描述波形代表的数字是 1；当 a_n为 0 时，$S_A=0$，代表的数字就是 0。图 2-7(b)是振幅键控调制后的波形。

频移键控(Frequency Shift Keying，FSK)中，载波信号的频率随着调制信号而变化，而载波信号的幅度、相位不变。例如，在二进制频移键控 FSK 中，可定义信号 0 对应的载波频率大，信号 1 对应的载波频率小，调制后信号波形如图 2-7(c)所示。

相移键控(Phase Shift Keying，PSK)中，载波信号的相位随着调制信号而变化，但载波信号的幅度、频率不变。例如，在二进制相移键控 PSK 中，通常用载波的初相位为 0°和 180°表示 1 或 0，调制后信号的典型波形如图 2-7(d)所示。

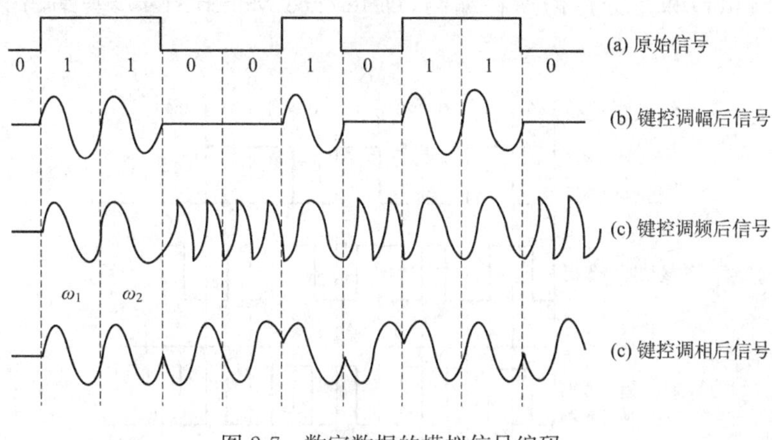

图 2-7 数字数据的模拟信号编码

3. 模拟数据的数字信号编码

在数字通信系统中，通常需要将模拟语音数据编码成数字信号后再进行传输。常用的一种方法称为脉冲编码调制(Pulse Code Modulation，PCM)技术。脉冲编码调制技术以采样定理为基础，对连续变化的模拟信号进行周期性采样，根据香农采样定理，需要以有效信号最高频率的两倍或两倍以上的速率对该信号进行采样，才能不失真地从根据这些采样值重新构造出有效信号。

采用脉冲编码调制将模拟信号数字化的三个步骤如下。

(1)采样：以采样频率把模拟信号的值采样出来，如图 2-8 所示。

(2)量化：使连续模拟信号变为时间轴上的离散值。如在图 2-9 中采用 8 个量化级，每个采样值用三位二进制数表示。

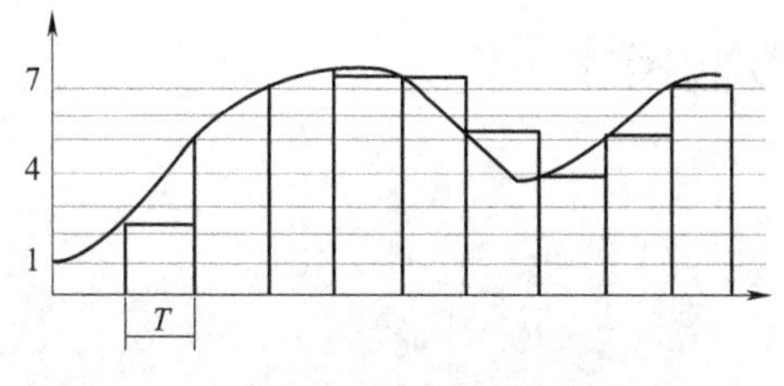

图 2-8 采样过程的示意图

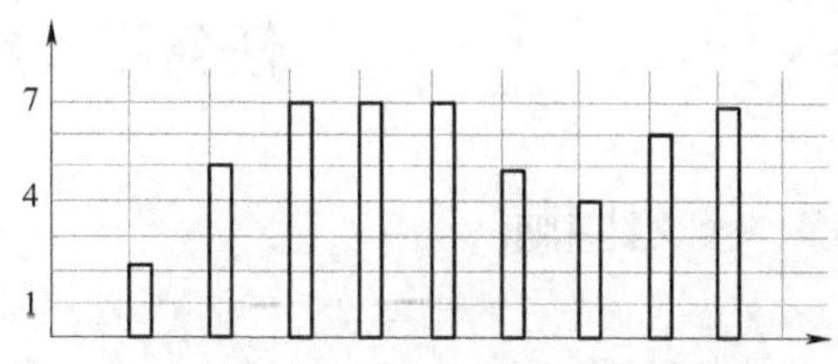

图 2-9 量化过程的示意图

(3)编码:将离散值变成一定位数的二进制码,如图 2-10 所示。

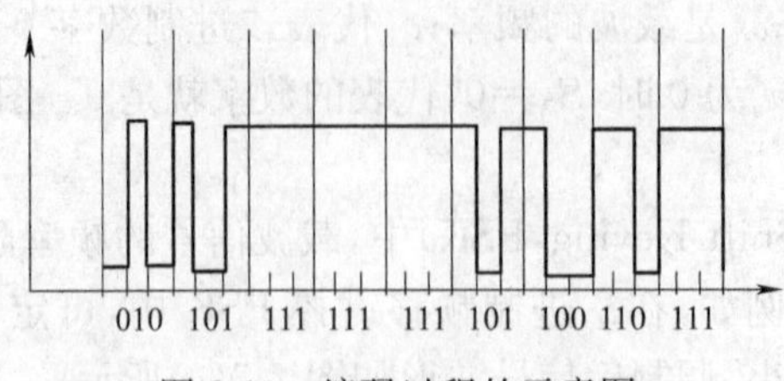

图 2-10 编码过程的示意图

4. 数字数据的数字信号编码

数字数据的数字信号编码方式主要有三种:不归零码(Non-Return to Zero,NRZ)、曼彻斯特编码(Manchester)和差分曼彻斯特编码(Difference Manchester),其编码形式如图 2-11 所示。

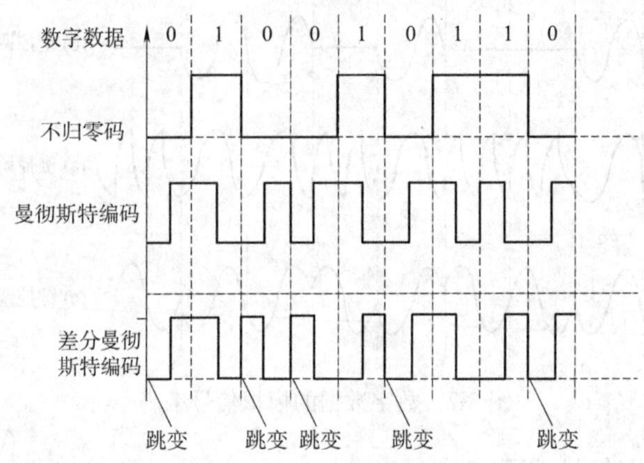

图 2-11 数字信号编码的三种形式

不归零码用负电平表示逻辑“0”,用正电平表示逻辑“1”,该编码方式的缺点是发送方和接收方不能保持同步,需采用其他方法保持收发同步。曼彻斯特编码每一位的中间有一跳变,该跳变既作时钟信号,又作数据信号。从高电平到低电平的跳变表示“1”,从低到高跳变表示“0”。差分曼彻斯特编码每位中间的跳变仅提供时钟定时,该编码方式是用每位码元开始时有无跳变来表示数据信号,有跳变为“0”,无跳变为“1”。

两种曼彻斯特编码是将时钟和数据包含在数据流中,在传输信息的同时,也将时钟同步信号一起传输到对方,每位编码中有一跳变,不存在直流分量,因此具有自同步能力和良好的抗干扰性能。但每一个码元都被调成两个电平,所以数据传输速率只有调制速率(码元速率)的一半。

任务三 数据传输技术

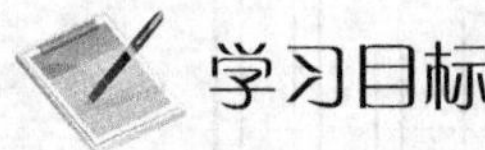

学习目标

1. 知识目标

掌握通信系统中常用的数据传输技术。

2. 能力目标

(1)能够正确叙述数据传输方式种类。

(2)能够叙述通信线路的工作方式。

(3)能够叙述通信信号中的传输方式。

知识课堂

数据的传输方式根据不同的分类标准可以做不同的分类。在数字通信中,按每次传送的数据的位数分类,传输方式可分为:串行通信和并行通信两种。按照数据传输的同步方式分类,传输方式可以分为同步传输和异步传输两种。

一、并行传输与串行传输

1. 并行传输

采用并行传输方式时,多个数据位同时在通信设备间的多条通道上传输,并且每个数据位都有自己专用的传输通道。这种传输方式下,数据的传输的速率相对较快,适合在近距离数据传输中使用。图 2-12 描述了通信设备之间具有 8 条传输通道时并行传输的工作情况。

2. 串行传输

采用串行传输时,数据将按照顺序一位接着一位地在通信设备之间的一条通道上传输。由于设备内部往往以并行方式传输数据,所以在数据传输带线路上之前先被送入发送端的并/串行转换器,通过这个转换器,数据将逐位传至线路上。在数据到达目的地时,数据则需要先进入接收端的串/并行转换器完成逆转换过程,使数据传输从串行方式转换为并行方式,如图 2-13 所示。串行传输相对并行传输而言,只需一条物理信道,线路投资小,易于实现,特别适合远距离且对传输速度要求不高的场合。随着技术的发展,现在串口通信的优势强于并行通信。计算机上的串口也越来越多,USB 接口就是典型的串口。

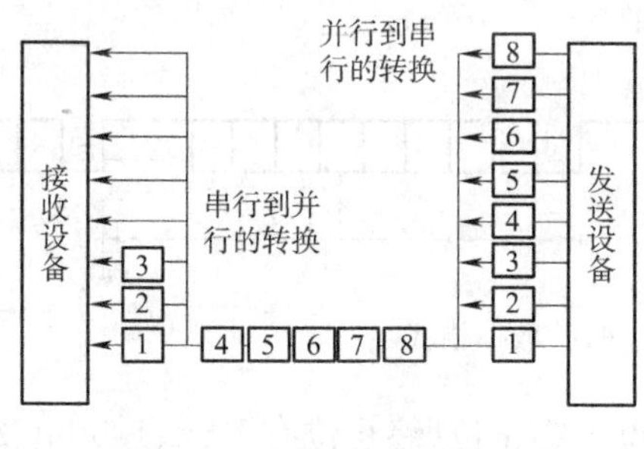

图 2-12　并行传输示意图

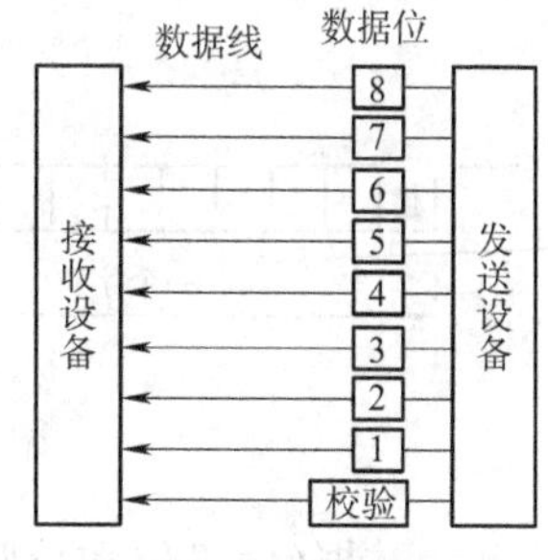

图 2-13　串行传输示意图

二、同步传输与异步传输

在串行传输的过程中,数据是一位一位依次传输,而且每一位数据的发送和接收均需要时钟脉冲的控制。发送端通过发送时钟确定数据位的起始和结束,而接收端为了正确识别数据,则需要以适当的时间间隔在适当的时刻对数据流进行采样。即接收端和发送端必须保持步调一致,否则会出现漂移现象,最终导致数据传输出现错误。但要严格保证每个独立的时钟同步并不容易。目前，经常采用两种方法来解决这一问题：同步传输和异步传输。

1. 同步传输

同步传输方式各字符没有起始位和停止位，采用位同步的同步技术。位同步就是接收端接收的每一位数据信息都要和发送端准确地保持同步，实现位同步的方法包括：外同步和自同步两种方式。

外同步法是在发送数据之前，发送端向接收端发送一串同步字符 SYN 或者一个同步字节。自同步法是数据信号波形本身提取同步信号的方法，时钟信号和传输信息同时传输到接收端。如数字信号采用曼彻斯特编码或差分编码，这两种编码本身都是自同步编码。

由于同步方式比异步方式传输效率高，更适用于高速传输要求，一般在高速传输数据的系统中采用同步方式。采用同步传输方式时，其数据格式如图 2-14 所示。

图 2-14　同步传输时的数据格式

2. 异步传输

异步传输方式又称起止(Start-stop)同步方式，这是在计算机通信中常用的同步方式，目前广泛应用在低速通信系统中。异步方式中，并不要求收发双端在传送代码的每一比特(位)都同步。例如在字符同步的异步方式传输中，在一串数字符前，设置一个启动用的起始位，预告字符的信息代码即将开始，在信息代码和校验信号(一般为 8 位)结束后，也设置 1～2 位的终止位，表示该字符已结束。当从不传输信息状态转到起始位状态时，在接收端将检测出极性状态的改变，利用这种改变，就可启动定时机构，实现同步。接收端收到终止位，就将定时机构复位，准备接收下一个字符代码。可以看出，采用异步传输时，传输的数据包括起始位、数据位、校验位和终止位，其具体格式如图 2-15 所示。

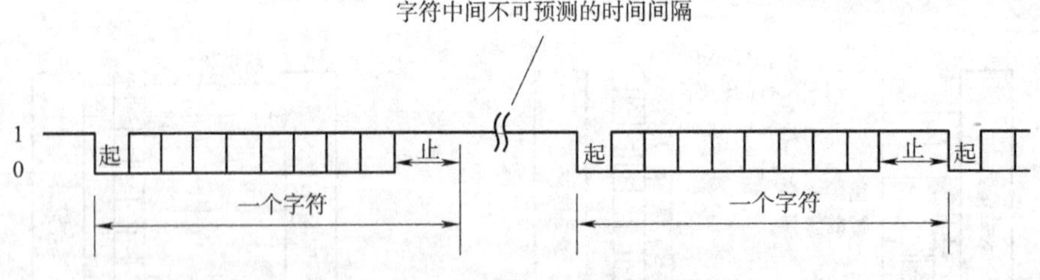

图 2-15　异步传输时的数据格式

字符长度＝数据(信息位和校验位)＋起始位＋终止位(终止位有 1 bit、1.5 bit、2 bit，共三种形式)。

异步方式实现起来简单容易，频率的漂移不会积累，每个字符都为该字符的位同步提供了时间基准，对线路和收发器要求较低。但由于每个字符需多传输 2～3 位非数据位，导致线路传输效率降低。

以上内容讨论了数据传输的基本方式。实际上，通信信号的传输都必须借助通信线路。根据数据在通信线路上的传输方向与时间的关系，常见的通信线路的工作方式有三种，分别是单工方式、半双工方式和全双工方式。此外，由于通信信号的频率不尽相同，为了满足各种频率的通信信号的传输要求，这就需要通信线路能够传输不同频率范围的信号。根据通信线路能够传输的信号的频率来分，通信信号的传输方式可以分为基带传输、频带传输和宽带传输。

三、通信线路的工作方式

1. 单工方式

单工通信方式是指信息只能单方向传输的工作方式，其通信信道是单向信道，发送端和接收端的身份是固定的，发送端只能发送信息，接收端只能接收信息，数据信号仅从一端传送到另一端，即信息流是单方向的。如图 2-16 所示，对于站点 A、B 而言，只有站点 A 能够向传输线路上发送数据，而 B 只能从线路上接收数据。也就是说，在这种方式下数据的流向只能是从 A 到 B，而不能从 B 到 A。

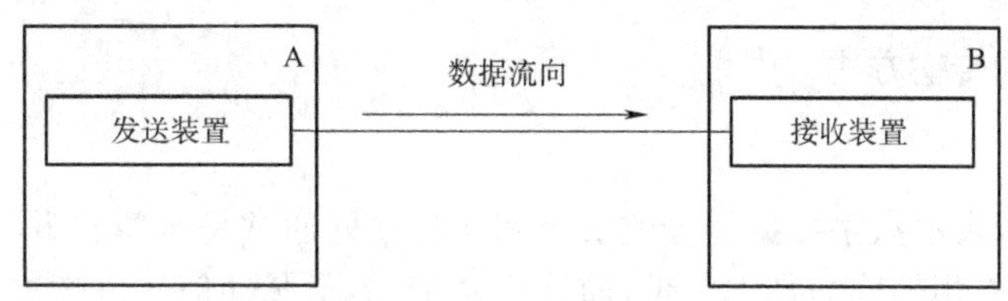

图 2-16　单工通信方式时的数据流向示意图

2. 半双工方式

半双工方式允许数据在两个方向上传输，但在某一具体的时刻，数据只被允许在一个方向上传输。如图 2-17 所示，当采用半双工方式时，数据可以由 A 传向 B，也可以由 B 传向 A。从数据传输方向的角度来讲，这种方式是双向工作方式，但由于 A、B 之间只有一个传输通道，所以信号只能分时传送，某个具体时刻传输通道上的数据传输方向是单向的。当系统不工作时，令 A、B 均处于接收方式，以便随时响应对方的呼叫。图中的收发转换开关并不是物理开关，而是由软件控制的电子开关。

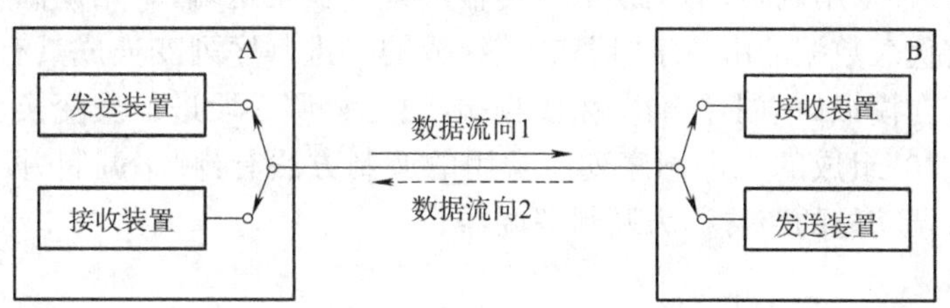

图 2-17　半双工通信方式时的数据流向示意图

3. 全双工方式

虽然半双工方式比单工方式灵活，但其效率依然较低，这是因为发送方式和接收方式之间的切换将花费一定的时间，一般需要几毫秒。重复线路切换又将引起较大的延迟积累。另外，采用半双工方式时，同一时刻只能工作在一种方式下的特点也是该方式效率不高的根本原因。解决的方法就是增加一条传输通道，允许数据同时在两个方向上传输，这种方式就是全双工方式。

如图 2-18 所示，站点 A、B 均可以同时接收和发送数据，正是因为全双工方式下存在两条传输通道，所以不再通过开关的切换便可实现双向传输，从而提高了传输效率。

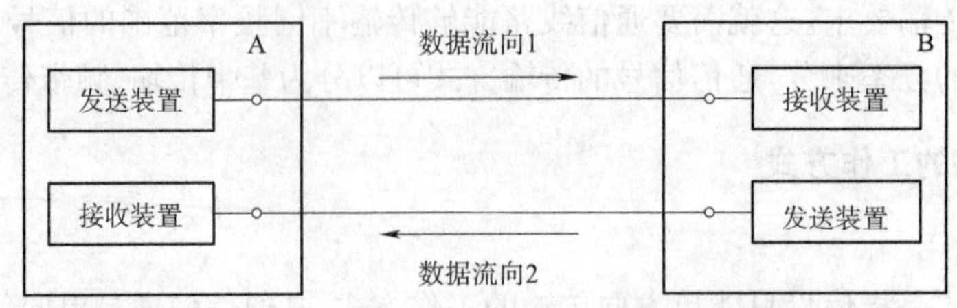

图 2-18　全双工通信方式时的数据流向示意图

全双工与半双工相比，信号传输速率虽然有很大提高，但这是以增加一条传输通道为代价的，系统的成本也将增加。在实际应用中，特别是在异步通信中，大多数情况是采用半双工方式，虽然系统发送效率较低，但线路简单、实用。

四、通信信号的传输方式

1. 基带传输

在数据通信中，表示数字数据信号的二进制比特序列通常是典型的矩形脉冲信号，矩形脉冲信号所占用的固有频带称为基本频带，简称为基带，矩形脉冲信号也被称为基带信号。基带传输是指在线路上直接传输基带信号或略加整形后的基带信号。在发送端，要传输的数据经过编码器变换后转化为可以直接传输的基带信号，例如曼彻斯特编码或差分曼彻斯特编码信号。在接收端，由解码器恢复成与发送端相同的矩形脉冲信号。

基带传输是一种最简单、最基本的传输方式。基带传输过程简单，设备费用低，基带信号的功率衰减不大，适用于近距离传输的场合，在局域网中通常使用基带传输技术。

2. 频带传输

远距离通信信道多为模拟信道，例如，传统的电话信道只能用于传输音频范围（300～3 400 Hz）的模拟信号，不适合用于直接传输频带很宽、但能量集中在低频段的数字基带信号。

频带传输是一种采用调制、解调技术的传输形式。在发送端，采用调制手段，对数字信号进行某种变换，将代表数据的由数字“1”和“0”组成的二进制序列变换成具有一定频带范围的模拟信号，以适应在模拟信道上传输。在接收端，通过解调手段进行反变换，把模拟的调制信号复原为由“1”和“0”组成的二进制序列。常用的调制方法有：频率调制、振幅调制和相位调制，具有调制和解调功能的装置称为调制解调器。

3. 宽带传输

所谓宽带，就是指比音频带宽还要宽的频带，简单地说，就是包括了大部分电磁波频谱的频带。使用这种宽频带进行传输的系统称为宽带传输系统，它几乎可以容纳所有的广播，并且还可以进行高速率的数据传输。

借助频带传输，一个宽带信道可以被划分为多个逻辑信道，把声音、图像和数据信息的传输综合在一个物理信道中进行，以满足用户对网络的更高要求。总之，宽带传输一定是采用频带传输技术的，但频带传输不一定就是宽带传输。

“带宽”和“宽带”：带宽是指数据信号传送时所占据的频率范围，描述带宽的单位为“比特/秒”。例如，带宽是 10 M，实际上是指 10 Mbit/s。宽带是指比音频带宽还要宽的频带，使用这种宽频带进行传输的系统称为宽带传输系统。宽带是一种相对概念，并没有绝对的标准。

此外，还有两个概念是“宽带线路”与“窄带线路”。宽带线路是指每秒钟有更多比特从计算机注入线路。宽带线路和窄带线路上比特的传播速率是一样的。如果用“汽车运货”来比喻“宽带线路”和“窄带线路”,它们的关系如图 2-19 所示。

宽带和窄带线路：车速一样；宽带线路：车距缩短

图 2-19　宽带线路和窄带线路的对比

4. 异步转移模式

异步传输模式(Asynchronous Transfer Mode,ATM)是一种新的传输与交换数字信息的技术,也是实现高速网络的主要技术,被规定为宽带业务综合数字网(B-ISDN)的传输模式。支持多媒体通信,包括数据、语音和视频信号,按需分配频带,具有低延迟特性,速度可达 155 Mbit/s～2.4 Gbit/s,也有 25 Mbit/s 和 50 Mbit/s 的异步传输模式技术。

任务四　数据交换和多路复用技术

学习目标

1. 知识目标

(1)掌握通信系统中的数据交换技术及其工作过程。

(2)理解并掌握多路复用技术。

2. 能力目标

(1)能够正确绘画出三种数据交换技术。

(2)能够正确区分每种多路复用技术含义。

知识课堂

在通信系统中,数据经过编码后在通信线路上进行传输,最简单的形式是用传输介质将两个端点直接连接起来进行数据传输。但是,每个通信系统都采用将收发两端直接相连的形式是不可能的,一般都要通过一个由多个节点组成的中间网络来把数据从源点转发到目的点,以此实现通信。这个中间网络不关心所传输的数据内容,只是为这些数据从一个节点到另一个节点直至目的节点提供传输路径,一般的交换网络拓扑结构如图 2-20 所示。

数据交换是多节点网络中实现数据传输的有效手段,常用的数据交换技术有电路交换和存储转发交换,其中存储转发交换又分为报文交换和分组交换。

一、数据交换技术

1. 电路交换

数据通信中的电路交换方式是指两台计算机或终端在相互通信之前,需预先建立起一条实际的物理链路,在通信中自始至终使用该条链路进行数据信息传输,并且不允许其他计算机或终端同时共享该链路，通信结束后再拆除这条物理链路。

(1)电路交换的三个阶段

采用电路交换方式，数据通信需经历三个阶段：建立电路(即建立一条实际的物理链路)、数据传输和电路拆除。

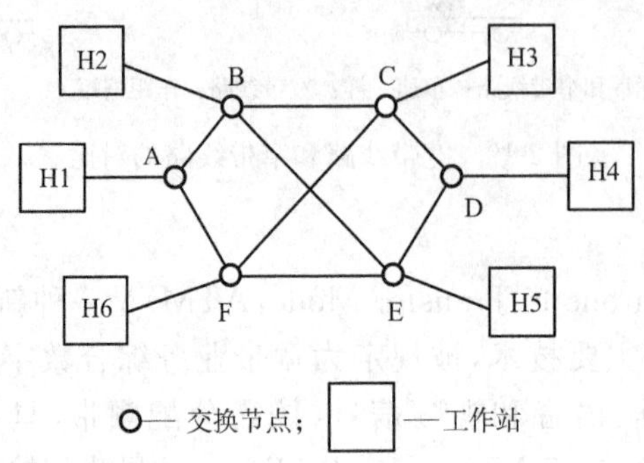

图 2-20　交换网络的拓扑结构

①建立电路

在传输任何数据之前，要先经过呼叫过程建立一条端到端的电路。如图 2-21 所示，若 H1 站要与 H2 站连接，H1 站先要向与其相连的 A 节点提出请求，然后 A 节点在有关联的路径中找到下一个支路 B 节点，在此电路上分配一个未用的通道，并告诉 B 节点它还要连接 C 节点；接着用同样的方法到达 D 节点完成所有的连接。再由主机 H2(被叫用户)发出应答信号给主叫用户主机 H1，这样，通信链路就接通了。

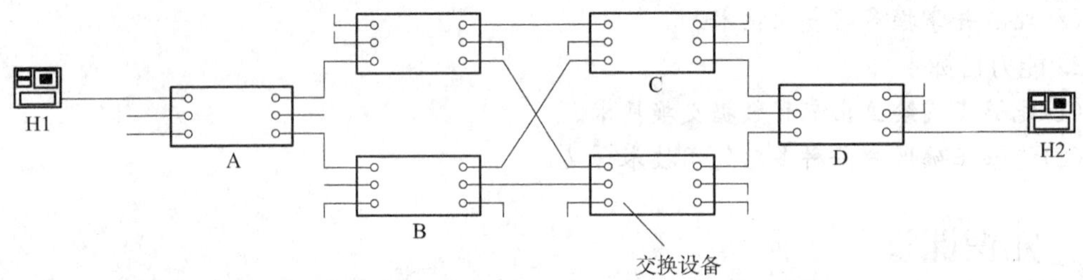

图 2-21　通信双方电路的建立过程示意图

只有当通信的两个站点之间建立起物理链路之后，才允许进入数据传输阶段。电路交换的这种“连接”过程所需时间(即建立时间)的长短，与连接的中间节点的个数有关。

②传输数据

电路 A—B—C—D 建立以后，数据就可以从 A 发送到 B，再由 B 发送到 C，再由 C 发送到 D。当然数据也可以由 D 经过 C、B 传向 A。在整个数据传输过程中，所建立的电路必须始终保持连接状态。

③拆除电路

数据传输结束后，由某一方(H1 或 H2)发出拆除请求，然后逐步拆除到对方节点。

(2)电路交换技术的特点

①在数据传送开始之前必须先设置一条专用的通路。

②一旦电路建立，用户就可以以固定的速率传输数据，中间节点不对数据进行其他缓冲

和处理，传输实时性好，透明性好。数据传输可靠、迅速，不会丢失且保持原来的顺序。这种传输方式适用于系统间要求高质量的大量数据传输的情况，常用于电话通信系统中。目前的公众电话网(PSTN 网)和移动网(包括 GSM 网和 CDMA 网)，采用的都是电路交换技术。

③在电路释放之前，该电路由一对用户完全占有，即使没有数据传输也要占用电路，因此线路利用率低。

④电路建立延迟较大，对于突发式的通信，电路交换效率不高。

⑤电路交换既适用于传输模拟信号，也适用于传输数字信号。

2. 存储转发交换方式

存储转发交换技术(Store And Forward Switching)是指一种数据帧在被转发到适当的端口之前已经被完全处理的技术。这个处理包括：计算循环冗余码校验(CRC)和检测目的地地址等。另外，帧数据必须被暂时存储，直到网络资源可用再转发这条信息。存储转发方式可以分为报文交换和分组交换。

存储转发交换技术的优缺点如下：

优点：可靠性好，因为它把输入端口的数据帧先存储在交换机的缓存中并进行 CRC 检查。若检测到该帧出现差错，则丢弃该帧，否则取出该帧的目的地址，通过查找 MAC 地址表获得输出端口，再转发出该数据帧。该存储转发交换方式还支持不同传输速度端口间的转换，方便高速端口和低速端口之间的协调工作；通信控制器有路选功能，可以提高系统效率，实现信道的分时共享。

缺点：存储转发交换方式的数据处理时延时较大，主要原因是输入输出端都要经过串并转换，而且要存到高速缓存中，整个过程耗时较多。

(1)报文交换

报文交换方式的数据传输单位是报文，报文就是站点一次性要发送的数据块，其长度不限且可变，携带有目标地址、源地址等信息。在交换过程中，交换设备将接收到的报文先存储，待信道空闲时再转发给下一节点，一级一级中转，直到目的节点。这种数据传输技术称为“存储—转发”。在报文交换方式中是以报文为单位接收、存储和转发信息。

为了准确地实现转发报文，一份报文应包括三个部分：报头或标题——它包括发信站地址，终点收信地址和其他辅助控制信息等；报文正文——传输用户信息；报尾——表示报文的结束标志，若报文长度有规定，则可省去此标志。

报文交换的特点如下：

②在传送报文时，一个时刻仅占用一段通道，大大提高了线路利用率。

②报文交换系统可以把一个报文发送到多个目的地。

③可以建立报文的优先权，优先级高的报文在节点可优先转发。

④报文的大小不一，存储管理较为复杂，大报文造成存储转发的延时过长，对存储容量要求较高，出错后整个报文必须全部重发。

⑤报文交换适用于传输数字信号，实际应用中，报文交换主要用于传输短报文且实时性要求较低的通信场合。

(2)分组交换

①分组交换的原理

分组交换又称包交换。为了更好地利用信道容量，降低节点中数据量的突发性，应将报文交换改进为分组交换。分组交换方式吸取了报文交换的优点，且仍然采用“存储—转发”的方式，但它不像报文交换那样以报文为单位交换，而是把报文截成若干比较短的，规格化了的“分组”（或称包）进行交换和传输。由于分组长度较短，具有统一的格式，便于在交换机中存储和处理，“分组”进入交换机后只在主存储器中停留很短的时间，进行排队和处理，一旦确定了新的路由，就很快输出到下一个交换机或用户终端。

②分组交换的两种方式

a. 数据报交换

在数据报交换中，每个分组自身携带足够的地址信息，独立的确定路由（即传输路径）。由于不能保证分组按序到达，所以目的站点需要按分组编号重新排序和组装。如图 2-22 所示，主机 A 先后将分组 1 与分组 2 发送给主机 B，分组 1 经过 S1、S2、S3、S5 后到达主机 B，分组 2 经过 S1、S4、S5 先到达主机 B。但是由于分组 1 经过的节点较多，到达主机 B 的时间较晚，主机 B 必须对分组重新排序后，然后才能获得有效数据。

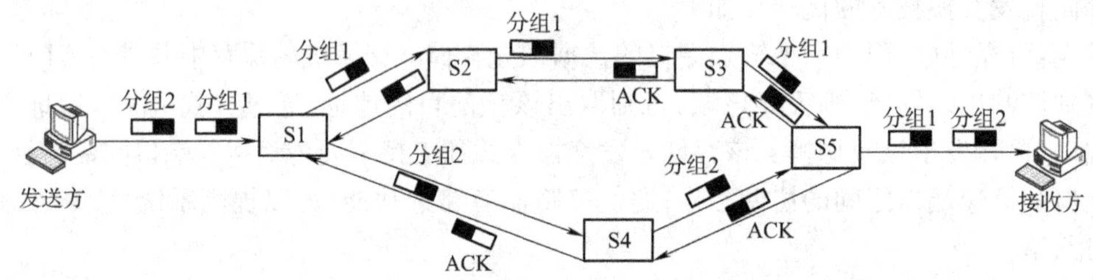

图 2-22　数据报传输方式的示意图

S1～S5—分组交换机；ACK—应答报文分组

b. 虚电路交换

在虚电路分组交换中，为了进行数据传输，网络的源节点和目的节点之间要先建立一条逻辑通路。每个数据分组除了包含数据之外，还包含一个虚电路标识符，例如图 2-23 中的虚电路 1 与虚电路 2。在预先建立好的路径上，每个节点都知道把这些分组数据传输到哪去，不再需要路径选择判定。最后，由其中的某一站用户请求来结束这次连接。它之所以是被称为虚电路，是因为这条电路不是专用的。

如图 2-23 所示，站点 H1 与站点 H4 进行数据传输，先在 H1 与 H4 之间建立一条虚电路 S1、S4、S3，然后依次传输分组 1、2、3、4、5，到达 H4 的顺序也是分组 1、2、3、4、5。这样 H4 就不需要重新进行组装和排序。

虚电路分组交换的主要特点是：在数据传送之前必须通过虚呼叫设置一条虚电路，但并不像电路交换那样有一条专用通路，分组在每个节点上仍然需要缓冲，并在线路上进行排队等待输出。

3. 三种交换方式比较

图 2-24 为电路交换、报文交换和分组交换三种交换方式的数据传输过程。其中 A、B、C、D 对应图 2-21 中的节点。

总之，若要传送的数据量很大，并且传送时间远大于呼叫时间，则采用电路交换较为合适。当端到端的通路有很多段的链路组成时，采用分组交换传送数据较为合适。从提高整个网络的信道利用率来看，报文交换和分组交换优于电路交换，其中分组交换比报文交换的时延小，尤其适合于计算机之间的突发式的数据通信。

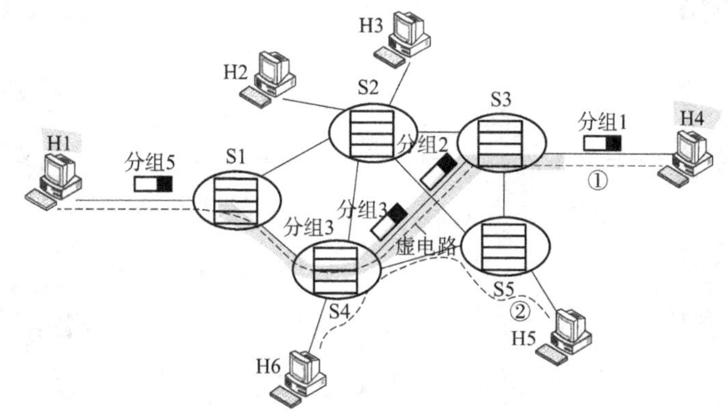

图 2-23　虚电路传输方式的示意图

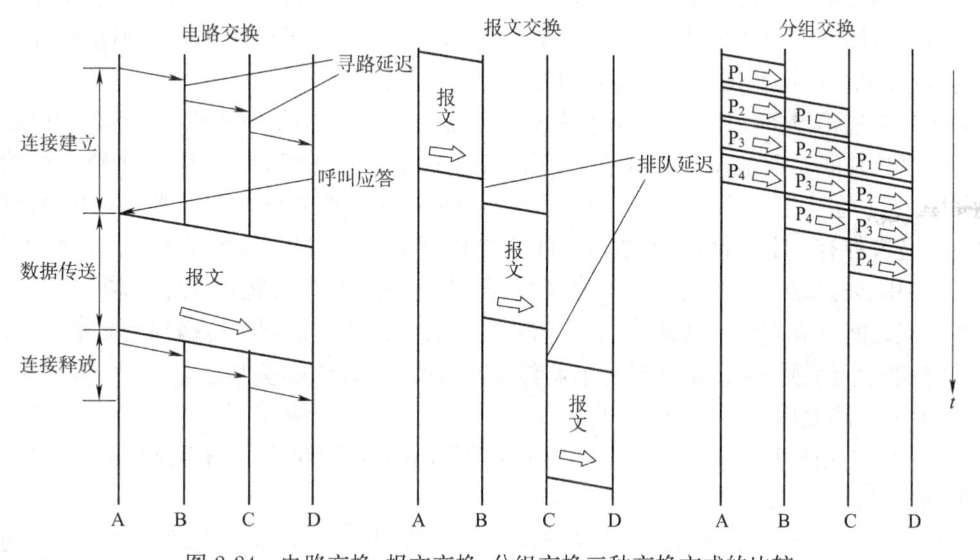

图 2-24　电路交换、报文交换、分组交换三种交换方式的比较

二、多路复用技术

多路复用技术是许多单个信号在一条线路上进行传输的技术，其目的是要提高传输介质的使用效率。其作用相当于把单个传输通路划分为多个信道，以实现通信链路的共享，其结构示意如图 2-25 所示。

常用的多路复用技术可分为频分多路复用(Frequency Division Multiplexing，FDM)、时分多路复用(Time Division Multiplexing，TDM)、波分多路复用(Wave Division Multiplexing，WDM)和码分多址复用(Code Division Multiplex Access，CDMA)。时分多路复用还可以进一步分为同步时分多路复用(TDM)和统计时分多路复用(STDM)。实现多路复用的设备称为多路复用器(MUX)。

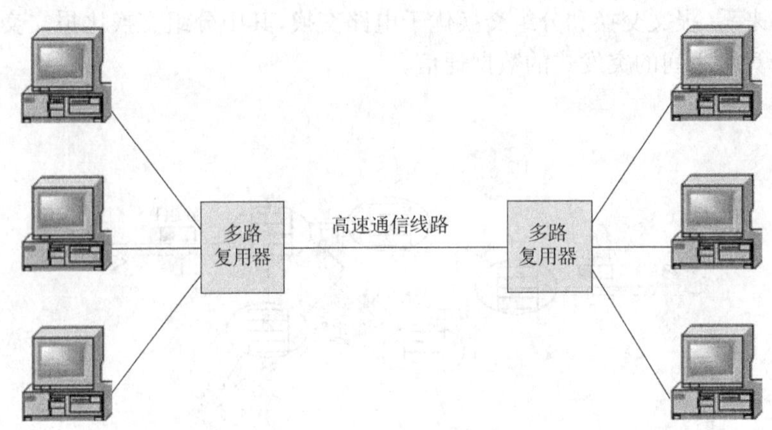

图 2-25　多路复用的示意图

(1)频分多路复用

若物理信道的可用带宽超过单个信号所需带宽，那么就可将该物理信道的总带宽分割成若干个与要传输的单个信号带宽相同(或略宽)的子信道，每个子信道的带宽不重叠并且可以独立传输一路信号，这就是频分多路复用技术的基础条件。

如果各个通信设备使用的也是不同的带宽的信号并且这些带宽不重叠，那么就可以用一条子信道来传输某个通信设备的信号，从而同时实现多个设备间通信。频分多路复用的工作原理如图 2-26 所示，图 2-26(a)表示了将一条传输介质按频率划分为多个通道的方法，划分出来的每个通道都有一定的带宽，各通道之间的带宽不重叠，可支持多个设备之间的数据传输。图 2-26(b)中，发送端 1、2、3 发出的信号经过调制后分别占用的带宽是 f_1、f_2 和 f_3，并且这三个带宽相互之间没有重叠。这样，这三个信号经过各自的子信道同时传输到接收端，接收端的滤波器将这三个信号恢复出来并经过解调传送给接收端 A、B、C，完成了信息的同时传输。

(2)时分多路复用

时分多路复用还可以进一步分为同步时分多路复用(TDM)和统计时分多路复用(STDM)。

①同步时分多路复用

同步时分多路复用(TDM)是将传输媒体的传输能力或传输速率按时间划分成时间单元(一小段时间)，每个时间单元又划分为若干个时间片，把每个时间片固定地分配给需要通信的每台设备，这样利用设备在时间上的交叉，就可以在一条传输媒体上传输多路数据信号。

如图 2-27 所示，每个时间单元被分割为三个时间片 1、2、3，计算机 1、2、3 只能在分配给它们的时间片上发送数据，若没有数据或没有准备好数据发送，那么分配给它的时间片上就没有任何数据，即该时间片对应的信息是空的。由于时间片是预先按次序分配给每一台设备的，而且固定不变，所以这种同步时分多路复用又被称为同步 TDM。

②统计时分多路复用

同步时分多路复用把时间片固定地分配给某台设备。这样就会产生一个问题：即使该设备没有数据要传送，但仍然不断有时间片分配给它用，而另一台有大量数据需要传输的设备只能等待分配给它的时间片到来才行。显然，这会造成对系统资源的浪费。

统计时分多路复用(STDM)是对同步时分多路复用的一种改进，采用智能分配时间的方法，即根据发送方的要求动态地分配时间片。图 2-28 中的三个设备并不是每时每刻都在发送数据。统计时分多路复用器根据需求动态地分配时间片。复用器扫描各条输入线路，当且仅当有数据需要传送时才分配时间片，没有数据传送则继续扫描下一线路而不分配时间片，循环往复直到扫描完所有的输入线路。

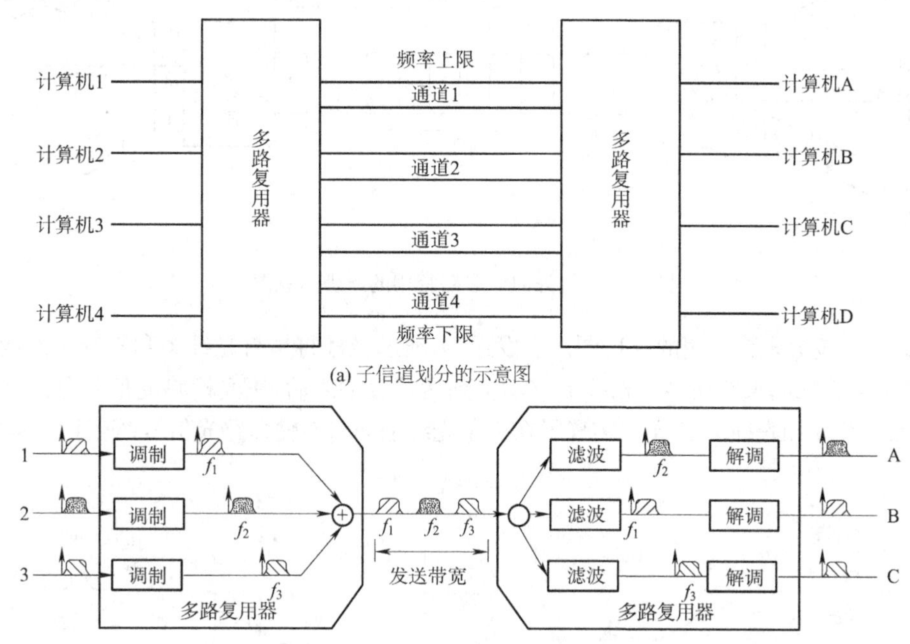

(a) 子信道划分的示意图

(b) 频分多路复用的示意图

图 2-26　频分多路复用的原理图

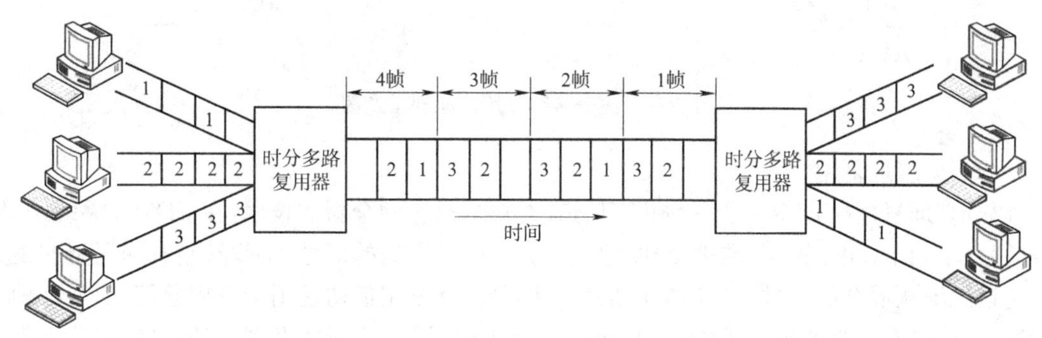

图 2-27　同步时分多路复用的原理示意图

在图 2-28 中，当复用器进行第一次扫描时，只有设备 3 有数据需要传送，因此第一帧只有一个时间片。第二次扫描，发现设备 1、2、3 都有输入数据，因此第二帧具有 3 个时间片。同样道理，第三帧具有 3 个时间片，第四帧具有两个时间片，STDM 帧的长度可以是不固定的。为了使接收端的复用器能正确分离各路数据，就必须使每一时间片带有地址信息，也就是说，每个数据中既包含数据信息又包含地址信息。所以，STDM 的每个时间片存在额外开销。

(3)波分多路复用

波分多路复用(WDM)技术主要用于光纤传输介质。该方法与频分多路复用方法相似，只不过它是利用不同波长的光在一条光纤上传输多路信号。在一根光纤上复用 80 路或更多路的光载波信号称为密集波分复用DWDM。目前,单模光纤的数据传输速率最高可以达到20 Gbit/s。

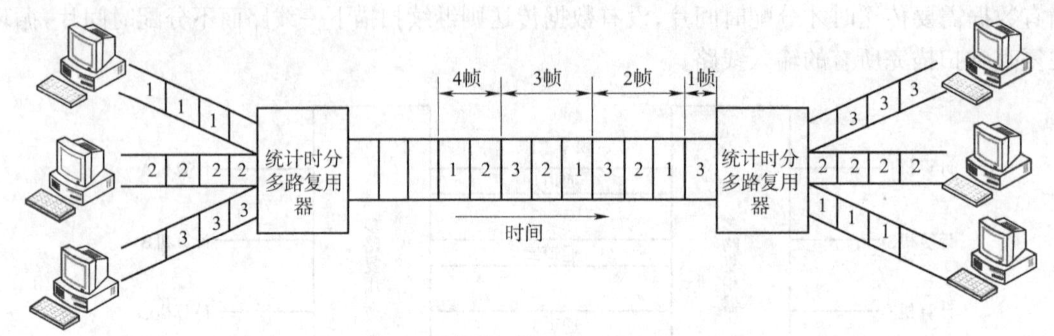

图 2-28　统计时分多路复用的原理示意图

图 2-29 是波分多路复用的原理图。在发送端,通过光栅将来自光纤 1 和光纤 2 的两个波长不同的光信号叠加起来并在共享光纤上传输。到达接收端之后,用光栅将光信号分离并复原出来,传递给光纤 3 和光纤 4,这样就实现了在一条光纤上同时传输多路光信号,实现了多路复用。

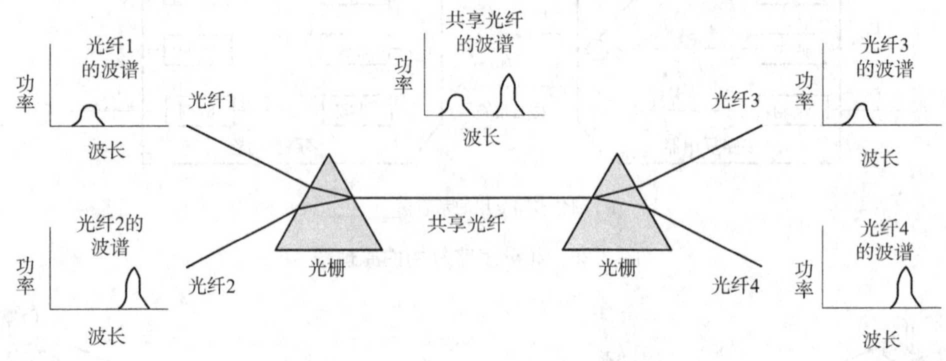

图 2-29　波分多路复用的原理示意图

(4)码分多址复用

码分多址复用(CDMA)是一种共享信道的方法,是一种全新的技术,在CDMA系统中,发送端用互不相干、相互正交(准正交)的地址去调制所需发送的信号,接收端则利用码型的正交性,通过地址从混合的信号中选出响应信号。码分多址复用最初是用于军用通信,因为这种系统发送的信号有很强的抗干扰能力,其频谱类似于白噪声,不易被发现。CDMA技术主要用在无线电通信系统,如移动通信。它不仅可以提高通信的语音质量和传输的可靠性,减少干扰对通信的影响,而且增加了通信系统的容量。

任务五　差错控制技术

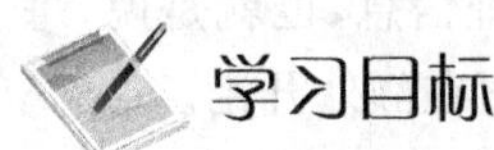

学习目标

1. 知识目标

掌握通信系统中差错控制技术。

2. 能力目标

(1)能够正确叙述常用差错控制编码方法种类。

(2)能够计算循环冗余校验码。

知识课堂

一、差错控制概述

1. 产生的差错

差错就是在数据通信中,接收端接收到的数据与发送端实际发出的数据出现不一致的现象。例如,数据传输过程中出现位丢失。发出的数据位为“0”,而接收到的数据为“1”,或发出的数据位为“1”,而接收到的数据为“0”。

差错的产生是由噪声引起的,根据产生差错的原因不同可把噪声分为两类:热噪声和冲击噪声。

(1)热噪声

热噪声又称为白噪声,它是由传输介质的电子热运动产生的,它存在于所有电子器件和传输介质中。热噪声是温度变化的结果,不受频率变化的影响。热噪声在所有频谱中是以相同的形态分布的,它是不能够消除的,由此对通信系统性能构成了上限。例如,线路本身电气特性随机产生的信号幅度、频率与相位的畸变和衰减,电气信号在线路上产生反射造成的回音效应,相邻线路之间的串扰等都是属于热噪声。

(2)冲击噪声

冲击噪声呈突发状,常由外界因素引起,其噪声幅度可能相当大,是传输中的主要差错。例如,大气中的闪电、电源开关的跳火、自然界磁场的变化以及电源的波动等外界因素所引起的都属于冲击噪声。

图 2-30 是数据传输系统产生差错的过程。因受到噪声的影响,接收端收到的数据和发送端发出的数据并不是完全相同的,而是在个别位产生了误位码。

2. 差错控制的思想

在数字通信中,根据不同的目的,编码可分为信源编码和信道编码。

信源编码是为了提高数字通信的有效性并使模拟信号数字化而采取的编码技术,它主要是利用信源的统计特性,解决信源的相关性,去掉信源冗余信息,从而达到压缩信源输出的信息率,提高系统效率的目的。

信道编码是为了克服信道中的噪声和干扰,降低误码率,提高数字通信的可靠性而采取的编码。它可以根据一定的(监督)规律在待发送的信息码元中(人为地)加入一些必要的(监督)码元,在接收端利用这些监督码元与信息码元之间的监督规律,发现和纠正差错,以提高信息码元传输的可靠性。信道编码的目的是试图以最少的监督码元为代价,以最大限度地提高码元传输的可靠性。

差错控制的核心是抗干扰编码,也就是信道编码。在发送端被传送的信息码序列的基础上,按照一定的规则加入若干“监督码元”后进行传输,这些加入的码元与原来的信息码序列之间存在着某种确定的约束关系。在接收数据时,检验信息码元与监督码元之间的既定的约束关系,如该关系遭到破坏,则在接收端可以发现传输中的错误,从而纠正错误。

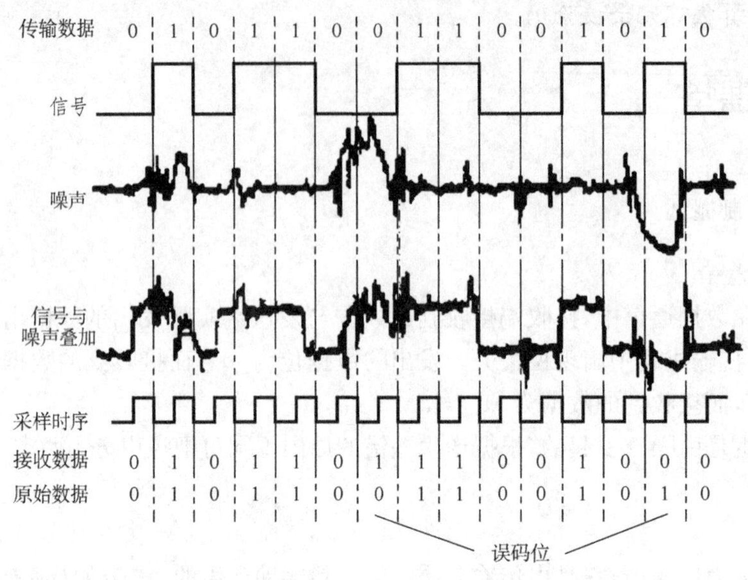

图 2-30　差错产生的过程

3. 差错控制编码分类

差错控制编码可分为检错码和纠错码两类。

(1)检错码。检错码是能够自动发现错误的编码,如奇偶校验码、循环冗余校验码。

(2)纠错码。纠错码是能够发现错误且又能自动纠正错误的编码,如海明码、卷积码。

检错码比较简单,但是不能自动纠正错误,实时性不强;纠错码实时性强,但是比较复杂。

二、常用的差错控制编码方法

1. 奇偶校验码

奇偶校验(Parity Check)又称奇偶监督码,也叫垂直冗余校验。它是一种校验数据传输正确性的最常用的方法,具有结构简单,插入的冗余量少等特点。

奇偶校验可以分为奇校验和偶校验两种类型,采用何种校验是事先规定好的。如果后加的校验位使得要传输的一组二进制编码的数位中"1"的个数是奇数,那么这种方法被称为奇校验。如果后加的校验位使得要传输的一组二进制编码的数位中"1"的个数是偶数,那么这种方法被称为偶校验。当然,不同的校验方法,加入的校验码通常是不同的。在这种编码中,无论信息位有多少,监督位都只有一位。若采用奇校验的方法,则当接收端收到这组代码时,校验其中的"1"的个数是否为奇数,从而确定传输代码的正确性。若采用偶校验的方法,则当接收端收到这组代码时,校验其中的"1"的个数是否为偶数,从而确定传输代码的正确性。

为了更好地说明奇偶校验的过程,利用表 2-1 进行说明。假设要传送的数据是 1000110,并且采用奇校验的方法。

根据要传输的数据可以看出,其数位中"1"的个数是 3 个,那么此时校验码是 0。传送到接收端之后,接收端需要校验接收到的数据中"1"的个数。如过接收端接收到的"1"的个数是奇数个,那么基本可以确定数据传输是准确的。必须注意的是,奇偶校验只能发现奇数个错误,并不能发现偶数个错误。这也是奇偶校验方式的缺点。

表 2-1　奇偶校验的过程

发送的数据	校验位	接收到的数据	是否有误位	是否能检查出来
1000110	0	10001100	无	—
1000110	0	10000100	有	是
1000110	0	10001110	有	是
1000110	0	10000000	有	否
1000110	0	10001010	有	否

2. 方正校验码

为了克服奇偶校验的缺陷,进一步提高计算机通信系统的检错和纠错能力,还可以采用方正校验码。方正校验码也称行列监督码或纵向冗余校验(Longitudinal Redundancy Check,LRC)码,它的码元受到行和列两个监督,行列监督码是二维的奇偶监督码。这种码可以克服奇偶监督码不能发现偶数个差错的缺点,并且是一种用以纠正突发差错的简单纠错编码,其基本原理与简单的奇偶监督码相似,不同的是每个码元要受到纵向和横向两次监督。

其具体编码如下:将若干个要传送的码组编成一个矩阵,矩阵中每一行为一个码组,每行的最后加上一个监督码元,进行奇偶监督;矩阵中的每一列是由不同码组的相同位置的码元组成,在每列最后也加上一个监督码元,进行奇偶监督。

如果用×表示信息位,⊗表示监督位,则矩阵码的结构如图 2-31 所示。这样,它的一组监督关系按照行和列组成,每一行每一列都有一个奇偶监督码。当某一行(或某一列)出现偶数个差错时,该行(列)虽不能发现,但是只要差错所在列(行)没有同时出现偶数个差错,则这种差错仍然可以被发现。

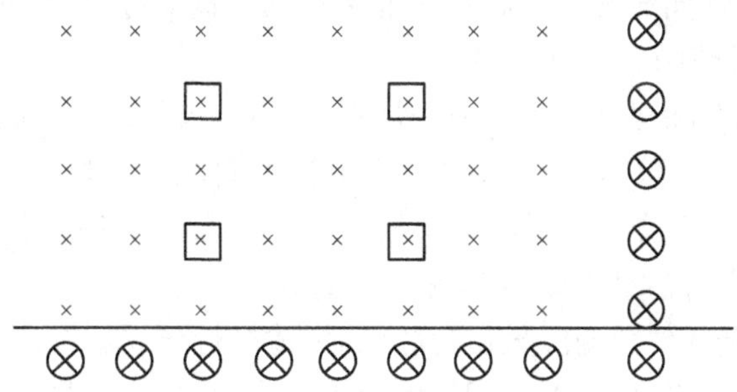

图 2-31　矩阵码的结构示意图

矩阵码只有一种情况不能发现差错,即差错数正好是 4 的倍数,且差错位正好构成矩形的四个角。由此可见,矩阵码发现差错的能力是十分强的,但它的编码效率比奇偶监督码要低。

方正监督码的特点总结如下:

(1)可以克服奇偶监督码不能发现偶数个差错的缺点。

(2)常用于纠正突发性出错,但长度有限。

(3)可使误码率降到原来的 0.01%到 1%。

(4)不能纠正差错数正好是 4 的倍数且位置在矩形的 4 个角的差错。

3. 循环冗余校验码

循环冗余校验(Cyclic Redundancy Check,CRC)码,是一种应用广泛的检错码,又称为多项式编码。在串行数据传输中,广泛采用循环冗余校验码。CRC 码也是给信息码加上几位校验码,以增加整个编码系统的查错纠错能力。

(1)CRC 码的相关概念

①CRC 码的基本方法

在 K 位信息码后再拼接 R 位的校验码,整个编码长度为 N 位,因此这种编码又叫(N,K)码。对于一个给定的(N,K)码,可以证明存在一个最高次幂为 $N-K=R$ 的多项式 $G(x)$,根据它可以生成 R 位的校验码,称多项式 $G(x)$ 为 CRC 码的生成多项式。

②模 2 运算

模 2 运算简单地说就是取余数,二进制代码除以 2 后取余数,余数就只有 0 或 1。

模 2 加:0+0=0;0+1=1;1+0=1;1+1=0(无进位和借位),相当于数字电子中的异或运算。

模 2 减:0-0=0;0-1=1;1-0=1;1-1=0(无进位和借位)。

模 2 乘:模 2 乘和 10 进制乘法一样,只是对结果相加时要使用模 2 加运算。

例如,1011×101:

$$
\begin{array}{r}
1011 \\
\times \quad 101 \\
\hline
1011 \\
0000 \\
1011 \\
\hline
100111
\end{array}
$$

模 2 除:多位二进制数的模 2 除法也类似于普通意义上的多位二进制除法,但是在如何确定商的问题上两者采用不同的规则。后者按带借位的二进制除法,根据余数减除数够减与否确定商 1 还是商 0,若够减则商 1,否则商 0。

多位二进制数的模 2 除法采用模 2 减法规则,是不带借位的二进制减法,因此考虑余数够减除数与否是没有意义的。实际上,在 CRC 码运算中,总能保证除数的首位为 1,则模 2 除法运算的商是由余数首位与除数首位的模 2 除法运算结果确定。因为除数首位总是 1,按照模 2 除法运算法则,那么余数首位是 1 就商 1,是 0 就商 0。

值得注意的是,当余数位数与除数位数相同时,才进行异或运算,余数首位是 1,商就是 1,余数首位是 0,商就是 0。当已经除了几位后,余数的位数小于除数的位数时,商 0,余数往右补一位,位数仍比除数少,则继续商 0,当余数位数和除数位数一样时,商 1,进行异或运算,得新的余数,以此逐渐推至被除数的最后一位。

(2)多项式与二进制数码

多项式和二进制码有直接对应的关系:x 的最高次幂对应二进制码的最高位,以下各位对应多项式的各幂次,有此幂次项对应 1,无此幂次项对应 0。可以看出:若 x 的最高幂次为 R,转换成对应的二进制数有 $R+1$ 位。例如生成多项式为 $G(x)=x^4+x^3+x+1$,可转换为二进制数码 11011。同理,信息码也可以表示为信息多项式 $C(x)$。例如,发送信息位 1111,可转换为数据多项式为 $C(x)=x^3+x^2+x+1$。必须注意的是,生成多项式是接受方和发送方事先约定好的，也可以表示为二进制数，在整个传输过程中，这个数始终保持不变。在发送方，利用生成多项式与信息多项式做模 2 除运算生成校验码。在接收方利用生成多项式与收到的编码多项式做模 2 除运算检测和确定错误位置。常用的生成多项式见表 2-2。

表 2-2　常用的生成多项式

N	K	生成多项式 $G(x)$	$G(x)$码
7	4	x^3+x+1	1011
7	4	x^3+x^2+1	1101
7	3	$x^4+x^3+x^2+1$	11101
7	3	x^4+x^2+x+1	10111
15	11	x^4+x+1	10011
15	7	$x^8+x^7+x^6+x^4+1$	111010001
31	26	x^5+x^2+1	100101
31	21	$x^{10}+x^9+x^8+x^6+x^5+x^3+1$	11101101001
63	57	x^6+x+1	1000011
63	51	$x^{12}+x^{10}+x^5+x^4+x^2+1$	1010000110101
1041	1024	$x^{16}+x^{15}+x^2+1$	11000000000000101

(3)生成多项式应满足的条件

生成多项式的最高位和最低位必须为 1。若被传送信息的任何一位发生错误，被生成多项式做模 2 除后的余数必不为 0。不同位发生错误时，余数必不同。对余数继续做模 2 除，余数应循环。

(4)CRC 码的生成步骤

将 x 的最高次幂为 R 的生成多项式 $G(x)$ 转换成对应的 $R+1$ 位二进制数；将信息码左移 R 位，用生成多项式(二进制数)与信息码做模 2 除，得到 R 位的余数，将余数拼到信息码左移后空出的位置，得到完整的序列。

(5)CRC 码生成举例

【例】已知二进制信息码为 110011，设其生成多项式 $G(x)=x^4+x^3+1$，若按照 CRC 码校验方式，那么发送方发送的二进制序列是多少？

解：发送数据的比特序列是 110011，生成多项式转换成对应的二进制比特序列为 11001。将发送数据的比特序列左移四位，得 1100110000。按照模 2 除法运算(异或)得到如下结果：

```
              100001 → 商
        11001 ) 1100110000
                11001
                -----------
                    10000
                    11001
                    -----
                     1001 → 余数
```

所以，发送方发送的比特序列是：1100111001。

(6)CRC 码纠错原理

在接收端收到了 CRC 码后用生成多项式为 $G(x)$ 去做模 2 除，若得到余数为 0，则码字无误。若有一位出错，则余数不为0，而且不同位出错，其余数也不同。可以证明，余数与出错位的对应关系只与码制及生成多项式有关，而与待测码组（信息位）无关。

表2-3为CRC码纠错举例，其给出了生成多项式 $G(x)=1011$，数据比特序列 $C(x)=1010$ 时的出错模式，改变 $C(x)$（码字），只会改变表中码字内容，不改变余数与出错位的对应关系。

表 2-3　CRC 码纠错举例

码位	收到的 CRC 码字							余数	出错位
	A7	A6	A5	A4	A3	A2	A1		
正确	1	0	1	0	0	1	1	000	无
错误	1	0	1	0	0	1	0	001	1
	1	0	1	0	0	0	1	010	2
	1	0	1	0	1	1	1	100	3
	1	0	1	1	0	1	1	011	4
	1	0	0	0	0	1	1	110	5
	1	1	1	0	0	1	1	111	6
	0	0	1	0	0	1	1	101	7

三、差错控制方式

利用差错控制编码来控制传输系统中传输差错的方法称为差错控制。按照差错编码结构的不同和利用差错编码控制差错方法的不同，差错控制方式也有不同的类型。常用的差错控制方式有：自动请求重发ARQ；前向纠错FEC；混合纠错HEC；信息反馈IRQ。

1. 自动请求重发ARQ(Automatic Repeat Request)

发送方将检错码与数据一起发送，接收方依据检错码进行差错检测，有错则重发，直到接收方正确接收到信息为止，这种方式被称为自动请求重发，该方式接收方只关心有没有出错，不关心错误的具体位置。其工作过程如图2-32所示。

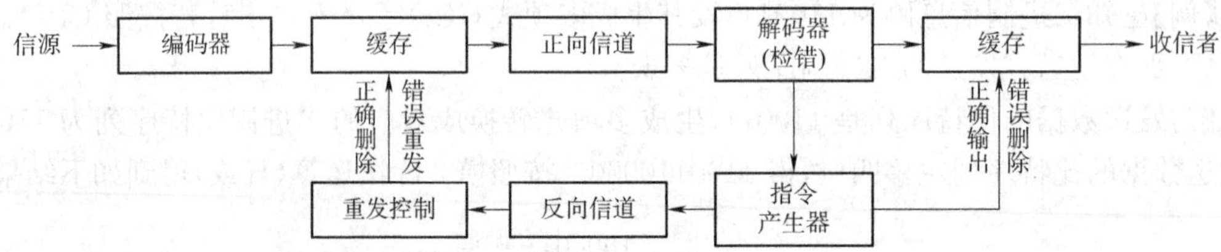

图2-32　自动请求重发控制方式的工作过程

自动请求重发控制方式的主要优点是：采用较少的监督码元就能使误码率降到很低、检错的计算复杂度较低、能适应不同特性的信道等。

自动请求重发控制方式的主要缺点：需要双向信道来重发，不能用于单向信道；不能用于一点到多点的通信系统，重发会使ARQ系统的传输效率降低；在信道干扰严重时，可能发生因不断反复重发而造成事实上的通信中断。在要求实时通信的场合，例如电话通信，往往不允许使用自动请求重发控制方式。

此外，自动请求重发控制方式又可以分为停等自动请求重发控制方式、连续自动请求重发控制方式和选择重发自动请求重发控制方式。

(1)停等自动请求重发控制方式

数据按分组发送，每发送一组数据后发送端等待接收端的确认(ACK)答复，然后再发送下一组数据。如图 2-33 所示的第 3 组接收数据有误，接收端发回一个否认(NAK)答复。这时，发送端将重发第 3 组数据。系统是工作在半双工状态，时间没有得到充分利用，传输效率较低。

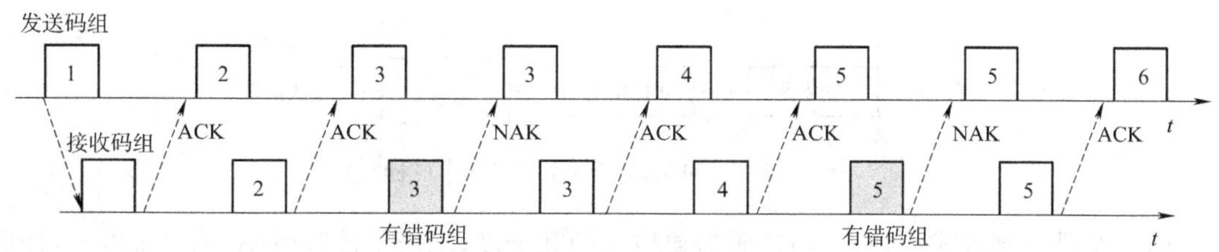

图 2-33　停等自动请求重发控制方式的工作过程

(2)连续自动请求重发控制方式

发送端连续发送数据组，接收端对于每个接收到的数据组都发回确认(ACK)或否认(NAK)答复。例如，图 2-34 第 5 组接收数据有误，则在发送端收到第 5 组接收的否认答复后，从第 5 组开始重发数据组。在这种系统中需要对发送的数据组和答复进行编号，以便识别。显然，这种系统需要双工信道。

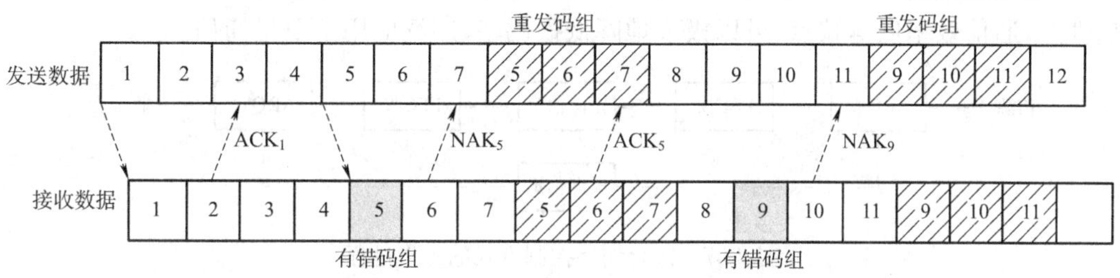

图 2-34　连续自动请求重发控制方式的工作过程

(3)选择重发自动请求重发控制方式

选择重发 ARQ 它只重发出错的数据组，因此进一步提高了传输效率，其工作原理如图 2-35 所示。例如，当系统发现第 5 组有错误时，接收方传送否认答复，在发送端收到该否认答复后，重发了第 5 组数据。

2. 前向纠错 FEC(Forward Error Correction)

发送方将纠错码随数据一起发送，接收方依据纠错码检验并纠正错误。发送端将信息序列编码成能够纠正错误的码，接收端根据编码规则进行检查，如果有错则自动纠正。前向纠错控制方式的工作过程如图 2-36 所示。

前向纠错控制方式的优点：不需要反向信道，实时性好，适用于随机信道，可用于单工和广播通信中。例如，移动蜂窝电话系统。

图 2-35　选择重发自动请求重发控制方式的工作过程

图 2-36　前向纠错控制方式的工作过程

前向纠错控制方式的缺点:纠错码需要较大的冗余度,降低了传输效率,编码难度大,译码设备复杂;纠错码应与信道特性相配合,对信道的适应性差。

3. 混合纠错 HEC(Hybrid Error Correction)

将自动请求重发控制方式与前向纠错控制方式结合起来,发送方发送同时具有检错和纠错能力的编码,接收方收到后,检查错误情况,如果错误小于自己的纠错能力就纠正。如果错误超出自己的纠错能力,就经反向信道要求发方重发。混合纠错控制方式的工作过程如图 2-37 所示。

该方式的特点是降低了前向纠错控制方式的复杂性、改善了自动请求重发控制方式信息连贯性差,通信效率低等缺点、可以极大地降低误码率,广泛应用于卫星通信。

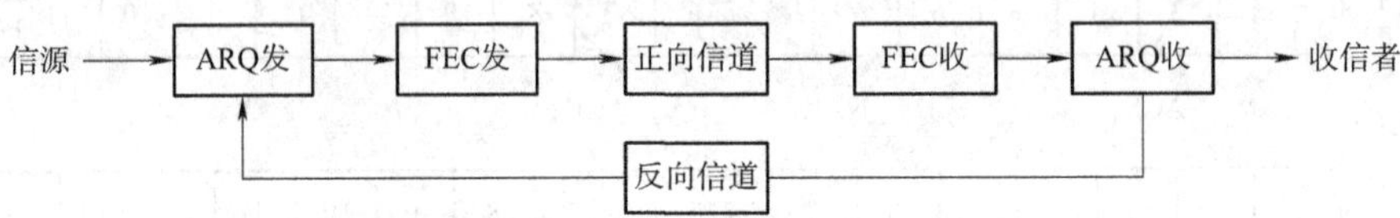

图 2-37　混合纠错控制方式的工作过程

4. 信息反馈 IRQ(Information Repeat Request)

这是一种全回执式最简单差错控制方式,接收端将收到的信码原样转发回发送端,并与原发送信码相比较,若发现错误,则发送端再进行重发。该方式只适于低速非实时数据通信,是一种较原始的做法,不需要差错控制编码,但效率较低,其工作过程如图 2-38 所示。

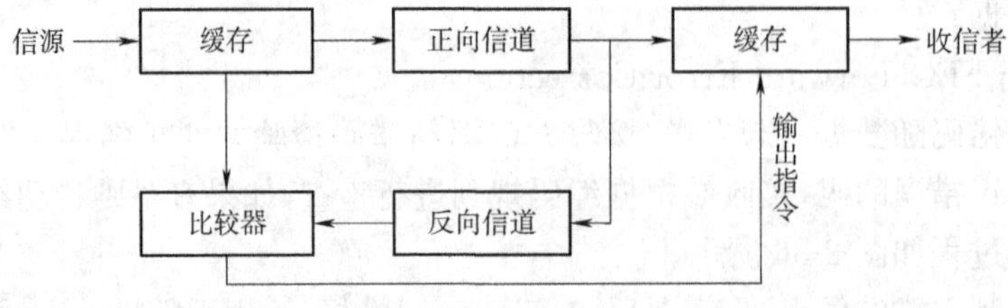

图 2-38　信息反馈控制方式的工作过程

复习思考题

1. 什么是模拟信号？什么是数字信号？它们分别有什么特点？
2. 通信系统是由哪几个部分组成的？每个部分各有什么作用？
3. 数据的编码方式有哪些？选择数据编码方式应考虑哪些因素？
4. 模拟数据的数字信号编码过程包括哪些环节？
5. 并行传输、串行传输分别是什么含义？它们有哪些不同点，分别适用于什么场合？
6. 常见的数据交换方式有哪几种，挑选一种说明其工作过程？
7. 常用的多路复用技术有哪几种，并谈一谈你对频分多路复用技术的理解。
8. 数据传输过程中，出现差错时有什么表现？产生差错的原因是什么？
9. 归纳方正校验码的工作原理。

项目三　计算机网络控制基础

项目描述

计算机网络是指由多台相互连接、可共享数据资源的计算机构成的集合，是采用传输线路将计算机连接起来的计算机群。网络中的单台计算机除了为本地终端用户提供有效的数据处理与计算能力之外，还能与网络上挂接的其他计算机彼此交换信息。具有独立功能的多台计算机通过通信线路和网络互联设备相互连接在一起，在网络系统软件支持下，所形成的实现资源共享和协同工作的系统，就是计算机网络。计算机网节点的主要成员是各种类型计算机及其外设。

由现场总线把具备数字计算、处理与通信能力的自控设备连接组成的系统，称为控制网络。控制网络节点的主要成员是各种类型的自控设备。通过现场总线，把单个的控制设备连接成能够彼此交换信息的网络系统连接成协同完成测量控制任务的控制系统。

控制网络属于一种特殊类型的计算机网络。控制网络技术与计算机网络技术有着千丝万缕的联系，也受到计算机网络，特别是互联网、局域网技术发展的影响，有些局域网技术可以直接用于控制网络。但由于控制网络大多工作在生产现场，从节点的设备类型、传输信息的种类、网络所执行的任务、网络所处的工作环境等方面，控制网络都有别于由各式计算机所构成的信息网络。

任务一　计算机网络概述

学习目标

1. 知识目标

(1)了解计算机网络的产生和发展过程。

(2)掌握计算机网络相关的专业术语。

(3)掌握计算机网络的功能、特点和分类方式。

2. 能力目标

(1)能够叙述计算机发展不同年代的成果。

(2)能够叙述机车、动车组等多种车型列车总线和车辆总线。

知识课堂

计算机网络是指将地理位置不同的具有独立功能的多台计算机及其外部设备，通过通信线路连接起来，在网络操作系统、网络管理软件及网络通信协议的管理和协调下，实现资源共享和信息传递的计算机系统。

一、计算机网络的发展

计算机网络的演变过程大致可概括为四个阶段:面向终端的远程联机系统、共享资源的计算机网络、标准化网络、互联网与高速网络。

1. 面向终端的远程联机系统

面向终端的计算机网络是以单个计算机为中心的远程联机系统,可以实现不同地理位置的大量终端与主机之间的连接和通信。早期的计算机价格昂贵,只有计算中心才可能拥有,但它具有的分时处理能力却可以为多个用户提供服务,因此为了方便用户的使用和提高主机的利用率,地理位置分散的多个终端通过通信线路与主机连接起来形成网络。在这里,终端本身没有处理能力,人们在终端上输入指令和数据,指令和数据通过通信线路传递给主机;主机执行指令,进行数据处理,将处理结果传递给终端,在终端上显示结果或将结果打印出来。这种远程联机系统就是"面向终端的计算机网络"。该系统又称终端—计算机网络,是早期计算机网络的主要形式。它是用一台中央主计算机连接大量的地理上处于分散位置的终端,如图 3-1 所示。其典型代表就是半自动地面防空系统(SAGE),它是将远程雷达和其他测量设施获得的信息通过通信线路与基地的一台 IBM 计算机连接,进行集中的防空信息处理与控制,从而首次实现了计算机技术与通信技术的结合。在该计算机网络中,终端无独立处理数据的功能,只能共享主机的资源。从严格意义上说,该阶段的计算机网络还不是真正的计算机网络。

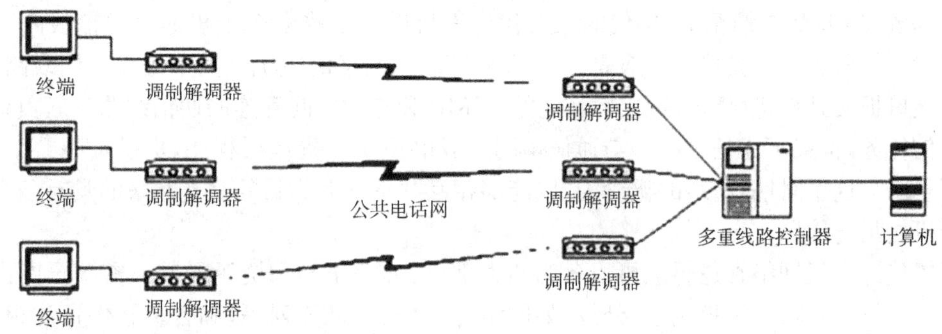

图 3-1　单机系统的典型结构示意图

为减轻主机的负担,可在通信线路和计算机之间设置一个前端处理机(FEP),如图 3-2 所示。FEP 专门负责与终端之间的通信控制,而让主机进行数据处理。为提高通信效率,减少通信费用,可在远程终端比较密集的地方增加一个集中器,其作用是把若干个终端经低速通信线路集中起来,连接到高速线路上,然后经高速线路与前端处理机连接。前端处理机和集中器当时一般由小型计算机担当,因此,这种结构也称为具有通信功能的多机系统。20 世纪 60 年代初的美国航空订票系统 SABRE-1 就是这种计算机通信网络的典型应用。

第一代计算机网络主要有以下缺点:

(1)以主机为中心,联机系统上的终端没有独立的数据处理能力。

(2)主机既要负责数据处理,又要管理与终端的通信,因此负担很重。

(3)一个终端单独使用一根通信线路,造成通信线路利用率低。

(4)每增加一个终端,线路控制器的软硬件都需要做很大的改动。

(5)采用集中控制方式,可靠性比较低。

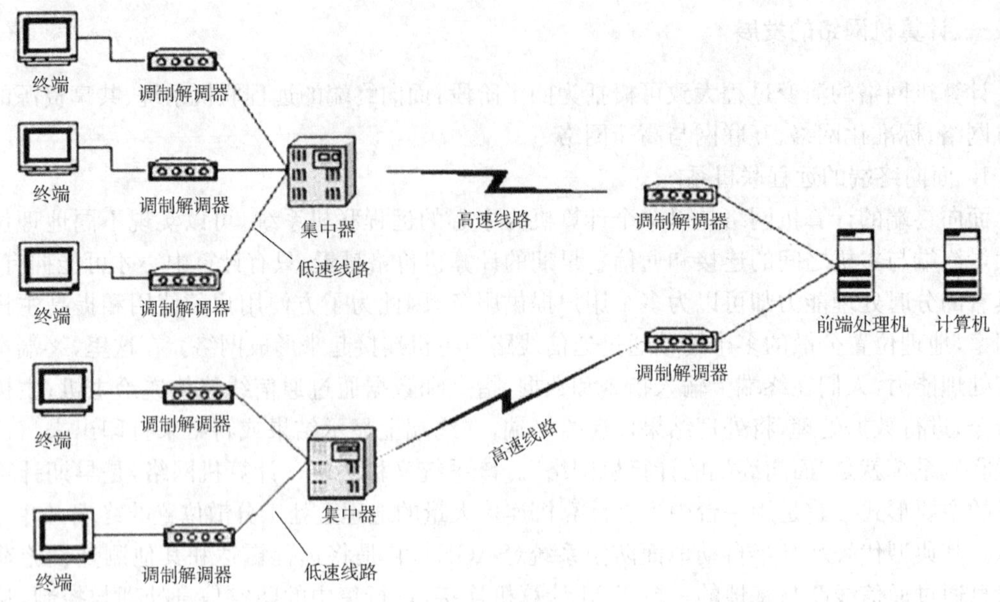

图 3-2　具有通信功能的多机系统示意图

2. 共享资源的计算机网络

20 世纪 60 年代中期至 70 年代的第二代计算机网络是将多个主机通过通信线路互连起来为用户提供服务的。其典型代表是 ARPANET。该网络的主机之间不是直接用线路相连，而是由接口报文处理机(IMP)转接后互连的。IMP 和它们之间互连的通信线路一起负责主机间的通信任务，构成了通信子网。与通信子网互联的主机负责运行程序，提供资源共享，组成了资源子网。这个时期，网络的概念为"以能够相互共享资源为目的的互连起来的具有独立功能的计算机之集合体"。

第二代计算机网络在逻辑上可以分为两大部分：通信子网和资源子网。资源子网由网络中的所有主机、终端、终端控制器、外设(如网络打印机、磁盘阵列等)和各种软件资源组成，负责全网的数据处理和向网络用户(工作站或终端)提供网络资源和服务。通信子网由各种通信设备和线路组成，承担资源子网的数据传输、转接和变换等通信处理工作。

网络用户对网络的访问可分为两类：①本地访问：对本地主机访问，不经过通信子网，只在资源子网内部进行；②网络访问：通过通信子网访问远地主机上的资源。

第二代计算机网络的特点：

(1)实现了分布式的资源共享。

(2)具有分组交换的数据交换方式。

(3)采用专门的通信控制处理机。

(4)使用分层的网络协议。

以上几点也是计算机网络的一般特征。

3. 标准化网络

以共享资源为目的的第二代计算机网络，大多是由研究部门、大学或计算机公司自行开发研制的，如 IBM 公司于 1974 年率先提出的计算机网络体系结构 SNA(Systems Network Architecture)，DEC 公司于 1975 年提出的面向分布式网络的数字网络体系结构 DNA(Digital

Network Architecture),Univac 公司于 1976 年公布的分布式控制体系结构 DCA(Distributed Computer Architecture)等。这些网络技术标准使得同一体系结构的网络产品容易互连,而不同体系结构的产品则很难实现互联。这种局面妨碍了计算机网络的发展,令用户在投资方面无所适从,并且可能造成重大的投资损失,同时也不利于厂商之间的公平竞争,于是制定统一的计算机网络技术标准成为必然。

计算机网络发展的第三阶段的主要工作是加速体系结构与协议国际标准化的研究与应用。20 世纪 70 年代末,国际标准化组织 ISO(International Organization for Standardization)的计算机与信息处理标准化技术委员会成立了一个专门机构,研究和制定网络通信标准,以实现网络体系结构的国际标准化。1984 年,ISO 正式颁布了一个称为"开放系统互连基本参考模型"的国际标准 ISO 7498,简称 OSI/RM(Open System Interconnection Basic Reference Model),即著名的 OSI 七层模型。

OSI/RM 推动了网络的标准化进程,使人类进入了第三代计算机网络时代。遵循国际标准化协议的计算机网络具有统一的网络体系结构,厂商需按照共同认可的国际标准开发自己的网络产品,从而保证不同厂商的产品可以在同一个网络中进行通信。这就是"开放"的含义。

目前存在着两种占主导地位的网络体系结构:一种是国际标准化组织 ISO 提出的 OSI/RM(开放系统互连基本参考模型);另一种是 Internet 所使用的事实上的工业标准 TCP/IP RM(TCP/IP 参考模型)。

4. 互联网与高速网络

从 20 世纪 80 年代末开始,计算机网络技术进入了新的发展阶段,其特点是:互连、高速和智能化。具体表现在:

(1)发展了以 Internet 为代表的互联网。

(2)高速网络得以发展。

1993 年,美国政府公布了"国家信息基础设施"行动计划,即"信息高速公路计划"。这里的"信息高速公路"是指数字化大容量的光纤通信网络,用以把政府机构、企业、大学、科研机构和家庭的计算机进行联网。美国政府又分别于 1996 年和 1997 年开始研究和发展更加快速、可靠的互联网 2(Internet 2)和下一代互联网(Next Generation Internet)。可以说,网络互连和高速计算机网络正成为新一代计算机网络的发展方向。

(3)研究智能网络。

随着网络规模的增大与网络服务功能的增多,对智能网络 IN(Intelligent Network)的研究也逐步被开展起来,以提高通信网络开发业务的能力,并更加合理地对网络各种业务进行管理,真正以分布和开放的形式向用户提供服务。

智能网络的概念是美国于 1984 年提出的。智能网络的定义中并没有人们通常理解的"智能"含义,它仅仅是一种"业务网",目的是提高通信网络开发业务的能力。

第四代计算机网络的特点:

(1)广泛的资源共享。

(2)高速的数据传输。

(3)综合的业务服务。

5. 计算机网络的发展趋势

计算机网络技术的进步,促进了网络应用的普及,而人们对于网络需求的不断扩大,又推动了计算机网络的进一步发展。

下一代网络(Next Generation Network),又被称为次世代网络,是计算机网络的发展趋势。其主要思想是在一个统一的网络平台上以统一管理的方式提供多媒体业务,是在整合现有的市内固定电话、移动电话(统称 FMC)的基础上,增加多媒体数据服务及其他增值型服务。其中,话音的交换将采用软交换技术,而平台的主要实现方式为 IP 技术,用这些技术使网络逐步实现统一通信。其中,voip 将是下一代网络中的一个重点。

NGN 是一个分组网络,它提供包括电信业务在内的多种业务,能够利用多种带宽和具有 QoS 能力的传送技术,实现业务功能与底层传送技术的分离。它允许用户对不同业务提供商网络的自由接入,并支持通用移动性,实现用户对业务使用的一致性和统一性。它是以软交换为核心的,能够提供包括语音、数据、视频和多媒体业务的基于分组技术的综合开放的网络架构,代表了通信网络发展的方向。

NGN 具有以下特征:

(1)分组传送。

(2)控制功能从承载、呼叫/会话、应用/业务中分离。

(3)业务提供与网络分离,提供开放接口。

(4)利用各基本的业务组成模块,提供广泛的业务和应用。

(5)具有端到端 QoS 和透明的传输能力。

(6)通过开放的接口规范与传统网络实现互通。

(7)具有通用移动性,允许用户自由地接入不同业务提供商。

(8)支持多样标志体系。

(9)融合固定与移动业务。

NGN 的九大支撑技术:①IPv6;②光纤高速传输;③光交换与智能光网;④宽带接入;⑤城域网;⑥软交换;⑦3G 和后 3G 移动通信系统;⑧IP 终端;⑨网络安全。

国际电信联盟远程通信标准化组织(ITU-T)下一代网络标准化小组提出:下一代网络应该是公共交换电话网(PSTN)和移动通信网和分组网(ATM/IP)的融合,未来的网络应该在统一分组网上支持各种业务,是一个真正实现宽带窄带一体化、有源无源一体化、传输接入一体化的综合业务网络。分组化的、开放的、分层的网络架构体系是下一代网络的显著特征。下一代网络基本上按业务层、控制层、传输层和接入层划分,这四层之间通过标准的开放接口互连。

业务层是由一些业务应用服务器组成的,提供各种各样的业务控制逻辑,完成增值业务处理,同时提供开放的第三方接口,易于引入新型业务。

控制层主要指网络为完成端到端的数据传输进行的路由判决和数据转发功能,它是网络的交换核心,目的是在传输层的基础上构建端到端的通信过程。

传送层面向用户端,支持透明的 TDM 线路的接入,在网络核心提供大带宽的数据传输能力,并替代传统的配线架,构建灵活的长途传输网络,一般为基于密集波分复用(DWDM)技术的全光网。

下一代网络除了能向用户提供语音、高速数据传输、视频业务之外,还能向用户方便地提供视频会议、电话会议等功能,而且能像广播网络一样,向有此项要求的用户提供统一的消息、时事新闻等。

二、计算机网络的功能

计算机网络是根据应用的需要发展而来的,因此从本质上说,它应以资源共享为其主要目的,来发挥分散的、各不相连的计算机之间的协同功能。

关于计算机网络，业界没有统一的定义，这里给出一种被广泛认可的定义：将分布在不同地理位置的具有独立工作能力的计算机、终端及其附属设备用通信设备和通信线路连接起来，再配以网络软件，从而实现计算机资源共享的系统被称为计算机网络。

计算机网络的功能主要表现在硬件资源共享、软件资源共享和用户间信息交换三个方面。

1. 硬件资源共享

计算机网络可以在全网范围内提供对处理资源、存储资源、输入输出资源等昂贵设备的共享，如具有特殊功能的处理部件、高分辨率的激光打印机、大型绘图仪、巨型计算机以及大容量的外部存储器等，从而使用户节省投资，也便于集中管理和均衡分担负荷。

2. 软件资源共享

互联网上的用户可以远程访问各类大型数据库，可以通过网络下载某些软件到本地机上使用，可以在网络环境下访问一些安装在服务器上的公用网络软件，还可以通过网络登录到远程计算机上使用该计算机上的软件。这样可以避免软件研制上的重复劳动以及数据资源的重复存储，也便于集中管理。

3. 用户间信息交换

计算机网络为分布在各地的用户提供了强有力的通信手段。用户可以通过计算机网络传送电子邮件、发布新闻消息和进行电子商务活动。

三、计算机网络的特点

1. 可靠性

在一个网络系统中，当一台计算机出现故障时，可立即由系统中的另一台计算机来代替其完成它所承担的任务。同样，当网络中的一条链路出现故障时，可选择其他的通信链路替代故障链路对网络进行连接。

2. 高效性

计算机网络系统摆脱了中心计算机控制结构数据传输的局限性，并且具有信息传递迅速、系统实时性强的特点。网络系统中各相连的计算机能够相互传送数据信息，使相距很远的用户之间能够即时、快速、高效、直接地交换数据。

3. 独立性

网络系统中各相连的计算机是相对独立的，它们之间的关系是既互相联系，又相对独立。

4. 扩充性

在计算机网络系统中，人们能够很方便、灵活地接入新的计算机，从而达到扩充网络系统功能的目的。

5. 廉价性

计算机网络使微机用户也能够分享到大型机的功能特性，充分体现了网络系统的“群体”优势，能节省投资和降低成本。

6. 分布性

计算机网络能将分布在不同地理位置的计算机进行互联，可对大型、复杂的综合性问题实行分布式处理。

7. 易操作性

对于计算机网络用户而言，掌握网络使用技术比掌握大型机使用技术简单，实用性也很强。

四、计算机网络的组成与分类

计算机网络由计算机系统、通信链路与通信设备、网络协议、网络软件组成。计算机网络根据不同的特点可以有很多分类方法。

1. 按覆盖范围分类

(1)广域网(Wide Area Network,WAN)

广域网也称远程网,它的联网设备分布范围广,一般从数百数千米到甚至数千千米。因此,网络所涉及的可以是市、省、国家,乃至世界范围。它的这一特点使得单独建造一个广域网是极其昂贵和不现实的,所以常常借用传统的公共传输(电报、电话)网来实现。此外,由于广域网传输距离远,又依靠传统的公共传输网,导致其错误率较高。

(2)局域网(Local Area Network,LAN)

局域网是将小区域内的各种通信设备互联在一起的网络,其分布范围局限在一个办公室、一幢大楼或一个校园内,用于连接个人计算机、工作站和各类外围设备以实现资源共享和信息交换的目的。它的特点是分布距离近(通常在 1 000～2 000 m)、传输速率高(一般为 10～100 Mbit/s)、连接费用低、数据传输可靠、误码率低等。

在应用上,局域网强调的是资源共享,而广域网则着重数据传输。对于局域网,人们更关注的是如何根据应用需求来规划、建立和应用。而对于广域网,人们侧重的是网络能够提供什么样的数据传输业务,以及用户如何接入网络等问题。

(3)城域网(Metropolitan Area Network,MAN)

城域网的分布范围介于局域网和广域网之间,其目的是在一个较大的地理区域内进行数据、声音和图像的传输。

2. 按通信介质分类

计算机网络根据传输媒介可以分为有线网络和无线网络。其中,有线网络常用的介质有双绞线、光纤和同轴电缆。无线网络主要使用不同频率的电磁波作为传输媒介。

3. 按通信方式分类

按照通信方式,可以将计算机网络分为两类:广播式网络和点对点网络。点对点网络又可以分为单播和多播(不同于单点对所有点的广播)两种类型。

(1)单播

网络节点之间的通信就好像人与人之间的对话,如果一个人对另外一个人说话,那么用网络技术的术语来描述就是“单播”,也称为“点对点通信”。单播在网络中得到了广泛的应用,网络上的绝大部分数据都是以单播的形式传输的,只是一般网络用户不知道而已。例如,在收发电子邮件、浏览网页时,必须与邮件服务器、Web 服务器建立连接,此时使用的就是单播数据传输方式。但是通常使用“点对点通信”代替“单播”,因为“单播”一般与“多播”和“广播”相对应使用。单播如图 3-3 所示。

(2)多播

“多播”可以理解为一个人向多个人(但不是在场的所有人)说话,这样能够提高通话的效率。如果要通知特定的某些人同一件事情,但是又不想让其他人知道,使用电话一个一个地通知就非常麻烦,而使用日常生活中的大喇叭进行广播通知,就达不到只通知个别人的目的,此时使用“多播”来实现就会非常方便,但是现实生活中多播设备非常少。

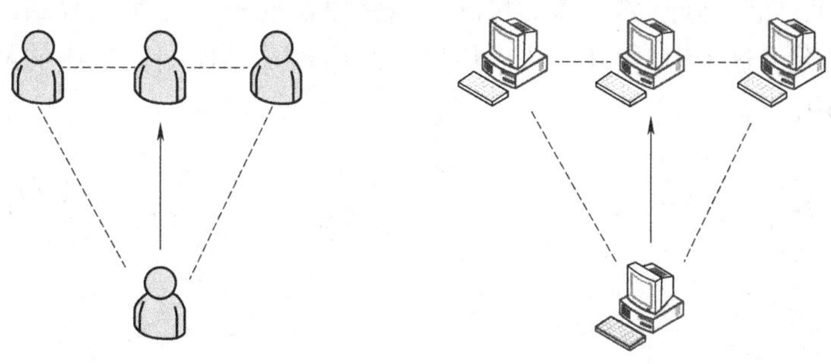

图 3-3　单播(一对一)

“多播”也可以称为“组播”,在网络技术的应用中并不是很多。网上视频会议、网上视频点播特别适合采用多播方式。因为如果采用单播方式,每个节点传输,有多少个目标节点,就会有多少次传送过程,这种方式显然效率很低,是不可取的;如果采用不区分目标、全部发送的广播方式,虽然一次可以传送完数据,但是达不到区分特定数据接收对象的目的。采用多播方式,既可以实现一次传送所有目标节点的数据,又可以达到只对特定对象传送数据的目的。多播如图 3-4 所示。

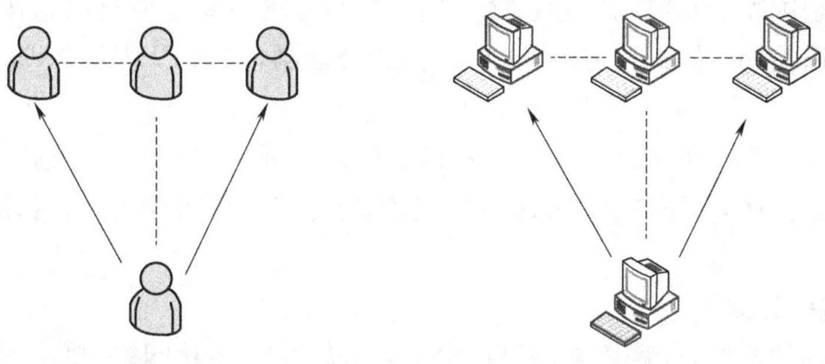

图 3-4　多播(一对多)

(3)广播

“广播”可以理解为一个人通过广播喇叭对在场的全体说话,这样做的好处是通话效率高,信息瞬间就可以传送给全体,如图 3-5 所示。在广播帧中,帧头中的目标 MAC 地址是“FF. FF. FF. FF. FF. FF”,代表网络上所有的主机。每台主机上的网卡收到广播帧后会认为是发送给自己的帧,就进行处理。但是同单播和多播相比,广播几乎占用了子网内网络的所有带宽。

在网络中,即使没有用户人为地发送广播帧,也会出现一定数量的广播帧,因为即使没有人工干预,连在网络上的网络设备也会发送广播帧,因为设备之间也需要相互通信。在不了解对方地址的情况下,只有发送广播帧才能与其他设备进行通信。

在网络中不能很长时间出现广播帧,否则就会出现所谓的“广播风暴”。广播风暴就是网络长时间被大量的广播数据包所占用,使点对点通信无法正常进行,外在表现为网络速度奇慢无比。出现广播风暴的原因有很多,一块有故障的网卡就可能长时间向网络发送广播包而导致广播风暴。

广播风暴不能完全杜绝,但是只能在同一子网内传播。因此,在有几百台甚至上千台计算机构成的大中型局域网中,一般会进行子网划分,以达到隔离广播风暴的目的。另外,使用路由器或三层交换机也能达到隔离广播的目的。当路由器或三层交换机收到广播帧时，它并不转发这个帧，而是抛弃这个帧，使其无法再传递至路由器及其他端口连接的网络，从而起到隔离广播风暴的作用。

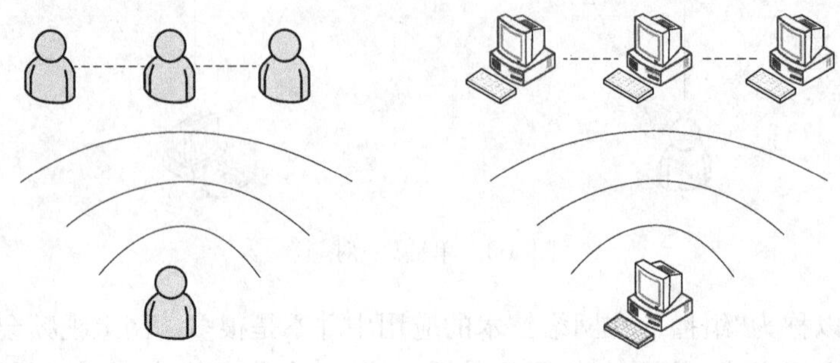

图 3-5 广播(一对全体)

4. 按使用范围分类

计算机网络按应用范围和管理性质可以分为公用网和专用网。

(1)公用网

公用网一般是国家的邮电部门建造的网络。“公用”的意思是所有愿意按邮电部门规定缴纳费用的人都可以使用。因此，公用网也可以称为公众网，例如 CHINANET、CERNET 等。

(2)专用网

“专用网”是某个部门为满足本单位的特殊工作需要而建立的网络。这种网络不向本单位以外的人提供服务。例如，军队、铁路、电力等系统均有本系统的专用网。目前，专用网络的发展很迅速。

5. 按拓扑结构分类

按照拓扑结构的不同，计算机网络可以分为：星状网络、树状网络、总线型网络、环状网络、网状网络等。

6. 按其他方式分类

计算机网络还可以按以下方式分类：根据数据交换方式，可以分为电路交换网、报文交换网、分组交换网、帧中继交换网、ATM 交换网和混合交换网；按照网络内信息传输速度的快慢，可以分为低速网、中速网、高速网；按照数据的组织方式，可分为分布式数据网和集中式数据网；按照网络内信息的共享方式，可以分为对等网和非对等网。

任务二 网络拓扑结构

学习目标

1. 知识目标

(1)了解局域网的概念。

(2)掌握局域网体系结构。

(3)掌握局域网的特点、组成与分类。

2. 能力目标

(1)能够叙述计算机网络拓扑结构含义并会运用。

(2)能够叙述星型、总线型和环形网络拓扑结构的优缺点。

(3)能够正确画出局域网中常用的网络拓扑结构图。

知识课堂

一、网络拓扑的概念

拓扑学最初是几何学的一个分支,它是由图论演变过来的。拓扑学首先把实体抽象成与其大小、形状无关的点,将连接实体的线路抽象成线,进而研究点、线、面之间的关系。

在网络中,将不同设备根据不同的工作方式进行连接称为拓扑(Topology)。不同计算机网络系统的拓扑结构是不同的,而不同拓扑结构的网络在功能、可靠性、组网成本等方面也不同。

局域网的拓扑结构是指连接网络设备的传输媒体的铺设形式。

二、局域网的拓扑结构

局域网的拓扑结构主要有:星状结构、环状结构、总线结构、分布式结构、树状结构、网状结构、蜂窝结构等。

1. 星状结构

星状拓扑结构是用一个节点作为中心节点,其他节点直接与中心节点相连所形成的拓扑结构。中心节点可以是文件服务器,也可以是连接设备。常见的中心节点为集线器。星状拓扑结构的网络属于集中控制型网络,整个网络由中心节点执行集中式通信控制管理,各节点间的通信都要通过中心节点。每一个要发送数据的节点都将要发送的数据发送到中心节点,再由中心节点负责将数据送到目的节点。因此,中心节点相当复杂,而各个节点的通信处理负担都很小,只需要满足链路的简单通信要求。

优点:①控制简单。任何一站点只和中央节点相连接,因而介质访问控制方法简单,致使访问协议也十分简单,易于网络监控和管理。②故障诊断和隔离容易。中央节点对连接线路可以逐一隔离进行故障检测和定位,单个连接点的故障只影响一个设备,不会影响全网。③方便服务。中央节点可以方便地对各个站点提供服务和对网络进行重新配置。

缺点:①需要耗费大量的电缆,安装、维护的工作量也骤增。②中央节点负担重,形成"瓶颈",一旦发生故障,则全网受影响。③各站点的分布处理能力较低。

总的来说,星状拓扑结构相对简单,便于管理,建网容易,是目前局域网普遍采用的一种拓扑结构。采用星状拓扑结构的局域网,一般使用双绞线或光纤作为传输介质,符合综合布线标准,能够满足多种宽带需求。

如果星状网络扩展到包含与主网络设备相连的其他网络设备,这种拓扑就称为扩展星状拓扑,如图 3-6 所示。扩展星状拓扑的问题是:如果中心节点出现故障,网络的大部分组件就会被断开。

2. 环状结构

环状结构是网络中若干节点通过点到点的链路首尾相连,形成一个闭合的环。这种结构使公共传输电缆组成环形连接，数据在环路中沿着一个方向在各个节点间传输，信息从一个节点传到另一个节点，如图 3-7 所示。这种结构主要应用于令牌网中。在这种网络结构中，各设备是直接通过电缆来串接的，最后形成一个闭环，整个网络发送的信息就是在这个环中传递的，通常把这类网络称为"令牌环网"。

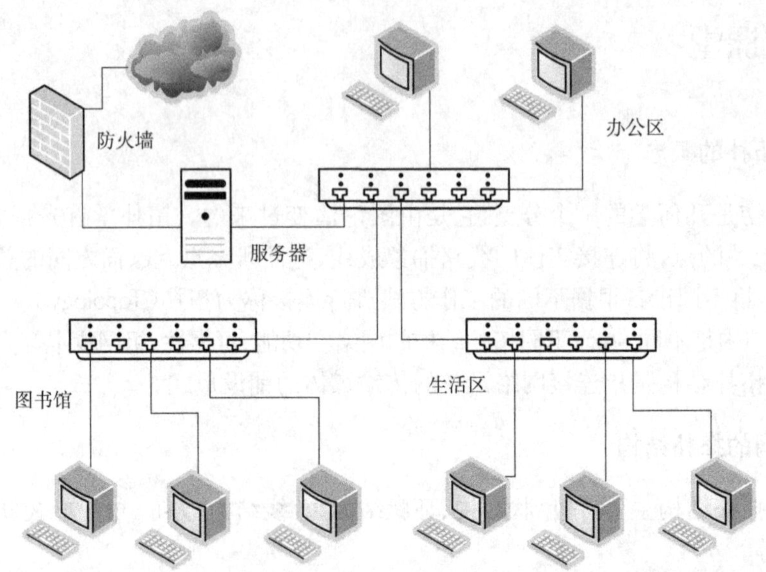

图 3-6 扩展星状拓扑结构

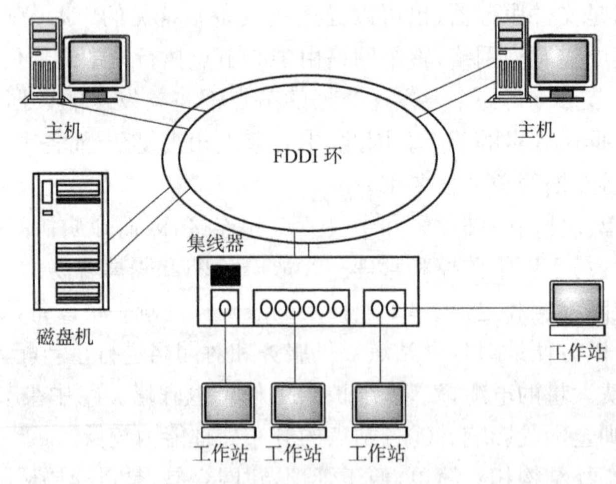

图 3-7 环状拓扑结构

实际上，大多数情况下这种拓扑结构的网络不是所有计算机连接成物理上的环形，一般情况下，环的两端是通过一个阻抗匹配器来实现环的封闭的。

这种拓扑结构的网络主要有如下几个特点：

(1)一般仅适用于 IEEE 802.5 的令牌网(Token Ring Network)。在这种网络中，"令牌"在环形连接中依次传递。其所用的传输介质一般是同轴电缆。

(2)实现简单，投资小。从其网络结构示意图中可以看出，组成这个网络的除了各工作站就是传输介质——同轴电缆，以及一些连接器材，没有价格昂贵的节点集中设备，如集线器和交换机。但也正因为这样，所以这种网络所能实现的功能最为简单，仅能当作一般的文件服务模式。

(3)传输速度较快。在令牌网中允许有 16 Mbit/s 的传输速度，这比普通的 10 Mbit/s 以太网要快许多。当然，随着以太网的广泛应用和以太网技术的发展，以太网的速度也得到了极大提高，目前普遍都能提供 100 Mbit/s 的网速，远比 16 Mbit/s 高。

(4)维护困难。从其网络结构可以看到，整个网络各节点间是直接串联，这样任何一个节点出了故障都会造成整个网络的中断、瘫痪，维护起来非常不便。另一方面，因为同轴电缆所采用的是插针式的接触方式，所以非常容易因接触不良而造成网络中断，而且这种问题查找起来非常困难。

(5)扩展性能差。这种结构的扩展性能远不如星状结构的好，如果要新添加或移动节点，就必须中断整个网络，在环的两端连好连接器后才能进行。

3. 总线结构

在这种网络拓扑结构中，所有设备都直接与总线相连，如图 3-8 所示。它所采用的介质一般也是同轴电缆(包括粗缆和细缆)，不过现在也有采用光缆作为总线型传输介质的。

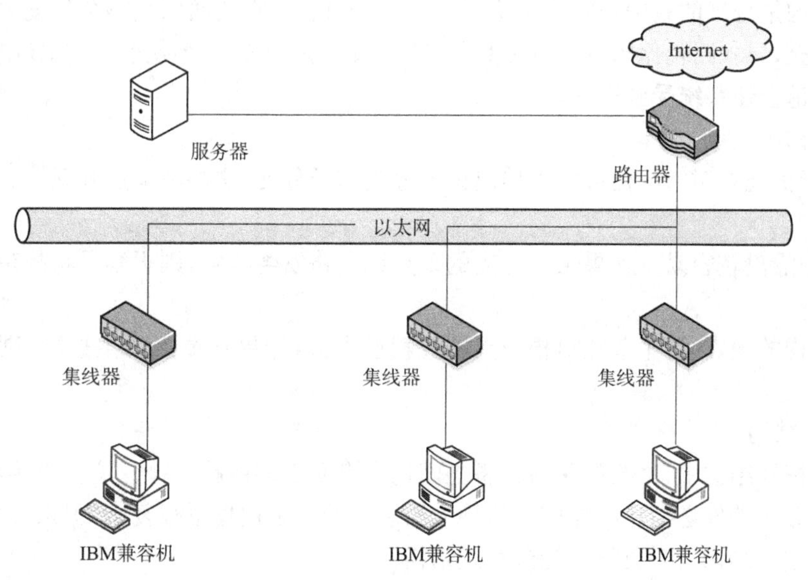

图 3-8　总线拓扑结构

总线结构是指各工作站和服务器均挂在一条总线上，各工作站地位平等，无中心节点控制，公用总线上的信息多以基带形式串行传递，其传递方向总是从发送信息的节点开始向两端扩散，如同广播电台发射的信息一样，因此又称广播式计算机网络。各节点在接受信息时都进行地址检查，看是否与自己的工作站地址相符，相符则接收网上的信息。

这种结构具有以下几个方面的特点：

(1)组网费用低。从图 3-8 可以看出，这样的结构根本不需要另外的互联设备，而是直接通过一条总线进行连接，所以组网费用较低。

(2)因为这种网络的各节点是共用总线带宽的，所以传输速度会随着接入网络的用户的增多而下降。

(3)网络用户扩展较灵活。需要扩展用户时只需要添加一个集线器即可,但所能连接的用户数量有限。

(4)维护较容易。单个节点失效,不影响整个网络的正常通信。但如果是总线断开,则整个网络或者相应主干网段就断开了。

(5)这种网络拓扑结构的缺点是一次仅允许一个端用户发送数据,其他端用户必须等待获得发送权。

4. 分布式结构

分布式结构的网络是指可以将分布在不同地点的计算机通过线路互联起来的一种网络形式。

分布式结构的网络具有如下特点:由于采用分散控制,即使整个网络中的某个局部出现故障,也不会影响全网的操作,因而具有很高的可靠性;网络中的路径选择采用最短路径算法,故网上延迟时间少,传输速率高,但控制复杂;各个节点间均可以直接建立数据链路,信息流程最短;便于全网范围内的资源共享。其缺点为连接线路用的电缆长,造价高;网络管理软件复杂;报文分组交换、路径选择、流向控制复杂。在一般局域网中不采用这种结构。

5. 树状结构

树状结构是分级的集中控制式网络,与星状结构相比,它的通信线路总长度短,成本较低,节点易于扩充,寻找路径比较方便,但除了叶节点及与其相连的线路外,任一节点或与其相连的线路故障都会使系统受到影响。

树状结构的优点:

(1)易于扩充。树状结构可以延伸出很多分支和子分支,这些新节点和新分支都能很容易地加入网内。

(2)故障隔离较容易。如果某一分支的节点或线路发生故障,则很容易将故障分支与整个系统隔离开来。

树状结构的缺点:各个节点对根节点的依赖性太大,如果根节点发生故障,则全网不能正常工作。

6. 网状结构

在网状拓扑结构中,网络的每台设备之间均有点到点的链路连接。这种连接不经济,只有每个站点都要频繁发送信息时才使用这种方法。它的安装过程也很复杂,但系统可靠性高,容错能力强。这种结构有时也被称为分布式结构。

网状拓扑的优点:

(1)网络可靠性高。一般通信子网中任意两个节点交换机之间,存在着两条或两条以上的通信路径,这样当一条路径发生故障时,还可以通过另一条路径把信息送至节点交换机。

(2)网络可组建成各种形状,采用多种信道进行通信,拥有多种传输速率。

(3)网内节点易于实现资源共享。

(4)可改善线路的信息流量分配。

(5)可选择最佳路径,使传输延迟减小。

网状拓扑的缺点:

(1)控制复杂,软件复杂。

(2)线路费用高,不易扩充。

网状拓扑结构一般用于 Internet 骨干网上,使用路由算法来计算发送数据的最佳路径。

7. 蜂窝结构

蜂窝结构是无线局域网中常用的结构。它是一种无线网，以无线传输介质(微波、卫星、红外线、无线发射台等)点到点和点到多点传输为特征，适用于城市网、校园网、企业网，更适合于移动通信。

任务三 网络的传输介质

学习目标

1. 知识目标

(1)掌握传输介质的分类。

(2)掌握常见的几种有线传输介质和无线传输介质的概念、分类、特点。

2. 能力目标

(1)能够对比有线传输介质特性。

(2)能够叙述每种有线传输介质的工作原理。

(3)能够制作每种有线传输介质的线缆。

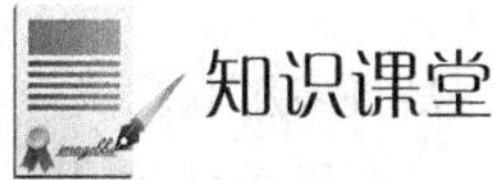

知识课堂

一、概　　述

数据传输介质是指传送信息的载体，是通信网络中发送方和接收方之间的物理通路。因此，传输介质也称传输媒体、传输媒介或传输线路。用于局域网的传输技术主要分为有线传输和无线传输两类。有线传输使用的媒体包括双绞线、同轴电缆和光纤。无线传输的媒体为大气层，使用的技术主要包括微波、红外线和激光。

传输介质的分类如图 3-9 所示。

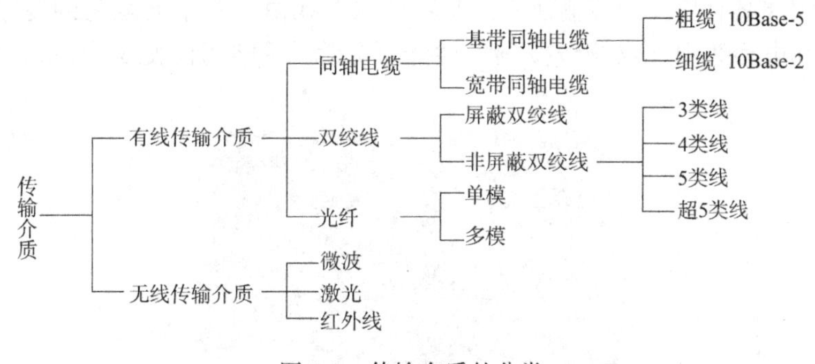

图 3-9 传输介质的分类

不同的传输介质，其特性各不相同，对网络中数据通信质量和通信速度有较大影响。这些特性是：

(1)物理特性：说明传播介质的特征。

(2)传输特性:包括信号形式、调制技术、传输速度及频带宽度等。

(3)连通性:采用点到点连接还是多点连接。

(4)地域范围:网络中各节点间的最大距离。

(5)抗干扰性:防止噪声、电磁干扰对数据传输影响的能力。

(6)相对价格:以元件、安装和维护的价格为基础。

二、有线传输介质

有线传输介质是指在两个通信设备之间实现的物理连接部分,它能将信号从一方传输到另一方。目前常用的有线传输介质主要有双绞线、同轴电缆和光纤。

1. 双绞线

双绞线(Twisted Pair)是由两条相互绝缘的导线按照一定的规格互相缠绕(一般以逆时针缠绕)在一起而制成的一种通用配线。双绞线过去主要是用来传输模拟信号的,但现在同样适用于数字信号的传输。双绞线是综合布线工程中最常用的一种传输介质。

双绞线是由一对相互绝缘的金属导线绞合而成的。采用这种方式,不仅可以抵御一部分来自外界的电磁波干扰,而且可以降低自身信号对外界的干扰。把两根相互绝缘的导线按一定密度绞在一起,一根导线在传输中辐射的电磁波会被另一根线上发出的电磁波抵消。"双绞线"的名称也由此而来。

双绞线一般由两根 22～26 号绝缘铜导线相互缠绕而成。实际使用时,是将多对双绞线一起包在一个绝缘电缆套管里,称之为双绞线电缆。典型的双绞线有四对的,也有更多对双绞线包在一个电缆套管里的。在这些双绞线电缆内,不同线对具有不同的扭绞长度,一般来说,扭绞长度在 3.81～14 cm,按逆时针方向扭绞。相邻线对的扭绞长度在 1.27 cm 以上。一般扭线越密其抗干扰能力就越强。与其他传输介质相比,双绞线在传输距离、信道宽度和数据传输速率等方面均受到一定限制,但价格较为低廉。

双绞线分为屏蔽双绞线(Shielded Twisted Pair,STP)与非屏蔽双绞线(Unshielded Twisted Pair,UTP),如图 3-10 和 3-11 所示。屏蔽双绞线在双绞线与外层绝缘封套之间有一个金属屏蔽层。屏蔽层可减少辐射,防止信息被窃听,也可阻止外部电磁干扰进入,使其比同类的非屏蔽双绞线具有更高的传输速率。非屏蔽双绞线由 4 对不同颜色的传输线组成,广泛用于以太网络和电话线中。双绞线按电气性能可分为多种类别(表 3-1),最常用的是 3、5、6 类线。

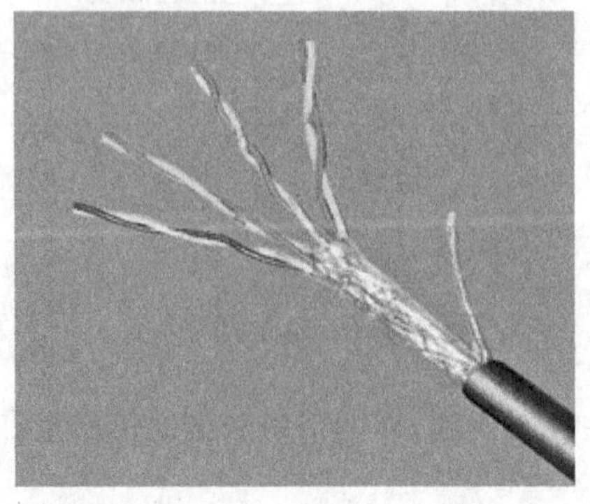

图 3-10　屏蔽双绞线

图 3-11　非屏蔽双绞线

表 3-1　双绞线按电气性能所分类别

类别	带宽	速率	应　用
1类	750 kHz		20 世纪 80 年代之前的电话线缆，用于报警系统，或只适用于语音传输
2类	1 MHz	4 Mbit/s	使用 4 Mbit/s 规范令牌传递协议的旧的令牌网，语音传输和最高传输速率为 4 Mbit/s 的数据传输
3类	16 MHz	10 Mbit/s	主要应用于语音、10 Mbit/s 以太网和 4 Mbit/s 令牌环，采用 RJ 形式的连接器，目前已淡出市场
4类	20 MHz		语音传输和最高传输速率 16 Mbit/s(令牌环)的数据传输，用于基于令牌的局域网中
5类	100 MHz	100 Mbit/s	用于语音传输和最高传输速率为 100 Mbit/s 的数据传输，采用 RJ 形式的连接器。这是最常用的以太网介质
超 5 类			衰减小，串扰少，更小的时延误差，主要用于千兆位以太网(1 000 Mbit/s)
6类	1～250 MHz		最适用于传输速率高于 1 Gbit/s 的应用
超 6 类	500 MHz		
7类	600 MHz		可能用于今后的 10 Gbit/s 以太网中

双绞线的特性如下。

(1)物理特性：由螺旋排列的 2 对或者 4 对绝缘线组成。双绞线芯一般是铜质的，能提供良好的传导率。

(2)传输特性：可以用于传输模拟信号，也可用于传输数字信号。如在电话线上传输的 ADSL 数据信号传输速率就可达到 8 Mbit/s，而在专门的局域网双绞线中，目前最高的传输速率可达 1 000 Mbit/s。

(3)连通性：双绞线普遍用于点到点的连接，也可以用于多点的连接。

(4)地域范围：传输距离远、传输质量高，最大传输距离可达 15 km。

(5)抗干扰性：在低频传输时，双绞线的抗干扰性与同轴电缆相当，但在数据传输速率超过 10～100 kHz 时，同轴电缆就明显比双绞线优越。

(6)相对价格：价格低廉。

2. 同轴电缆

同轴电缆从用途上分可分为基带同轴电缆和宽带同轴电缆(即网络同轴电缆和视频同轴电缆)。基带同轴电缆又分为细同轴电缆和粗同轴电缆。基带同轴电缆仅仅用于数字传输，数据传输速率可达 10 Mbit/s。

同轴电缆的优点是可以在相对长的无中继器的线路上支持高带宽通信。其缺点也是显而易见的：①体积大，细缆的直径就有 3/8 英寸（1 英寸≈2.54 cm），要占用电缆管道的大量空间；②不能承受缠结、压力和严重的弯曲，这些都会损坏电缆结构，阻止信号的传输；③成本高。以上这些缺点正是双绞线能克服的，因此在现在的局域网中，同轴电缆基本已被双绞线所取代。

同轴电缆由里到外分为四层：中心铜线（单股的实心线或多股绞合线）、塑料绝缘层、网状导电层和塑料保护层，如图 3-12 所示。中心铜线和网状导电层形成电流回路，同轴电缆也正因为中心铜线和网状导电层为同轴关系而得名。

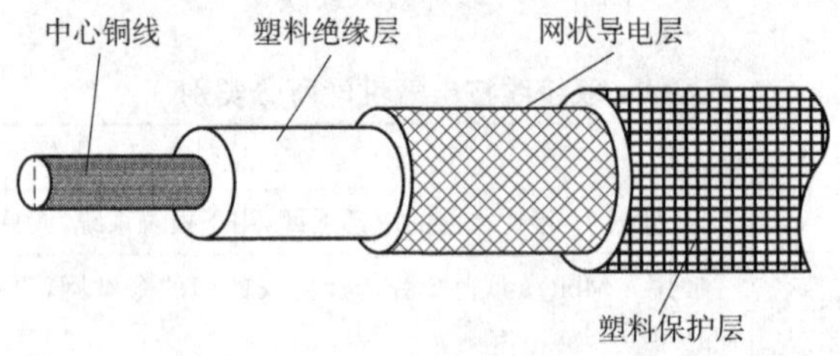

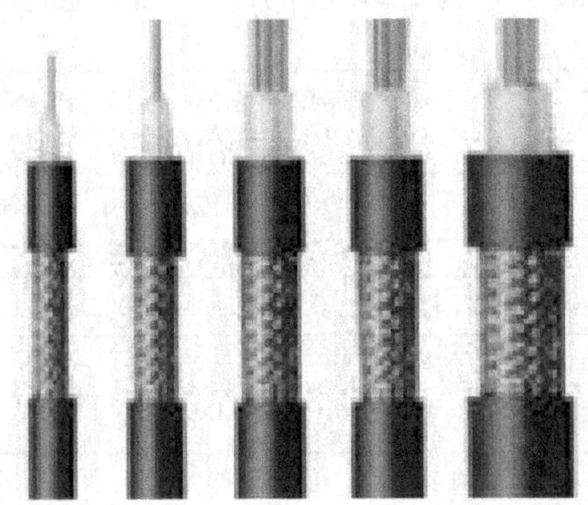

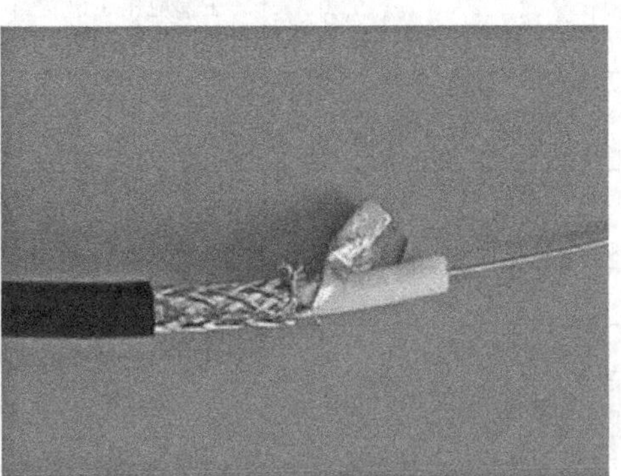

图 3-12 同轴电缆

同轴电缆的特性如下。

（1）物理特性：由同心导体和绝缘层、保护层组成。

（2）传输特性：可以达到较高的速度，信号衰减小于双绞线。

（3）连通性：支持点到点连接，也可多点连接。

（4）地域范围：基带同轴电缆在几千米范围内，宽带同轴电缆可达几十千米。

（5）抗干扰性：抗干扰能力较强。

（6）相对价格：高于双绞线。

3. 光纤

光纤是光导纤维的简称，是一种利用光在玻璃或塑料制成的纤维中的全反射原理而达成的光传导工具。

微细的光纤封装在塑料护套中，使得它能够弯曲而不至于断裂。通常，光纤一端的发射装置使用发光二极管（Light Emitting Diode，LED）或一束激光将光脉冲传送至光纤，光纤另一端的接收装置使用光敏元件检测脉冲。由于光在光纤中的传导损耗比电在电线中的传导损耗低得多，因此光纤被用于长距离的信息传递。

光纤与光缆两个名词易被混淆。多数光纤在使用前必须由几层保护结构包覆,包覆后的缆线被称为光缆。光纤外层的保护结构可防止周遭环境对光纤的伤害,如水、火、电击等。光缆包括:光纤、缓冲层及披覆。光纤和同轴电缆相似,只是没有网状屏蔽层。其中芯是光传播的玻璃芯。在多模光纤中,芯的直径是 15～50 μm,大致与头发的粗细相当,而单模光纤芯的直径为 8～10 μm。芯外面包围着一层折射率比芯低的玻璃封套,以使光线保持在芯内。再外面是一层薄的塑料外套,用来保护封套。光纤通常被扎成束,外面有外壳保护,如图 3-13 所示。纤芯通常是由石英玻璃制成的横截面面积很小的双层同心圆柱体,它质地脆,易断裂,因此需要外加保护层。

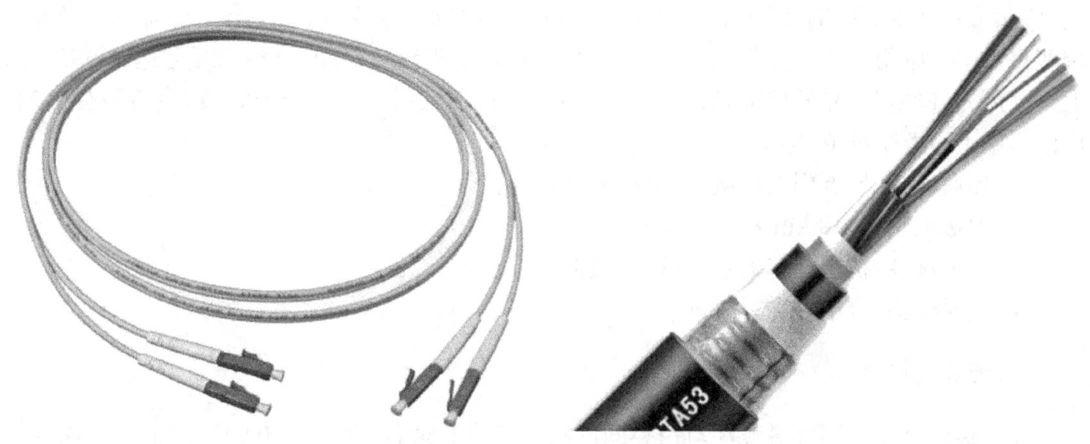

图 3-13　光纤与光缆

按光在光纤中的传输模式划分,光纤可分为多模光纤(Multimode Fiber)和单模光纤(Single Mode Fiber)两种。理论上,当光的传输媒体,即纤芯直径远大于光波波长时,光将从不同的位置,以各种不同的角度进入媒体,光在光纤中会以几十种乃至几百种传播模式进行传播。有些光线基本上沿着媒体的中线传播,有些光线则以不同的角度撞击边界面,结果是光将以有限的角度在边界面之间来回反弹,沿着传输媒体向前传播。每一个角度都定义了一条路径或一种模式,以这种方式传输光波的光纤被称为多模光纤,如图 3-14 所示。

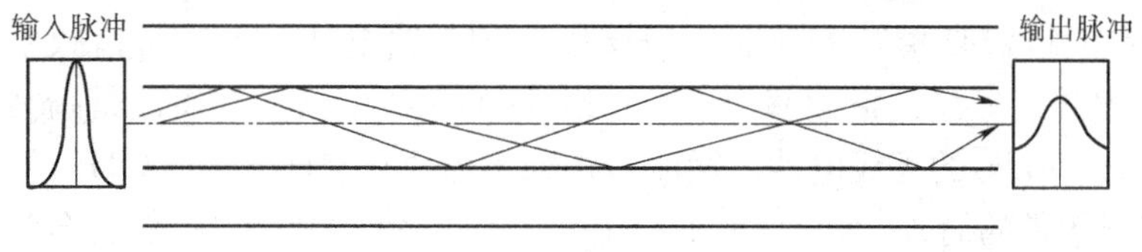

图 3-14　多模光纤

多模光纤的中心玻璃芯较粗,可传递多种模式的光。但其模间色散较大,限制了传输数字信号的频率,而且随着距离的增加会更加严重,因此多模光纤传输的距离就比较近,一般只有几千米。在多模光纤中,光波以有限的模式向前传播,模式的具体数目是由纤芯所用媒体的直径和光的波长决定的。减少纤芯的直径可以降低光线撞击边界面的角度数目,即模式数目减少。

当光纤的直径小到与光的波长在同一数量级时,这时光以平行于光纤中的轴线的形式直线传播,这样的光纤被称为单模光纤,如图 3-15 所示。

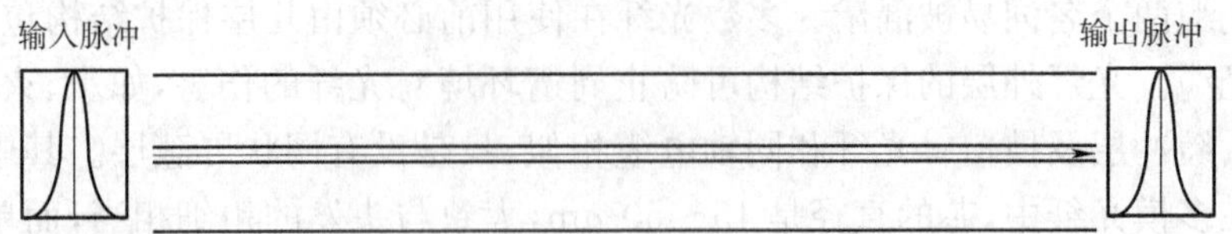

图 3-15　单模光纤

光纤的特性如下。

(1)物理特性:由能传导光波的介质组成。

(2)传输特性:可见光的频率达 100 000 GHz,尽管光纤对不同频率的光会造成不同的损耗,使频带宽度受到影响,但在最低损耗区的频带宽度也可达 30 000 GHz。目前单个光源的带宽只占了其中很小的一部分(多模光纤的频带约几百兆赫兹,目前单模光纤可达 20 GHz 以上),采用先进的相干光通信可以在 30 000 GHz 范围内安排 2 000 个光载波,进行波分复用,可以容纳上百万个频道。

(3)连通性:支持点到点连接,试验中有多点连接。

(4)地域范围:6～8 km 不需要中继器。

(5)抗干扰性:抗干扰能力强,误码率极低。

(6)相对价格:价格较高。

三、无线传输介质

无线传输是指利用电磁波在自由空间内的传播进行通信,常用于电(光)缆铺设不便的特殊地理环境,或者作为地面通信系统的备份和补充。

1. 无线电波

无线电波是指在自由空间(包括空气和真空)传播的射频频段的电磁波。无线电技术是通过无线电波传播声音或其他信号的技术。无线电技术的原理在于,导体中电流强弱的改变会产生无线电波。利用这一现象,通过调制可将信息加载于无线电波之上。当电波通过空间传播到达收信端,电波引起的电磁场变化又会在导体中产生电流。通过解调将信息从电流变化中提取出来,就达到了信息传递的目的。

无线电波的传播途径如图 3-16 所示。

长波(包括超长波)是指频率在 300 kHz 以下的无线电波。中波是指频率为 300 kHz～3 MHz 的无线电波。短波是指频率为 3～30 MHz 的无线电波。超短波是指波长为 1～10 m(频率为 30～300 MHz)的无线电波。微波是指频率为 300 MHz～300 GHz 的电磁波,是无线电波中一个有限频带的简称,即波长为 1 mm～1 m(不含 1 m)的电磁波,是分米波、厘米波、毫米波和亚毫米波的统称。微波频率比一般的无线电波频率高,通常也称为“超高频电磁波”。微波作为一种电磁波也具有波粒二象性。微波的基本性质通常呈现为穿透、反射、吸收三个特性。对于玻璃、塑料和瓷器,微波几乎可以穿透而不被吸收。水和食物等会吸收微波而使自身发热。而金属类物品、则会反射微波。

卫星通信(Satellite Communication)是典型的微波技术的应用。利用同步卫星,可以进行更远距离的传输。收发双方都必须安装卫星接收及发射设备,且收发双方的天线都必须对准卫星,否则不能收发信息,如图 3-17 所示为卫星通信示意图。

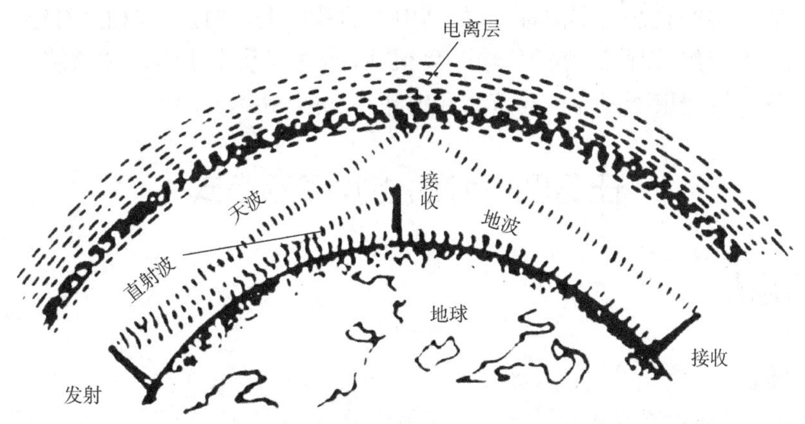

图 3-16　无线电波的传播途径

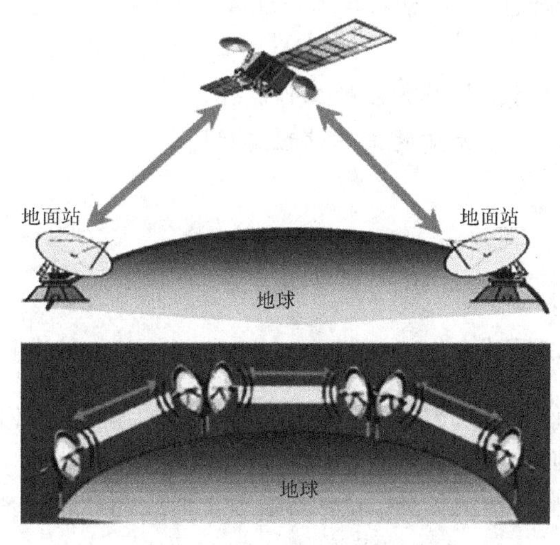

图 3-17　卫星通信示意图

2. 红外线

红外线(Infrared)是波长介于微波与可见光之间的电磁波,其波长为 760 nm～1 mm,是波长比红光长的非可见光。所有温度高于绝对零度(−273.15 ℃)的物质都可以产生红外线,现代物理学称之为热射线。

优点:制造工艺简单,价格便宜。

缺点:传输距离有限,一般只限于室内通信,而且不能穿透坚实的物体(如砖墙等)。

如果在室内发射红外电波,室外就收不到,这可避免各个房间的红外电波相互干扰,并可有效地进行数据的安全性保密控制。

红外线被广泛用于室内短距离通信传输。家家户户使用的电视机及音响设备的遥控器就是利用红外线技术实现遥控的。此外,红外线也是具有方向性的。

3. 激光

除了光纤可以用光进行信息的传输外,激光(Laser)束也可以用于在空中传输数据。和微波通信类似,利用激光通信至少要有两个激光站,每个站点都拥有发送信息和接受信息的能力。激光设备通常是安装在固定位置上，如高山上的铁塔上，并且天线相互对应。由于激光束能在很长的距离上聚焦，因此激光的传输距离很远，能达到几十千米。和微波一样，激光束也是沿直线传播的。激光束不能穿过建筑物和山脉，但可以穿透云层。

任务四　介质访问控制方式

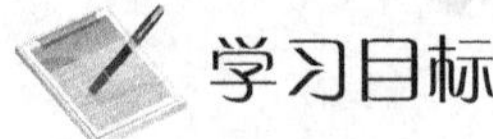

1. 知识目标

(1)了解介质访问控制方法。

(2)掌握介质访问控制的令牌方式。

(3)掌握CSMA/CD概念、工作原理和工作过程。

2. 能力目标

(1)能够叙述三种介质访问控制方法的工作原理。

(2)能够正确画出三种传输介质的工作过程流程图。

知识课堂

一、介质访问控制方法概述

介质访问控制方法就是传输介质的访问方法，也可称为网络的控制方法，是指网络中各节点之间的信息传输的控制方法。局域网的拓扑结构对网络的控制方法有较大的影响。局域网的访问控制方法很多，从控制方式来看，可分为集中式控制和分布式控制两类。

集中式控制是指网络中有一个单独的集中控制器或有一个控制整个网络的节点，由它控制各节点的通信。

分布式控制是指网络中没有专门的集中控制器，也没有控制整个网络的点，网络中的所有节点都处于平等地位。因此，在分布式控制中，各节点之间的通信是由各节点自身控制的。

常用的分布式控制方法有：带有冲突检测的载波监听多路访问(CSMA/CD)、令牌总线(Token Bus)、令牌环(Token Ring)。

与集中式控制相比，分布式控制的应用更为广泛。例如：目前在总线型和环状局域网中，基本上都采用分布式控制的方法。

从占用传输介质的机会来看，访问控制方法可以分为确定性访问控制方法和随机访问控制方法。随机访问控制大多用于总线型局域网中，如CSMA/CD技术就属于随机访问控制方法。

二、CSMA/CD

1. CSMA/CD简介

CSMA/CD即载波监听多路访问/冲突检测。它是网络中各节点在竞争基础上访问传输介质的随机方法，是一种分布式控制方法。其控制原则是各节点抢占传输介质，即彼此之间采用竞争方法取得发送信息的权利。

载波监听意味着站点能够监测到链路是忙还是空闲。多路访问即多个站点通过一个共享媒体来发送和接收帧。冲突检测是指站点在传输帧的同时监听链路，从而能够监测到站点所传输的帧与别的站点传输的帧之间发生冲突的情形。

CSMA/CD起源于美国Hawaii大学的ALOHA广播分组网，最初采用的“纯ALOHA”或“无时隙ALOHA”的方法，发送数据信息完全是随机的，即不管信道是否被占用，发送端发完一个信包后，等待接收端发回确认，在规定的时间内得不到确认就重发。接收端则根据信包地址来校验和判断是否应该接收以及信包是否正确，检测无误则发出确认，如果有错误则不接收。当信道被占用，并有另一个站也发送数据时，就会发生碰撞，两个信号都被废弃，这就是纯ALOHA方法。纯ALOHA方法碰撞的概率最高，因两个节点碰撞浪费的最长时间可达信包传输时间的2倍，最大效率或吞吐率等于1/2e=18%。后来，把每次传输数据的间隔加以规定，使之等于一个信息包的传输时间，并规定每个站只能在时隙（时隙是一个应用程序得知消息的正确传输所需的时间）的起始时间发送，这样就只有在两个站同时开始的情况下，才会产生碰撞。这种“有时隙ALOHA”方法使传输效率提高了1倍，即吞吐量等于1/e=36%。1980年，由美国DEC、Internet及Xerox公司联合宣布的Ethernet（以太网）网络采用了CSMA/CD技术，并且增加了检测碰撞的功能，这就是CSMA/CD。各站在发送信息以前，先监听信道是否被占用，只有在信道空闲时才发送。这种发送前监听（LBT）的方法使碰撞减少，传输效率提高到80%。随后采用发送中监听（LWT）的方法，即每个站随时都在监听着信道，检测到碰撞或信息受到干扰时，立即中止发送，这样可以缩短碰撞时间，使传输效率进一步提高到90%。

2. CSMA/CD的工作原理

CSMA/CD访问方式大多用于总线型局域网，其工作过程可分为两部分，即监听总线和碰撞检测。

（1）监听总线

在总线型局域网中，连接到总线上的各个节点的地位是平等的，整个网络系统中没有集中控制器，各个节点必须自行控制。因此，每个节点都必须设立一个“监听器”来监听总线，也就是测试总线上是否正在传输信息（也称为载波识别）。如果总线上正在传送信息，则各节点不能强占总线，以免破坏信息传输；如果测得总线是空闲的，则说明没有信息在传输，稍等一个时间片后，该节点就可以抢占总线，发送信息。测得总线空闲后，之所以要稍等一个时间片，是因为信息包传输有时延，如在A节点监听到总线空闲之前有可能F节点已经发送了信息，由于传输时延，在A节点测试总线时就无法识别了。所以，为了保证空闲之前发送的信息能可靠地传输到终点，必须稍等一个时间片。尽管“稍等一个时间片”可以保证空闲前发送的信息能够可靠地传输到终点，但是，如果两个以上的节点同时监听总线空闲都要占用总线发送信息时，就会产生冲突（又称为碰撞）。此时单靠监听总线是无法解决的，这正是CSMA/CD工作原理中碰撞检测部分所要处理的问题。

（2）碰撞检测

为了解决网络上出现的碰撞现象，各节点都要设立一个碰撞检测器，以便边发边听。发送信息的节点，一边发送，一边通过检测器监听总线上的传输信息，由碰撞检测器判别从总线上听到的信息是否与本节点发出的信息一致。如果一致，则表明本次抢占总线成功，节点可以继续把要发送的信息发送完；如果不一致，则说明有碰撞，本次抢占总线不成功，要停止发送。

各结点检测到碰撞后，要停止发送，并且各结点均要延迟一个间隔时间，再去抢占总线。为了尽可能地减少碰撞，各站延迟的间隔时间都用随机数控制，只要随机数不同，各节点延迟的时间就不相同，延迟时间最小的那个节点先抢占总线，并再次发送信息。其他结点按监听原则监听总线，若发现总线已被占用，则只好等总线再次空闲之后再去抢占。如果又发生碰撞，则照此办法重复处理，总有一次会发送成功。这种延迟竞争法被称为延迟算法(或碰撞控制算法)。

3. CSMA/CD的工作过程

CSMA/CD的工作过程如图3-18所示。

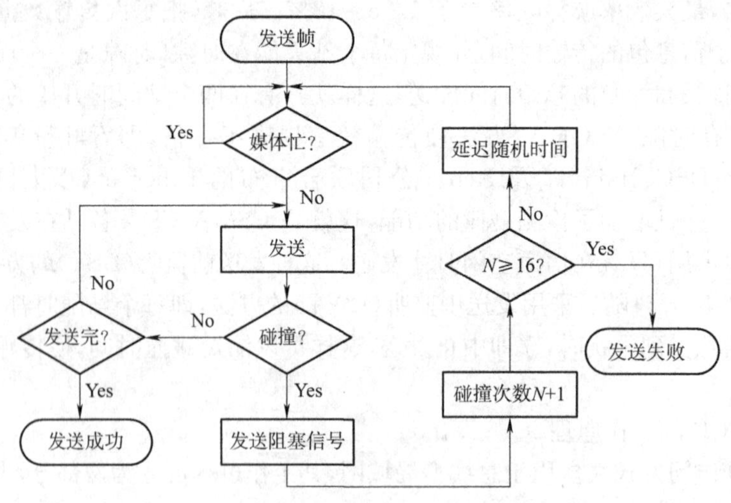

图3-18 CSMA/CD的工作过程

第一步：先侦听信道，如果信道空闲则发送信息，否则转到第二步。

第二步：如果信道忙(有载波)，则继续对信道进行监听。一旦发现信道空闲，就进行发送。

第三步：发送信息后进行冲突检测，如发生冲突，则立即停止发送，并向总线上发出一串干扰信号(连续几个字节全1)，通知总线上各站点冲突已发生，使各站点重新开始监听与竞争。

第四步：已发出信息的各站点收到阻塞信号后，等待一段随机时间，重新进入监听发送阶段，转到第一步。

CSMA/CD的工作过程可归结为四句话：先听后发，边发边听，冲突时退避，随机延时后重发。

当信道忙时，CSMA坚持三种退避算法：

第一种为不坚持CSMA协议：若信道空闲就传输；若信道忙，等待一个随机时间，然后再次对信道监听。

第二种为1坚持CSMA协议：若信道空闲就传输；若媒体忙则继续监听，直到检测到信道空闲然后立即传输。如果有冲突，则等待一段随机的时间，重复第一步。

第三种为P坚持协议：若媒体空闲，则信息以概率P传输，(概率为$1-P$)延迟一个时间单位再发送。若信道忙，等待直到信道空闲，继续监听直到信道空闲并重复第一步。若传输延迟了一个时间单位，则重复第一步。

由于传输线上不可避免地存在传输延迟，有可能多个站同时监听到线上空闲，并开始发送，从而导致冲突，故每个节点开始发送信息之后，还要继续监听线路，判定是否有其他节点正与本节点同时向传输介质发送，一旦发现，便中止当前发送，这就是“冲突检测”。

CSMA/CD 已被广泛应用于计算机局域网中。每个站点在发送通信帧的同时还有检测冲突的能力。即所谓边讲边听。一旦检测到冲突，就立即停止发送，并向总线上发一串 Jam 信号，通知总线上各站冲突已经发生，使信道不致传送已损坏的帧。

三、介质访问控制的令牌方式

CSMA 的访问产生冲突的原因是由于各节点发起通信时随机的。为了解决冲突，可对通信发起采取某种方式进行控制。令牌访问就是其中的一种。这种方法按一定顺序在各站点间传递令牌，得到令牌的节点才有发起通信的权利，从而避免了几个节点同时发起通信而产生的冲突。令牌访问访问原理可用于环形网，构成令牌环形网络；也可用于总线网，构成令牌总线网络。

1. 令牌环局域网

令牌环控制技术最早于 1969 年在贝尔实验室研制的 Newhall 环上被采用。令牌环访问控制法(Token Ring)是美国 IBM 公司于 1995 年推出的局域网产品，现已发展为 IEEE 802.5 局域网标准。Token Ring 的网络拓扑为环状基带传输。环状网的主要特点是只有一条环路，信息单向沿环流动，无路径选择问题，令牌是隐式地(无寻址信息)传输到环上的每一节点。令牌法又称许可证法。它是一种分布式控制的访问方法，既可以用于环状结构的网络，也可以用于总线结构的网络。

令牌环是环形局域网采用的一种访问控制方式。令牌在网络环路上不断地传送，只有拥有此令牌的站点，才有权向环路上发送报文，而其他站点仅允许接收报文。一个节点发送完毕后，便将令牌交给网上的下一个站点，下一个站点如果没有报文发送，便立即把令牌顺次传给他的下一个站点。因此表示发送权的令牌在环形信道上不断循环。环路上每个节点都可获得发送报文的机会，而任何时刻只会一个节点利用环路传送报文，因而在环路上保证不会发生访问冲突。

图 3-19(a)是令牌环中令牌传递的工作原理示意图。图中每个网络节点都有一个入口和一个出口分别与环形信道相连。在通信接口中用缓冲器来存储转发数据。图 3-19(b)是网上传输的帧格式。它用开始标志表示帧头，目的地址是该帧的接收站点地址；源地址是发送该帧的地址；报文即为帧中的数据；校验和用来表示对帧进行差错检查的结果；状态位则用来指示此帧发出后是否为目的站所接收；结束标志用来表示该帧的结尾。

若 A 站要发送数据给 C 站，则 A 站把目的地址和要发送的数据交给本站的通信处理器组织成帧。一旦 A 站从环上得到令牌，就发出该帧。B 站从其入口接收此帧后，查看目的地址与本站地址不符，便将原帧依次转发给 C 站。C 站在查看目的地址时，得知此帧是给本站的，便采用校验和查错。若传输的帧无错误，便将帧中的数据收下，并修改状态位，表示此帧已被正确接收。然后 C 站再把修改了状态位的原帧沿 D、E 站送回 A 站。A 站从返回的帧状态位得知发送成功，便从环上取消帧，再把令牌转交给 B 站。这样就完成了一次站点间的通信过程。

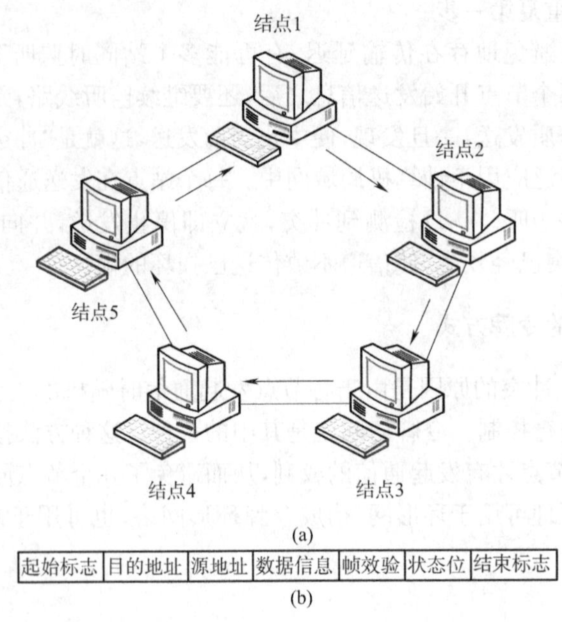

起始标志	目的地址	源地址	数据信息	帧效验	状态位	结束标志

图 3-19　环形网示意图

采用令牌环方式的局域网，网上每一个站点都知道信息的来去动向，保证了通信传输的正确性。由于能限制各节点的令牌持有时间，所以适合于实时系统的使用，令牌环方式对轻、重负载不敏感，但单环环路出故障将使整个环路通信瘫痪，因而可靠性比较差。

令牌环网是一种共享媒体的多点介质访问式网络。通过令牌(Token)对网络各个站点的介质访问进行控制，因而不会产生任何冲突。所谓令牌，是一个非常小的/唯一的而且可以立即被识别的帧。令牌环网非常适合在重载下高效工作，因为在环网中每个站依次截获令牌发送数据，整个环网不会出现碰撞而降低效率，而且环网为固定路径传输，无须路由选择。令牌环网中的站点使用一个 NIC 连接，一个站点发送数据时，仅可直接发送给它的邻居，若想要给环中的另一个站点发送信息，必须经过两个站点间的所有接口，采用存储转发的方式。

令牌环工作原理如图 3-20 所示，环状网是由许多干线耦合器(也称转发器或环接口)用点对点链接成单向环路，然后每一个干线耦合器再和一个终端或计算机连载一起。令牌环是使用一种称为令牌的特殊帧沿着环网循环实现数据传输的。当令牌到达某个站点时，若该站点没有数据传送，则将令牌转给其邻居。当一个站要发送数据帧时，就申请令牌，等待空令牌通过本站，然后将空令牌改为忙令牌，紧跟着忙令牌之后，把数据帧发送到环网上。由于令牌是忙状态，其他站必须等待而不能发送帧，因此，也就不可能产生冲突，于是这个帧就在环中游历，每个站点检查该帧的目的地址，若目的地址与当前站点的地址不匹配，则该站点将帧转发给其邻居；如果地址符合，说明是发送给本站的，则将帧复制到本站的接收缓冲器重中，在帧内设置一些状态位，同时将帧送回到环上，使帧继续沿环传送，直到它最终到达发送帧的站点，这个站点将该帧数据帧移去，重新发出令牌，改令牌在环网中循环传递。

令牌环的工作过程如图 3-21 所示，从图中可以看出，一是令牌环的数据传输比以太网的数据传输更有序，每个站点都知道它何时可以发送并且只可以发送给其邻居，因此不存在因冲突而导致的带宽浪费；二是每个站点均参与了令牌或数据帧的行程安排，一个站点的失效会导致网络失效；三是因为一个工作站在发送前必须等待空令牌的到来，所以在网络轻载时，效率很低，在重载时各站访问机会均等，因此效率较高。

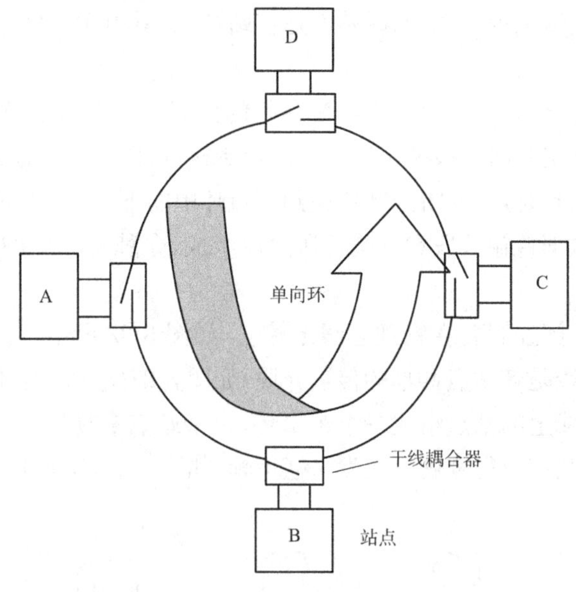

图 3-20　令牌环网

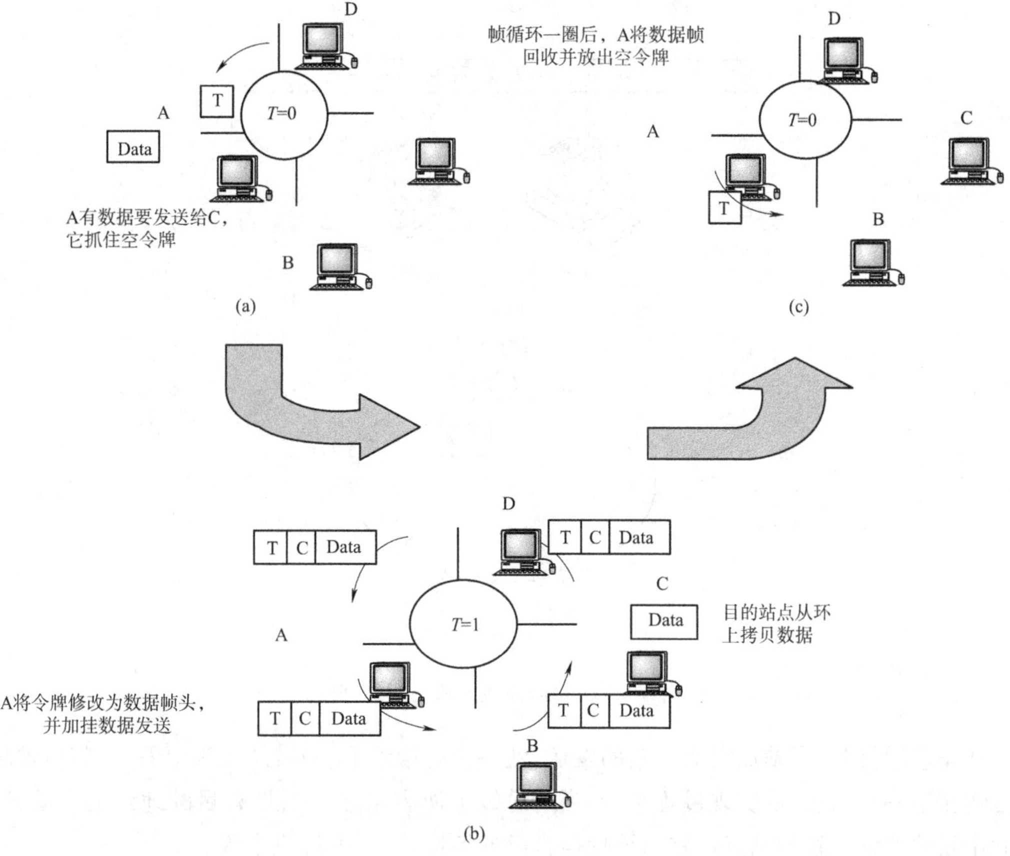

图 3-21　令牌环的工作原理

2. 令牌总线局域网

令牌总线方式采用总线拓扑,网上各节点按预定顺序形成一个逻辑环。每个节点在逻辑环中均有一个指定的逻辑位置,末站的后站就是首站,即首尾相连。总线上各站的物理位置跟逻辑位置无关。

像令牌环方式那样,令牌总线也采用称为令牌的控制帧来调整对总线的访问控制权。收到令牌的站点在一段规定时间内被授予对介质的控制权,可以发送一帧或多帧报文,当该节点完成发送或授权时间已到时,它就将令牌传递到逻辑环中的下一站,使下一站得到发送权。传输过程由交替进行的数据传输阶段和令牌传送阶段组成,令牌总线上的站点也可以推出逻辑环而成为非活动站点。

令牌总线的介质访问控制要在物理总线上建立,如图 3-22 所示。从物理上看,它是一种总线结构的局域网,总线是各站点共享的传输介质,如图 3-22(a)所示。但是从逻辑上看,它是一种环形局域网,由总线上的站点组成一个逻辑环,每个站点被规定一个逻辑位置,令牌在逻辑环上依次传递,站点只有取得令牌才能发送通信帧,如图 3-22(b)所示。

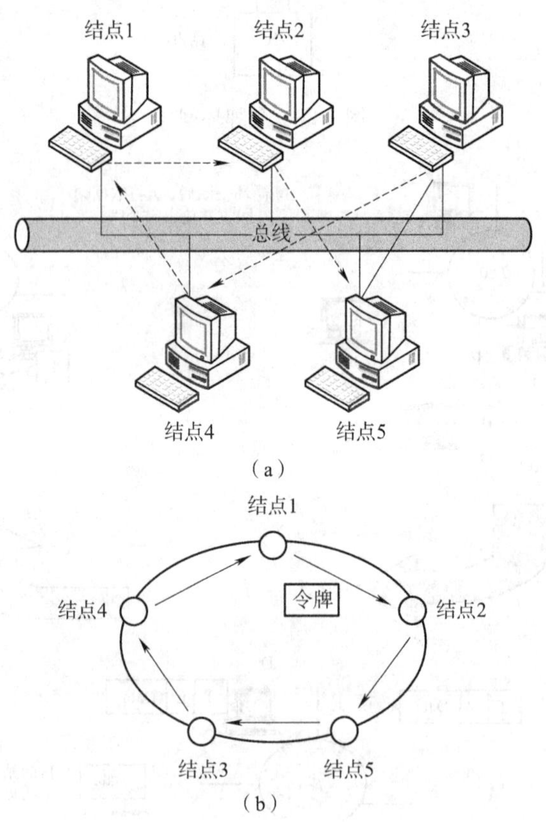

图 3-22　令牌总线介质访问控制

在正常运行时,当站点完成了它的发送,就将令牌送给下一站,从逻辑上看,令牌按地址顺序传送至下一个站点;从实现过程来看,当对总线上所有站点广播带有目的地址的令牌帧时,与帧中目的地址一致的站点识别出该帧与自己的地址符合,即接收令牌。

假如取得令牌的站点有报文要发送，则发送报文，随后，将令牌至下一个站；假如取得令牌的站没有报文要传送，则立即把令牌送到下一个站。由于站点接收到令牌的过程是顺序依次进行的，因此所有站点都有公平的访问权。为使站点等待取得令牌的时间是确定的，这就需要限定每个站发送帧的最大长度，如果所有站都有报文要发送，最坏情况下，等待取得令牌和发送报文的时间应该等于全部令牌传送时间和报文发送时间的总和；如果只有一个站点有报文要发送，则等待时间只是全部令牌传递时间的总和，而平均等待时间是他的一半，实际等待时间应在这个区间范围内。

对控制网络来说，这个访问等待时间是一个重要参数，可以根据需求选定网中的站点数及最大的报文长度，从而保证在限定的时间内取得令牌，对令牌总线的访问控制还可提供不同的服务级别，即不同优先级。

令牌总线网络的正常运行十分简单，但网络必须有初始化功能，要生成一个访问次序。当网上令牌丢失，或产生多个令牌时，必须有故障恢复功能，还应该有取消不活动站点和加入新活动站点的功能，这些附加功能会大大增加令牌总线访问控制的复杂性。

因此，令牌总线的介质访问控制应具备以下各项功能：

(1)令牌传递算法

逻辑环按站点地址次序组成。刚发完帧的站点将令牌传给后继站。后继站应立即发送数据或令牌帧，原先释放令牌的站点监听到总线上的信号，便可以确认后继站获得了令牌。

(2)逻辑环的初始化

网络刚开始启动时，或由于某种原因，在运行中所有站点活动的时间如果超过规定的时间，需要进行逻辑环的初始化。初始化过程是一个争用的过程，争用的结果只有一个站点能获得令牌，其他站点采用站插入算法插入。

(3)站点插入算法

在逻辑环上应周期性地使新站点有机会插入环中。当同时有几个站点要插入时，可以采用带有影响窗口的争用处理算法。

(4)推出环路

一个工作站应将其自身从逻辑环中退出，并将其先行站和后继站连接起来。

(5)恢复

网络应能发现差错，丢失令牌应能恢复，在多重令牌情况下应能识别处理。

(6)实令牌和虚令牌

上面在讨论令牌总线与令牌环时涉及令牌为实令牌，在网络传递数据的数据帧中有一种专门作为令牌的令牌帧。虚令牌是指将令牌隐含在普通数据帧中，没有专门的令牌帧存在。网络管理者给每个节点分配一个唯一的地址，每个站点监视收到的每个报文帧的源地址，并为接收到的源地址设置一个隐形令牌寄存器，让隐性令牌寄存器的值为收到的源地址设置一个隐性令牌寄存器，让隐形令牌寄存器的值为收到的源地址加 1，这样所有站点的隐形令牌寄存器在任一时刻的值都相同。如果隐性令牌寄存器的值与某个站点自己的介质访问控制(MAC)地址相等，则该站点就可立即发送数据。采用虚令牌时，网络中并没有真正的令牌帧传递，但能起到像实令牌一样的作用，不会因介质访问引起冲突。

任务五　网络互联设备

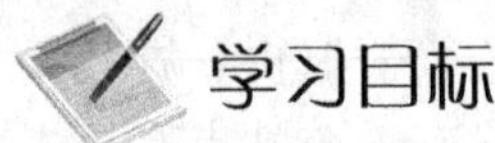

学习目标

1. 知识目标

(1)了解网络互联的概念及互联的目的。

(2)掌握各层的互联设备。

2. 能力目标

(1)能够叙述每一层网络互联设备名称。

(2)能够正确叙述每层互联设备的工作原理。

(3)能够将主要互联设备与实际列车应用相呼应。

知识课堂

一、网络互联概述

为实现更广泛的资源共享和信息交流,两个或多个计算机网络需要被互联在一起。网络互联的核心是网络之间的硬件连接和网间互联协议。网络的物理连接是使用网络互联设备通过传输线路实现的,旨在为网络之间提供一条传输数据的物理链路。网络互联设备直接影响着互联网的性能。

网络互联的主要目的就是扩大网络的覆盖范围,使更多的网络用户之间可以共享资源和进行数据通信,由此提高网络的应用和管理效率。

网络互联分为:局域网与局域网互联,局域网与广域网互联,广域网与广域网互联,无线网络互联。这些网络的互联与互联设备有直接的关系。

网络互联时,必须解决如下问题:在物理上如何把两种网络连接起来,一种网络如何与另一种网络实现互访与通信,如何解决它们之间协议方面的差别,如何处理速率与带宽的差别。解决这些问题的部件就是中继器、网桥、路由器、网卡和网关等。

二、物理层互联设备

1. 调制解调器

调制解调器(Modem)是通过普通电话线连接网络的小型设备,是一种最便宜的网络互联设备。它所连接的网络传输速度通常较慢、性能极低。调制解调器通常被用来连接局域网和它的远程工作站。图 3-23 所示为调制解调器的具体应用。

为了利用电话交换网实现计算机之间的数字信号传输,必须将数字信号转换成模拟信号。为此,需要在发送端选取音频范围的某一频率的正(余)弦模拟信号作为载波,用它运载所要传输的数字信号,并通过电话信道将其送至另一端;在接收端再将数字信号从载波上取出来,恢复为原来的信号波形。这种利用模拟信道实现数字信号传输的方法称为“频带传输”。完成调制和解调功能的设备即调制解调器。

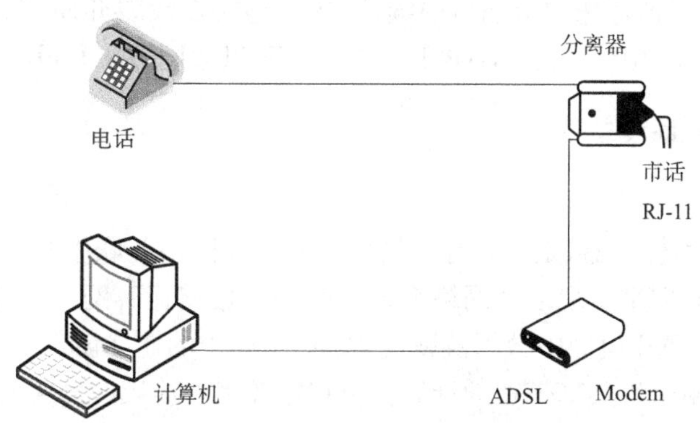

图 3-23　调制解调器的应用

调制解调器的种类很多，型号各异。对于个人用户来说，在选择调制解调器时，主要涉及两方面的问题，即款式和速率。

局域网之间使用调制解调器连接时的主要优点：

(1)使用普通电话线，硬件等投资和维护费用低。

(2)易于安装和维护。

(3)拥有成熟的标准和众多的厂商。

局域网之间使用调制解调器连接时的主要缺点：

(1)传输数据的速度慢。

(2)性能低。

2. 中继器与集线器

中继器与集线器是 OSI 模型中物理层的设备，它可以将局域网的一个网段和另一个网段连接起来，主要用于局域网与局域网的互联，起到信号放大和延长信号传输距离的作用。

信号在网络传输介质中进行传输时有衰减的情况并且会受到噪声的干扰，使得有用的信号随着传输距离的增加变得越来越弱，在这种情况下，需要使用中继器来增加信号传输的有效距离。中继器是用来放大模拟或数字信号的网络连接设备，它将接收到的信号进行放大，保持与原来的数据相同，并且转发经过放大的信号。但中继器在放大信号的同时也将噪声放大了，而且中继器没有信号纠错的功能。中继器仅作用于物理层，只具有简单的放大、再生物理信号的功能，所以它只能连接完全相同的局域网，目的是延长网络的长度。中继器可以连接相同传输介质的同类局域网，也可以连接不同传输介质的同类局域网。中继器在物理层实现互联，它支持数据链路层及以上的各层的任何协议。图 3-24 所示为中继器的具体应用。

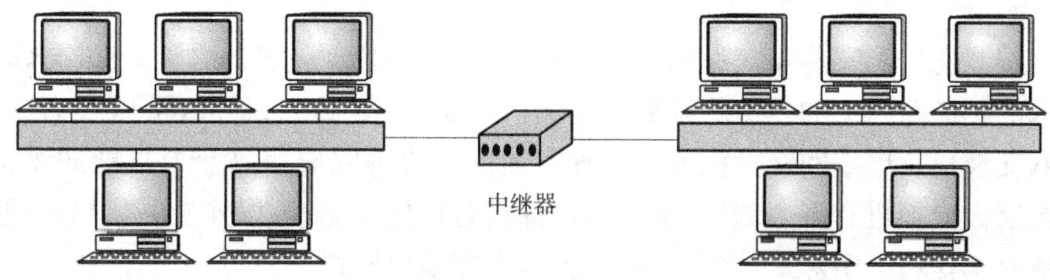

图 3-24　中继器的应用

集线器(Hub)是一种特殊的多端口中继器,用于连接双绞线介质或光纤介质的以太网系统,是组成 10Base-T、100Base-T、10Base-F、100Base-F 以太网的核心设备。

三、数据链路层互联设备

1. 网桥

网桥(Bridge)又称桥接器,是一种存储转发设备。在网络互联中它起到数据接收、地址过滤与数据转发的作用,用来实现多个网络系统之间的数据交换。网桥主要用于局域网与局域网互联。它是工作在 OSI 模型中数据链路层 MAC 子层中的连接设备。网桥的每个端口连接一个局域网网段,常用于将共享带宽的计算机节点数较多的局域网分为两个局域网网段,以便减少计算机在网络中传输数据时可能发生的冲突。网桥可以将两个独立的物理网络连接在一起,构成一个单个的逻辑局域网。

网桥的工作原理:网桥接收一个整帧,然后分析进入的帧,并基于包含在帧中的信息,根据帧的目的地址(MAC 地址)段,来决定是删除这个帧还是转发这个帧。如果目的站点和发送站点在同一个局域网,网桥则将帧删除;如果不在同一个局域网,网桥将进行路径选择,并按照指定的路径将帧转发给目的局域网。

网桥的基本特征:网桥在数据链路层上实现局域网互联;网桥能够互连两个采用不同数据链路层协议、不同传输介质与不同传输速率的网络;网桥以接收、存储、地址过滤与转发的方式实现互联的网络之间的通信;网桥需要互联的网络在数据链路层以上采用相同的协议;网桥可以分隔两个网络之间的通信量,有利于改善互联网络的性能,提高互联网络的安全性。

网桥的应用如图 3-25 所示。

如果节点 A 想与 B 通信,网桥可以接收到发送帧,但网桥进行地址过滤后认为不需要转发则丢弃这个帧。如 A 要与 D 通信,节点 A 发送的帧被网桥进行地址过滤后识别出该帧应发送到局域网 2 中,网桥将通过与局域网 2 的网络接口转发该帧,这时局域网 2 中的 D 节点将能接收到这个帧。

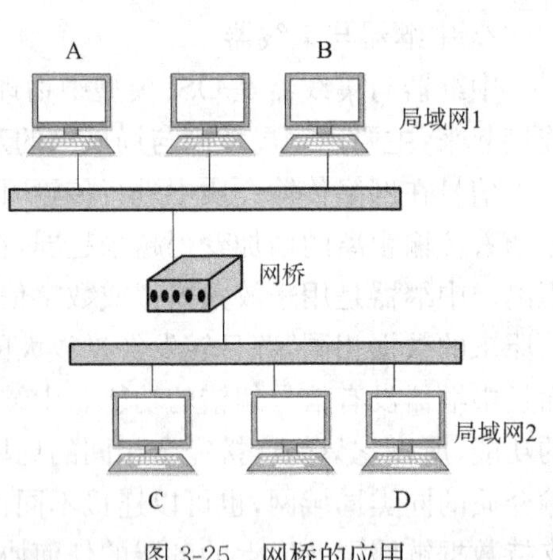

图 3-25 网桥的应用

2. 交换机

交换机(Switch)是一种用于电信号转发的网络设备。它可以为接入交换机的任意两个网络节点提供独享的电信号通路。最常见的交换机是以太网交换机,其他常见的还有电话语音交换机、光纤交换机等。

交换是按照通信两端传输信息的需要,用人工或设备自动完成的方法,把要传输的信息送到符合要求的相应路由上的技术的统称。交换机根据工作位置的不同,可以分为广域网交换机和局域网交换机。广域网交换机就是一种在通信系统中完成信息交换功能的设备,它应用在数据链路层。交换机有多个端口,每个端口都具有桥接功能,可以连接一个局域网或一台高性能服务器或工作站。实际上,交换机有时被称为多端口网桥。

在计算机网络系统中,交换概念的提出改进了共享工作的模式,而集线器就是一种共享设备。集线器本身不能识别目的地址,当同一局域网内的 A 主机向 B 主机传输数据时,数据包在以集线器为架构的网络上是以广播方式传输的，由每一台终端通过验证数据包头的地址信息来确定是否接收。也就是说，在这种工作方式下，同一时刻网络上只能传输一组数据帧，如果发生碰撞还要重试。这就是共享网络带宽。

交换机工作在数据链路层，拥有一条高带宽的背部总线和内部交换矩阵，交换机的所有端口都挂接在这条背部总线上。控制电路收到数据包以后，处理端口会查找内存中的地址对照表以确定目的MAC（网卡的硬件地址）的NIC（网卡）挂接在哪个端口上，通过内部交换矩阵迅速将数据包传送到目的端口。目的MAC若不存在，广播到所有的端口，接收端口回应后交换机会“学习”新的MAC地址，并把它添加到内部MAC地址表中。使用交换机也可以把网络“分段”，通过对照IP地址表，交换机只允许必要的网络流量通过交换机。通过交换机的过滤和转发，可以有效地减少冲突域，但它不能划分网络层广播，即广播域。交换机在同一时刻可进行多个端口对之间的数据传输。每一端口都可视为独立的物理网段（注：非IP网段），连接在其上的网络设备独自享有全部的带宽，无须同其他设备竞争使用。当节点A向节点D发送数据时，节点B可同时向节点C发送数据，而且这两个传输都享有网络的全部带宽，都有着自己的虚拟连接。假设这里使用的是10 Mbit/s的以太网交换机，那么该交换机这时的总流通量就等于2×10 Mbit/s=20 Mbit/s，而使用10 Mbit/s的共享式集线器时，一个集线器的总流通量也不会超出10 Mbit/s。总之，交换机是一种基于MAC地址识别，能完成封装转发数据帧功能的网络设备。交换机可以“学习”MAC地址，并把其存放在内部地址表中，通过在数据帧的始发者和目标接收者之间建立临时的交换路径，使数据帧直接由源地址到达目的地址。

3. 网卡

计算机与外界局域网的连接是通过主机箱内的一块网络接口板（或者是在笔记本电脑中的一块PCMCIA卡）。网络接口板又称为通信适配器或网络适配器（Network Adapter）又或是网络接口卡（Network Interface Card，NIC），但是现在更多的人愿意使用其更为简单的名称——“网卡”。其外形如图3-26所示。

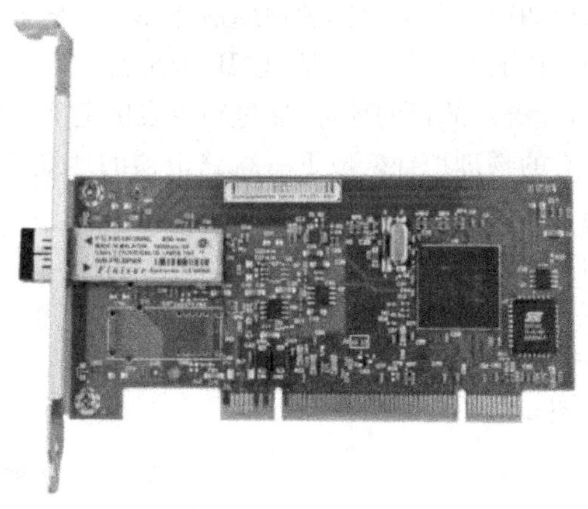

图3-26　Intel 82545网卡

网卡是工作在数据链路层的网络组件，是局域网中连接计算机和传输介质的接口，不仅能实现计算机与局域网传输介质之间的物理连接和电信号匹配，还涉及帧的发送与接收、帧的封装与拆封、介质访问控制、数据的编码与解码以及数据缓存等功能。

四、网络层互联设备

路由器是局域网与广域网互联的设备,它工作在 OSI 模型的第三层(网络层)。由于它比网桥工作在更高一层,因此,路由器的功能比网桥更强。它除了具有网桥的全部功能外,还具有路径选择功能。

当要求通信的工作站分别处于两个以上的局域网,且两个工作站之间存在多条通路时,路由器可根据当时网络上信息的拥挤程度自动地选择传输效率比较高的路径。因此,当某条通信通路不能工作时,路由器可以自行选择其他可用通道来传递信息。

路由器的工作原理:路由器在网络层实现网络互联,主要完成网络层的功能。路由器负责将数据分组从源端主机经最佳路径传送到目的端主机。因此,路由器具有路由选择和数据转发的功能。

路由选择也称为路径选择。当两台连接在不同子网上的计算机需要进行通信时,所通信的信息必须经过路由器的转发,由路由器将信息分组,通过互联网沿着一条路径从源端传送到目的端。路由器通过确定到达目的端下一跳路由器的地址来确定通过互联网到达目的端的最佳路径。

路由选择的实现方法是通过路由选择算法建立并维护一个路由表。在路由表中包含着目的地址和下一跳路由器地址的多种路由信息。路由表中的路由信息通知每一台路由器应该将数据包转发给谁,它的下一跳路由器地址是什么。路由器根据路由表提供的下一跳路由器地址,将数据包转发给下一跳路由器,之后一级一级地将数据包转发到下一跳路由器,最终将数据包传送到目的地。当路由器接收一个进来的数据包时,首先检查它的目的地址,并根据路由表提供的下一跳路由器地址或子网地址,将该数据包转发给一下跳路由器或子网。

数据转发又被称为数据交换。当互联网上的一台主机(源端)要向另一台主机(目的主机)发送数据包时,通过指定默认路由(与主机在同一个子网的路由器端口的 IP 地址为默认路由地址)的方法,使源端计算机知道一个路由器的物理地址(MAC 地址)。

源端主机将带着目的主机的网络层协议地址(IP 地址)的数据包发送给已知路由器。路由器在接收了数据包之后,检查包的目的地址,通过路由表确定下一跳路由器的地址。路由器将根据这个目的地址将原有的物理地址变成下一跳路由器的地址所对应的目的物理地址,并将数据包传送到下一跳路由器。

当数据包通过互联网传送时,它的物理地址是变化的,但它的网络地址是不变的,数据包会一直保持着原来的内容直到目的端。路由器转发数据包时,使用的是网络层地址,但在数据链路层完成传送时,需要进行地址转换并改变目的物理地址。

路由器的具体应用如图 3-27 所示。

五、应用层互联设备

网关一般是指用以连接异构网(通常指异种网络操作系统)的软件,而不是指连接异物网的物理设备。一般 PC 机、工作站或小型机都可以作为网关的硬件平台。

中继器、网桥、路由器都是属于通信子网的网间互联设备,与应用系统无关。而在实际的网络应用中,应用系统并不是像人们所希望的那样是基于同一个协议 TCP/IP 的,而有许多很好的应用系统是基于专用网络系统协议的。当在使用不同协议的系统之间进行通信时,如使用 SMTP 协议的电子邮件应用系统和使用 X. 400 协议的电子邮件应用系统之间传送邮件时，就必须进行协议转换。网关即用于解决这类问题。

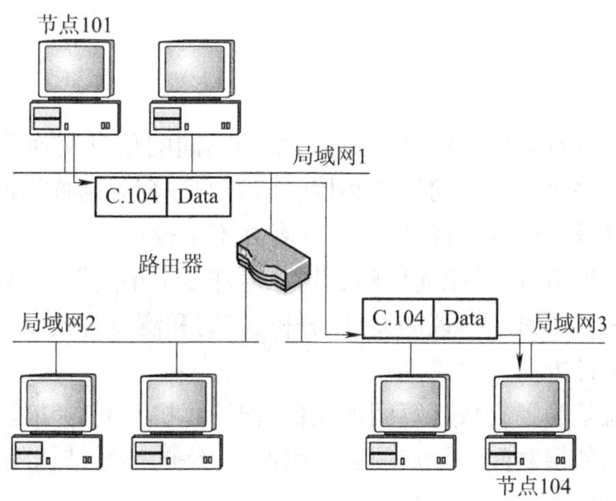

图 3-27　路由器的应用

当两个完全不同的网络(即不仅硬件不同，整体结构、数据类型和通信协议也可以完全不同)需要连接时，通常使用网关。

网络的基本工作原理：网关工作在 OSI 七层模型的高三层，即会话层、表示层和应用层；或者说，网关使用了 OSI 模型的所有层，但它主要应用在会话层、表示层和应用层。

用中继器、网桥、交换机或者路由器连接网络时，对连接双方的高层协议都有所规定，协议相同时设备才能连接，而网关则容许使用不同的高层协议，它为互联网络双方的高层提供了协议的转换功能。所以网关又被称为“协议转换器”，其作用像一个“翻译”。

网关是实现应用系统级网络互联的设备，可以用于广域网与广域网互联、局域网与广域网互联、局域网与局域网互联。

任务六　网络体系结构

学习目标

1. 知识目标

(1)了解网络体系结构、协议等名词的概念。

(2)掌握网络分层的原则。

(3)掌握 OSI/RM、TCP/IP 两种体系的结构及各层的主要功能。

2. 能力目标

(1)能够对比网络体系结构的层次关系。

(2)能够正确叙述网络体系结构每层功能。

(3)能够叙述协议和协议三要素。

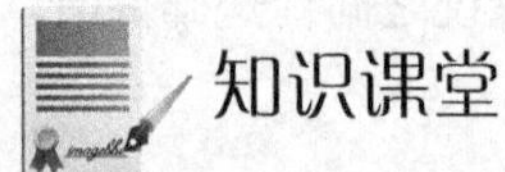

知识课堂

一、概　　述

要想让两台计算机进行通信，就必须使它们采用相同的信息交换规则。我们把在计算机网络中用于规定信息的格式以及如何发送和接收信息的一套规则称为网络协议或通信协议。

为了减少网络协议设计的复杂性，网络设计者并不是设计一个单一、巨大的协议来为所有形式的通信规定完整的细节，而是把通信问题划分为许多个小问题，然后为每个小问题设计一个单独的协议。这样做使得每个协议的设计、分析、编码和测试都比较容易。分层模型是一种用于开发网络协议的设计方法。

网络的体系结构就是为了完成计算间的通信，把计算机互联的功能层次化，并明确规定同层实体通信的协议及相邻层之间的接口服务。因此，网络的体系结构就是计算机网络分层、各层协议和功能、层间接口的集合。

要了解网络的体系结构就必须了解网络的协议和分层设计的原则。

二、协　　议

网络协议是指为了保证计算机网络中计算机之间正确地、有条不紊地收发数据所制定的一系列通信协议。

网络协议的定义：为在计算机网络中进行数据交换而建立的规则、标准或约定的集合。例如，网络中一个微机用户和一个大型主机的操作员进行通信，由于这两个数据终端所用字符集不同，因此操作员所输入的命令彼此不认识。为了能进行通信，规定每个终端都要将各自字符集中的字符先变换为标准字符集的字符，之后再进入网络传送，到达目的终端之后，再变换为该终端字符集的字符。当然，对于不相容终端，除了需变换字符集字符外，其他特性，如显示格式、行长、行数、屏幕滚动方式等也需作出相应的变换。

在计算机网络中，两个相互通信的实体处在不同的地理位置，其上的两个进程相互通信，需要通过交换信息来协调它们的动作，使两个相互通信的实体达到同步，而信息的交换必须按照预先共同约定好的过程进行。

网络协议包括三个要素：

(1)语义。语义是指控制信息每个部分的意义。它规定了计算机需要发出何种控制信息，以及完成何种动作与做出什么样的响应。

(2)语法。语法是指用户数据与控制信息的结构与格式，以及数据出现的顺序，其结构如图 3-28 所示。

SOH	HEAD	STX	TEXT	EXT	BCC
报文头开始	报头	正文开始	正文	正文结束	检验码

图 3-28　网络协议语法结构示意图

(3)时序。时序是指对事件发生顺序的详细说明(也可称为“同步”)。

人们形象地将这三个要素描述为：语义表示要做什么，语法表示要怎么做，时序表示做的顺序。

三、网络的分层原则

将一个复杂系统分解为若干个容易处理的子系统，然后"分而治之"，这就是结构化设计方法，它是工程设计中常见的手段。计算机网络的层次结构提供了一种按层次来观察网络的方法，它描述了网络中任意两个节点间的逻辑连接和信息传输。

在图 3-29 所示的一般分层结构中，N 层是 $N-1$ 层的用户，又是 $N+1$ 层的服务提供者。$N+1$ 层虽然只直接使用了 N 层提供的服务，但实际上它通过 N 层还间接地使用了 $N-1$ 层以及以下所有各层的服务。

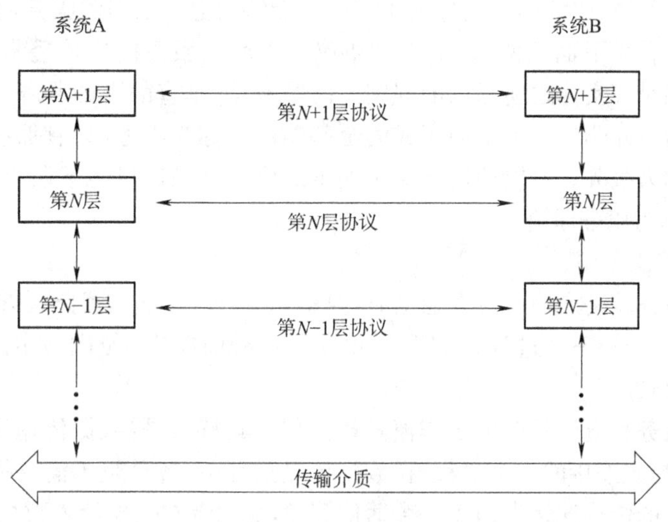

图 3-29　网络的分层结构

层次化结构的优点：独立性强，适应性强，易于实现和维护。

层次化结构的通用原则：层次不能过多，只在真正需要的时候才划分；层次不能过少，要在逻辑上将功能区分开来；每层定义明确，类似功能放在同一层；每一层功能尽量局部化，以便于层次内部独立设计，但不影响相邻层次和接口服务的关系；每层对于上下层接口都明确规定了相应的业务，子层接口也适用这一原则；层次的划分有利于标准化工作。

四、相关概念

1. 实体

每一层中的活动元素通常被称为实体(Entity)。系统中的各层次都存在一些实体，每层的具体功能由该层的实体完成。实体可以是软件实体(如一个进程)，也可以是硬件实体(如某种芯片)。不同系统中同一层的实体被称为对等实体(Peer Entity)。层次间的关系，也可看成是层次实体间的关系。

2. 协议栈

协议栈(Protocol Stack)是指网络中各层协议的总和。它形象地反映了一个网络中文件的传输过程：由上层协议到底层协议，再由底层协议到上层协议。使用最广泛的是因特网协议栈，由上到下的协议分别是：应用层协议(HTTP，FTP，TFTP，TELNET，DNS，EMAIL 等)，运输层协议(TCP，UDP)，网络层协议(IP)，链路层协议(Wi-Fi、以太网、令牌环、FDDI、MAC

等)，物理层协议。

3. 接口、服务和服务访问点

接口是相邻两层之间的边界，是相邻两层之间交换信息的连接点。低层通过接口为上层服务，上层通过接口使用低层提供的功能。只要接口不变，低层功能的具体实现方法与技术的变化就不会影响整个系统的工作。接口以一个或多个服务访问点(Service Access Point，SAP)的形式存在。服务就是网络中各层向其相邻上层提供的一组功能集合。服务的使用者和提供者通过服务访问点直接联系。服务访问点 SAP 实际上就是逻辑接口，是一个层次系统的上下层之间进行通信的接口，N 层的 SAP 就是 $N+1$ 层可以访问 N 层服务的地方。

协议和服务的关系：协议的实现保证了下一层能够向上一层提供服务，本层的服务用户只能看见服务而无法看见下面的协议，下面的协议对上面的服务用户是透明的。协议是"水平的"，即协议是控制对等实体之间通信的规则。而服务是"垂直的"，即服务是由下层向上层通过层间接口提供的。并非在一个层内完成的全部功能都称为服务，只有那些能够被高一层看见的功能才能被称为服务。上层使用下层所提供的服务必须通过与下层交换一些命令，这些命令在 OSI 中被称为服务原语。

4. 面向连接的服务

面向连接的服务就是通信双方在通信时，要事先建立一条通信线路，其通信过程有建立连接、使用连接和释放连接三个过程。TCP 协议就是一种面向连接的服务的协议，电话系统是一种面向连接的模式。

面向连接的服务和电话系统的工作模式相类似。其特点是：数据传输过程必须经过建立连接、维护连接和释放连接的三个过程；在数据传输过程中，各分组不需要携带目的节点的地址。面向连接服务的传输连接类似于一个通信管道，发送者在一端放入数据，接受者从另一端取出数据。面向连接数据传输的收发数据顺序不变，因此传输的可靠性高，但需通信开始前的连接开销，协议复杂，通信效率不高。

5. 无连接的服务

无连接的服务不要求发送方和接收方之间保持会话连接。发送方只是简单地开始向目的地发送数据分组(称为数据报)。此业务不如面向连接的方法可靠，但对于周期性的突发传输很有用。系统不必为它们发送传输到其中和从其中接收传输的系统保留状态信息。无连接网络提供最小的服务仅仅是连接。无连接服务的通信比较迅速，使用灵活方便，连接开销小，但可靠性低，不能防止报文的丢失、重复或失序，因此只适合于传送少量零星的报文。UDP(用户数据报协议)就是无连接网络协议。

6. 服务原语

用户和协议实体间的接口，实际上是一段程序代码，但其具有不可分割性。通过服务原语能实现服务用户和服务提供者间的交流。与协议不同的是，服务原语用于服务提供者与服务用户，而协议是用于服务用户之间的通信。

在同一开放系统中，$N+1$ 实体向 N 实体请求服务时，服务用户和服务提供者之间要进行交互，交互信息称为服务原语。服务原语由服务动作和原语类型两部分组成。

服务原语只有四种类型：

(1)请求(Request)。用户实体要求服务做某项工作，源 $N+1$ 实体→源 N 实体。

(2)指示(Indication)。用户实体被告知某事件发生，目的 N 实体→目的 $N+1$ 实体。

(3)响应(Response)。用户实体表示对某事件的响应，目的 $N+1$ 实体→目的 N 实体。

(4)确认(Confirm)。用户实体收到关于它的请求的答复，源 N 实体→源 $N+1$ 实体。

服务原语的交换时序称为服务证实方式，不同的证实方式需要的原语类型有区别，但是都在以上四种当中。

7. 协议数据单元

协议数据单元(Protocol Data Unit，PDU)是指对等层次之间传递的数据单位。物理层的PDU是数据位，数据链路层的PDU是数据帧，网络层的PDU是数据包，传输层的PDU是数据段，其他更高层次的PDU是数据。

五、开放系统互联参考模型(OSI/RM)

1. 概述

在20世纪70年代，计算机网络发展很快，相继出现了十多种网络体系结构，而这些网络体系结构所构成的网络之间无法实现互联。为了在更大范围内共享网络资源和相互通信，人们迫切需要一个共同的可以参考的标准，使得不同厂家的软硬件资源和设备都能够互连。

国际标准化组织ISO是一个全球性的非政府组织，是国际标准化领域中一个十分重要的组织。ISO于1977年成立了信息技术委员会，专门开展网络体系结构标准化的工作。1979年，ISO公布了开放系统互联参考模型(Open System Interconnection/Reference Model，OSI/RM)，这是一个逻辑上的定义，它把网络从逻辑上分为7层。该模型是一种框架性的设计方法，建立7层模型的主要目的是解决异种网络互联时所遇到的兼容性问题，其最主要的功能就是帮助不同类型的主机实现数据传输。

所谓开放系统，是指遵从国际标准化的、能够通过互联而相互作用的系统。显然系统之间的相互作用只涉及系统的外部行为，而与系统的内部结构和功能无关，因此关于互联系统的任何标准都只是关于系统外部特性的规定。

OSI/RM将网络通信过程划分为7个相互独立的功能组(层次)，并为每个层次制定了一个标准框架(图3-30)。上面3层(应用层、表示层、会话层)与应用问题有关，而下面4层(传输层、网络层、数据链路层、物理层)则主要处理网络控制和数据传输/接收问题。

OSI/RM的特点如下：

(1)每层的对应实体之间都通过各自的协议进行通信。

(2)各个计算机系统都有相同的层次结构。

(3)不同系统的相应层次具有相同的功能。

(4)同一系统的各层次之间通过接口联系。

(5)相邻的两层之间，下层为上层提供服务，上层使用下层提供的服务。

OSI/RM的优点：减轻问题的复杂程度，一旦网络发生故障，可迅速定位故障所处层次，以便于查找和纠错；在各层分别定义标准接口，使具备相同对等层的不同网络设备能实现互相操作；各层之间相对独立，一种高层协议可放在多种低层协议上运行；能有效刺激网络技术革新，因为每次更新都可以在小范围内进行，不需对整个网络“动大手术”；便于研究和教学。

2. OSI/RM各层的主要功能

(1)物理层

物理层是OSI/RM的最底层，也是最基础的一层。它并不是指连接计算机的具体物理设备或具体传输媒体，它向下是物理设备之间的接口，直接与传输介质相连接，使二进制数据流通过该接口从一台设备传给另一台相邻的设备，向上为数据链路层提供数据流传输服务。

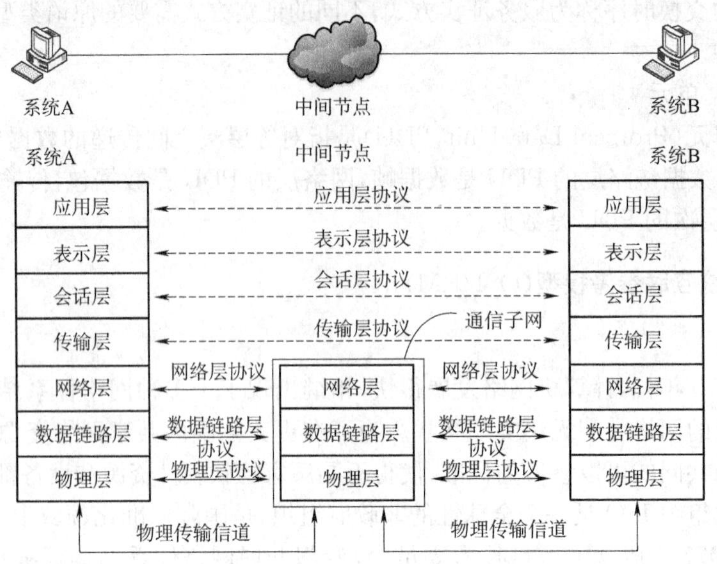

图 3-30　OSI 参考模型

OSI/RM 对物理层所作的定义为：在物理信道实体之间合理地通过中间系统，为比特传输所需的物理连接的建立、保持和释放提供机械的、电气的、功能的和规程的手段。比特流传输可以采用异步传输，也可以采用同步传输的方式来完成。

在这里引入两个物理层设备名词：DTE(Data Terminal Equipment)和 DCE(Data Circuit-terminating Equipment)。DTE 即数据终端设备，是具有一定的数据处理能力以及发送和接收数据能力的设备，是数据的源或目的。DTE 具有根据协议控制数据通信的功能，但大多数的数据处理设备的数据传输能力是很有限的。直接将相隔很远的两个数据处理设备连接起来是不现实的，必须在数据处理设备和传输线路之间加上一个中间设备，这个中间设备就是数据终端设备(DCE)。DCE 的作用就是在 DTE 和传输线路之间提供信号变换和编码功能，并且负责建立、保持和释放物理信道的连接。DTE 与 DCE 之间的接口如图 3-31 所示。

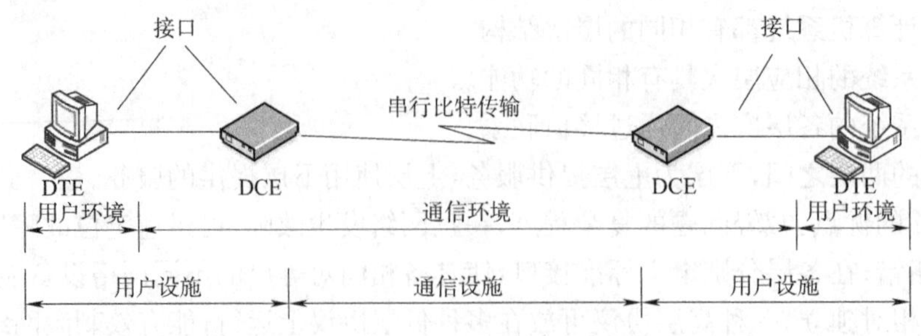

图 3-31　DTE 与 DCE 之间的接口

DTE 可以是一台计算机或一个终端，而典型的 DCE 就是一个与模拟线路相连的调制解调器。DTE 与 DCE 之间的接口一般都有许多条并行线，包括多种信号线和控制线。DCE 将

DTE 传过来的数据，按比特流顺序逐个发往传输线路，或反过来从传输线路接收串行的数据比特流，然后再交给 DTE。所以这就需要高度协调的工作，就必须对 DTE 和 DCE 的接口进行标准化，这种接口标准就是物理层协议。

(2)数据链路层

数据链路层是 OSI/RM 的第二层，它把物理层传来的原始数据打包成帧，并负责帧在计算机之间进行无差错的传输。数据链路层的作用就是负责数据链路信息从源点传输到目的点的数据传输与控制，如连接的建立、维护和拆除，异常情况处理，差错控制与恢复等。在不太可靠的物理链路上，通过数据链路层协议能实现可靠的数据传输。数据链路层传输的基本单位是帧。

数据链路层的主要功能有：

①链路管理。链路管理就是进行数据链路的建立、维护和拆除。在链路两端的节点进行通信前，必须首先确认对方已处于就绪状态，并交换一些必要的信息以对帧序列进行初始化，然后再建立链路连接。在传输过程中，还要能维持这种连接，传输完毕后要拆除该连接。

②帧同步。为了使传输中发生差错后只将有错的有限数据进行重发，数据链路层将比特流封装成帧进行传送。每个帧除了要传送的数据外，还包括以使接收方能发现传输中差错的校验码。帧的组织结构必须设计成使接收方能够明确地从物理层收到的比特流中对其进行识别，即能从比特流中区分出一帧的开始和结束在什么地方。

③流量控制。为防止双方速度不匹配或接收方没有足够的接收缓存而导致数据拥塞或溢出，数据链路层必须采取一定的措施使通信网络中的链路或节点上的信息流量不超过某一限制值，即发送端发送的数据要能使接收端来得及接收。当接收方来不及接收时，必须及时控制发送方发送数据的速率，同时使帧的接收顺序与发送顺序一致。

④差错控制。为了保证数据传输的正确性，在计算机通信中，通常采用的是检错反馈重发方式，即接收方每收到一帧便检查帧中是否有错，一旦有错，就让发送方重发该帧，直至接收方正确接收为止。

⑤透明传输。当所传输的数据中的比特组合恰巧与某一个控制信息完全一样时，必须采取适当的措施，使接收方不会将这样的数据误认为是某种控制信息。

在这些功能中，差错控制和流量控制是数据链路层的两个重要功能。数据链路层常用于差错控制和流量控制的协议有停止等待协议(自动请求重传协议)、连续 ARQ 协议和选择重传 ARQ 协议等。

数据链路层的协议主要分为两类：面向字符型和面向比特型。面向字符是指在链路上所传送的数据及控制信息必须是由规定的字符集中的字符所组成。面向字符型的数据链路控制协议传输效率比较低。随着通信量的增加及计算机网络应用范围的不断扩大，面向字符的链路控制协议的使用率越来越低，在 20 世纪 60 年代末人们提出了面向比特的数据链路控制协议，它具有更好的灵活性和更高的效率，逐渐成为数据链路层的主要协议。

(3)网络层

数据链路层协议是两个直接连接的节点间的通信协议，它不能解决数据经过通信子网中多个转接节点的通信问题。设置网络层的主要目的就是要为报文分组以最佳路径通过通信子网到达目的主机提供服务，而网络用户不必关心网络的拓扑结构与所使用的通信介质。

网络层是 OSI/RM 的第三层，介于传输层和数据链路层之间。OSI/RM 规定网络层的主要功能有：

①建立、维护和拆除网络连接。两个终端用户之间的通路是由一个或多个通信子网的多条链路串接而成的，在网络层的一种称为虚电路的服务中，涉及这种虚电路连接的建立、维护和拆除过程。

②组包/拆包。在网络层中，数据的传输单位是分组（或包）。在网络发送方系统中，数据从高层向低层流动到达网络层时，传输层的报文要分为多个数据块，在这些数据块的头/尾部（即分组头/尾）加上一些相关控制信息后，就构成了分组，即组成了包。在接收方系统中，数据从低层向高层流动到达网络层时，要将各分组原来加上的分组头/尾等控制信息拆掉（即拆包），组合成报文，传送给传输层。

③路由选择。路由选择也叫路径选择，它会根据一定的原则和路由选择算法在多节点的通信子网中选择一条从源节点到目的节点的最佳路径。当然，最佳路径是相对于几条路经中较好的路径而言的，一般是选择时延小、路径短、中间节点少的路径作为最佳路径。通过路由选择，可使网络中的信息流量合理分配，减轻拥挤，提高传输效率。

④拥塞控制。数据链路层的流量控制是针对相邻两个节点之间的数据链路进行的，而网络层的拥塞控制是对整个通信子网内的流量进行控制，是对进入分组交换网的流量进行控制。

网络层协议规定了网络节点和虚电路的一种标准，以完成虚电路的建立、维护和拆除。网络层有代表性的协议有ITU-T的X.25协议、3X(X.28，X.3，X.29)协议和X.75协议（网络互联协议）等。3X协议适用于非分组终端入网及组包/拆包器（PAD）。X.25协议是在公用数据网络上以分组形式进行操作的DTE与DCE之间的接口协议，以此协议构成的网络被称为X.25网或公用报文分组交换网。

(4)传输层

传输层是用户资源子网与通信子网的界面和桥梁，它是OSI/RM中比较特殊的一层，同时也是整个网络体系结构中十分关键的一层。设置传输层的主要目的是在源主机和目的主机进程之间提供可靠的端到端通信。

在关于OSI/RM的讨论中，通常将7层分为高层和低层。如果从面向通信与面向信息处理角度进行分类，传输层一般划在低层；如果从网络功能与用户功能角度进行分类，传输层又被划在高层，如图3-32所示。这种差异正好反映出传输层在OSI/RM中的特殊地位。

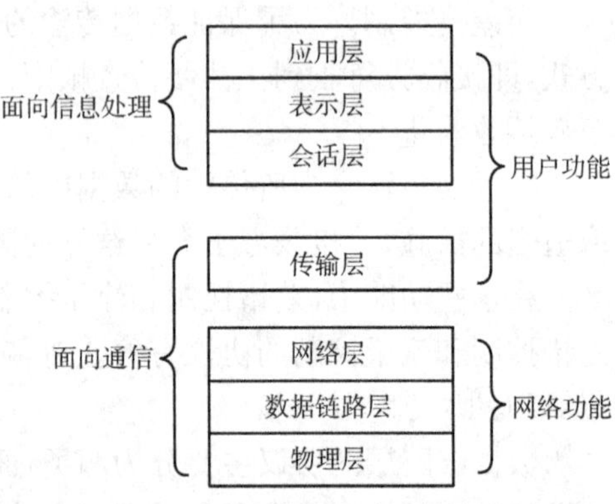

图3-32　传输层在OSI模型中的地位

传输层是为了可靠地把信息传送给对方而进行搬运、输送的一层，通常被解释成“补充各种通信子网的质量差异，保证在相互通信的两处终端进程之间进行透明数据传输的层”，是OSI/RM的整个协议层次的核心。传输层在7层模型中起到了对高层屏蔽低层，对低层屏蔽高层的作用。其主要功能有：

①连接管理。传输层负责传输连接的建立、维护与释放。传输连接的建立过程被称为“握手”。

②流量控制。传输层在发送本层数据分组时，还要确保数据的完整性，流量控制是完成这项任务的方法之一。流量控制避免了接收主机缓冲溢出的问题。溢出会造成数据丢失。这里

的流量控制是指端到端的流量控制，即在一个主机没有收到确认之前最多能够向另一个主机发送多少信息量。在数据链路层也讨论过这个问题，只是数据链路层执行的是点到点（两个节点之间）的流量控制，而传输层执行的是端到端（两个用户主机之间）的流量控制，可用于网络拥塞的控制。

③差错检测与恢复。由于有些错误能逃避较低层的差错检测，同时虽然分组的传输可以由数据链路层的 CRC 校验保证，但是无法确保中间节点（如路由器）处理分组时不出错。另外，如果一个中间节点在收完分组并确认后，在转发之前却将它丢失了，这时需通过端到端的差错检测来控制。

④提供用户要求的服务质量。一个用户在通信时会要求特定的网络服务质量，例如高吞吐量、低延迟、低费用和高可靠性服务等。传输层可根据需要提供相应的网络服务。

⑤提供端到端的可靠通信。面向连接的传输协议能够提供用户间的可靠通信，这对于用户来说是很重要的功能。

传输控制协议是实现端到端计算机之间的通信、网络系统资源共享所必不可少的协议。虽然物理层和数据链路层协议具有把数据从一台计算机系统送到另一台计算机系统的功能，但它们所实现的数据通信是不可靠的数据通信。对不同的计算机系统、不同的局域网络来说，物理层和数据链路层协议所具有的通信功能远远达不到通信的实际要求。

传输控制协议所实现的功能不仅仅是弥补物理层和数据链路层协议的通信功能的缺陷，保证相同计算机系统之间、相同计算机网络系统之间信息的可靠传输，还可实现不同计算机系统之间、不同计算机网络系统之间信息的可靠传输。目前传输控制协议的种类很多，如 ISO 提出的 ISO 8073 协议，Internet 的 TCP、UDP 协议等。其中，最典型的传输控制协议是 TCP 协议。

(5)会话层

所谓会话，是指在两个会话用户之间为交换信息而按照某种规则建立的一次暂时联系。会话可以使一个远程终端登录到远地的计算机上，进行文件传输或进行其他的应用。会话层位于 OSI/RM 面向信息处理的高三层中的最下层，它利用传输层提供的端到端的数据传输服务，建立具体的服务请求者与服务提供者之间的通信，属于进程间通信的范畴。会话层还为会话活动提供组织和同步所必需的手段，为数据传输提供控制和管理的途径。

会话层的主要功能有：

①提供远程会话地址。会话地址是用户或用户程序所使用的。要传送信息，必须把会话地址转换为相应的传送站地址，以实现正确的传输连接。会话地址到传送地址的变换工作是由会话层完成的。

②会话建立后的管理。通常，建立一次会话需要有一个过程。首先，会话的双方都必须经过批准，以保证双方都有权参加会话。其次，会话双方要确定通信方式，即单工、半双工或全双工等。一旦建立连接，会话层的任务就是管理会话了。

③提供把报文分组重新组成报文的功能。只有当报文分组全部到达后，整个报文才能被传送给远方的用户。当传输层不对报文进行编号时，会话层应完成对报文的编号和排序任务。当子网发生硬件或软件故障时，会话层应保证正常的事务处理能力，以保证报文不会中途失效。

(6)表示层

表示层为应用层提供服务，该服务层处理的是通信双方之间的数据表示问题。网络中，对通信双方的计算机来说，一般有其自己的内部数据表示方法，其数据形式常具有复杂的数据结构，它们可能采用不同的代码、不同的文件格式。为使通信的双方能相互理解所传送信息的含义，表示层就需要把发送方具有的内部格式编码为适于传输的位流，接收方再将其解码为所需要的表示形式。

表示层的主要功能有：

①语法转换。当用户要传送数据时，应用层实体就需将数据按一定的表示形式交给其表示层实体，这其中的表示形式称为抽象语法。语法变换就是实现抽象语法与传送语法间的转换，如代码转换、字符集的转换及数据格式的转换等。

②传送语法的选择。应用层中存在多种应用协议，这样表示层中就可能存在多种传送语法。即使是一种应用协议，也可能有多种传送语法与其对应。所以，表示层需对传送语法进行选择，并提供选择和修改的手段。

③常规功能。指表示层内对等实体间连接的建立、维护、释放等。

(7)应用层

应用层是 OSI/RM 的最高层，它为用户的应用进程访问 OSI 环境提供服务。OSI 关心的主要是进程之间的通信行为，因而对应用进程所进行的抽象只保留了应用进程与应用进程间交互行为的有关部分，这实际上是对应用进程某种程度上的简化。经过抽象后的应用进程就是应用实体(Application Entity，AE)。对等应用实体间的通信应使用应用协议。应用协议的复杂性相差很大，有的仅涉及两个实体，有的涉及多个实体，而有的则涉及两个或多个系统。与其他 6 层不同，所有的应用协议都使用了一个或多个信息模型来描述信息结构的组织。低层协议实际上没有信息模型，因为低层没有涉及表示数据结构的数据流。应用层要提供许多低层不支持的功能，这就使得应用层变成 OSI/RM 中最复杂的层次之一。

应用层是计算机网络与最终用户间的接口，它包含了系统管理员管理网络服务所涉及的所有的问题和基本功能。

六、TCP/IP 参考模型

1. TCP/IP 参考模型的结构

TCP/IP 参考模型(TCP/IP Reference Model)是 ARPANET 和其后继的 Internet 所使用的参考模型。TCP/IP 是一组用于实现网络互联的通信协议。Internet 网络体系结构以 TCP/IP 为核心。

基于 TCP/IP 的参考模型将协议分成 4 个层次，它们分别是：应用层、传输层(主机到主机)、网际互联层和网络访问层。

(1)应用层

应用层对应于 OSI/RM 的高层，为用户提供所需要的各种服务，例如 FTP、Telnet、DNS、SMTP 等。

(2)传输层

传输层对应于 OSI/RM 的传输层，为应用层实体提供端到端的通信功能，保证了数据包的顺序传送及数据的完整性。该层定义了两个主要的协议：传输控制协议(TCP)和用户数据报协议(UDP)。TCP 协议提供的是一种可靠的、面向连接的数据传输服务，而 UDP 协议提供的则是不可靠的、无连接的数据传输服务。

TCP 协议和 UDP 协议的区别：TCP 协议面向连接，UDP 协议面向非连接；TCP 协议传输速度慢，UDP 协议传输速度快；TCP 协议保证数据顺序，UDP 协议不保证数据顺序；TCP 协议保证数据正确性，UDP 协议可能丢包；TCP 协议对系统资源要求多，UDP 协议对系统资源要求少。

(3)网际互联层

网际互联层对应于 OSI/RM 的网络层，主要解决主机到主机的通信问题。它所包含的协议涉及数据包在整个网络上的逻辑传输，注重重新赋予主机一个 IP 地址来完成对主机的寻址。它还负责数据包在多种网络中的路由。

该层有 4 个主要协议：网际协议(IP)、地址解析协议(ARP)、互联网组管理协议(IGMP)和互联网控制报文协议(ICMP)。IP 协议是网际互联层最重要的协议，它提供的是一个不可靠、无连接的数据包传递服务。

(4)网络接入层(主机—网络层)

网络接入层与 OSI/RM 中的物理层和数据链路层相对应。它负责监视数据在主机和网络之间的交换。事实上，TCP/IP 本身并未定义该层的协议，而由参与互连的各网络使用自己的物理层和数据链路层协议，然后与 TCP/IP 的网络接入层进行连接。

2. TCP/IP 模型和 OSI/RM 模型的比较

图 3-33 给出了 TCP/IP 模型与 OSI/RM 模型的比较。

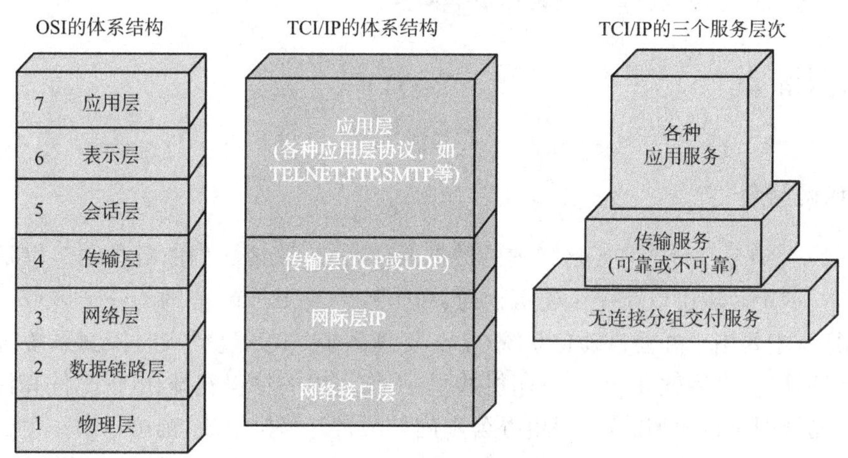

图 3-33　TCP/IP 与 OSI/RM 模型的比较

(1) 共同点

①都采用了层次结构的概念。

②都能够提供面向连接和无连接两种通信服务机制。

(2)不同点

①前者是 4 层结构，后者是 7 层模型。

②对可靠性要求不同(前者更高)。

③OSI/RM 是在协议开发前设计的，具有通用性；TCP/IP 是先有协议集后建立模型，不适用于非 TCP/IP 网络。

④实际市场应用不同。OSI/RM 只是理论上的模型，并没有成熟的产品；TCP/IP 已经成

为“实际上的国际标准”。

(3) 对两种模型的评价

①OSI/RM 的会话层很少用到，表示层几乎为空；其模型复杂，实现困难；系统受通信的思想影响更多，不适合计算机与软件的工作方式，效率较低。

②TCP/IP 在服务、接口与协议上区别不清晰，物理层和数据链路层没有区分开来。

任务七 局 域 网

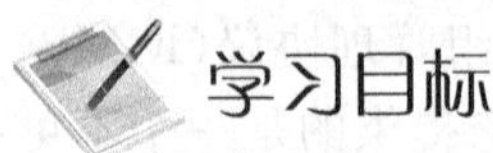

学习目标

1. 知识目标

(1)理解局域网的概念。

(2)掌握局域网体系结构。

(3)局域网的特点、组成与分类。

2. 能力目标

(1)能够叙述局域网的体系结构和标准。

(2)能够正确叙述局域网每一层的组成和功能。

知识课堂

一、局域网简介

局域网(LAN)是一个在一定区域内的数据通信网络，该区域内的各种通信设备互联在一起进行通信。一定区域可以是一个建筑物内、一个校园或 10 km 范围的一个区域。局域网的应用范围很广，主要用于办公自动化系统、企业管理系统、生产过程实时控制系统等。局域网可以实现文件管理、应用软件共享、打印机共享、工作组内的日程安排、电子邮件和传真通信服务等功能。局域网是封闭型的，可以由办公室内的两台计算机组成，也可以由一个公司内的上千台计算机组成。

为了完整地给出局域网的定义，必须使用两种方式：一种是功能性定义，另一种是技术性定义。前一种将局域网定义为一组台式计算机和其他设备，在物理地址上彼此相隔不远，以允许用户相互通信和共享诸如打印机和存储设备之类的计算资源的方式互联在一起的系统。这种定义适用于办公环境下的局域网、工厂和研究机构中使用的局域网。就局域网的技术性定义而言，它定义为由特定类型的传输媒体(如电缆、光缆和无线媒体)和网络适配器(亦称为网卡)互联在一起的计算机，并受网络操作系统监控的网络系统。功能性和技术性定义之间的差别是很明显的，功能性定义强调的是外界行为和服务；技术性定义强调的则是构成局域网所需的物质基础和构成的方法。

局域网的名字本身就隐含了这种网络地理范围的局域性。由于较小的地理范围的局限性，局域网通常具有比广域网(WAN)高得多的传输速率。例如，局域网的传输速率为

10 Mbit/s，FDDI 的传输速率为 100 Mbit/s，而国内广域网的主干线速率仅为 64 kbit/s 或 2.048 Mbit/s，最终用户的上线速率通常为 14.4 kbit/s。局域网的拓扑结构常用的是总线型和环型，这是由有限的地理范围决定的，这两种结构很少在广域网环境下使用。局域网还有诸如高可靠性、易扩缩和易于管理及安全等多种特性。

局域网产生于 20 世纪 60 年代末、70 年代初。20 世纪 70 年代中后期是局域网的一个重要发展阶段。20 世纪 80 年代，局域网走向了大发展的时期。20 世纪 90 年代以后，随着信息高速公路的崛起，局域网进一步朝着高速、宽带、多媒体等高性能方向发展。

二、局域网体系结构与 IEEE 802 标准

IEEE 802 标准定义了网卡如何访问传输介质（如光缆、双绞线、无线等），以及在传输介质中传输数据的方法，还定义了传输信息的网络设备之间连接建立、维护和拆除的途径。

遵循 IEEE 802 标准的产品包括网卡、桥接器、路由器以及其他一些用来建立局域网络的组件。

为了规范局域网的设计，IEEE 802 委员会针对各种局域网的特点，并且参照 ISO/OSI 参考模型，制定了有关局域网的标准（称为 IEEE 802 系列标准）。有关局域网的标准化主要集中在 OSI 体系结构的低两层。已制定的一系列标准包括：

（1）IEEE 802.1，包括局域网体系结构、网络互联以及网络管理。

（2）IEEE 802.2，逻辑链路控制 LLC。

（3）IEEE 802.3，定义了 CSMA/CD 总线介质访问控制方法与物理层规范。

（4）IEEE 802.4，定义了令牌总线（Token Bus）介质访问控制方法与物理层规范。

（5）IEEE 802.5，定义了令牌环（Token Ring）介质访问控制方法与物理层规范。

（6）IEEE 802.6，定义了城域网介质访问控制方法与物理层规范。

（7）IEEE 802.7，定义了宽带技术。

（8）IEEE 802.8，定义了光纤技术。

（9）IEEE 802.9，定义了语音与数据综合局域网技术。

（10）IEEE 802.10，定义了局域网的安全机制。

（11）IEEE 802.11，定义了无线局域网技术。

（12）IEEE 802.12，定义了按需优先的介质访问方法，用于快速以太网。

IEEE 802 系列标准间的关系如图 3-34 所示。

IEEE 802 系列标准定义了 ISO/OSI 的物理层和数据链路层，如图 3-35 所示。

三、局域网的物理层和数据链路层

1. IEEE 802 参考模型的物理层组成和功能

IEEE 802 参考模型的物理层对应于 OSI 模型中的物理层，包括以下组成和功能。

物理层组成：

（1）物理介质。

（2）物理介质连接设备（PMA）。

（3）连接单元（AUI）和物理收发信号格式（PS）。

物理层的主要功能：

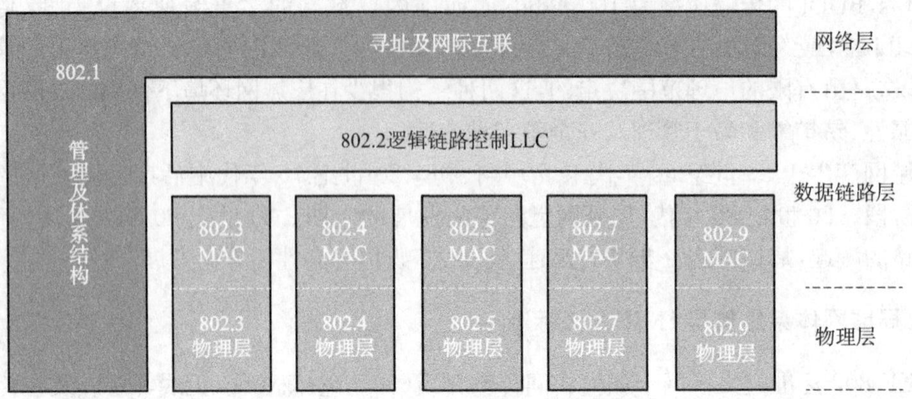

图 3-34 IEEE 802 系列标准间的关系

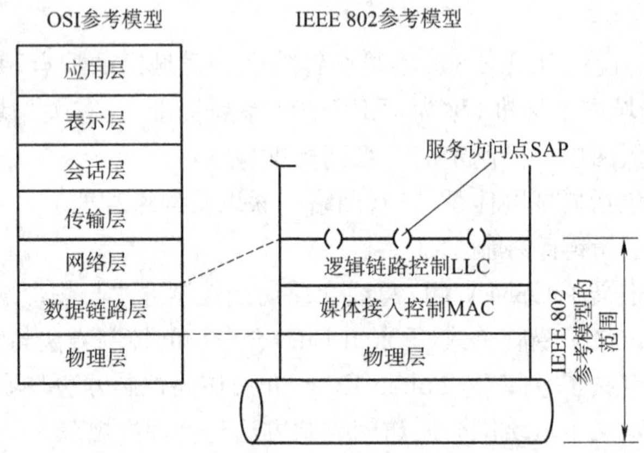

图 3-35 IEEE 802 局域网参考模型

(1)建立、维持和拆除物理链路。

(2)实现比特流的传输和接收。在物理层实体间发送和接收比特数据流。

(3)信号的编码与译码;提供发送和接收的能力,包括对宽带的频道分配和对基带的信号调制。

(4)产生和删除同步用的前同步码。

2. IEEE 802 参考模型的数据链路层

从图 3-35 中可以看出,数据链路层实际上被划分为两个子层:逻辑链路控制子层(LLC)和媒体访问控制子层(MAC)。局域网 LAN 之间的差别主要体现在物理层和 MAC 子层。

LLC 子层集中了与媒体接入无关的功能。具体讲,LLC 子层的主要有以下功能:

(1)建立和释放数据链路层的逻辑连接,提供与上层的接口(即一个或多个服务访问点)。

(2)端到端的差错控制和确认,保证无差错传输。

(3)端到端的流量控制。

MAC 子层负责解决与媒体接入有关的问题和在物理层的基础上进行无差错的通信。MAC 子层的主要有以下功能:

(1)MAC 对 LLC 子层提供多个可供选择的介质访问控制方法的功能服务,管理和控制对于局域网传输媒体的访问。

(2)在发送时将要发送的数据组装成帧。

(3)在接收时,将接收到的帧解包,进行地址识别和差错检测。

局域网的物理层主要定义节点和传输媒体的接口特性,包括机械特性、电气特性等。局域网的 MAC 子层则定义节点共享传输媒体时采用的访问控制技术,包括借助于物理层的无差错传输技术等。局域网的 LLC 子层屏蔽不同的 MAC 子层之间的差异,以便提供统一的接口。局域网的网络层功能被简化,在单个局域网设计时可以忽略,或者可以认为 OSI/RM 的更高层通过虚拟的网络层直接引用 LLC 子层的服务。

四、局域网的特点、组成与分类

1. 局域网的特点

局域网一般为一个部门或单位所有,建网、维护以及扩展等较容易,系统灵活性高。其主要特点有:

(1)覆盖的地理范围较小,只在一个相对独立的局部范围内联。

(2)使用专门铺设的传输介质进行联网,数据传输速率高(10 Mbit/s~10 Gbit/s)。

(3)通信延迟时间短,可靠性较高。

(4)可以支持多种传输介质。

(5)通常由一个单位或组织建设和拥有,易于维护和管理。

(6)无路由选择。

(7)共享方便。

(8)建立、扩展方便。

2. 局域网的组成

简单来说,局域网由网络软件和网络硬件两部分组成。硬件用于实现局域网的物理连接,为局域网中计算机之间的通信提供一条物理通道。网络软件主要用于控制并具体实现信息传送和网络资源的分配共享。

硬件主要包括:服务器、工作站、网络接口卡、网络设备、传输介质、外围设备等。

软件主要包括:协议软件、网卡驱动程序、网络操作系统。

3. 局域网的分类

局域网的类型很多,若按使用的传输介质分类,可分为有线网和无线网;若按网络拓扑结构分类,可分为总线型网、星状网、环状网、树状网、混合型网等;若按传输介质所使用的访问控制方法分类,又可分为以太网、令牌环网、FDDI 网和无线局域网等。其中,以太网是当前应用最普遍的局域网技术。

任务八　网络化控制系统

学习目标

1. 知识目标

(1)了解网络化控制系统的发展过程。

(2)掌握网络化控制系统的结构、特点。

2. 能力目标

(1)能够叙述网络控制的发展过程。

(2)能够叙述现场总线控制系统结构。

(3)能够绘画工业以太网的多种线控制系统图。

知识课堂

随着计算机技术、通信技术与控制技术的不断发展和融合,控制系统向网络化、集成化、分布化、节点智能化的方向发展,网络化控制系统在各个领域得到了广泛的应用,成为控制界研究的一个热点。分布控制系统(DCS)、现场总线控制系统(Fieldbus Control system,FCS)以及基于工业以太网控制系统从某种意义上都可以划入网络化控制系统的范畴。

网络化控制系统也称为网络控制系统(Networked Control System, NCS),是指在网络环境下实现的控制系统,是现场总线控制网络技术在控制领域中的成功应用。下面从分析控制系统结构的发展历程看网络控制系统发展的必然趋势。

一、控制系统的发展历程

一般把 20 世纪 50 年代以前的气动控制系统(Pneumatic Control System,PCS)称为第一代控制系统,4～20 mA 等模拟信号控制系统称为第二代控制系统,数字计算机集中式控制系统称为第三代控制系统,20 世纪 70 年代中期以来的集散式控制系统 DCS 称为第四代控制系统,现场总线系统称为第五代控制系统,也称为现场总线控制系统(FCS)。FCS 作为新一代控制系统,一方面突破了 DCS 系统采用通信专用网络的限制,采用了基于公开化、标准化的解决方案,克服了封闭系统所造成的缺陷;另一方面把 DCS 集中与分散相结合的集散系统结构,变成了新型全分布式结构,把控制系统彻底下放到现场。可以说,开放性、分散性与数字 通信是新一代控制系统最显著的特征,下面主要介绍几种典型的控制系统。

操作指导控制系统。

1. 操作指导控制系统

操作指导控制系统(Operational Information System, OIS)如图 3-36 所示,该系统不仅可以对生产过程中的大量参数作巡回采集、处理、分析、记录和超限报警,还可以通过对大量参数的积累和实时分析,实现对生产过程的各种趋势分析,为操作人员提供参考;或者计算出可供操作人员选择的最优操作条件及操作方案,操作人员则根据计算机输出的信息去改变调节器的给定值或直接操作执行机构。

2. 直接数字控制系统

直接数字控制(Direct Digital Control,DDC)系统如图 3-37 所示。在计算机控制系统中,DDC 系统是计算机用于工业生产过程控制的一种典型系统。在 DDC 系统中,使用计算机作为数字控制器,计算机除通过输入通道对多个工业过程参数进行巡回检测、采集外,还可按预定的调节规则进行控制计算,然后将运算结果通过输出通道提供给执行机构,使各个被控量达到预定的控制要求。

DDC 系统中的计算机参与闭环控制过程,它不仅能完全取代模拟调节器、实现回路的调节,而且不需改变硬件,只通过改变程序就能有效地实现复杂的控制。由于 DDC 系统中的计算机直接承担控制任务，所以要求计算机的实时性好、可靠性高和适应性强。为充分发挥计算机的利用率，一台计算机通常要控制几个至几十个控制回路。

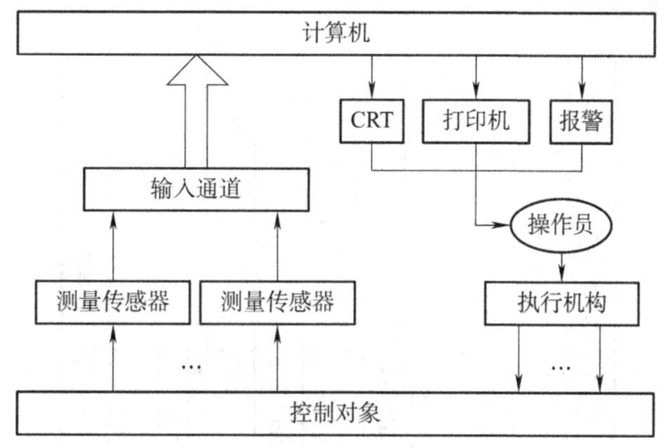

图 3-36　操作指导控制系统框图

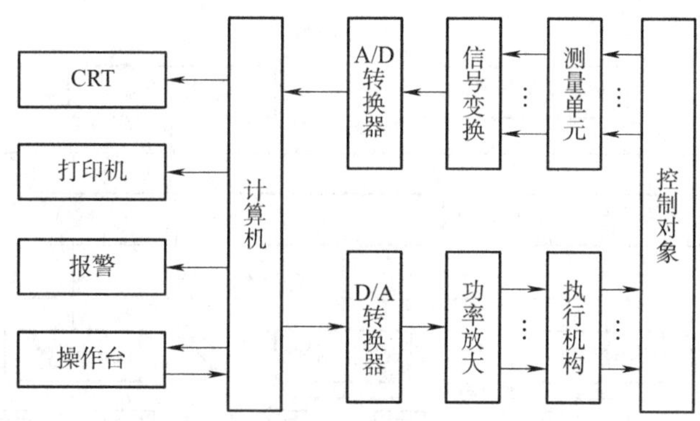

图 3-37　直接数字控制系统框图

3. 监督计算机控制系统

监督计算机控制(Supervisory Computer Control，SCC)系统是在直接数字控制系统上添加一级监督计算机而实现的。在此类系统中，生产过程的闭环自动调节依靠 DDC 系统或模拟调节器来完成，监督计算机的输出作为 DDC 系统或模拟调节器的设定值，这一设定值将根据生产工艺信息及采集到的现场信息，按照预定的数学模型或其他方法所确定的规律进行自动修改，使生产过程始终处于最优的工况(如保持高质量、高效率、低消耗、低成本等)。

监督计算机控制系统如图 3-38 所示。这实际上是一个二级计算机控制系统，一级为 SCC 监控级，另一级为 DDC 控制级。SCC 的作用与 SCC＋模拟调节器系统中的 SCC 一样，给出最佳给定值，送给 DDC 级计算机，直接控制生产过程。两级计算机之间通过通信接口进行信息联系，当 SCC 级计算机出现故障时，可由 DDC 级计算机代替，因此大大提高了系统的可靠性，一台 SCC 计算机可监督控制多台 DDC 系统。在早期，SCC 与 DDC 通信一般采用 RS-232 或 RS-485 等通信方式。

4. 集散控制系统

集散控制系统(Distributed Control System，DCS)的核心思想是集中管理、分散控制，即管理与控制相分离。上位机(工程师站或操作员站)用于实现集中监视管理功能,若干台下位机(现场控制站)下放分散到现场实现控制,各上、下位机之间用控制网络互联以实现相互之间的信息传递。集散控制系统结构如图 3-39 所示。

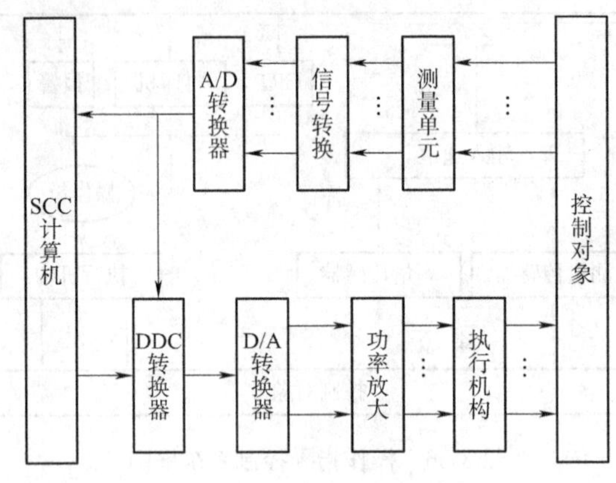

图 3-38　监督计算机控制系统框图

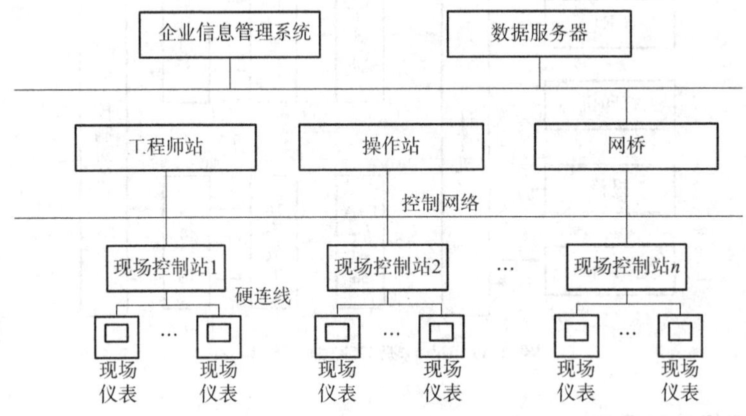

图 3-39　集散控制系统结构示意图

这种分级式的控制系统体系结构有力地克服了集中式数字控制系统中对控制器处理能力和可靠性要求高的缺陷,既实现了地理上和功能上的控制分散,又可以通过高速数据通道对各个分散点的信息集中监视和操作,并实现高级复杂规律的控制。另外,还留有和企业信息管理系统的接口。各种型号的 DCS 尽管型号不同、功能各异,然而它们的基本结构模式都为“操作站—控制站—现场仪表(含传感器和执行器)”三层结构,操作站和控制站之间主要通过专用网络进行数据通信,控制站和现场仪表之间主要采用硬件连线(如 4～20 mA 的模拟信号)进行互联。

集散控制主要适合于大系统或复杂生产过程的控制,比较容易实现复杂的控 制规律,系统是积木式结构,结构灵活、可大可小、易于扩展;系统可靠性高;采用 CRT 显示技术和智能操作,操作、监视十分方便。控制站与现场仪表之间大部分传输的仍然是 4～20 mA 的模拟信号。

在集散控制系统中,分级式控制思想的实现正是得益于网络技术的发展和应用。但是,不同的 DCSP 家为达到垄断经营的目的而对其控制通信网络采用各自专用的封闭形式,不同厂家的 DCS 系统之间以及 DCS 与上层 Intranet、Internet 信息网络之间难以实现网络互联和信息共享,因此集散控制系统从该角度而言实质是一种封闭专用的、不具互操作性的分布式控制系统,且 DCS 造价昂贵。在这种情况下,用户对网络控制系统提出了开放化和降低成本的迫切要求。

5. 现场总线控制系统

现场总线控制系统(Fieldbus Control System, FCS)是新一代分布式控制系统,现场总线通过一对传输线,可挂接多个设备,实现多个数字信号的双向传输,数字信号完全取代 4～20 mA 的模拟信号,实现全数字通信。和 DCS 不同,FCS 结构模式为"操作控制站—现场总线智能仪表"二层结构,因此可以降低成本,另外操作控制站 A 和 B 可以相互备份,提高可靠性。现场总线控制系统结构如图 3-40 所示。

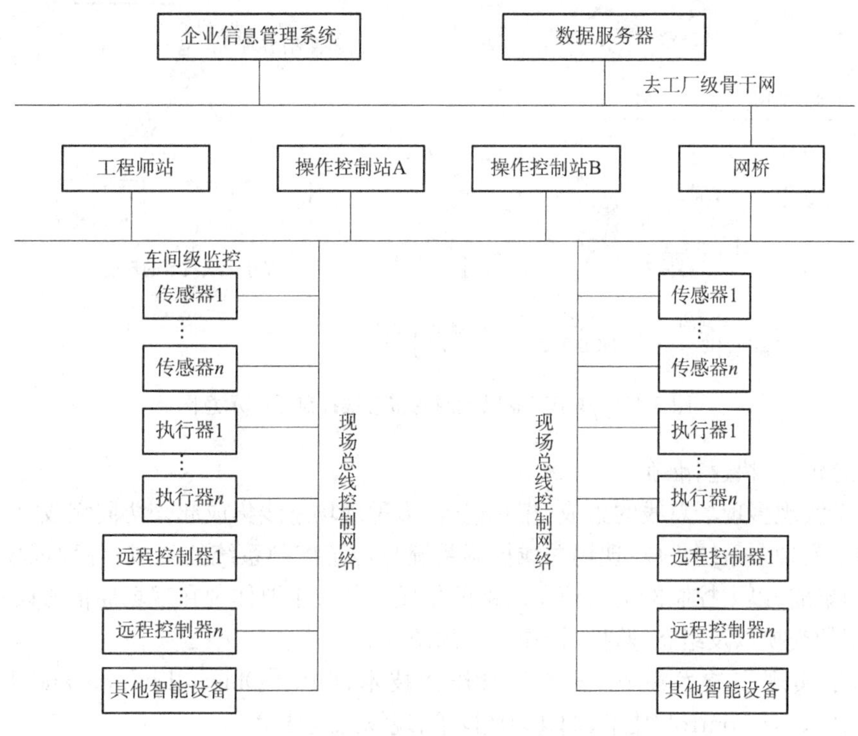

图 3-40　现场总线控制系统结构示意图

由于现场总线是用于现场仪表与控制系统之间的一种开放、全数字化、双向、多站的通信系统,因此现场总线控制系统具有良好的开放性、互操作性和互用性。

6. 以太网控制系统

为了克服现场总线控制系统的总线种类多的不足,基于工业以太网的网络化 控制系统应运而生并迅速发展。基于工业以太网的多总线控制系统如图 3-41 所示。

工业以太网的控制系统不仅具有现场总线控制系统的特点,还具有其他网络为法比拟的优势,主要体现在:

(1)开放性:采用公开的标准和协议。

(2)提供多种信息服务:提供 E-mail,WWW,FTP 等多种信息服务。

(3)平台无关性:可以选择不同厂家、不同类型的设备和服务。

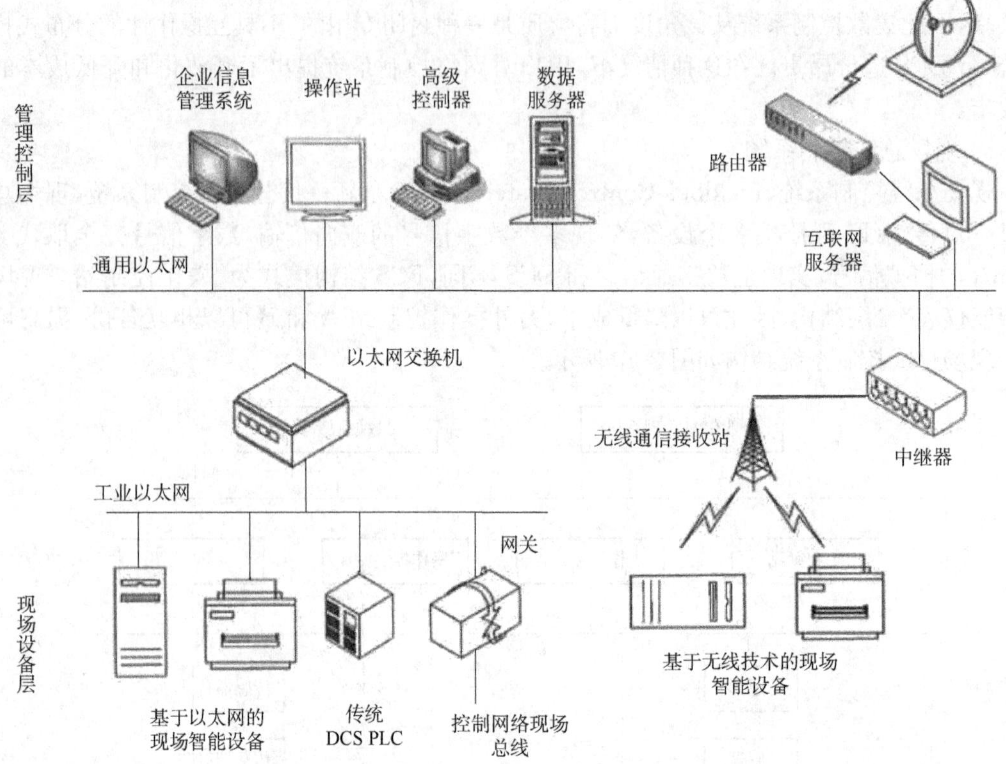

图 3-41　基于工业以太网的多总线控制系统示意图

(4)信息传递:快速、准确。

(5)易于实现多现场总线的集成:相互包容,多种现场总线集成起来协同完成测控任务。

(6)易于实现多系统集成:现场总线控制系统与传统控制系统的集成;各种现场总线控制系统之间的集成;以太控制网络与信息网络的集成。集成主要体现在现场通信协议的相容、不同系统数据的交换以及组态、监控、操作界面的统一。

(7)易于实现多技术集成:设备互操作性技术、OPC[Object Linking and Embedding (OLE) for Process Control]技术、TCP/IP 技术、现场总线技术。

二、网络化控制系统的结构

网络化控制系统(Networked Control System,NCS)是指在网络环境下实现的控制系统,FCS 是 NCS 的一种。

从图 3-42 所示 NCS 的一般结构图可以看到,在网络控制系统中,分布在不同区域的各系统部件(如监视计算机、控制器、智能传感器、执行器)之间都通过共用的通信网络实现信息交换和控制信号的传递,整个系统通过通信网络实现闭环控制。

三、网络化控制系统的特点

基于现场设备智能化和现场总线技术的网络化控制系统的主要技术特点如下。

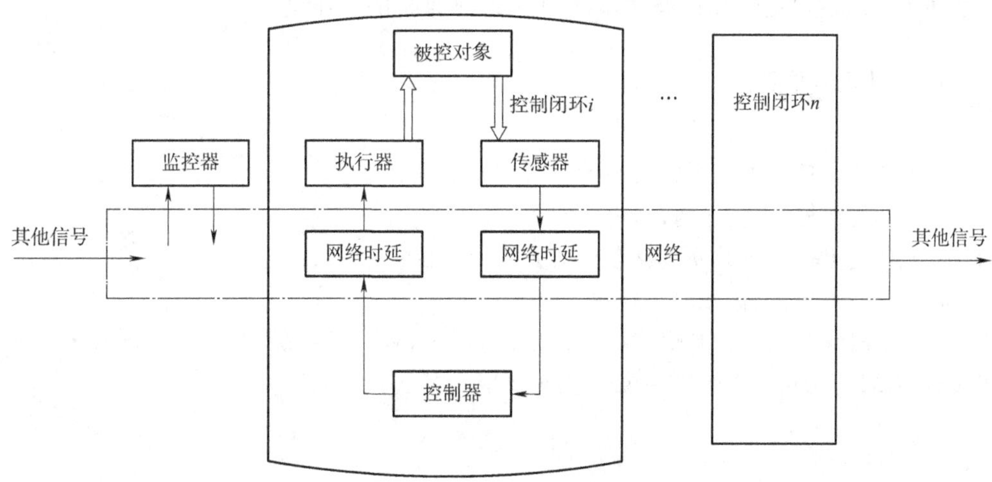

图 3-42　网络化控制系统结构

1. 结构网络化

网络控制系统最显著的特点体现在网络化体系结构上，支持总线型、星形、树形等拓扑结构，与分层控制系统的递阶结构相比，显得更加扁平和稳定。

2. 节点智能化

带有 CPU 的智能化节点之间通过网络实现信息传输和功能协调，每个节点都是组成网络控制系统的一个细胞，且具有各自相对独立的功能。系统将传感测量、补偿计算、工程量处理与控制等功能分散到智能化节点中完成，仅靠智能化节点即可完成自动控制的基本功能，并可随时诊断设备的运行状态。

3. 控制现场化和功能分散化

由于现场设备本身已可完成自动控制的基本功能，使得原先由中央控制器实现的任务下放到智能化现场设备上执行，这使危险因素得到分散，从而提高了系统的可靠性和安全性。

4. 系统开放化和产品集成化

网络控制系统是在遵循一定标准的公开通信协议的基础上进行开发的，是一个开放性（开放是指对相关标准的一致性、公开性，强调对标准的共识和遵从）的系统，它可以与任何遵守相同标准的其他设备或系统相连。只要不同厂商根据统一标准开发自己的产品，这些产品之间便能实现互操作和集成。

5. 对现场环境的适应性

工作在现场设备前端，作为网络底层的现场总线，是专为在现场环境工作而设计的，可支持双绞线、同轴电缆、光缆、射频、红外线、电力线等，具有较强的抗干扰能力，能采用二线制实现送电与通信，并可满足本质安全防爆要求等。

与传统意义上的控制系统相比，由于采用了现场总线技术，系统结构得以简化，这使得控制系统从设计到投入正常生产运行及其检修维护，都呈现出很多优点。例如，节省硬件数量与投资，节省安装费用，用户具有高度的系统集成主动权，提高了系统的准确性与可靠性。此外，由于设备标准化和功能模块化，因而还具有设计简单、易于重构等优点。由此可见，网络控制系统与传统的控制系统相比，大大减少了系统布线，简化了控制系统的物理结构，使系统资源共享,增强了系统的灵活性和扩展性,减轻了安装和维护的工作量。

复习思考题

1. ISO/OSI 物理层和数据链路层的组成和功能是什么?
2. 简述星状结构、环状结构、总线结构的优缺点。
3. 简述有线传输介质的分类及各传输介质的特性。
4. 常用的分布式控制方法有哪些?
5. 常用的网络互联设备有哪些? 各工作在 OSI/RM 的哪一层?
6. OSI/RM 分为哪几层? 每一层的重要功能是什么?

项目四　TCN 列车通信网络

TCN 标准的产生对推动铁路和城市轨道交通的技术进步具有重要意义。TCN 为各种列车上的应用提供了一个标准的通信平台，TCN 将设备与车载计算机协作，共同构成了具有分布式控制系统概念的列车控制系统，从而大大提高了轨道交通列车控制系统的技术水平，本项目主要从总体结构、实时协议、多功能车辆总线 MVB、绞线式列车总线 WTB 和 WTB 初运行进行介绍、更清楚的了解 TCN 的标准以及功能和作用。

任务一　列车通信网络的结构和性能

1. 知识目标

(1)掌握列车通信网络的基本结构。

(2)掌握列车通信网络的接口单元。

(3)掌握列车通信网络的性能分析。

2. 能力目标

(1)能够叙述列车控制系统每一层的功能。

(2)能够正确画出列车通信网络的基本型结构模型。

(3)能够正确画出 RS-485 总线驱动方式的电气原理图。

(4)能够叙述列车通信网络的性能指标有哪些。

一、列车通信网络的结构

国内外车载网络技术的发展是随着现场总线网络技术的发展而发展起来的，先后产生了 RS-485、LonWorks、WorldFIP 等多种总线网络形式。1999 年，国际电工委员会(IEC)颁布了 IEC 61375 标准，将车载网络分为两级总线的层次结构，即用于连接各节可动态编组的车辆间的绞线式列车总线 WTB(Wire Train Bus)和用于连接车辆(或固定编组的车辆单元)内部各种设备的多功能车辆总线 MVB(Multifunction Vehicle Bus)，它们之间的列车总线节点起着网关的作用。其中，MVB 网络由于较低的要求和易用性高的特点，在实际中运用很广泛。

列车通信网络的基本结构如图 4-1 所示，这个结构中最重要的部件单元是网络接口单元，控制机的通信实际上是网络接口单元之间的通信。

控制机通过网络接口单元(Network Interface Unit，NIU)连接信道介质(物理信道)，称之为上一个节点(Node)，NIU 本质上是一个网络通信控制处理机(Communication Control Processor，CCP)，主要作用是网络的数据传输。CCP 有多种表现形式，NIU 是列车通信网络中 CCP 的一种主要形式，另外还有中继器[也称重复器(Repeater)]形式，网关(Gateway)等形式。NIU 的另一个作用是可以将通信控制机与网络隔离，以利于节点故障的隔离。

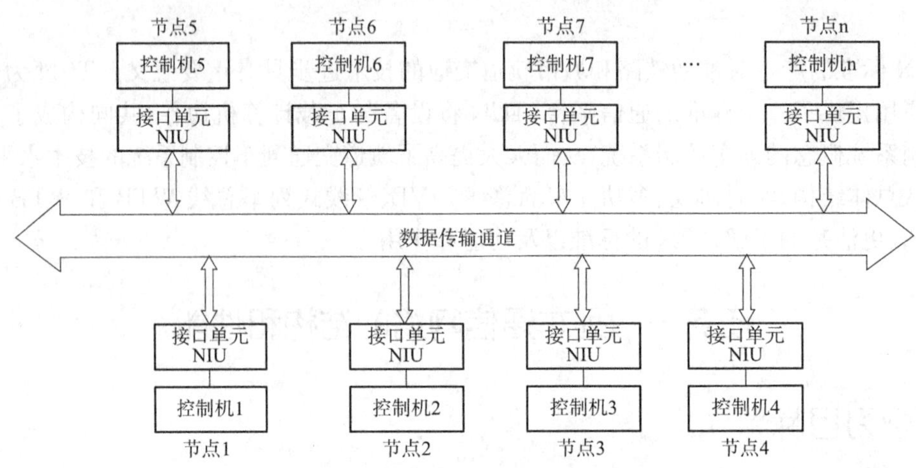

图 4-1　通信网络的基本结构示意图

图 4-1 中各个节点中的控制机是网络通信的上位机，理论上来说通信只是它的一个功能。

列车通信网络是列车控制系统的一个组成部分，因此通信网络的总体结构形式服从于列车控制系统的结构形式。列车控制系统随着强有力的微处理器的出现和控制网络的广泛应用，已经呈现出一个新的列车控制系统的结构模型，这个模型是一个控制单元(控制机)和控制网络有机地结合在一起的层次模型。这个结构模型包括三层：列车控制层、功能控制层和设备控制层，因此，列车通信网络也是一个分层的结构，具有列车层网络、功能层网络和设备层网络。图 4-2 是列车控制系统网络分层结构示意图。

1. 列车层网络

列车层网络连接列车的各个车厢、地铁列车的各个单元或者动车组的各个单元，贯通全列车，列车层网络服务于列车层控制。

列车层控制的主要作用是决策。列车控制系统的最根本目标是控制列车运行的速度，但运行速度是由当前时刻的多方面因素决定的。它要受到列车运行图、区间状况、线路状况、列车上各功能设备的状态、舒适度、安全性等多项条件的约束，列车层的任务就是根据这些约束条件进行综合处理并形成最终的结果：列车应该以何种方式或何种速度运行，并将这个决策贯通到整个列车控制系统的每一个控制单元上去，为了迅速地做出切实可行的决策，尽可能多且快的传送信息是必须的。因此，信息的共享和信息的处理是列车层控制的主要特征。

列车控制层还是一个信息的接口层，是列车和周围信息环境的接口。列车控制层通过无线方式与地面联网，从而满足大系统调控的要求和旅客信息服务的要求。列车层需要提供一个良好的人机界面，使操作者(司机)能随时了解整个列车的运行状态和各主要单元部件的工作状态，以便操作者在必要的时刻进行人工干预。由于列车层的作用可以使操作者在操作时只需发出一些简单的命令，而不必知道命令由谁来执行，从而降低了对操作者的素质要求。从控制系统的这种透明性要求出发，列车层应该是一个本质意义上的分布式系统。

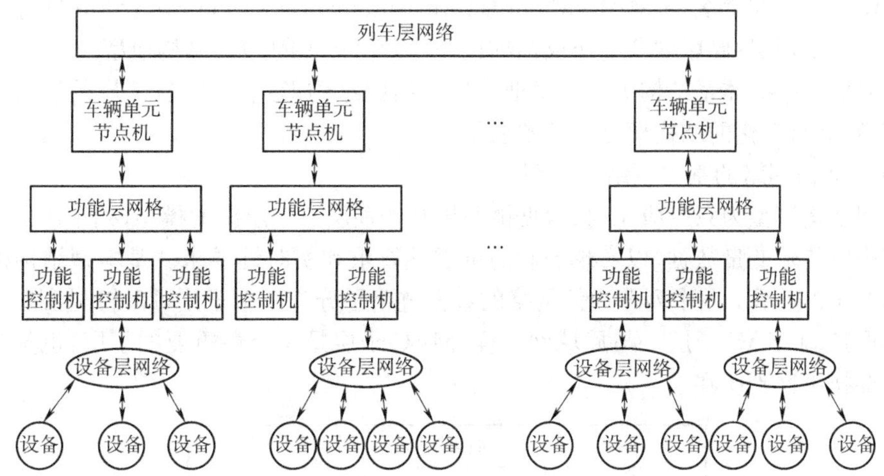

图4-2　列车控制系统分层结构示意图

根据列车层控制的功能和要求，我们需要在列车层采用传输信息量大又具有实时性的网络，列车层网络的响应时间要求是毫秒级。由于列车（主要是干线列车和国际列车）存在有重新编组的情况，因此要求列车层的网络具有重构性能。

2. 功能层网络

功能层网络连接车厢或动车组（地铁）单元中的各个功能子系统，为车厢、地铁列车或动车组中单元提供通信服务。

功能层的主要任务是根据列车层给出的命令对各功能能子系统进行调控，在各个功能级上（如牵引控制、制动控制等）保证运行要求的实现。功能层上的主要特征是控制，即控制策略和控制手段的实现。功能层需要的是实时控制，因此每一个功能控制的子系统都要求是一个强实时控制系统。

功能层是处在列车层和设备层之间的中间层次，因此，其考虑的主要出发点应该是网络的可连接性和实时响应。功能层网络的响应时间必须小于列车层网络的响应时间。

3. 设备层网络

设备层的设备是指那些直接面向现场完成输入/输出（I/O）处理，并能实现直接数字控制的智能化装置。设备层的主要功能是将现场的各种过程变量实现数字化转换，并将这些变量送往功能层的相应的控制子系统。在某些场合下，设备也能完成一些局部的单一的自动控制（如单回路调节等）。

由于设备的多样性，较强的开放性就成为设备层网络的主要特征之一。设备层传送的数据量在三层结构中是最小的，因此实时性就是它的另一个主要特征。设备层网络的响应时间由功能层中各功能子系统的采样周期来决定。

二、列车通信网络的结构模型

列车通信网络从体系结构上来看可以归属于局域网范畴，即一种工业局域网，从某种意义上也可以看作是现场总线技术在列车控制上的运用。ISO 的 OSI/RM 模型是工业局域网的一个比较完整的结构模型,且网络的标准化也要求遵循 OSI /RM,因此 OSI /RM 得到广泛的认可和应用。在实际应用中,可根据具体使用环境、条件和要求使其中的某些层为空层,形成一种简化模型。例如著名的 MAP(Manufacture Automation Protocol)规约就只有应用层—数据链路层—物理层;局域网 802 协议标准也是一种简化了的 OSI 结构模型。

列车通信网络的体系结构吸取了工业控制网络的结构形式,即既有 7 层的结构模型—完型结构模型,又有简化的结构模型—基本型结构。

1. 列车通信网络的基本型结构模型

基本型结构模型为只有应用层、数据链路层和物理层三个层次的模型,列车通信网络采用这种模型用以传输变量数据,以实现控制的可靠性要求和实时性要求。基本型结构模型的层次结构如图 4-3 所示。图中列车通信网络的数据链路层分为两个子层,即链路控制 LLC 子层和介质存取控制 MAC 子层。与局域网一样,MAC 子层是一个最重要的子层,也是各种不同网络的主要技术区别所在。

<table>
<tr><td colspan="2">应用层 A</td></tr>
<tr><td rowspan="2">数据链路层 DDL</td><td>链路控制 LLC 子层</td></tr>
<tr><td>介质存取控制 MAC 子层</td></tr>
<tr><td colspan="2">物理层 phL</td></tr>
</table>

图 4-3　基本型结构模型的层次结构

(1)物理层

列车通信网络的数据传输均采用基带传输、传输介质基本上是三种,即双绞线、光纤和同轴电缆,极个别的场合也有使用微波通信的,其中运用最多、最普遍的是屏蔽双绞线。列车网络对双绞线的性能,如特性阻抗、分布电容、绞距、导线面积、屏层材料等均有特定的要求和标准,因此,列车通信网络使用的双绞线均由专门的生产企业制造。列车通信网络都具有介质冗余机制。

在各种列车通信网络中,物理层的电气接口标准采用最普遍的是 RS-485 标准,编码方式也基本采用差分曼彻斯特码,但光纤介质则采用其他的编码方式。

RS-485 的总线驱动方式有两种,一种是带光电隔离的电气驱动;另一种是变压器驱动。图 4-4(a)是带光电隔离的驱动方式的电原理图,图 4-4(b)是变压器驱动的电原理示意图。

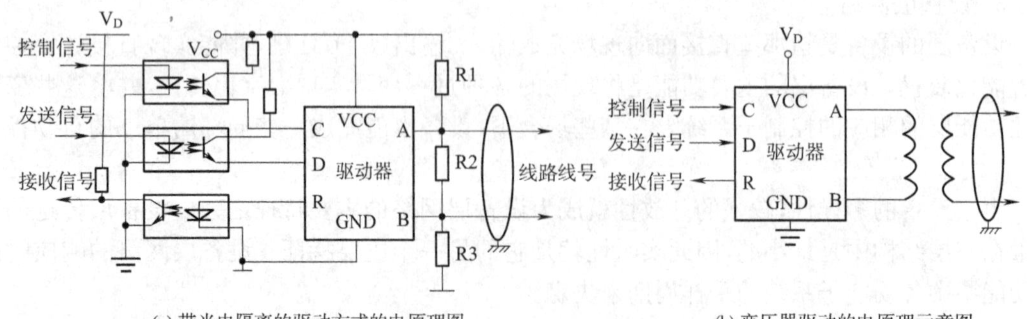

(a) 带光电隔离的驱动方式的电原理图　　(b) 变压器驱动的电原理示意图

图 4-4　RS-485 电气接口

(2)介质存取控制 MAC 子层

在列车通信网络的 MAC 子层中，集中存取控制（又称主/从控制）、分布式存取控制和随机存取控制这三种方式均有运用。主/从控制和分布式存取控制是一种采用时间触发的控制机制，因此，采用这两种存取控制的列车网络具有本质实时性，而随机存取控制采用的是事件触发机制，更适合于突发事件（数据）的传输。

无论是列车总线还是车辆总线在主/从控制方式下都需要确定一个主节点（Master Node，MN）或一个总线管理器（Bus Administrator，BA），总线上的其他通信单元都是从节点（Slave Node，SN）。总线上的所有通信过程都由 MN 或 BA 发起和控制，因此总线瘫痪的风险都集中在 MN 或 BA 上。为避免风险过于集中，列车通信网络可以建立主权转移机制，即在几个具备有能力成为 MN 或 BA 的节点之间轮流控制总线，称为主权转移。这些节点在拥有主权时，为主节点，且管理总线上的通信过程，主权转移出去后，就仅仅是总线上的一个从节点，仅参与总线上的数据传输。

分布式存取控制在列车网络中有两种，即令牌环形和令牌总线形。令牌环在列车网络中运用较少，一般采用双环以相反的两个方向环绕；令牌总线的结构简单，组网灵活，是一种非常适合在列车网络中使用的存取控制机制。令牌总线在列车通信网络中的另一个运用是用于主/从控制方式中的主权转移，即在几个可以成为 MN 的节点之间以令牌转移的方式确定当前的主节点。

列车通信网络中的随机存取是一种具有一定限制条件的随机存取方式，802 协议中的 CSMA/CD 就是这一类的存取控制方式。这里所说的"限制条件"是指节点在有数据需要发送时，需要满足一定的条件才能发送数据，如等待一个特定的时间或按照一种设定的概率 P 来发送数据等。由于这种存取控制方式的非本质实时性，因此，在列车通信网络中不推荐运用在对时间要求严格（Time Critical）的通信场合。

(3)数据链路控制 LLC 子层

列车通信网络中的 LLC 子层协议比较多的是采用高级数据链路控制（High Level Data Control，HDLC）协议，一般来说是运用 HDLC 中的一部分功能，即运用 HDLC 的一个子集。在 LLC 协议中，大部分列车通信网络主要运用 HDLC 其非平衡配置下的正常响应模式（Normal Response Mode，NRM），即主/从通信模式。

在列车通信网络的基本型结构中，由于存在点对点的通信，特别是跨节点的点对点通信，因此 LLC 子层还需要具备部分网络层的功能—路由功能。图 4-5 展示的数据传输过程说明了节点中 LLC 子层的路由功能。

LLC 子层路由功能的实现类似于局域网中服务访问点方式，在列车通信网络中通过数据的格式定义来分辨 SAP 点。

2. 列车通信网络的完备型结构模型

列车通信网络的完备型结构模型是具有 7 层（6 层）结构的模型，其用这种结构实现网络管理信息、故障诊断信息、维修服务信息和旅客服务信息的传输，这些信息的特点是要求传输的数据量比较大，信息的发送没有规律，一般没有实时性的要求，但有些信息具有突发性的传送要求。在完备型结构中数据链路层仍然分为 LLC 了层和 MAC 子层。图 4-6 是完备型结构模型示意图，由于列车通信网络中传输的数据表示形式是可以确定的，表示层在绝大部分的列车通信网络结构模型中可以为空层。除了物理层和数据链路层外，其他各个功能层的基本功能与一般局域网功能层相同，只是由于列车通信网络的结构简单，数据帧短小，使得各功能层的功能都相对简化很多，如网络层的路由功能相比互联网的路由功能要简化很多。

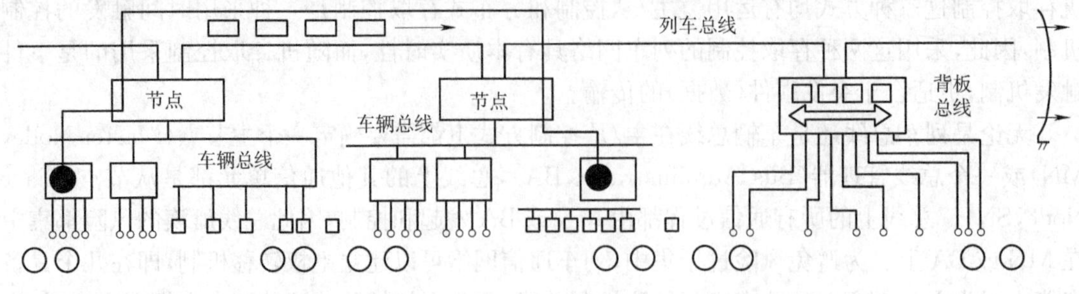

图 4-5　数据传输示意图

列车通信网络的各个功能层一般不需要采用标准的协议，因为即便采用标准的功能层协议，也往往只需要运用标准协议中的一小部分。因此，列车通信网络通常自己制订功能层的协议，从而减少软件的开销和资源的占用，提高通信节点的效率和可靠性。

<table>
<tr><td colspan="2">应用层</td></tr>
<tr><td colspan="2">表示层</td></tr>
<tr><td colspan="2">会话层</td></tr>
<tr><td colspan="2">传输层</td></tr>
<tr><td colspan="2">网络层</td></tr>
<tr><td rowspan="2">数据链路层 DDL</td><td>链路控制 LLC 子层</td></tr>
<tr><td>介质存取控制 MAC 子层</td></tr>
<tr><td colspan="2">物理层 phL</td></tr>
</table>

图 4-6　完备型结构模型示意图

三、列车通信网络的性能分析

控制网络与一般的信息网络不同点在于：信息网络追求的是网络的有效利用率，即网络的信息传输量，而控制网络追求的是信息的实时传输和可靠传输，控制网络是以牺牲网络效率来获得实时、可靠的信息传输的。列车通信网络是一种控制网络，也是列车在这个特定条件下运用的通信网络。列车是一个运动的、封闭的、电磁污染严重和振动剧烈的实体，根据这个环境，可以从可靠性(R)、有效性(E)、连接性(C)、实时性(T)和安全性(S)五个方面来分析和评价列车通信网络的性能，我们将其称为 RECTS 性能指标。

1. 可靠性

网络传输的可靠性(Reliability)是用数据传输错误的概率来表述的，这里的“数据传输错误”是指到达应用层的数据错误。列车通信网络的可靠性取决于通信网络系统结构本身的可靠性和系统的抗干扰能力两个方面。

(1)网络系统结构的可靠性分析

从可靠性的定义出发，网络系统结构的可靠性就是要求通信系统自身发生数据传输错误的概率低。通信网络的数据传输是从 A 节点(应用层)通过网络接口单元 A(数据链路层)经驱动单元 A 和传输介质(物理层)到达驱动单元 B,再由网络接口单元 B 传送至节点机 B,因此列车通信网络数据传输如图 4-7 所示。网络系统结构中通信节点机、接口单元和驱动单元的硬件,在节点机和接口单元上运行的程序(软件)及信号在物理介质上传输的过程发生错误的概率就是通信系统结构的可靠性。

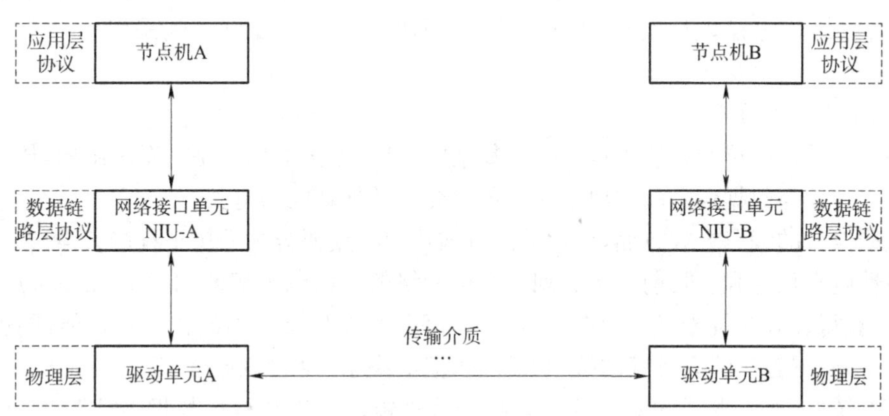

图 4-7　列车通信网络数据传输示意图

①信号的物理传输

信号在物理介质上传输的过程中产生错误的主要源头有两个,一个是物理介质的故障;另一个是信号传送过程中的误码。在常用的三种物理介质中同轴电缆和光纤的可靠性最高,双绞线的可靠性最低。但光缆对布线的工艺要求比较高,弯曲的半径有比较严格的规定,否则容易产生光路障碍。在基带传输的条件下,信号传送的速率越高越容易产生错误,因此列车通信网络一般是以满足传输要求为前提的低传输速率,不追求高速率。数据帧的长度也影响信号传输的出错概率,显然长度越长越容易出错,因此一次传输的数据长度应尽可能地短,这也是列车通信网络一般采用短帧结构的原因之一。

列车通信网络需要在物理通道上具有节点的故障隔离作用,即单节点的故障不能影响其他节点的通信。从图 4-7 的结构上可知,介质驱动器和网格接口单元的应用能够比较好地实现故障隔离。在这个方面网络的拓扑结构也有较大的影响,总线形结构容易实现节点的故障隔离,而环形结构需要有一定的措施来避免节点故障对网络系统的影响。

②数据校验

网络中的数据传输产生错误是必然的,因此,通常数据传送格式中都有纠错和重发的机制。但这种机制会使数据的结构加长和增加非有效数据的传送,从而影响了宝贵的网络带宽(列车通信网络的带宽非常有限),降低了网络的效率。所以,在控制网络中一般只对数据进行校验,校验错误即丢弃,只在特定的条件下才采用一次性重发机制。列车通信网络通常采用两种校验方式,即数据结构性的校验和数据有效性的校验。结构性校验是纯物理性的校验,CRC 校验是普遍采用和非常有效的校验方式;有效性校验是验证当前数据的有效性。有效性校验的方式很多,且与系统的应用相关,如在数据帧中加入数据的“生命周期表征”即为一种常用的和行之有效的方法。

③软件的可靠性

一般情况下,协议的实现是由软件,即通信程序来完成的,但软件在执行的过程中出错也是必然的。为了改善程序执行中可能出现的错误,可以将软件转换成硬件的功能来完成通信协议的功能。采用硬件来实现协议,其工作过程是确定的,可以避免软件执行过程中的偶然性错误。目前各种大规模可编程逻辑器件如 FPGA、CPLD 等元器件的出现为这种软件向硬件的转换创造了条件。因此,很多标准的协议控制器都采用 FPGA 来实现,大大提高了通信协议执行的可靠性。由于 OSI 模型的复杂性,这种方法仅限于在数据链路层的协议采用硬件实现,应用层协议肯定是软件实现的,其他层次的协议目前还没有看到采用硬件实现的应用实例。

(2)抗干扰能力分析

网络系统结构的抗干扰能力也是一个复杂的问题,根据通信网络的系统结构,传输介质的抗干扰能力主要与数据信号的编码方式和传输介质的屏蔽能力有关。

在数据信号的编码方式方面,极性编码方式比电平编码方式的抗干扰能力强,差动电平信号比单极性电平信号强。目前大部分列车通信网络的数据编码都使用了 Manchester II,自带时钟信息,获得较好的抗干扰能力在介质屏蔽方面,光缆具有极高的抗干扰性能:同轴电缆抗干扰性能很强;屏蔽双线有较好的抗干扰性能,但取决于屏蔽的完善与否。

通信系统的 EMC 性能可以作为衡量抗干扰性能的一项指标。根据 EMC 试验中与传输线有关的内容,下列措施可以作为 EMC 性能的评估:

①系统的地线不能与屏蔽线连接。

②双绞线的屏蔽层必须与车体有效地连接。

③传输导线需要设置过压保护器件,用以吸收过电压和实现静电保护。

2. 有效性

有效性(Effective)是指网络容量中的有效网络容量。网络容量是单位时间内网络所能传输的比特(bit)数 L。L 是传输速率 B(波特率 Baud)的倒数,即 $L=1/B$。

网络传输过程中传输的比特数可以分为有效分量和无效分量。有效分量就是实际有用的信息;无效分量包括数据帧的固定格式和数据帧间隔的等效比特数。因此仅仅从 L 的量值大小来看没有实际意义,而应关注有效分量的大小,也就是单位时间内有效分量 A 的大小,即 AL 的量值。但是影响 A 值的因素很多,其中主要的有数据帧的格式、数据帧之间的间隔和通信的策略。数据帧的格式取决于协议,数据帧之间的间隔和通信的策略则是由应用决定的。通信的策略不同从而影响 A 值,不能反映网络的性能,因此,在测算 A 值的时候应将其排除。采用相邻两个数据帧中有用信息的比特数与两个数据帧包括时间间隔在内的总比特数之比来测算,称为有效网络容量 R_a,记为

$$R_a = \frac{T_m + T_s}{T_{mm}}$$

例如在 TCN 标准中,MVB 总线的数据传输速率为 1.5 Mbit/s,MVB 周期信息的帧格式如图 4-8 所示。

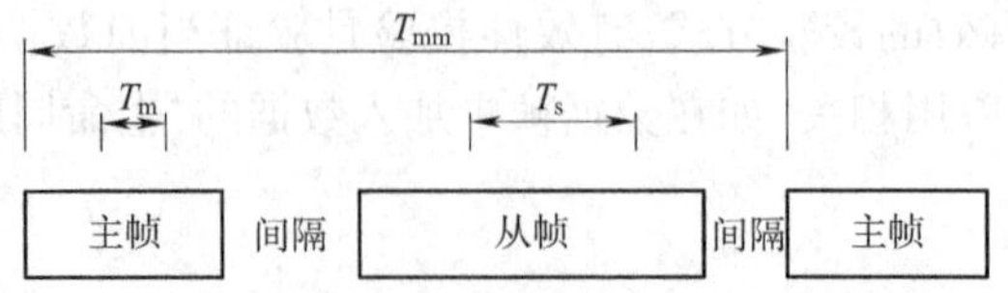

图 4-8 MVB 周期信息的帧格式

主帧固定为33位，以9位的主起始分界符开始，其后为16位帧数据，包括4位功能码，12位地址或参数，以8位校验序列结束。一个从以9位起始分界符开始，接着是从帧的数据位，有16位，32位，64位，128位或256位5种，分别对应于F-code码0～4，每64位后加一个8位的校验码，少于64位的数据位，如16位和32位后也需要加一个8位的校验码。主帧与从帧的间隔T_{MS}为42.7 μs，从帧与主帧的间隔T_{SM}为3 μs，以从帧传送256位的数据为例，于是可以计算：

$T_{mm}=1/1.5\times(9-16+8)+42.7+1/1.5\times(9+256+32)+3$

$\quad=22+42.7+198+3=265.7(\mu s)$

$T_m=1/1.5\times16=10.7(\mu s)$

$T_s=1/1.5\times256=170.7(\mu s)$

$R_a=(10.7+170.7)/265.7=0.682\ 8(\mu s)$

在WorldFIP总线中，数据的典型传输速率为1 Mbit/s。WorldFIP的帧格式如图4-9所示。

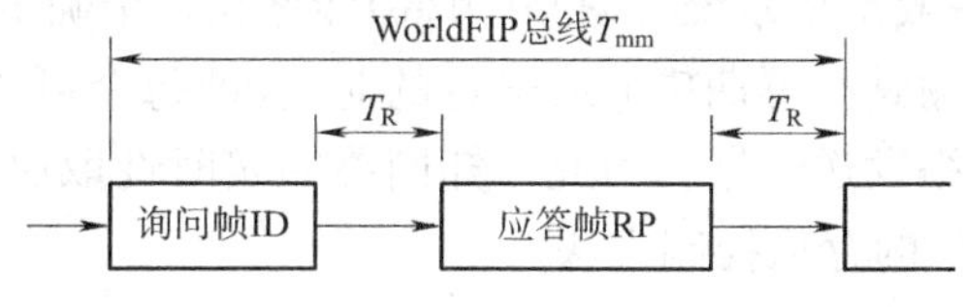

图4-9　WorldFIP的帧格式

在ID_DAT中，帧开始3字节，校验和结束3字节，有用帧是2字节的标识符；在RP_DAT中，分别为：帧开始3字节，校验和结束3字节，数据最大128字节。间隔时间TR最短为10 μs(1 Mbit/s速率下)，最长为70 μs。

(1)当$T_R=10$ μs时：

$T_{mm}=1/1\times(24+16+24)+10+1/1\times(24+1\ 024+24)+10=64+20+1\ 072=1\ 156(\mu s)$；

$T_m=1/1\times16=16(\mu s)$；

$T_s=1/1\times1\ 024=1\ 024(\mu s)$；

$R_a=(16+1\ 024)/1\ 156=0.899\ 7(\mu s)$。

(2)当$T_R=70$ μs时：

$T_{mm}=1/1\times(24+16+24)+70+1/1\times(24+1\ 024+24)+70=64+140+1\ 072=1\ 276(\mu s)$；

$T_m=1/1\times16=16(\mu s)$；

$T_s=1/1\times1\ 024=1\ 024(\mu s)$；

$R_a=(16+1\ 024)/1\ 276=0.815\ 0(\mu s)$。

有效网络容量R_a主要与数据的帧格式有关，而不同的网络协议其帧格式也是不同的，从而可以推算出各种网络的R_a。R_a可以表示单位时间内网络所传输的有效信息量，显然R_a越大越好。

3. 连接性

连接性(Connection)是通信网络中各网络设备相互之间的可连接性能。连接性主要有这样两重含义：其一是指不同企业生产的设备可以通过网络互联；其二是指网络的重构(Reconstruction)能力，即通信网络可以动态地实现通信节点的增加和删除。

用同样网络构架和通信协议的网络通信设备可以实现互联。但通信协议的执行是否完整决定了通信设备能否互联。在这点上，连接性与网络一致性(Conformance)具有相同的含义。因此通信设备实现互联的关键是协议的标准化，也就是说如果列车通信网络采用的是符合某一标准的通信协议,如国际标准的网络协议或行业标准的网络协议,则不同生产商生产的设备只要都采用相同的网络协议,其设备就可以组装在同一列车的网络上。这也是制订列车通信网络标准的初衷之一。

重构能力是连接性的一种扩展,欲接入网络的通信设备只要完成物理上的连接,重新上电后网络却可以自动地将所有的设备(节点)纳入,实现网通信,而无须进行特定的参数设置。重构能力是列车通信网络的特殊要求,这是与列车运用的实际环境相关的。当列车编组改变时,新的节点(通信设备)需要自动进入列车通信网络时,重构能力可以保证这种可能性的实现。

重构能力在分布式控制和随机控制的方式下实现比较容易,在主/从控制的方式下重构能力的实现有较大的难度。但不论何种控制方式,重构能力的实现都需要通信网络协议配置专门的机制。

4. 实时性

实时性(Real-Time)一般是指系统对激励(事件)能够在一个确定的时间内给予响应,网络传输的实时性是指数据传输具有可期望的或确定的时间,即每个可以发送数据的节点都能按一个确定的时间间隔向网络发送数据。由此可知网络的实时性取决于信道的占用分配,也就是介质存取控制子层 MAC 的存取控制方法。

(1)介质访问控制方式

介质访问控制方式是控制网络各节点向介质发送信息或从介质取得信息的方式,它是网络通信的核心,是影响网络实时性的各因素中最为关键的因素。在介质访问控制方式中主/从控制方式和令牌控制方式是具有实时性的介质访问控制方式。

主/从控制方式是一种主/从轮询的介质访问控制方式,介质访问由单一的总线主—主节点控制,所有节点只能在由主节点控制的确定时间内访问介质。总线是网络上唯一的主节点,所有其他设备都是从节点,它们不能自发地进行发送,而必须由主节点发送一个主帧将介质的访问控制权交给它后,该从节点才能在网络上发送一个从帧(数据)。网络中的每个节点由各自的设备地址来标识,根据数据类型不同,主节点按照设备地址及端口地址进行轮询。

令牌控制方式下的网络没有固定的主节点,各个节点之间传递着一个特殊的"主帧"——令牌,获得令牌的节点即为当前的主节点。主节点控制当前的介质访问,因此可以发送它的数据帧。当前的主节点发送完自己的数据后,就将令牌按照规定的顺序传送给下一个节点,于是下一个获得令牌的节点成为主节点,并控制网络将其数据帧发送出去。

主/从控制方式和令牌控制方式都具有一个网络的主节点,其介质访问均由主节点控制,因此是一种集中的访问控制方式。在集中控制的方式下,每个节点访问网络的周期是可以期望的,因此集中控制方式具有本质的实时性。在集中控制方式中,分布方式比主/从方式具有更好的网络利用率和故障独立性,但分布方式的总线控制策略和控制方法相对复杂。

与集中控制方式相对的是随机控制方式。随机控制方式下,各个节点可以随机访问网络,因而在访问网络时产生节点访问的碰撞,并导致其中的一些节点访问必须退出,显然,随机控制方式无法预测节点访问网络的时间和周期,因此,随机控制方式不具有本质的实时性。

(2)实时性与突发性

列车通信网络在考虑实时性的同时,还必须注意到"突发性"消息(事件)的传输。一般来说,突发性消息的传输是随机的和不可预测的,若让突发性消息传输插入,必然会影响周期性的数传输,也会破坏数据传的实时性,但突发性消息往往又可能是一比较重要的事件,需要及时传送，所以妥善处理实时性数据传输和突发性消息的传送是列车通信网络的一个特殊问题。

突发性消息传输属于随机传输方式，而随机传输方式与实时性输方式在本质上是相互对立的两种传输控制模式，在 MAC 层的标准协议中不存在一种可以兼顾这两种传输方式的协议。因此，列车通信网络的介质存取控制一般信息网格的介质存取控制有很大的不同，在介质访问机制上列车通信网络的 MAC 层协议要复杂得多。同时，能否具有兼顾这两种传输制的 MAC 层协也成为衡量、评价列车通信网络性能的重要指标之一。

可以了解到，在一些列车通信网格的协议中，采用在周期性数据传输的富余时间内处理突发性数据的方法，支持消息数据和变量数据两种不同类型的数据同时互不干扰在信道上传输，既实现了突发性消息传输，又保证了通信的实时性，而且还提高了信道的利用率。

5. 安全性

列车通信网络的安全性(Safety)可以用网络瘫痪的风险性和数据传输错误的危害性来表征。

从网络瘫痪的角度来看，主/从控制方式比分布式控制方式的风险高，因为一旦主节点故障就会使整个网络瘫痪，分布式控制的情况下，由于主节点是动态转换的，因此某个站点的故障不会造成网络的瘫痪。

在网络通信中，数据传输错误的发生是必然的。安全性是要求当错误发生时能防止发生灾难性的后果。在列车通信网络中为了防止控制命令在传输中的错误，从而造成命令的错误执行，一般采用高速地周期性发送控制命令，执行器件只有在多次接收并确认命令后才执行，以免偶然的错误造成严重的后果。

容错技术是提高安全性的一种有效方法。列车通信网络采用的容错技术主要是冗余，传输介质的冗余、传输信道的冗余、协议控制器的冗余及主节点的冗余等。实现冗余技术的关键问题是如何实现自动转换，即在什么条件下实行转换，谁来判断转换条件及谁来执行转换。

RECTS 是列车通信网络性能的综合评价指数，可以利用 RECTS 来评判、比较列车通信网络的性能，也可以将其作为选择通信网络协议的标准之一。但 RECTS 尚不能完全覆盖列车通信性能的全部，相信随着通信网络技术的发展和轨道交通车辆控制系统对通信网络要求的提高，列车通信网络的性能评价指数也将会不断发展，趋向更全面、更合理、更科学和更具有实用意义。

任务二　TCN 列车通信网络

学习目标

1. 知识目标

(1)掌握 TCN 列车通信网络的体系结构。

(2)掌握 TCN 列车通信网络的协议。

(3)掌握列车通信网络的变量服务。

2. 能力目标

(1)能够正确叙述 TCN 列车通信网络三种组态形式。

(2)能够正确叙述 MVB 总线上的设备功能。

(3)能够叙述 TCN 提供的两种服务。

知识课堂

一、TCN 列车通信网络的体系结构

TCN 列车通信网络由绞线式列车总线(Wire Train Bus,WTB)和多功能车辆总(Multifunction Vehicle Bus,MVB)两总线构成(在 TCN 标准中 Bus 和 Network 具有同等含义)。列车总线 WTB、多功能车辆总线 MVB 及车辆内的列车总线和多功能车辆总线的结构分别如图 4-10 所示。

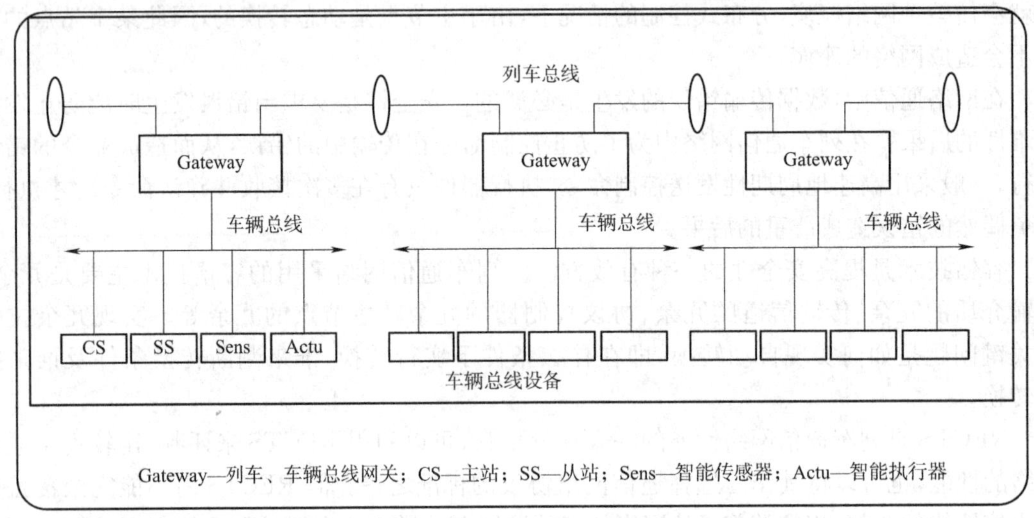

图 4-10　列车通信网络结构

1. TCN 的应用组态

TCN 在列车上的应用有三种基本组态,即自动编组列车(Open Trains)、固定编组列车(Closed Trains)和混合编组列车(Multiple Unit Trains)。

(1)自动编组列车

自动编组列车表示该列车的每节车厢都是独立的,可以实现任意编组,因而自动编组的列车具有开放性的组态。

自动编组列车以 WTB 作为标准的列车总线,它最多支持 32 个 WTB 节点,每个机车或车辆可以没有,或有 1 个,或有更多的 WTB 节点。每个 WTB 节点可以没有车辆总线、可以连接 1 个或 2 个 MVB 总线,也可以连接其他形式的车辆总线。每个 WTB 节点最多可连接 15 个车辆总线。自动编组列车组态如图 4-11 所示。

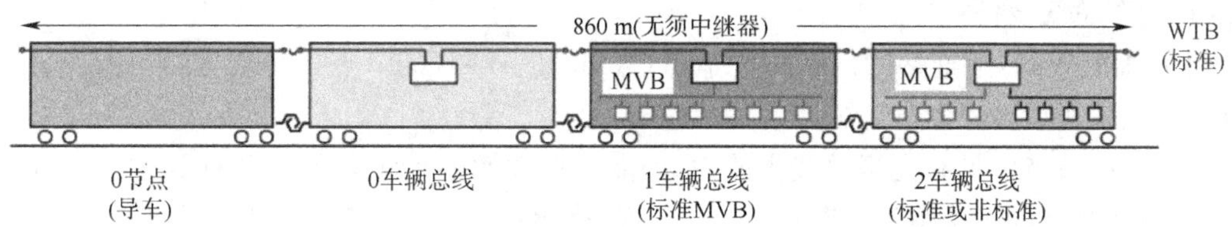

图 4-11　自动编组列车组态示意图

(2)固定编组列车

固定编组列车表示该列车的编组是不可随意改变的,其车辆间的连接方式是永久性或半永久性的。例如地铁列车和动车组一般就属于固定编组列车,在固定编组列车上,列车总线可以采用 WTB 总线或 MVB 总线,而车辆总线可以采用 MVB,也可采用其他形式的通信总线。固定编组列车组态如图 4-12 所示。

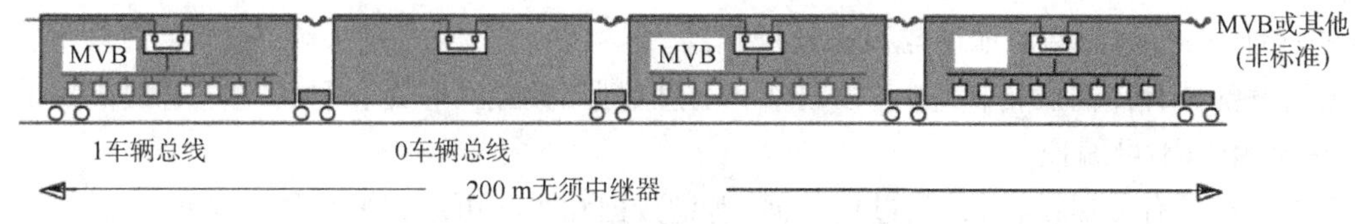

图 4-12　固定编组列车组态示意图

(3)混合编组列车

混合编组列车是指多个固定编组单元组合起来,或是固定编组单元与部分自动编组的车辆组合起来的列车。图 4-13 表示的是三个固定编组单元组合的混合编组列车组态。

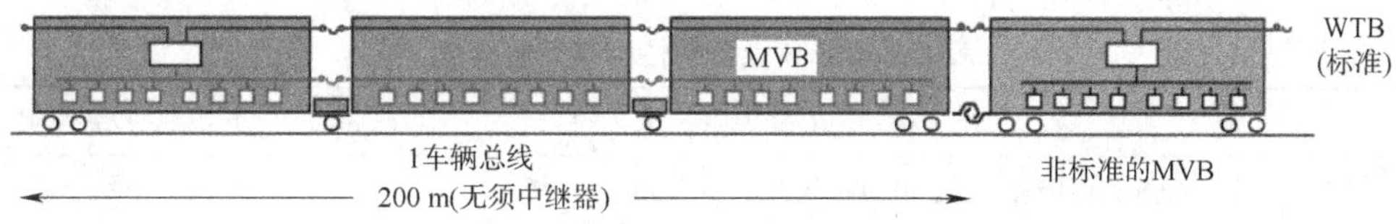

图 4-13　混合编组列车组态示意图

混合编组列车中的列车总线可以根据列车编组运用的具体情况来选择。若两个固定编组单元需经常连接和解联时,可使用 WTB 作为标准的列车总线,若不需要经常连接和解联时,也可以用 MVB 作为列车总线;若采用固定编组单元与部分自动编组的车辆组态时,则需要采用 WTB 作为列车总线。混合编组列车中车辆总线可以采用 MVB 总线或其他总线。

根据上述列车编组的组态,TCN 标准能够运用于所有的列车组态,可部分使用,也可整体使用。TCN 标准的运用方式有以下四种状况:

①列车总线为 WTB,车辆总线为 MVB。

②有列车总线 WTB 而没有车辆总线,或 WTB 与非 MVB 的车辆总线连用。

③有车辆总线 MVB 而没有列车总线,或 MVB 与非 WTB 的列车总线连用。

④实时通信协议(Real Time Protocol,RTP)用于其他非 WTB 或非 MVB 的总线。

2. TCN 设备

在 TCN 协议中,将可以连接到一个或多个总线上的部件定义为设备(Devices)。

(1)列车总线设备

列车总线 WTB 上连接的设备称为节点(Node)。WTB 的节点还可以作为连接 2 条或 2 条以上总线的协议转换器(网关)。

列车总线节点中具有充当总线主能力,即能主动发起通信过程的设备称为主节点或主设备(Master),其余的设备称为从节点(Slave),列车总线上可以有多个主设备,但任何时刻总线上只能有一个总线主。总线主可以在主设备之间转移,应用可以根据需要在特定的时间或特定的条件下进行总线主转移。

(2)车辆总线设备

MVB 上的设备按功能分为六类,分别称为 0～5 类设备。

0 类设备主要是一些特殊设备,例如中继器(重复器)和星形耦合器,它们不参与或以其他方式(例如通过其他协议)参与应用的数据交换。

1 类设备具有传输设备状态和过程数据的性能。在此类设备中,过程数据的端口地址与设备的地址有关,例如端口地址与设备地址相同。

2 类设备具有传输设备状态、过程数据和消息数据的性能,它是一种可通过总线配置的智能设备,但用户不可编程。

3 类设备具有传输设备状态、过程数据、消息数据和用户可编程的性能。

4 类设备具有传输设备状态、过程数据、消息数据和总线管理的性能,另外也可具有用户可编程的性能。

5 类设备具有设备状态、过程数据、消息数据和 TCN 网关性能。它也可具有总线管理器性能,这种带有总线管理器性能的网关可使 WTB 和 MVB 总线能较好地同步,MNB 设备的性能与设备分类见表 4-1。

表 4-1　MVB 设备的性能与设备分类

性能	性能说明	设备类别
设备状态	设备被轮询时能够发送出其设备状态	1,2,3,4,5
过程数据	设备被轮询时能够发送和接收过程数据	1,2,3,4,5
消息数据	设备被轮询时能够发送和接收消息数据,此性能说明设备能够执行实时协议且在设备当中有一个网络管理代理者	2,3,4,5
用户可编程	用户程序可下载至此设备中,此性能说明设备具有消息数据、过程数据和设备状态性能,并能够读取其他设备的设备状态	3,4,5
总线管理器	设备能够成为总线主。此性能说明设备具有消息数据、过程数据和设备状态性能,并能够读取其他设备的设备状态	4,5
TCN 网关	设备能够访问至少一条另外的总线(MVB 或其他)。此性能表明设备具有设备状态,过程数据和消息数据性能,并且只要至少有两条总线同时遵守实时协议时,就存在路由器	5

3. 设备地址

总线上的设备使用设备地址(Address)来进行标识。MVB 上设备地址为 12 位;WTB 上设备地址为 8 位,其中低 6 位为节点地址。连接几种总线的设备对每一种总线可有不同的设备地址,某些特殊设备,如重复器,仅参与物理层,因而没有设备地址。设备地址主要用于总线上消息数据(Message)的传送。另外,WTB 在开始组网时(运行一个“初运行”程序),需要设备地址进行节点的定位。

总线上的设备(除 0 类设备外)还具有一个或多个不受特定设备约束的地址,即逻辑地址(Port Number)。WTB 和 MVB 在进行过程数据(Process Data)通信时,都使用逻辑地址(端口号)作为源地址或宿地址的,因此,逻辑地址也可以称为过程数据地址。

4. 冗余与容错

TCN 协议支持多种冗余方式,主要是传输介质冗余和设备冗余结构。

WTB 和 MVB 的传输介质(双线)都是冗余结构。WTB 和 MVB 的总线都采用 A、B 两对线,总线上的每个设备都与这两对线分别连接。运行时,设备或节点同时在两对线上发送信息,但只能在其中的一对双绞线上接收信息。设备可以随机地在两对双绞线中的任何一对上接收信息,协议支持设备可以按照一种规则来回切换接收使用的双绞线电缆。若设备从侦听中发现其中一对双绞线的信号发生故障时,设备可以固定使用另外的一对双绞线进行工作。当然,这种状态必须向主设备报告。

设备的冗余主要是 WTB 的主设备和 MVB 的总线管理器 BA 的冗余。协议要求在一条总线上具有 2 个或 2 个以上的设备具有成为总线主或 BA 的能力。WTB 和 MVB 在工作过程中,总是在不断地进行总线主和 BA 转移(如果能够转移的话)以避免由于总线主设备和 BA 的故障使得整个网络陷于瘫痪。

TCN 协议的容错机制主要是重发。由于过程数据是周期性地广播发送(周期时间为 ms 级),因此,对于其中个别的一次性数据错误,很快就会被下一次的数据所覆盖,不会影响系统的运行;消息数据的传输是点对点的传输,协议定义了数据传输过程中的重发机制,如 WTB 是遵循 HDLC 规范定义的数据重发机制。

二、实时协议

尽管 WTB 和 MVB 是两种不同的总线,但它们遵循的是同样的通信协议——实时协议 RTP。RTP 是为了让不同的应用能通过列车通信网“透明”地相互通信而制订的一组协议和服务。这些应用可能位于不同的车辆或同一车辆甚至同一设备内。为此,RTP 使用网关来联结不同的总线,其提供过程变量和消息两类通信服务。

TCN 标准将 WTB 和 MVB 中传输的数据分为两类:过程数据和消息数据(Message Data),过程数据反映列车状态,如速度、电动机电流、操作员的命令等,通常被用于过程的监视、控制和命令,过程数据传输是实时的,即其传输时延必须在确定的时限内,否则将导致错误的结果。消息数据是那些不频繁传送,但可能冗长的事件数据,例如诊断或旅客信息。消息的长度在几个到几千个字节之间,是非实时的,其传输时延必须短,但允许变化。

过程数据的传输采用变量传输,消息数据的传输采用事件传输。

1. 介质访问控制

TCN 在链路层提供了两种服务:周期性的、采用源寻址广播的过程数据传输和按需传送的、采用目标寻址的消息数据传输。周期和非周期传输如图 4-14 所示。

根据图 4-14 的结构可以看到,TCN 协议将总线时间划分为 n 个基本周期,每个基本周期又划分为周期相(Periodic Phase)和偶发相(Sporadic Phase)。一个基本周期的大小在 MVB 上是 1 ms 或 2 ms,在 WTB 上是 25 ms。

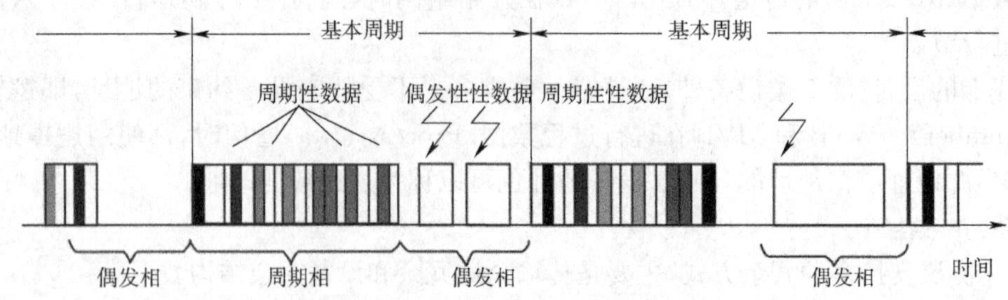

图 4-14　周期和非周期传输示意图

周期相固定占用基本周期的 65％左右，用于传送周期性的过程数据。两个周期相之间的偶发相用来允许设备进行事件驱动的或由需要驱动的通信，即传送消息数据。因此，周期性和偶发性数据通信虽共享同一总线，但在传输上是完全分开的。对周期相和偶发相的访问由总线 MAC 层执行。访问策略则由更高层决定，周期性数据的轮询周期和偶发性数据的轮询优先级策略取决于应用。

(1)周期性介质访问

周期性介质访问周期性数据在总线的周期相以一个基本周期的 2 倍($n=0,1,2,\cdots,10$)为周期循环传输，该循环周期称为数据的特征周期。TCN 协议定义变量数据均为周期性数据，因此每个变量在运用中均需定义其特征周期，而运用中各个变量的最大特征周期则称为宏周期，也就是变量数据的传输周期。在周期相内，总线主设备运用主帧依次轮询各从设备，被轮到的设备用一个含有周期性数据的从帧被作为回答(这种格式在总线初始化时被定义)，同时该从帧也被广播到其他设备，因为数据是周期性重复发送的，所以周期性数据(变量数据)无须目标设备确认。

(2)偶发性介质访问

偶发性数据在偶发内按需传输。主设备对从设备轮询偶发性数据，被轮询的设备若有偶发性数据发送时，以带有标示的从帧回答。在有多个从设备需要发送数据时，主设备根据应确定的策略将这些设备地址排队，然后按照排序逐个轮询这些从设备，偶发相的时间不能超越基本周期的界限。若偶发性数据(事件)的传输在一次偶发相内传输不完，主设备将在下一个偶发相期再次轮询该设备继续发送，因此，从设备必须将比较长的偶发性数据分包，并在数据包内标示是否有后续的数据包或该数据已经完毕。

偶发性数据是与事件的发送相关联的，事件是因设备状态的改变而引发信息发送要求的。因此，事件必得以确认，以确保不会丢失状态改变的信息。

2. 变量服务和消息服务

从应用来看，TCN 协议提供了两种与总线无关的、独立的应用服务，即为过程数据服务的变量服务和为信息数据务的消息服务。TCN 提供的两种服务如图 4-15 所示。

(1)变量服务

过程变量是表示物理过程状态的量，通常被用于过程的监视、控制和命令。过程变量的传送时间必须短而确定，RTP 用于过程变量服务的协议是紧凑高效的，只包含三个层次：物理层、链路层和应用层。链路层处理端口和通信缓存的操作，完成协议大部分的工作。应用层处理过程变量的访问，为了提高效率，相同周期的若与过程变量被合在一起，称作数据集(Data

Set)。过程数据以数据集方式进行传输。过程数据是周期性数据，总线的周期特性可以保证过程数据传输延时是确定的，不因总线负载不同而变化。

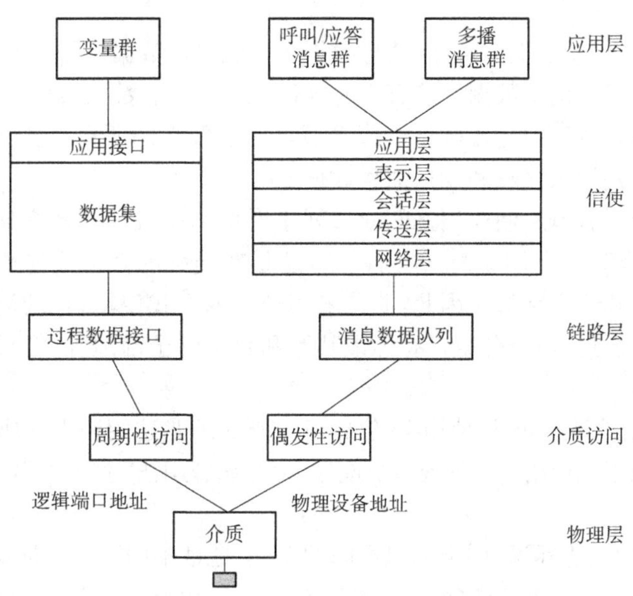

图 4-15　TCN 提供的两种传输服务

过程数据传播模式类似于生产者—用户模型，即源设备（生产者）向多个宿设备（用户）周期性广播其过程数据（产品）。过程数据由其逻辑地址（端口地址）区分，这种传输方式被称为源寻址的广播方式。

每个过程数据在源设备中有一个对应缓冲区，称为源端口；在每个宿设备中也有一个对应的缓冲区，称为宿端口，一个过程数据可以有多个宿端口，但只能有一个源端口，其逻辑地址由其源端口的端口号来标识，宿端口的端口号与发送数据的源端口的端口号相同，主设备用过程数据的端口号来请求有数据发送的源端口发送数据，接收该端口号的设备将数据存入其宿端口，并覆盖原来的数据域。

一个数据集包含过程变量值和检查位，但不包含地址。每个过程变量由它相对于数据集起始地址的偏移量来标识。数据集的格式被预先确定，以供所有的总线成员使用。数据集存储在一个共享的通信存储器中，通信存储器可以分别由上位机和协议控制器独立地进行访问。从应用的角度来看，过程变量如同存放在一个分布式数据库中，不同设备中的应用可以同时访问它们。设备中的通信存储器实现了一个分布式数据库（部分或全部）的本地副本，而该副本是由总线传输数据来不断刷新的。

因为过程变量周期性地通过总线来发送，所以在数据偶然丢失的情况下不需要明确的重发。为了对付持续的错误，总线控制器为每个端口配置了一个计数器，这个计数器表示在多久以前端口被刷新。此外，也可以随同每个过程变量发送一个校验变量以保证变量及时、正确地产生。

过程数据应用层允许应用逐个访问过程变量，也可以更有效地成组访问过程变量。它也可以将数据形式转换成应用所使用的表示法。在列车总线和车辆总线间的网关需要进行从一条总线到另一条总线的变量复制，并能使周期同步。

(2)消息服务

消息数据为应用提供消息服务。RTP 中用于消息服务的协议架构符合 OSI 的 7 层参考模型。

链路层处理数据在总线上的传输,消息数据作为偶发性数据按需传输,其传输延时依总线的负载变化而变化,所以消息数据是没有实时性保证的。消息数据传输方式是目标寻址的,数据从原始(Original)设备发向终端(Final)设备或同一总线上的所有设备。总线上的每个设备需要有两个队列,分别用来接收和发送消息数据。

网络层处理分组的传输,使应用之间通过列车通信网络"透明"地交换消息。一个应用并不需要了解其对方是驻留在同一总线、同一站,还是在网络的其他任何地方。消息长度不确定,可从几个字节到几千个字节。因此,消息采用分组的方式传输,长的消息在源设备中被分割成短的分组,依次发送,每个分组带有标识其源和目标的全部地址,在目标设备中分组被合并成原来的消息。

消息有两种网络地址空间,均使用 16 位标识。图 4-16 是这两种 16 位网络地址的示意图其中,16 位的第一位用于标识用户地址或系统地址,"0"标识为用户地址,"1"标识为系统地址。

①用户地址

用户地址是一种功能标识,用于标识不同的功能,地址中的高 7 位标识节点地址或节点组地址,例如,列车中的牵引功能包含有多个节点(车辆):地址中的低 8 位标识功能,共定义了 255 个功能,车辆的一种功能可以由车内多个设备共同完成,而一个设备也可同时支持多种功能。应用不需要知道一个功能位于何处,因而不用寻址设备,而只需要寻址功能,这种寻址方式更好地适应了车辆和设备的多样性。

②系统地址

系统地址用于在网络管理中区分不同的站(Station),也就是具有通信能力的设备,这是一种物理地址。系统地址在网络中是唯一的,即网络上每个通信设备的地址是唯一的。地址中的高 7 位标识列车总线上的节点,低 8 位标识该节点上的设备(通信站)。

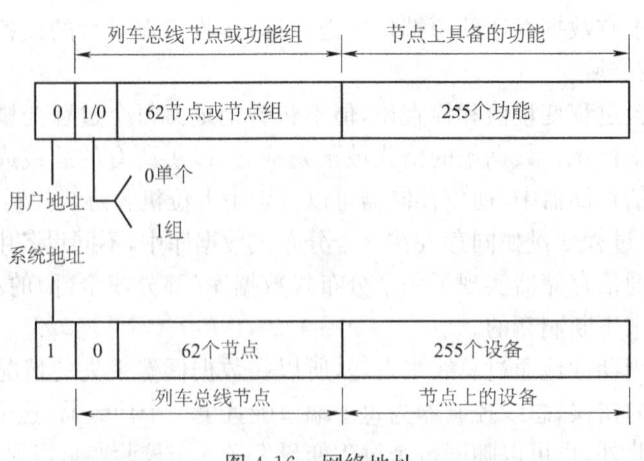

图 4-16　网络地址

列车总线中各节点的网络层需要为分组确定其路由,因此,需要具有这两种地址空间的转换功能。为此,在节点的网络层中必须采用一个功能地址映射到设备地址的功能目录和一个节点映射到通信站(设备)的站目录。

传输层为消息服务提供端到端的可靠连接。传输层负责消息的分段和合并，采用滑动窗口协议进行流量控制，采用重发协议进行出错恢复。传输层还可处理消息的多播传输，使消息同时传输到一组设备上。

会话层为应用提供远程调用服务，应用在客户机/服务器基础上通信。一个会话包含两个消息：一个由客户机发出的呼叫消息；一个响应该呼叫，由远程服务器发出的应答消息。

表示层没有特定的协议，因为所有消息数据都按标准的格式传输。

消息传输协议的网络层、传输层和会话层被安排在一个任务内运行，这个任务被称为信使。应用通过应用层接口使用信使的消息服务。

3. 变量数据

RTP协议对变量数据做了严格的定义，所有在网络中运用的变量数据必须符合RTP的定义，以便应用层的辨识。RTP为变量定义了一个唯一的标识——变量名PV_Name，变量名包含6个内容：变量存储的通信存储器号、变量的端口地址、变量在数据集中的位偏移量、变量类型、变量长度和该变量的校验变量的位偏移量。在变量名中，虽然存储器号、端口地址和位偏移量已经可以唯一的确定一个变量，但变量类型和变量长度运用有助于数据在网络和应用之间的转换。

(1)变量存储的通信存储器号(Traffic Store ID)

由于协议允许每个设备可以有16个用于通信的存储器，存储器号用于标识16个存储器中的某一个。

(2)端口地址(Port Address)

端口地址即为变量所在端口的逻辑地址。

(3)位偏移量(Offset)

变量在数据集中的位置距离数据集起始位的位偏移量，位偏移量可以确定变量在数据集中的位置。

(4)变量类型(Variable Type)

协议定义了16种类型的变量数据，变量类型见表4-2。

表4-2 变量类型

类型号(F-code)	数据类型	类型号(F-code)	数据类型
0	布尔型(HOLEAN)	8	双极型(BIPOLAR)
1	非等价型(ANTIVALENT)	9	单级型(UNIPOLAR)
2	BCD型或字段(ENUM)	10	双极型(BIPOLAR)
3	保留	11	无符号型数组(ARRAY OF UNSIGNED)
4	位集合(BITSET)	12	整型数组(ARRAY OF INTEGER)
5	无符号型(UNSIGNED)或字段(ENUM)	13	无符号型数组(ARRAY OF UNSIGNED)
6	整型(INTEGER)	14	格型数组(ARRAY OF INTEGER)
7	字符型(CHARACTER)或字节型数组(ARRAY OF WORD)	15	字节型数组(ARRAY OF WORD)

(5)变量长度(Variable Size)

变量长度用来确定变量数据的数据位,因此必须与变量类型同时使用。变量长度的表示方法见表 4-3。

表 4-3　变量长度的表示方法

变量长度	变量数据位
0	16 位以下
1	16 位
2	32 位
3	48 位
4	64 位
$n-1$	数组

(6)校验变量的位偏移量(Check Offset)

如果一个变量具有其自身的校验变量的话,该参数标识这个校验变量所在数据集中的位置。

上述变量名的表示方法举例说明:变量 3_2 timedata,表示变量是采用 BCD 码表示的 48 位时间数据,即年、月、日、时、分。

任务三　绞线式列车总线 WTB

1. 知识目标

(1)掌握 WTB 总线帧的结构。

(2)掌握 WTB 初运行。

(3)掌握列车检修网络化发展方向。

2. 能力目标

(1)能够正确画出 HDLC 和 WTB 总线帧的结构图。

(2)能够叙述 WTB 初运行作用。

(3)能够叙述一个新节点加入的命名过程。

知识课堂

绞线式列车总线 WTB 是在德国 DINV43322 和意大利 CD450 高速列车的总线基础上发展而来的,绞线式列车总线 WTB 主要被设计用于日常作业中经常改变其编组的列车中连接各车辆的串行数据总线,应用于列车级的通信,其传输速率为 1 Mbit/s,可以实现过程数据和消息数据的传输。其最大的特点就是具有列车初运行功能(列车初运行功能就是当列车车辆的配置发生变化后,能够自动地对车辆进行编址,构成新的列车拓扑结构,而不需要人为参与)。WTB 总线特别适用于需要动态编组的列车车辆,也可以在固定编组的列车中充当列车总线,其性能满足国际铁路联盟(UIC)对列车总线的要求。

WTB 能够周期性地传输过程数据,其传输周期为基本周期(25 ms)的整数倍,传输数据的最大长度为 128 个字节。过程数据采取广播方式,总线上一个节点可以接收到其他节点的过程数据。对于非周期性数据的传输,可以采用消息数据方式,其传输速度较慢。消息数据需要相应的实时协议栈支持,用于实现网络层及以上各层协议。

WTB 使用专用屏蔽双绞线电缆,无须中继器即可传输 860 m,连接 32 个节点。为了提高网络的可用性,电线的布置采用冗余原则,在各车辆的每一侧各有一根电缆。为适应频繁改变其组成的列车组,WTB 被设计成通过手插式跨接电缆或自动连接器来实现车辆之间互连的设备。考虑到严酷的环境、连接器的存在以及总线的非连接性,TCN 标准建议采用数字信号处理器对曼彻斯特信号译码。数据在两条介质上同时发送,一个仲裁逻辑根据收发器提供的载波检测信号在两路接收信号间做出选择。

作为通用的现场总线，WTB属于总线仲裁型网络，其链路层使用HDLC高级数据链路控制，数据交换采用报文传送的方式，适用于列车网，并适用于经常解挂和连挂的列车。

WTB最显著的特点是，它是以连续顺序给节点自动编号和让所有的节点识别何处是列车的右侧或左侧的能力。每当列车组成改变(例如连挂或摘除车辆)时，列车总线各节点执行一个初运行过程，该过程在电气上将各节点连接起来，并给每个节点分配连续地址，初运行后，所有车辆的WTB节点均获得列车的结构信息。

为了实现初运行，每个节点包含两个HDLC通道，每个通道对应1个方向。两个方向的传输介质能在节点内部被连接或断开，并保证其各自的电气连续性，整条总线在一个主节点的集中控制下完成初运行过程。

一、HDLC数据链路层控制规程

1. 数据链路结构

数据链路结构可以分为两种：点—点链路和点—多点链路，如图4-17所示。图中数据链路两端DTE称为计算机或终端，从链路逻辑功能的角度常称为站，从网络拓扑结构的观点则称为节点。

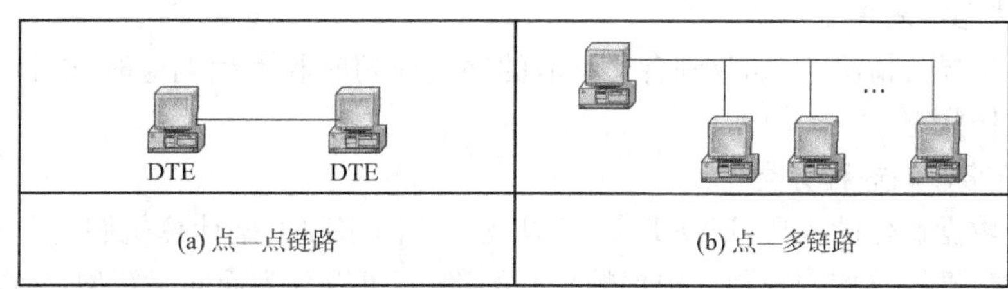

图4-17 数据链路结构

在点—点链路中，发送信息和命令的站称为主站，接收信息和命令而发出确认信息或响应的站称为从站，兼有主、从功能可发送命令与响应的站称为复合站。在点—多点链路中，往往有一个站为控制站，主管数据链路的信息流，并处理链路上出现的不可恢复的差错情况，其余各站则为受控站。

2. 数据链路控制规程功能

数据链路层是OSI参考模型的第二层，它在物理层提供的通信接口与电路连接服务的基础上，将易出错的数据电路构筑成相对无差错的数据链路，以确保DTE与DTE之间、DTE与网络之间有效、可靠地传送数据信息。为了实现这个目标，数据链路控制规程的功能应包括以下几个部分：

(1)帧控制

数据链路上传输的基本单位是帧。帧控制功能要求发送站把网络送来的数据信息分成若干码组，在每个码组中加入地址字段、控制字段、校验字段以及帧的开始和结束标志，组成帧来发送；要求接收端从收到的帧中去掉标志字段，还原成原始数据信息后送到网络层。

(2)帧同步

在传输过程中必须实现帧同步，以保证对帧中各个字段的正确识别。

(3)差错控制

当数据信息在物理链路中传输出现差错,数据链路控制规程要求接收端能检测出差错并予以恢复,通常采用的方法有自动请求重发 ARQ 和前向纠错两种。采用 ARQ 方法时,为了防止帧的重收和漏收,常对帧采用编号发送和接收的方法。当检测出无法恢复的差错时,应通知网络层做相应处理。

(4)流量控制

流量控制用于克服链路的拥塞。它能对链路上的信息流量进行调节,确保发送端发送的数据速率与接收端能够接收的数据速率相容。常用的流量控制方法是滑动窗口控制法。

(5)链路管理

数据链路的建立、维持和终止,控制信息的传输方向,显示站的工作状态,这些都属于链路管理的范畴。

(6)透明传输

规程中采用的标志和一些字段必须独立于要传输的信息,这就意味着数据链路能够传输各种各样的数据信息,即传输的透明性。

(7)寻址

在多点链路中,帧必须能到达正确的接收站。

(8)异常状态恢复

当链路发生异常情况时,如收到含义不清的序列或超时收不到响应时,能自动重新启动,恢复到正常工作状态。

3. 数据链路控制规程分类

为了适应数据通信的需要,ISO、ITU-T 以及一些国家和大型计算机制造公司,先后制定了不同类型的数据链路控制规程。根据帧控制的格式,可以分为面向字符型、面向比特型。

(1)面向字符型

国际标准化组织制定的 ISO 1745、IBM 公司的二进制同步规程 BSC 以及我国国家标准 GB 13543—1992 属于面向字符型的规程,也称为基本型传输控制规程。在这类规程中,用字符编码集中的几个特定字符来控制链路的操作,监视链路的工作状态,例如,采用国际 5 号码中的 SOH、STX 作为帧的开始,ETX、ETB 作为帧的结束,ENQ、EOT、ACK、NAK 等字符控制链路操作。面向字符型的规程有一个很大的缺点,就是它与所用的字符集有密切的关系,使用不同字符集的两个站之间,很难使用该规程进行通信。面向字符型规程主要适用于中低速异步或同步传输,很适合于通过电话网的数据通信。

(2)面向比特型

ITU-T 制定的 X.25 建议的 LAPB、ISO 制定的 HDLC、美国国家标准 ADCCP、IBM 公司的 SDLC 等均属于面向比特型的规程。在这类规程中,采用特定的二进制序列 01111110 作为帧的开始和结束,以一定的比特组合所表示的命令和响应实现链路的监控功能,命令和响应可以和信息一起传送。所以它可以实现无编码限制的、高可靠和高效率的透明传输。面向比特型规程主要适用于中高速同步半双工和全双工数据通信,如分组交换方式中的链路层就采用这种规程。随着通信的发展,它的应用日益广泛。

二、HDLC 基本概念

1. 主站、从站、复合站

HDLC 涉及三种类型的站，即主站、从站和复合站。

主站的主要功能是发送命令（包括数据信息）帧、接收响应帧，并负责整个链路的控制系统的初启、流程的控制、差错检测或恢复等。

从站的主要功能是接收由主站发来的命令帧，向主站发送响应帧，并且配合主站参与差错恢复等链路控制。

复合站的主要功能是既能发送，又能接收命令帧和响应帧，并且负责整个链路的控制。

2. HDLC 链路结构

在 HDLC 中，对主站、从站和复合站定义了三种链路结构，如图 4-18 所示。

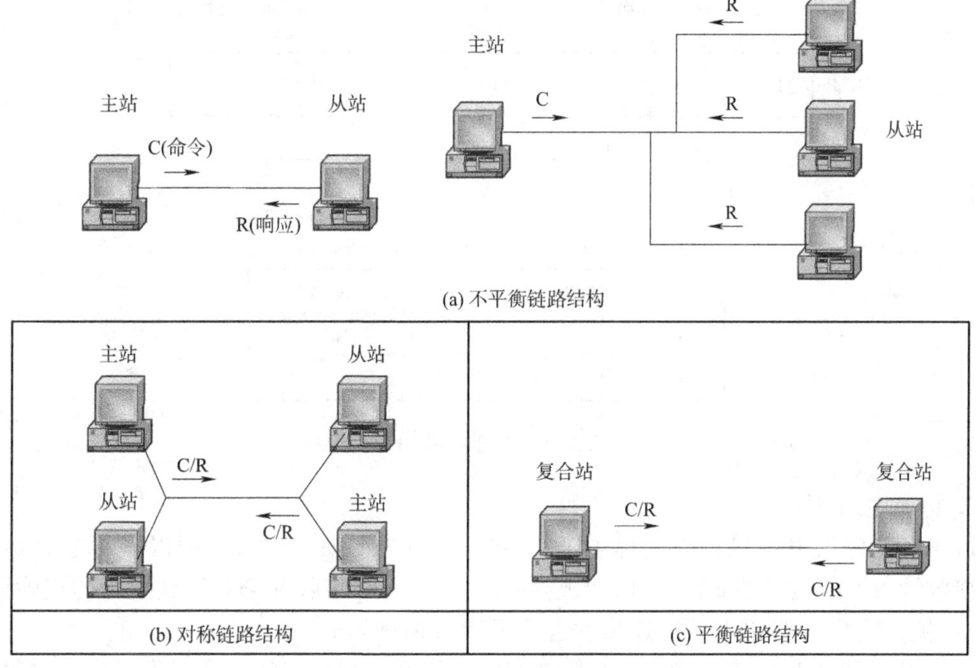

图 4-18 HDLC 链路结构类型

3. 操作方式

根据通信双方的链路结构和传输响应类型，HDLC 提供了三种操作方式：正常响应方式、异步响应方式和异步平衡方式。

（1）正常响应方式（NRM）

正常响应方式（NRM）适用于不平衡链路结构，即用于点—点和点—多点的链路结构中，特别是点—多点链路。这种方式中，由主站控制整个链路的操作，负责链路的初始化、数据流控制和链路复位等。从站的功能很简单，它只有在收到主站的明确允许后，才能发出响应。

（2）异步响应方式（ARM）

异步响应方式（ARM）也适用于不平衡链路结构。它与 NRM 不同的是：在 ARM 方式中，从站可以不必得到主站的允许就可以开始数据传输。显然它的传输效率比 NRM 有所提高。

(3)异步平衡方式(ABM)

异步平衡方式(ABM)适用于平衡链路结构。链路两端的复合站具有同等的能力,不管哪个复合站均可在任意时间发送命令帧,并且不需要收到对方复合站发出的命令帧就可以发送响应帧。ITU-T X.25 建议的数据链路层采用的就是这种方式。

除三种基本操作方式,还有三种扩充方式,即扩充正常响应方式(SNRM)、扩充异步响应方式(SARM)、扩充异步平衡方式(SABM),它们分别与基本方式相对应。

三、HDLC 帧结构

HDLC 的帧格式如图 4-19 所示,它由 6 个字段组成,这 6 个字段可以分为五种类型,即标志序列(F)、地址字段(A)、控制字段(C)、信息字段(I)、帧校验字段(FCS)。在帧结构中允许不包含信息字段 I。

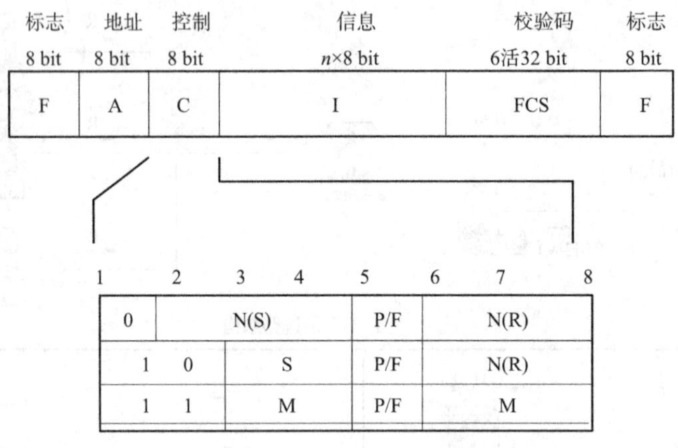

图 4-19　HDLC 帧结构

1. 标志序列(F)

HDLC 指定采用 01111110 为标志序列,称为 F 标志。所有的帧必须以 F 标志开始和结束。接收设备不断地搜寻 F 标志,以实现帧同步,从而保证接收部分对后续字段的正确识别。另外,在帧与帧的空载期间,可以连续发送 F,用来作时间填充。

在一串数据比特中,有可能产生与标志字段的码型相同的比特组合。为了防止这种情况发生,保证对数据的透明传输,采取零比特填充技术。当采用零比特填充技术时,在信码中连续 5 个“1”以后插入一个“0”;而在接收端,则去除 5 个“1”以后的“0”,恢复原来的数据序列,如图 4-20 所示。比特填充技术的采用排除了在信息流中出现的标志字段的可能性,保证了对数据信息的透明传输。

当连续传输两帧时,前一个帧的结束标志字段 F 可以兼作后一个帧的起始标志字段。当暂时没有信息传送时,可以连续发送标志字段,使接收端可以一直保持与发送端同步。

2. 地址字段(A)

地址字段表示链路上站的地址。在使用不平衡方式传送数据时(采用 NRM 和 ARM),地址字段总是写入从站的地址;在使用平衡方式时(采用 ABM),地址字段总是写入应答站的地址。

地址字段的长度一般为 8 bit,最多可以表示 256 个站的地址。在许多系统中规定,地址字段为“11111111”时，定义为全站地址，即通知所有的接收站接收有关的命令帧并按其动作；全“0”比特为无站地址，用于测试数据链路的状态。因此有效地址共有 254 个之多，这对一般的多点链路是足够的。但考虑在某些情况下，例如使用分组无线网，用户可能很多，可使用扩充地址字段，以字节为单位扩充。在扩充时，每个地址字段的第 1 位用作扩充指示，即当第 1 位为“0”时，后续字节为扩充地址字段；当第 1 位为“1”时，后续字节不是扩充地址字段，地址字段到此为止。

（1）数据中某一段比特组合恰好出现和F字段一样的情况	0010011111110001010 会误认为是F字段
（2）发送端在连续5个“1”之后填入0比特再发送出去	00100111110100001010 填入0比特
（3）在接收一个帧时，当发现5个连续“1”后是“0”，则删除以恢复比特流的原貌	0010011111110001010

图 4-20　零比特填充

3. 控制字段(C)

控制字段用来表示帧类型、帧编号以及命令、响应等。从图 4-19 可见，由于 C 字段的构成不同，可以把 HDLC 帧分为三种类型：信息帧、监控帧、无编号帧，分别简称 I(Information)帧、S(Supervisory)帧、U(Unnumbered)帧。在控制字段中，第 1 位是“0”为 I 帧，第 1、2 位是“10”为 S 帧，第 1、2 位是“11”为 U 帧，它们具体操作复杂，在后面予以介绍。另外控制字段也允许扩展。

4. 信息字段(I)

信息字段内包含了用户的数据信息和来自上层的各种控制信息。在 I 帧和某些 U 帧中，具有该字段，它可以是任意长度的比特序列。在实际应用中，其长度由收发站的缓冲器的大小和线路的差错情况决定，但必须是 8 bit 的整数倍。

5. 帧校验序列字段(FCS)

帧校验序列用于对帧进行循环冗余校验，其校验范围从地址字段的第一比特到信息字段的最后一比特的序列，并且规定为了透明传输而插入的“0”不在校验范围内。

四、HDLC 帧结构的应用

1. WTB 的链路层帧格式

WTB 上所传输的数据都具有图 4-21 所示的帧的格式，该格式符合 HDLC(ISO 13239)标准。

为保证解码器的同步性，一帧信号由电平为“1”的起始位“S”开始的帧头开始，帧头不属于帧数据，帧头长度在 16 位与 32 位之间，默认长度为 16 位。之后为帧数据的 8 位标志符“01111110”，帧数据结束处同样为 8 位标志符。标志符之间为 HDLC 数据，数据长度最小为 32 位，最大 1 056 位。HDLC 数据前 8 位为目的设备(Destination Device)地址，即为接收帧的节点的地址；接下来 8 位为链路控制字(Link Control)，标识链路控制的帧数据类型，是 WTB 专用的，如主帧、从帧、命令、响应等；接着 8 位为源设备(Source Device)，即发送次帧数据的源节点的设备地址；之后的 Size 的 8 位表示链路数据长度，即需要传输的链路数据(Link_Data)长度。HDLC 数据之后为 16 位的帧校验序列(Frame Check Sequence)，采用循环冗余校验，用于检测错误的帧数据。最后2位为结束分界符(End Delimiter),由曼彻斯特编码器直接生成,并在接收帧的设备的译码器中直接去除。

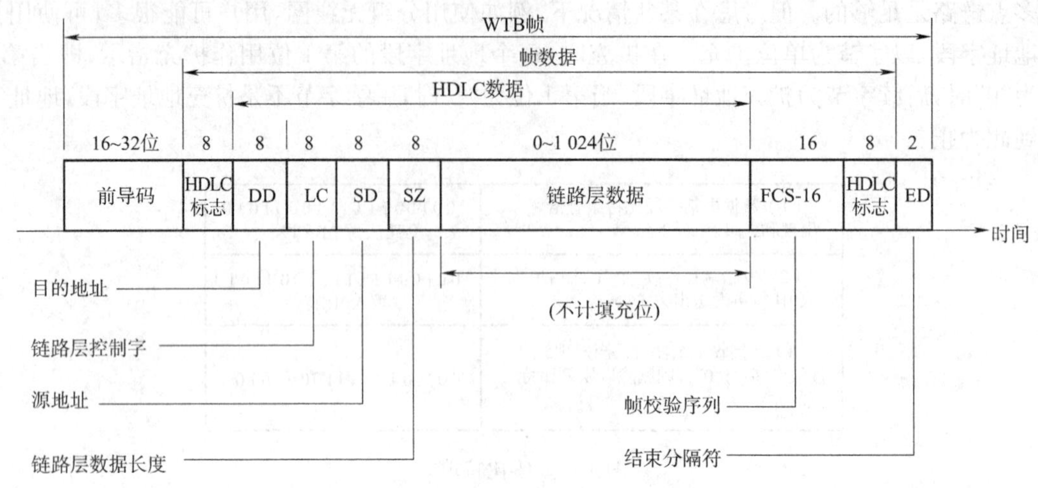

图4-21 WTB链路层帧的格式

上述帧的格式中的前导码、结束分隔符和FCS-16不属于HDLC数据。前导码和结束分隔符由曼彻斯特编码产生,并由曼彻斯特解码器去除。帧检错序列(Frame Check Sequence)FCS-16是一种16位的帧校验序列,WTB的校验序列采用CRC-16校验,生成多项式符合CRC-CCITT的规范,HDLC的帧数据由两个HDLC标志字("01111110"序列)分隔,包含以下域:

(1)目的地址DD,用于接收该节点物理地址。

(2)链路层控制字LC,标识用于链路层控制的帧类型,如主/从、命令/响应等。

(3)源地址SD是发送该数据帧节点的物理地址。

(4)链路层数据字节数SZ,该帧承载的链路层数据长度范围为0～128字节。

(5)帧检错序列FCS-16,其生成多项式为$x^{16}+x^{12}+x^{5}+1$。

从这种帧格式可以看到,WTB使用了多种手段来保证数据的完整性主要表现为:

(1)曼彻斯特编码器提高了检错能力。因为只有码元的前半部和后半部同时改变极性才能通过解码器的检测。

(2)采用16位的CRC标准校验序列,以提供高强度的错误检测。

(3)链路层数据长度校验功能将比较该域和实际接收到的链路层数据字节数,将两值不相等的帧丢弃,该功能可以提高检测帧同步错误的能力。

2. WTB链路层报文

WTB每个总线段都在一个主节点的控制下实现通信。主节点自主发送,从节点只能在收到主节点的请求时才能发送数据。WTB的每次传输是由一对帧组成的。主节点通过发送一个包含请求的主帧,为一个从节点同其他一个或几个从节点之间建立通信链路,被主帧选中的从节点以包含其要发送的数据的从帧响应主帧。主帧与从帧之间有明确的定时关系,这样一对包含相关的请求帧(主)和响应帧(从帧)的组合被称为报文(Telegram)。

总线主设备通过发出主设备帧在源设备和一个或多个目的从设备之间建立通信。被选中的从设备发出从设备帧作为响应。主设备帧和从设备帧都进行广播,即被所有设备接收。

WTB 报文与 MVB 报文类似，同样都是由总线主设备发送的一个主帧和总线上源设备响应此主帧发送的从帧组成。主帧和从帧数据在总线上均以广播方式传输，所有设备都对主帧和从帧数据进行接收 。图 4-22 为 WTB 报文的格式。该报文包括一个主设备帧以及用来响应该主设备帧的从设备帧。

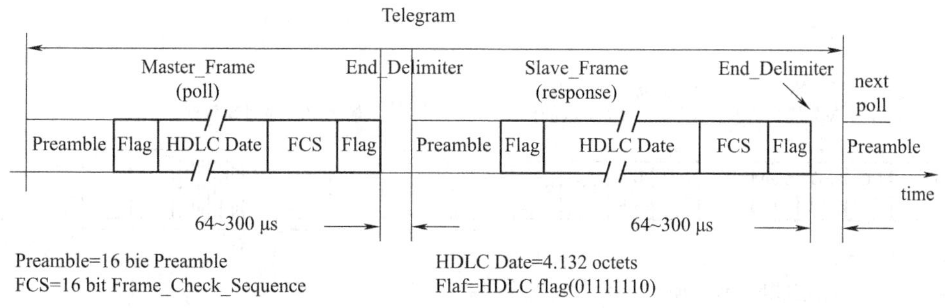

图 4-22 WTB 报文

WTB 上有三种类型的报文：过程数据报文、消息数据报文和监控数据报文。报文类型由主帧的链路层控制字确定的，从帧必须与主帧相同。WTB 报文的主帧和从帧格式如图 4-23 所示，其中监控数据报文共有八种，分别是：

(1)检测报文(Detect_ Request/ Detect_ Response)，只在辅助通道使用，用于检测相邻节点的存在。

(2)存在检测报文(Presence_ Request/ Presence_ Response)，用于监视总线的完整性。

(3)状态报文(Status_ Request/ Status_ Response)，用于报告节点状态信息。

(4)命名报文(Naming_ Request/ Naming Response)，用于命名从节点。

(5)拓扑报文(Topography_ Request/ Topography_ Response)，用于发布节点拓扑信息和初运行数据。

(6)置中间状态报文(SetInt_ Request/ SetInt_ Response)，用于将从节点置为中间设置状态。

(7)置端状态报文(Setend_ Request/ Setend Response)，用于将从节点置为端设置状态。

(8)消名报文(Unname Request，无响应)，用于将已命名的节点置为未命名状态。

在收到主设备帧后，从设备总是答以同种类型的帧。

3. WTB 过程数据报文

当总线主轮询一个节点的过程数据时，被轮询的节点广播一个从帧，如图 4-23(a)所示。

该帧被所有其他节点接收，因为 WTB 上的所有节点都是用户，是所有其他节点过程数据的宿。节点以固定格式的过程数据帧响应，这种固定格式在每次组成改变时建立。为增加组成改变时的完整性，过程数据帧的开头两个 8 位位组留给帧内容的标识。当总线主自己发送过程数据时，它先发送一个轮询帧，然后按与从设备相同的定时发送一个从帧，这称为自轮询。

4. 消息数据报文

当总线主轮询一个节点的消息数据时，节点用包含一个消息包的从帧来响应，这样就形成了一个消息数据报文，如图 4 23(b)所示。消息报文帧被一个目标节点接收。开头的 4 个八位位组构成链路报头，它们的格式对所有 WTB 帧是相同的。消息数据的长度是可变的，它也可以是空的(长度=0)，这发生在被轮询的节点无消息数据需要发送时。

5. 监视数据报文

除了过程数据帧和消息数据帧外，WTB 为初运行及组态控制还发送监视数据报文，如图 4-23(c)所示。一个监视主帧可以有一个广播的目标设备，这种情况下没有从帧，但总线主等待超时，好像在期待从帧的到来。

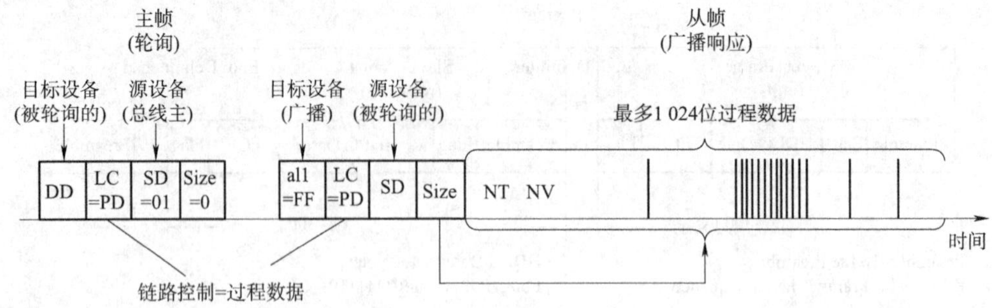

(a) WTB过程数据报文

DD：从设备地址(主帧)，广播地址(从帧)。

LC：链路控制，“LC＝PD”表示传输的数据为过程数据。

SD：主设备地址(主帧)，源设备地址(从帧)。

Size：定义链路数据长度。

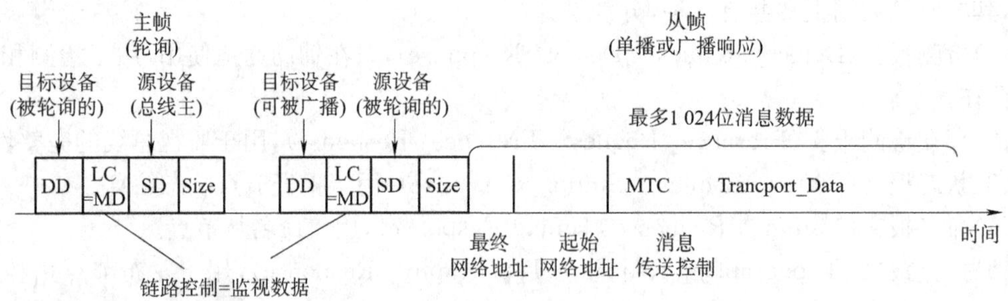

(b) WTB消息数据报文

DD：从设备地址(主帧)，目标设备地址(从帧)。

LC：链路控制，“LC＝MD”表示传输的数据为消息数据。

SD：源设备(主帧)，从设备地址(从帧)。

Size：定义链路数据长度。

MTC：消息传输控制。

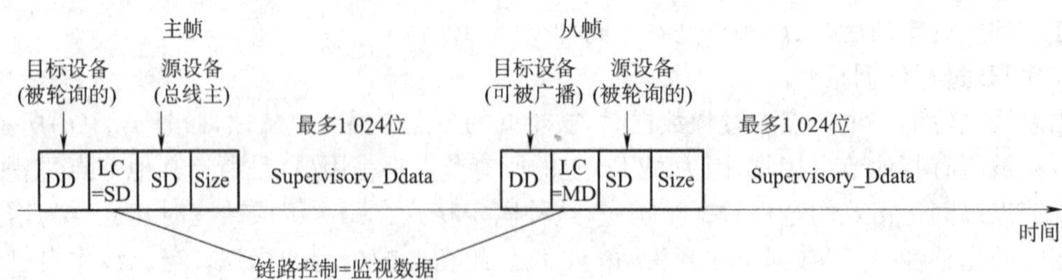

(c) WTB监督数据报文

DD：从设备广播或未命名地址(主帧)，主设备广播或未命名地址。

LC：链路控制，“LC＝SD”表示传输的数据为监视数据。

SD：主设备或未命名地址(主帧)，从设备地址(从帧)。

Size：定义链路数据长度。

图 4-23　WTB 报文的主帧和从帧格式

WTB监视数据用于列车初运行和组态控制，监视数据报文在主帧和从帧中均可以传输数据。

6. WTB的信号表示

WTB采用曼彻斯特编码反向定义，每一数据位码元中间都有跳变，从高到低的跳变（负跳变）表示为“0”，从低到高的跳变（正跳变）则表示为“1”。为保证译码器正确同步，每帧以16～32位的帧头开始。

7. WTB介质分配

WTB的介质访问控制方式为主/从控制方式，即总线上唯一的主节点控制介质的访问，所有其他节点为从节点，只在收到主节点请求时才能发送数据。主节点将总线宽以25 ms为基本周期进行分配，基本周期又被分为周期相和偶发相。周期相用于传输实时的周期性的过程数据，每帧过程数据中可包含多个相同传输周期的变量。每个基本周期开始是周期相，在此期间主节点按在初运行过程中生成的周期列表依次请求各发送过程数据的节点向总线广播其过程数据，想要发送消息数据的节点还在其数据中发送一个请求标志，主节点将记录此请求。基本周期中周期相之后的部分是偶发相，在此期间主节点向请求发送消息数据的节点依次发送传送请求，收到请求的节点将要发送的消息数据发向目的节点。这种介质访问控制方式可保证实时变量传输的确定性，实时变量的最大传输延时只与总线的基本周期有关，而与总线负载情况无关。在过程数据和消息数据之间，主节点还发送一些监控数据以请求监控总线状态。主节点在总线初运行期间记录各从节点的节点周期和过程数据长度，然后根据这些信息生成周期性数据的轮询次序。各从节点的节点周期是由各自的应用预先定义的，为基本周期的$2n$（$0\leqslant n\leqslant 7$）倍，周期最长的节点周期称为总线的宏周期，当节点数增多时，总线的周期相变长，而偶发相缩短。这保证了过程数据传输延时的确定性，但可能导致消息数据没有足的带宽可用，使消息数据的传输延时增加，主节点将宏周期内各基本周期的周期相长度尽量平均化，使过程数据负载均衡。如果宏周期内周期相的平均占用时间大于基本周期的60%，主节点使周期最长的节点的周期依次加倍，直到满足这个标准为止。

为了保证总线的完整性，主节点在每个基本周期内交替检查两个端节点的存在，总线上的所有节点都监视端节点的存在。这一过程还监视是否有额外的节点连接到端节点上。

主设备节点负责介质访问，其他所有节点都是从设备，只在被主设备轮询时响应。

常规操作中，主设备的操作循环进行。它把总线动作分配到若干基本周期（Basic_Periods）中。基本周期由一个周期相（Periodic_Phase）和一个偶发相（Sporadic_Phase）组成，如图4-24所示。

为保证过程数据确定、及时地发送，主设备按事先定义的间隔（即节点的特征周期）轮询各节点以获取周期性数据（Periodic_Data）。在两个周期相之间的固定时间内，主设备轮询从设备以获取偶发性数据：消息数据和监督数据。

组成改变时，每个节点向主设备声明自己要求在哪个周期被轮询。主设备据此为节点建立了轮询策略。

基本周期固定为25 ms，带有紧急过程数据的节点可以请求每个基本周期被轮询一次（图4-25中给出了牵引车厢的节点1和节点12），不带紧急过程数据的节点（如车厢）以特征周期被轮询。特征周期的长度是基本周期的幣数倍。

车厢数量增加时，周期相延长而偶发相缩短，这样做可以使周期性数据的发送时延与车厢的数目无关，消息数据则相反。

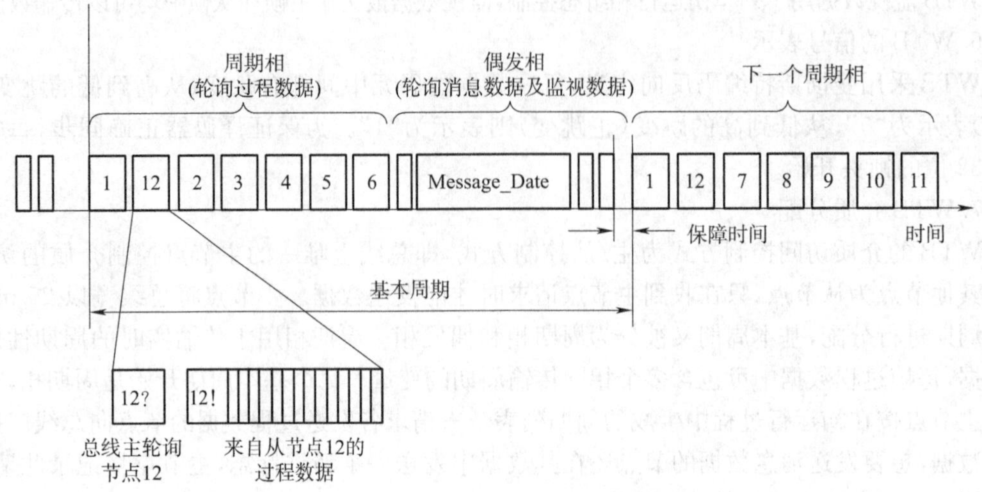

图 4-24　WTB 周期和偶发传输

应用负责确保足够的时间用于偶发数据。例如,如果主设备每 25 ms 轮询 10 个节点,轮询一个设备的时间是 1 ms,那么剩余的 15 ms 用于偶发数据。如果节点的数量增加到 20 个,仅剩下 5 ms 用于偶发数据,这可能太短。

对于偶发数据,主设备只能顺序轮询从设备。为了缩短搜索时间,从设备在被轮询时发出有偶发数据要发送的信号。主设备接着在周期相后再次轮询该从设备,获取偶发数据。

注:只要节点的数量少,WTB 轮询节点偶发数据的方法是可行的。在支持最多 4 096 个设备的 MVB 上,这种方法被仲裁机制替代。

在每个基本周期中,主设备为检测组成部分的完整性(列车缩短或失效)和附加节点(列车变长)的轮询端节点之一。

如果端节点本身就是主设备,主设备仍然轮询自己并响应自己,以便让其他节点检查到它的存在。

五、WTB 的拓扑结构

WTB 的传输介质由列车中各车辆内的电缆通过跨接电缆和手动联结器或自动联结器连接而成,其拓扑结构如图 4-25 所示。

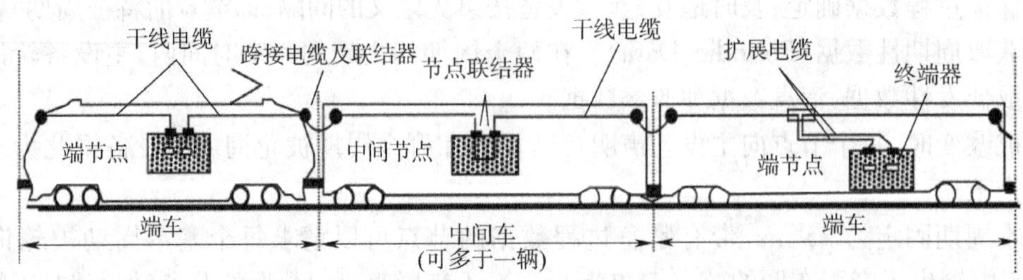

图 4-25　WTB 的拓扑结构

WTB 上的节点直接连接到干线电缆或经图 4-25 所示的扩展电缆连接,这种“菊花链”式的连接方式没有分支反射的问题。正常工作时，每个节点都插入到干线电缆中，并连接两个总线段。

位于线路中间的节点，称为中间节点，将与其连接的两个总线段连接起来，并去掉其线路终端器。位于线路两端的节点，称为端节点，将与其连接的两个总线段保持断开，使一个总线段朝向线路中间，另一个总线段朝向线路开路的一端，并用两个线路终端器与两个总线段阻抗匹配，用以减少反射。线路开路端只有一端接有线路终端器。

WTB 传输介质采用 UIC 专门定义的 UIC 558 电缆，其中包含一对屏蔽双绞线。在符合标准电缆的条件下，WTB 可不用中继器而覆盖 860 m 距离，这相当于 2 节 26 m 的 UIC 车辆加 50%弯曲余量的总长度，而 WTB 总线定义了最多可连接 32 个节点，是因为一个车辆中可能不只安装一个节点。WTB 也可以支持更长的传输距离，并最多可以连接 62 个节点。

1. 介质附挂单元

WTB 上的节点通过介质安装单元（Media Attachment Unit，MAU）同传输介质连接。MAU 的结构（端节点状态）如图 4-26 所示。每条线路的介质安装单元包括 1 个线路单元、1 个方向切换开关和 2 个符合 HDLC 协议的数据通道。

线路单元内有两套一样的收发器，每套对应一个方向。收发器由曼彻斯特编/解码器、线路驱动/接收器和隔离变压器等组成。介质安装单元中有一个总线开关和两套终端器。总线开关用于连接或断开两个方向上的线路，当其断开时，终端器开关闭合，将两个终端器接在两端线路的末端，此时介质安装单元处于端节点状态；当总线开关闭合时，两个方向的线路连接在一起，终端器开关断开，将终端器移除，此时介质安装单元处于中间节点状态。

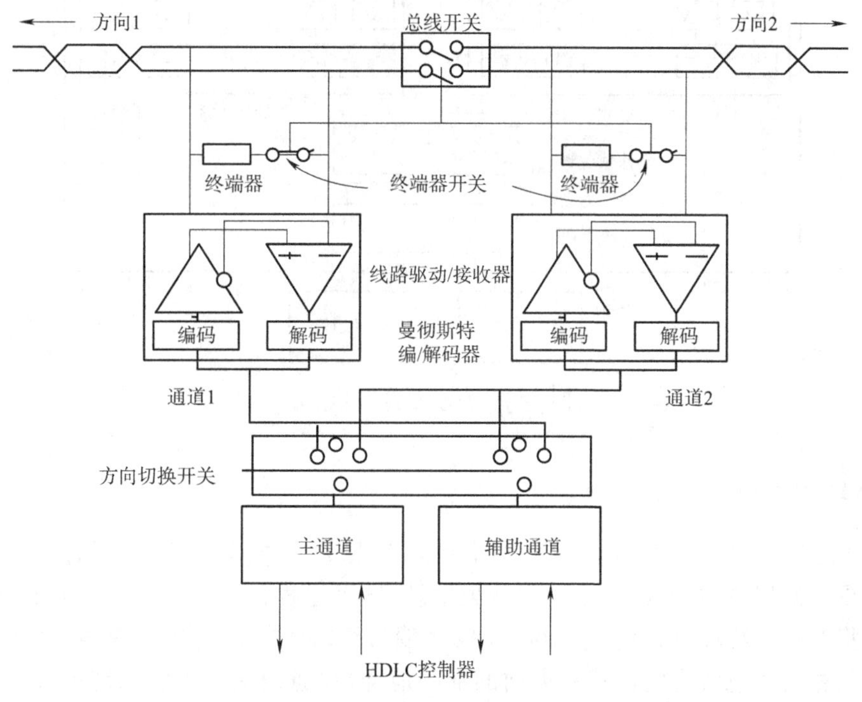

图 4-26　MAU 的结构示意图（端节点状态）

为克服电联结器触点的氧化和毛刺等影响线路电气性能的问题，线路单元中可以包含个可选的去氧化电路。该电路可以向线路上提供一路直流电压(DC 60 V)用以清洁联结器的触点。图 4-26 中略去了这部分电路。

每套收发器各连接一个独立的 HDLC 数据通道,一个称为主通道,一个称为辅助通道。HDLC 数据通道和收发器之间有方向切换开关,可使主通道和辅助通道交换连接的方向。

WTB 采用曼彻斯特编码发送数据,上升沿表示逻辑“1”,下降沿表示逻辑“0”,为确保接收同步,在每个传送的帧头部附加 16～32 位长度的前导码,在帧尾 HDLC 结束标志后附加结束分隔符,它是两位宽度的高电平,为提高接收的灵敏度,WTB 标准推荐使用一种统计数字信号处理器(Statistical Digital Signal Processor,SDSP)处理接收信号,它可将接收灵敏度提高 30 dB。

2. 介质冗余

WTB 具有介质冗余能力,以提高 WTB 的可用性,节点在两条线路上同时发送数据,在一条线路上接收数据,同时监视另一线路是否正常。为此,曼彻斯特解码器需提供指示数据有效的信号。实现介质冗余的节点其介质安装单元结构如图 4-27 所示,并需要仲裁逻辑根据解码器提供的信号来对两条线路同时接收的数据做出选择。

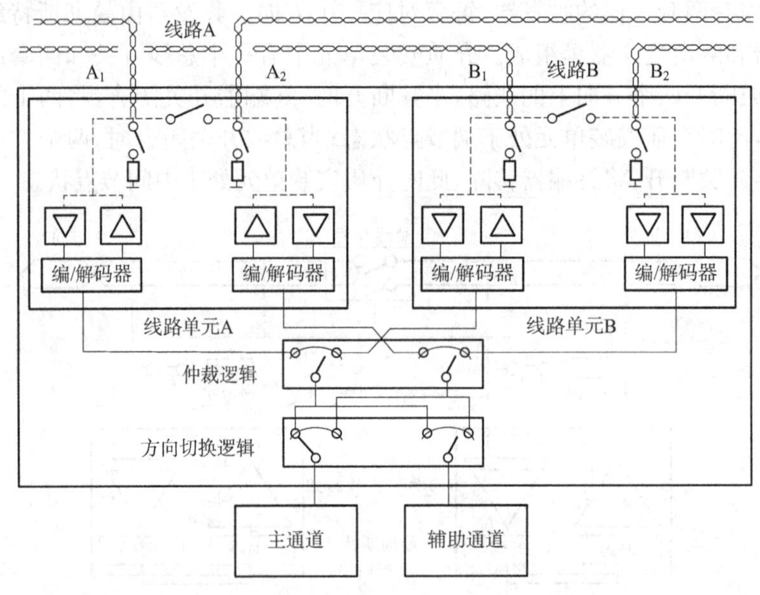

图 4-27　介质安装单元结构

六、WTB 初运行

当列车组成发生变化时,即 WTB 网络组态发生变化,尤其是车辆编组或解编组时,总线主设备重新配置总线,并给每个节点分配地址,这个过程称为初运行。初运行过程中,所有的节点将各自电缆段进行电气连接,形成两端带终端连接器的单一总线;每个节点收到一个标识其相对于总线主的位置和方向的唯一地址,并通知总线主它的特征周期和节点描述符;每个节点均接收一个列车的拓扑结构信息,该信息包含其他节点的地址、位置和节点描述符。

WTB 最为显著的特点是它对列车编组结构的自适应能力。每当列车编组改变(例如连挂或摘除车辆)时,WTB 各节点执行一个初运行(Inauguration)过程,该过程在电气上将各节点连接起来,并给每个节点分配连续地址。为了实现初运行,每个节点包含两个 HDLC 数据通道,每个通道对应一个方向。初运行过程中所有总线上的节点将执行一个电气连接的操作,即所有节点将各自的电缆进行电气连接,形成两端有终端器的单一的总线段,在完成电气连接后,各节点可以从主节点接收到唯一的本节点地址,该地址标识节点的位置和节点相对主节点的方向,同时各节点也将其节点的数据传输周期和节点描述符通知主节点。初运行完成后各节点还可得到以下信息:

(1)列车拓扑信息,其中包含其他节点的地址、位置和节点描述符。

(2)其他车辆的型号和种类及支持的功能。

(3)各车辆的动力学特性(例如是否存在传动设备)。这个信息可以帮助制动计算机推算列车长度和重量。

WTB 的初运行是在总线主节点控制下进行的,按照节点能否行使总线主身份的能力,WTB 节点被分为三个级别,分别是:

(1)强节点(Strong Node)。强节点是被应用提升为总线主节点的节点。行使总线主身份的强节点被称为强主节点(Strong Master),在一个编组中通常只存在一个强节点。

(2)弱节点(Weak Node)。弱节点为应用允许其在任何可能的时候成为总线主节点的节点。行使总线主身份的弱节点被称为弱主节点(Weak Master)。在一个编组中应用可指定几个或所有节点为弱节点。

(3)从节点(Slave Node)。从节点为应用不允许其在任何时候成为总线主节点的节点。

总线上的主节点是由一个在总线上运行的仲裁机制来确定的,该仲裁过程保证总线仅被唯一的主节点控制。

初运行开始时,总线上除主节点外的各节点均处于未命名状态,节点地址均为一个专用的未命名地址(7FH),介质安装单元为端节点状态。系统上电后只有主节点开始运行,其余节点均处于等待状态。主节点首先向其左右两个方向探测(检测请求帧)是否存在节点,如果两个方向均有节点存在,主节点确认本身为中间节点;若只有一个方向存在节点,则主节点为端节点,然后主节点向存在节点的一个方向进行节点命名。主节点运行下列步骤的命名过程使各节点依次加入总线中:

(1)主节点向已命名的节点(此时该节点仍为端节点)发送状态请求帧。

(2)状态请求帧使该端节点在其辅助通道发送检测请求帧,未命名的节点以检测响应帧向该端节点指示其存在。

(3)端节点以状态响应通知主节点未命名节点的存在。

(4)主节点向端节点发置中间状态请求帧,端节点收到后将自身置为中间状态,闭合其总线开关,然后以置中间状态响应帧响应主节点。

(5)未命名节点成为新的端节点时,可被主节点直接访问,主节点向其发送命名请求帧,赋予未命名节点新的节点地址。未命名节点接收命名,并以命名响应帧应答。

(6)主节点每次在一个方向命名一个节点后,在另一方向上重复上述步骤(1)～(5),直到在两个方向上均没有未命名节点存在。

5 个节点的 WTB 初运行后的节点状态如图 4-28 所示,图中的主节点是端节点。

主节点命名全部节点后就进入拓扑发布过程,主节点先根据命名过程中收集的各节点的节点周期和过程数据长度，计算和生成新的周期性访问次序表和各节点的节点周期，然后将各节点的节点周期和其他拓扑信息用拓扑请求帧分别发布到各节点。各节点以拓扑响应应答，其中包含各自的初运行数据（如 UIC 定义的初运行数据）。

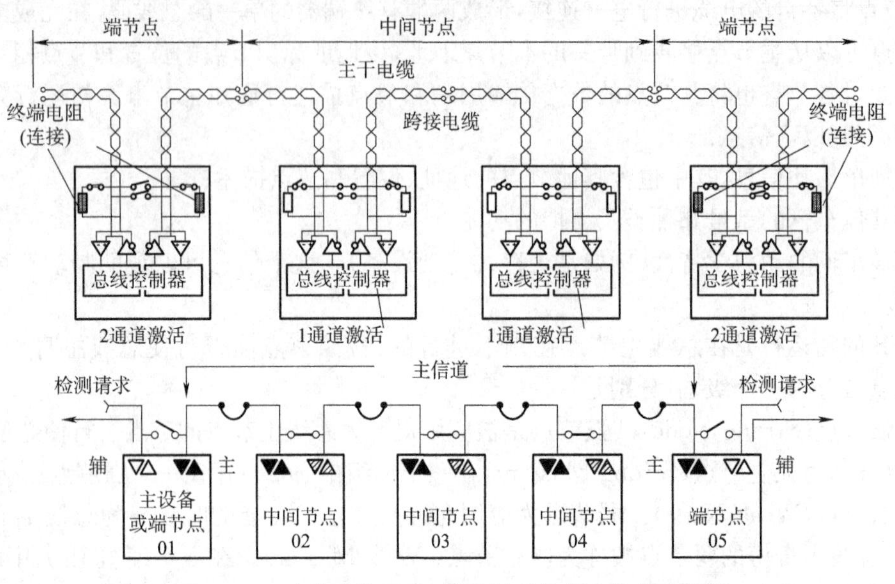

图 4-28　5 个节点的 WTB 初运行后的节点状态示意图

▼▲—主信道工作中；▽△—辅助信道工作中；▽△—辅助信道被断开

拓扑发布过程完成后，主节点控制总线进入常规运行期，过程数据和消息数据可以开始传输。实际上初运行过程相当复杂，因为必须考虑编组的变化、主/从节点的失效和各种可能的错误和例外等。另外，初运行过程不仅关注各节点的正确编号和标识，而且需要关注低功率休眠模式（用于蓄电池供电时保护蓄电池不被过放电）与正常模式间的转换。为了在总线中断或主节点失效的情况中可以快速恢复网络的运行，WTB 设有主节点的冗余机制，即每个节点都可以在一定的条件下变成主节点。因此，在需要切换主节点时，只要满足备用节点成为主节点的条件，重新启动 WTB，主节点的身份通过初运行就能自动地转移到备用的主节点。

七、常规运行中已命名的组成

1. 初运行的决定

端节点向主设备报告一个附加节点时，主设备将决定初运行是否可能。

例如，列车速度高于 5 km/h 时，应用可能禁止初运行。

为此所有节点被轮询过程数据时要声明它们的应用的决定，只要一个节点不同意，初运行就会被禁止。主设备在存在请求帧中重发节点的决定。

如果所有节点都允许初运行，主设备停止日常运行，执行初运行。图 4-29 为一个典型的初运行总线：所有总线均被命名，节点 01 是主设备。主设备作为端节点（End_Node）被画出，但是它也可以是一个中间节点（Intermediate_Node）。

两个端节点采用端设置，总线开关打开，端接器被插入并且辅助信道被激活。中间节点采用中间设置，总线开关关闭，端接器被去除，辅助信道被禁用（图 4-29 中白色三角形）。

它们的主信道（图 4-29 中的黑色三角形）指向主设备。

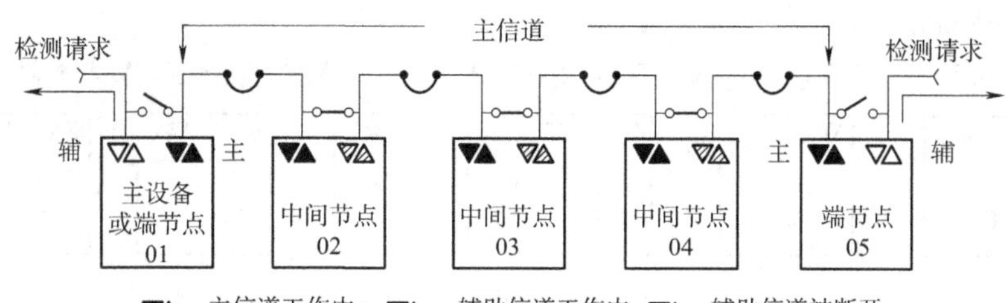

图 4-29　典型的已命名的组成

主设备在主信道上为过程数据和消息数据轮询节点。

2. 未命名节点的检测

主设备在每个基本周期用存在请求帧(Presence_Request)轮询一个端节点，端节点用存在应答帧(Presence_Response)响应。另一个端节点在下一个基本周期被轮询。

如果主设备自身是端节点，那么它仍发送存在请求帧给自己，并以存在应答帧响应，因此其他所有节点都可以监控它的存在。

存在请求帧的接收引起端节点在辅助信道上发送一个检测请求帧(Detect_Request)。

只要没有其他节点连接，一个端节点接收不到检测应答帧(Detect_Response)，就在存在应答帧中报告“none found”。

图 4-30 为一个已命名的组成，对于该组成，一个附加的、未命名的节点 7F 被连接。

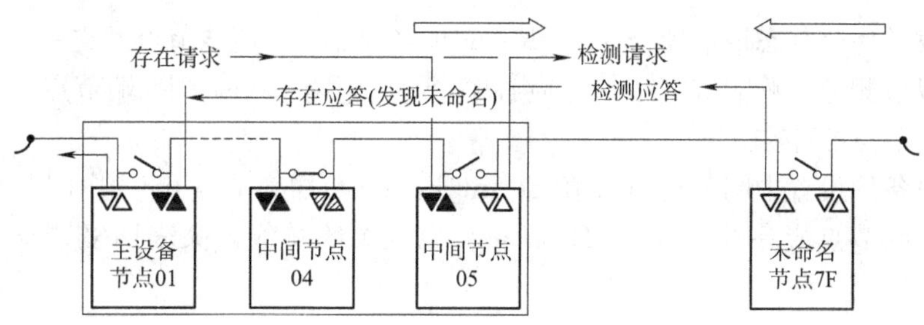

图 4-30　一个附加节点连接到已命名的组成中

为简化绘图，此处仅一个中间节点(04)出现在已命名的组成中。

当两个端节点实现电连接后，通信就被建立起来了。

未命名的节点 7F 收到一个来自端节点 05 的检测请求，它以一个检测应答帧回应，表示它是一个未命名节点。

端节点 05 接收到这个检测应答帧后用存在应答帧发送一个表明未命名节点出现的信号给主设备。

3. 开始

未命名节点、主设备在每个方向上均发出一个检测请求帧。未命名节点如图 4-31 所示。

主设备将在方向 1 和方向 2 上命名节点，从首先用检测应答帧响应检测请求帧的方向开始。

主设备以降序(63、62 等)命名在方向 1 上的节点，以升序(2、3、4 等)命名在方向 2 上的节点。

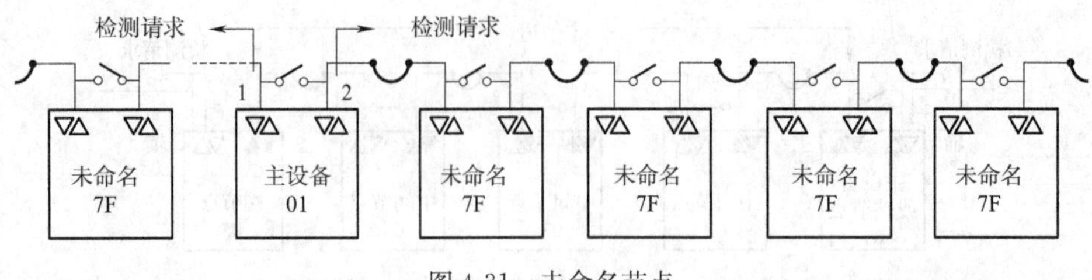

图 4-31　未命名节点

4. 命名

每个节点命名的方案都一样。图 4-32 给出了一个未命名节点如何进入一个已命名的组成的方法。

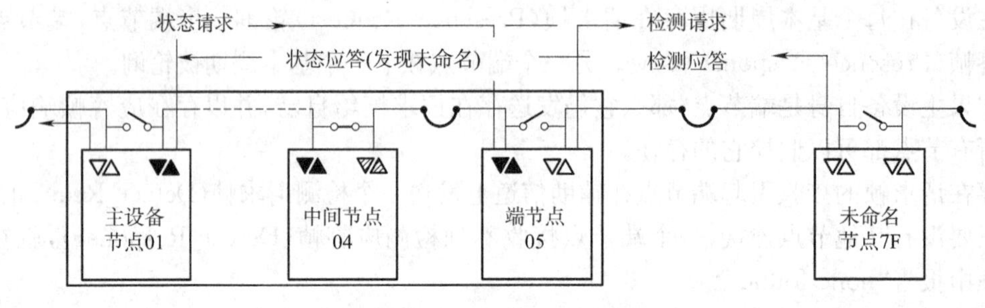

图 4-32　状态和检测

主设备发送一个状态请求帧(Status_Request)给节点 05,使该节点发送一个检测请求帧,未命名节点以检测应答帧响应。在状态应答帧(Status_Response)中,端节点 05 向主设备报告一个未命名节点的存在。

然后主设备用设置中间节点请求帧(SetInt_Request)切换节点 05 为中间节点,端节点 05 靠一个设置中间节点应答帧(SetInt_Response)以及关闭总线开关来回复请求帧,如图 4-33 所示。

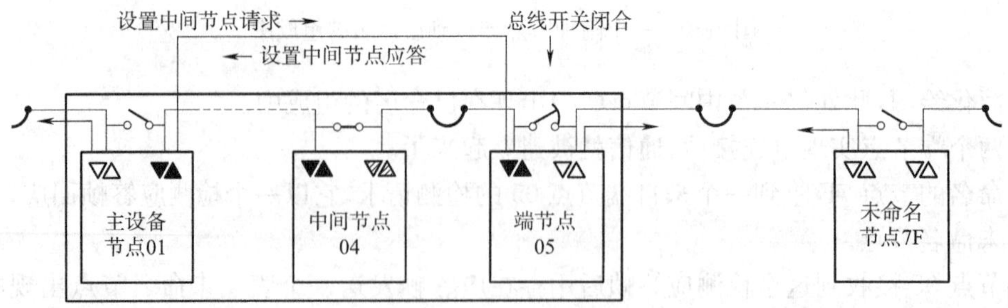

图 4-33　设置中间节点

主设备现在能直接访问未命名节点,并发送一个命名请求帧(Naming_Request),以分配地址"06"给新节点,该节点以一个命名应答帧(Naming_Response)确认命名,如图 4-34 所示。

先前未命名的节点成为组成中新的端节点,它关闭自己的辅助信道,并在主设备方向上接通主信道。

在允许信道交换的时间段后,主设备发送一个状态请求帧给节点 06,新的端节点以状态应答帧应答。该应答帧包含给出新命名节点类型和版本的节点描述符、过程数据的帧尺寸和期望的轮询周期。

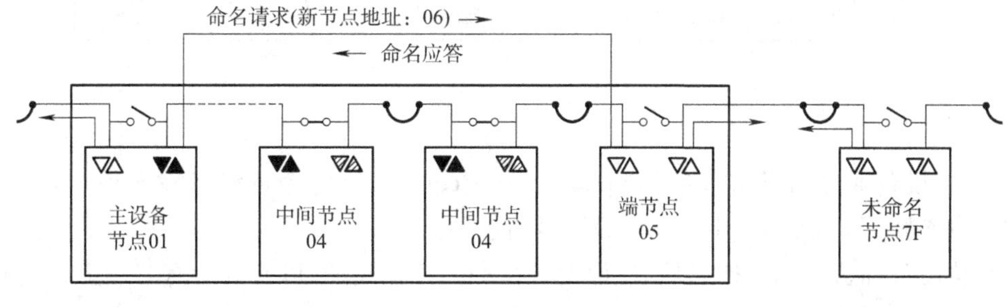

图 4-34　命名

状态请求帧也使端节点发送检测请求帧给开放的端，以检测更多节点，如节点 05 的情况。

如果状态应答帧报告有额外的节点，主设备发送一个设置中间节点请求以设置端节点 06 为中间节点，并命名下一个节点为 07。

每个附加节点的加入要求以下四个报文：

(1)Status_Request / Status_Response。

(2)Detect_Request/ Detect_Response。

(3)SetInt_Request / SetInt_Response。

(4)Naming_Request / Naming_Response。

每个报文占用 250 ms。

从端设置到中间设置的切换要求等待 10 ms，在这期间总线不能使用。继电器关闭时间决定着命名间隔时间。

因为主设备每 25 ms 命名一个节点，因此命名 32 个节点需 800 ms。

每次在一个方向上命名一个节点后，主设备在相反方向上用状态请求帧与它命名的许多节点通信。状态请求帧可能又向主设备报告反方向上更多的节点。

5. 取消命名

为在明确基础上开始，主设备取消所有它控制的节点的命名，重命名这些节点和附加节点。为此，主设备连续三次对其组成中的其他所有节点广播一个取消命名请求(Unname_Request)。已被取消命名请求明确取消命名的节点通过进入端设置在打断总线前等待一定时间，并采用更长的超时时间以防止命名期间它们被认为是弱主设备出现。

在端设置中，主设备设置自己为独立主设备状态。

所有节点发送取消命名信号给各自的应用。

注：日常运行时包含闲置(on-the-fly)的附加节点是危险的。

6. 构形发布

端节点在收到连续三个状态请求帧时没有报告有更多的节点，主设备将关闭初运行。

主设备计算新的周期列表(Periodic_List)，并基于各节点期望的周期(Node_Period，节点周期)和帧尺寸(Node_Frame_Sizc，节点帧尺寸)来计算各节点的特征周期。

主设备建立构形，即包含所有节点、地址、节点类型和版本以及唯一标识初运行的主设备拓扑(Master_Topo)的数据结构，如图 4-35 所示。

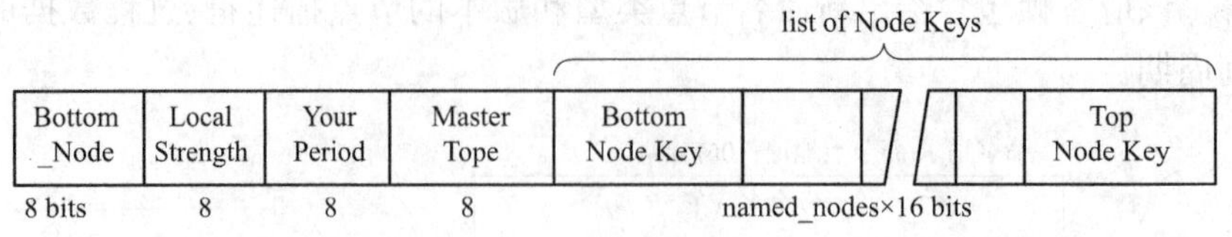

图 4-35　构形

然后，主设备通过构形请求帧（Topography_Request）给每个从设备发布构形，每个从设备以构形应答帧（Topograph_Response）答复请求帧。

所有从设备确认收到新构形后，主设备等待一个基本周期，以允许所有节点更新它们对过程数据的翻译，然后主设备进入日常运行开始为过程数据轮询节点。

任务四　多功能车辆总线 MVB

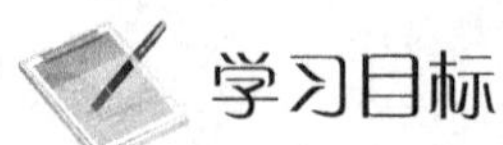

学习目标

1. 知识目标

(1)掌握 MVB 物理结构。

(2)掌握 MVB 传输介质。

(3)掌握 MVB 帧结构分析。

2. 能力目标

(1)能够正确画出 MVB 的拓扑结构。

(2)能够正确画出 EMD 拓扑结构图。

(3)能够正确画出 EMD 的 MAU 结构图。

(4)能够正确画出 MVB 的主设备帧和从设备帧的结构。

知识课堂

一、概　　述

多功能车辆总线 MVB 是应用于车厢或固定编组这一特定范围内的通信网络，MVB 将各车厢内或一个编组内的可编程设备互连，并可直接连接简单的传感器和执行机构。MVB 为车厢内各设备的诸多功能（如门控、制动、空调、旅客信息、座席预留、照明等）的自动实现、消息的传送、资源的共享及各设备之间的合理配合提供了可靠、顺畅的信息交换通道。

MVB 是特定用于连接同一车厢或不同车厢（这些车厢在运行过程中是一个固定不变的编组）的设备到列车通信网络的总线。它既提供了可编程设备之间的互联，也提供了可编程设备与其传感器和执行机构之间的互联。

MVB 支持最多 4 096 个设备，其中有 256 个是能参与消息传送的站。图 4-36 为 MVB 在机车内的应用，图 4-37 为 MVB 在车辆内的应用。

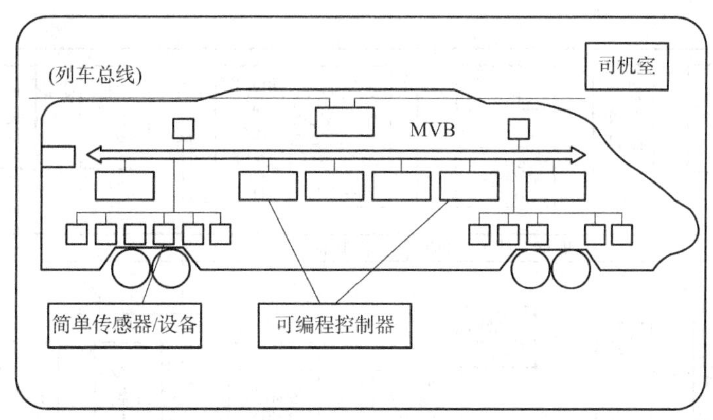

图 4-36　MVB 应用于机车

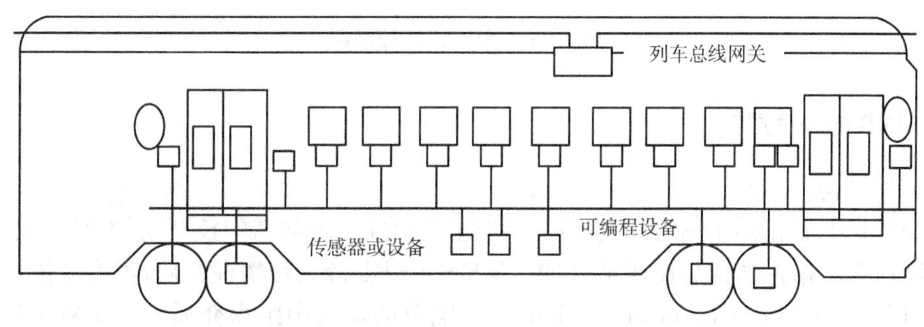

图 4-37　MVB 应用于车辆

对于运行时不解挂的列车，MVB 也可作为列车总线使用。

二、MVB 设备

1. 总线控制器(Bus_Controller)

总线访问每个设备时由专用的总线控制器控制，其工作原理如图 4-38 所示。总线控制器通过发送器和接收器附挂到两个冗余的线路上。MVB 总线控制器包含编码器和译码器，以及控制通信存储器(Traffic_Store)的控制逻辑。总线通信控制器对到达的帧进行译码并寻址相应的通信存储器，也能读取设备状态寄存器。

2. MVB 设备分类

MVB 总线上的设备，根据其控制与通信能力分为以下五类：

(1)0 类设备。不参与通信。中继器和星型光耦合器属于这类。

(2)1 类设备。连接简单的传感器或执行机构，不可远程配置，无应用处理器，不参与消息通信。

(3)2 类设备。自带应用处理器，可配置，能预处理信息，但处理程序固定，参与消息通信。

(4)3 类设备。是可编程逻辑控制器(PLC)的完全站。此类设备有许多端口，典型的是有 256 个。

(5)4 类设备。与 2、3 类设备相同，但能提供更多服务，参与总线的管理与控制。典型的 4 类设备有①控制总线的总线管理器；②网络管理器；③连接车厢总线和列车总线的网关。

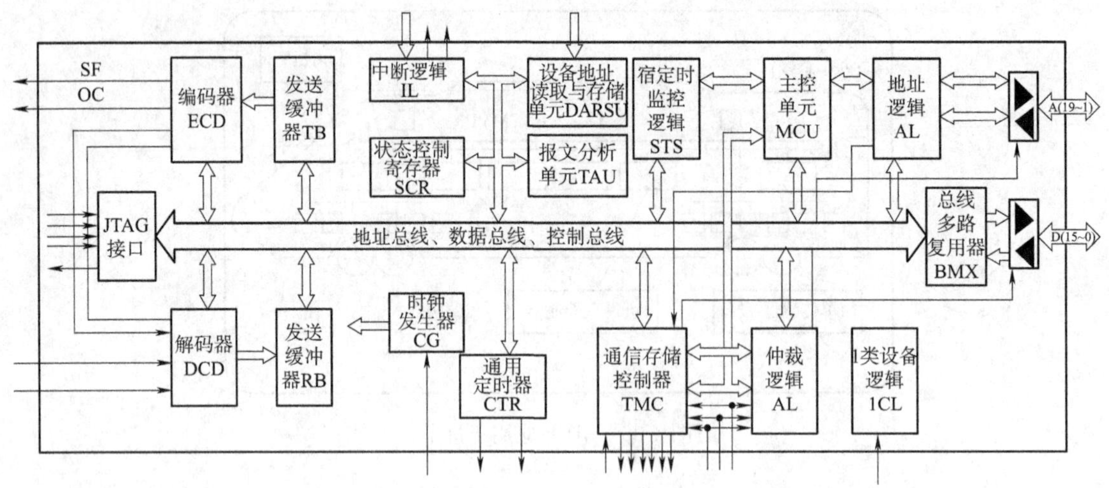

图 4-38　MVB 总线控制器

三、MVB 的物理层

1. 拓扑结构

在 MVB 中，根据列车编组和实际使用情况，有时需要增加新的控制功能，扩充新的节点，因此采用总线形拓扑结构是比较适合的。MVB 可以支持三种物理介质，没有电隔离的电气短 ESD(Electrical Short Distance Medium)、有隔离的电气中距离介质分质 EMD(Electrical Middle Distance Medium)、长距离光介质 OGF(Optical Glass Fibre Medium)，其中任一种介质连接几个 MVB 设备就可以构成一个总线段，每一个段中有一个总线管理器。在 MVB 中，允许存在多个总线段，段与段之间通过重复器互联，MVB 拓扑结构如图 4-39 所示，图中不同的总线段以不同相粗细的线型表示。

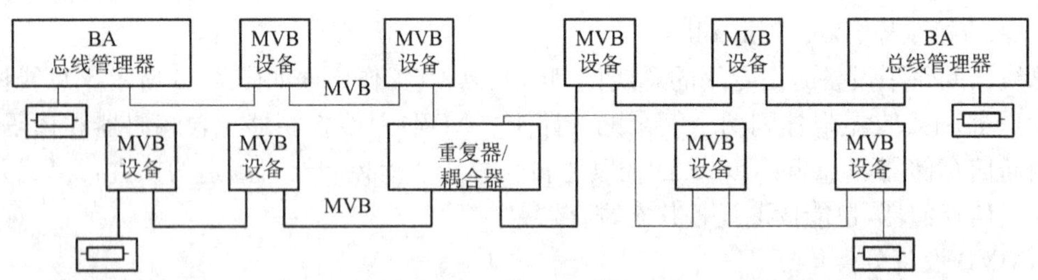

图 4-39　MVB 拓扑结构

2. 物理介质

根据 TCN 标准的规定，MVB 可以采用三种不同的物理介质和驱动方式，但数据传输的速度均为 1.5 Mbit/s。

(1)电气短距离介质 ESD

电气短距离介质 ESD 通过一对具有良好屏蔽的双线连接通信设备，不需要进行电隔离，使用基于 RS-485 标准的差动信号传输，具有附加的偏置电压，ESD 拓扑结构如图 4-40 所示，ESD 规范允许不使用重复器的情况下，在 20 m(总线段长度)的距离内连接 32 个设备(一个段内)，但实际传输距离和所支持设备的数量受限于电缆、联结器和设备所引起的传输波形的失真，同时还受限于接地和屏蔽的质量。线路的残段(Stub)不能超过 20 cm，两个设备连接点之间的距离不能小于 2 cm。线路的特性阻抗为 120 Ω，标准推荐电平偏置的 $V_{pp}=5$ V，电阻分别为 $R_u=R_d=390$ Ω、$R_m=150$ Ω，因此，终端的阻抗为 126 Ω。

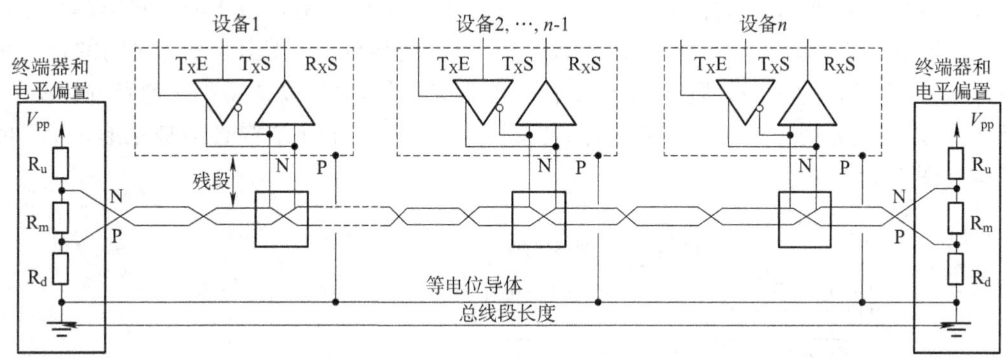

图 4-40　ESD 拓扑结构

ESD 主要应用于一个控制柜内各个节点之间的 MVB 通信，在这种条件下可以不使用等电位导体。ESD 也可以应用在一个有限的空间，如司机室内，等电位导体可以使用也可以不使用，但如果使用等电位导体，则距离可以达到 200 m。

(2)电气中距离介质 EMD

电气中距离介质 EMD 通过屏蔽的绞线电缆连接设备，采用变压器或其他隔离方式，按差动方式传送，可提高抗共模干扰的能力。EMD 允许在跨度 200 m 的距离内连接 32 个设备(无重复器)，类似于 ESD，实际距离和支持设备的数量亦受限于电缆、联结器和设备所引起的传输波形失真，同时亦受限于通信系统接地的质量。

EMD 拓扑结构与屏蔽如图 4-41 所示。EMD 的连接是一种菊花链方式，用以保证获得比较小的电缆残段。图 4-39 也表示了电缆屏蔽层的连接，平衡阻抗连接各设备地，用以消除设备地之间的电位差所造成的环流。

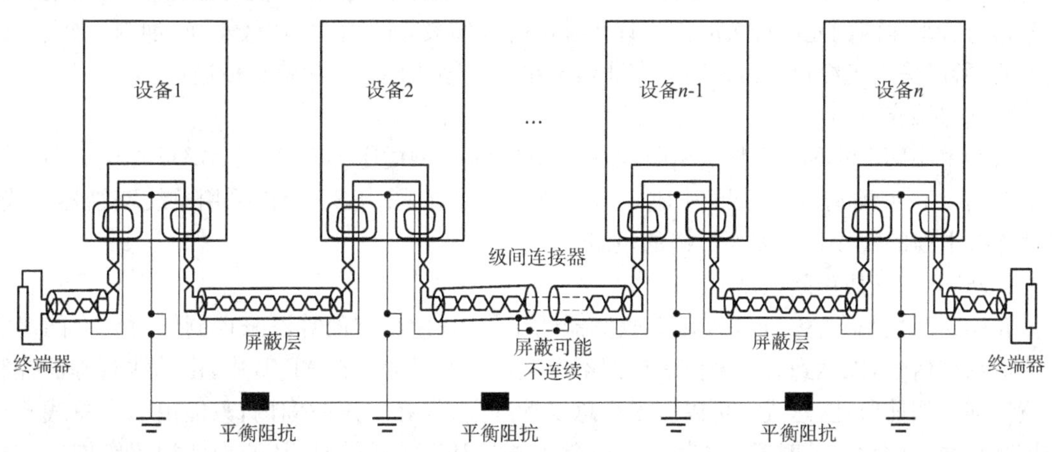

图 4-41　EMD 拓扑结构与屏蔽示意图

EMD 的屏蔽双绞线电缆的推荐参数为：双绞线的截面面积在 0.34～0.56 mm^2，每米不小于 12 绞；特性阻抗 Z_w＝120×(1 ± 10%)(正弦波、测量频率 0.5～2.0 MHz)；终端器阻抗 Z_w＝120×(1±10%)^2；电缆衰减小于 15 dB/km；分布电容不大于 46 pF/m。

(3)光介质 OGF

长距离光纤介质，由一对构成全双工点对点的光纤组成，用有源或无源的星形耦合器把几条光链路互联起来，构成星形总线光纤段，通过重复器连接到电气段上，设备之间的距离可达 2 000 m。以光纤作为物理介质时，线路上传送的是光信号，通信设备需要配置光电转换装置。OGF 传输方式只能用于点对点的通信，因此 OGF 方式下的拓扑结构必须是星形，OGF 的拓扑结构如图 4-42 所示。

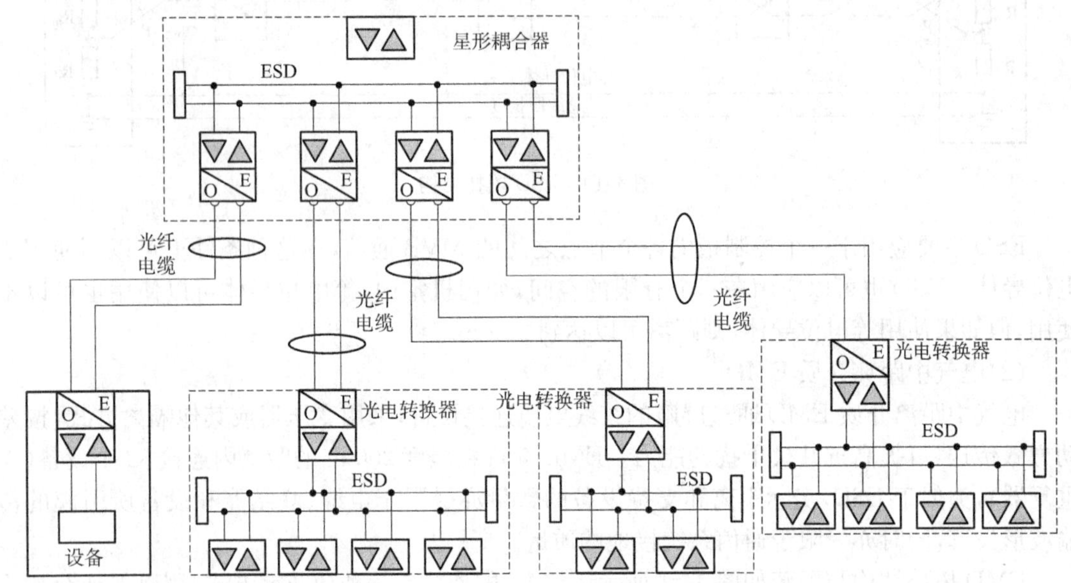

图 4-42　OGF 的拓扑结构图

由于光纤传输有很多优点，如传输速率高、误码率低、抗电磁干扰能力强、损耗小及绝缘性好等，并且，车厢内的光纤接头的插拔只在维修时才需要，车厢内也比较干净，油灰、水汽污染也较低，所以采用光纤很合适提高列车通信网络的传输频率和扩大信息传输量。

3. 介质安装单元

ESD 和 EMD 的 MAU 基本相同，都采用 9 芯的 D 型插座。EMD 的 MAU 结构如图 4-43 所示。两个 D 型插座一进一出，构成了菊花链式连接方式。ESD 允许采用总线联结器方式，但其连接电缆的残段长度需要严格的控制。

4. MVB 的介质访问控制

介质访问控制 MAC 子层控制着收发器的工作，采用特定的算法来控制何时允许网络实体传送数据信号，以达到共享通信信道而不发生冲突的目的。在 MVB 中，由总线管理器控制介质访问。如前所述，总线上可以有多个总线管理器，但在一定时间内，只能由一个总线管理器控制总线，这个"一定时间"称为一个轮换。根据 RTP 协议，MVB 的周期相留给周期数据的传输，在这段时间里，主设备根据周期表以固定的顺序和时间间隔发送由 RTP 协议定义的主帧序列，以实现可精确计算周期的、确定的过程数据传输。偶发相预留给事件的仲裁和消息的传送、扫描设备状态和控制权的转移，主设备在偶发相期间周期性地询问所有与之相连的设备，是否有数据传输。组合这两种总线分配方法，能最佳地与数据传输要求相匹配。任何情况下，由正在工作的总线管理器决定哪些设备可以传输数据。

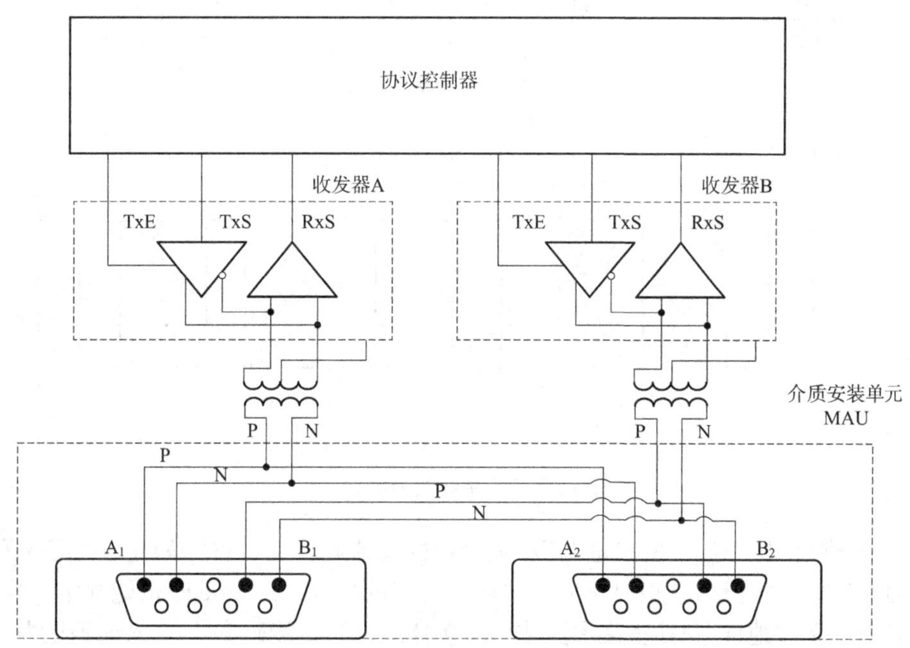

图 4-43　EMD 的 MAU 结构

四、MVB 的帧和报文

MVB 中 MAC 的格式由分界符、数据和校验序列组成。分界符用于同步，以起始位开始，起始位按逻辑“1”送出，定义为高电平向低电平的转换。解码器通过对分界符的解码，可检测出正确的信号极性。帧数据由 LLC 层定义和封装，16～256 位。校验序列为保证数据尽可能地可靠正确传输，在每 64 数据位(对于小尺寸的可为 16 位或 32 位)之后附加一个 8 位的校验序列来保护，MVB 校验序列采用 IEC 60870-5-1 的 FT2 级格式，其生成多项式为 $G(x)=x^7+x^6+x^5+x^2+1$。

在 MVB 中，有两种帧格式，一种是只能由总线主设备发送的主设备帧，简称主帧；一种是为总线上由从设备响应主设备发送的主帧时生成并由从设备发送的从设备帧，简称从帧。

1. 主设备帧

MVB 数据帧由起始分界符、帧数据、校验序列和终止分界符构成。但是，为了防止数据出现同步滑移，主帧和从帧中的起始分界符不一样。主设备帧的构成如图 4-44 所示。

主设备帧固定为 33 位，帧头为 9 位主起始分界符，16 位帧数据，8 位校验序列，最后数据位为终止分界符。4 位功能码，12 位地址或参数(在 MVB 中，逻辑地址和设备地址都为 12 位)。

(1)主设备帧起始分界符的序列格式为：(起始位，“NH”“NL”“0”“NH”“NL”“0”“0”“0”)，如图 4-45 所示，起始位是由发送器以逻辑“1”送出，来开始一个帧，通过起始分界符可以简便的区分主帧和从帧。

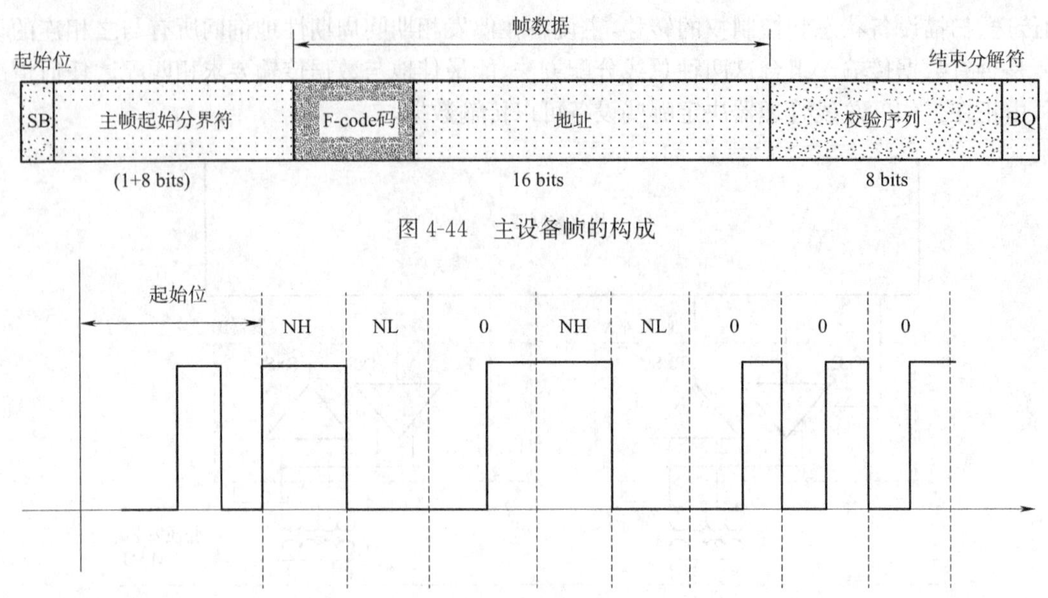

图 4-44 主设备帧的构成

图 4-45 主起始分界符

(2)16 位帧数据:4 位(4 位二进制数)主设备的功能码(F-code 码)限定了接下来的 12 位是逻辑地址还是设备地址,并指出所期望的从设备帧的尺寸。F-code 码也能规定一次事件查询,在这种情况下,"地址"包括查询参数或一个多播地址。功能码 F-code 的编码见表 4-4。

表 4-4 功能码 F-code 的编码

主设备帧			从设备帧			
F-code 码	地址	请求	源	位数	响应	目标
0	逻辑地址	过程数据	作为原署名的单个地址	16	过程数据(与应用有关)	应署名为宿的所有设备
1				32		
2				64		
3				128		
4				256		
5		保留		—		
6		保留		—		
7		保留		—		
8	设备地址	控制权转移	被提议的主设备	16	接受/拒绝控制权	主设备
9	所有设备	一般事件查询参数	一个或多个设备	16	事件标识符	主设备
10	设备地址	保留	—	—		
11	设备地址	保留	—	—		
12	设备地址	消息查询	单个设备	256	消息数据	从帧选定的设备
13	设备组	分组事件查询	一个或多个设备	16	事件标识符	主设备
14	设备地址	特征时间查询	单个设备	16	事件标识符	主设备
15	设备地址	设备状态查询	单个设备	16	事件标识符	主设备或监督设备

(3)8 位帧数据校验序列:主帧数据采用循环冗余校验(CRC)对帧数据进行保护。

(4)终止分界符:在主帧最后一位,发送器会发送一个终止分界符,根据物理传输介质的不同,分为以下三种情况。

①当传输介质为 ESD 时,发送器将会在发送一帧数据的最后一位,驱动总线变为低电平状态,并在之后添加一个“NL”编码,然后停止数据的发送。

②当介质为 EMD 时,与传输介质 ESD 时一样,首先添加一个“NL”编码,与传输介质 ESD 时不同的是,在“NL”编码之后继续添加一个“NH”编码,然后停止数据的发送。

③当介质为 OGF 时,与传输介质 ESD 时一样,添加一个“NL”编码,然后停止数据的发送。

2. 从设备帧

从帧长度不固定,存在五种长度类型,从设备帧的数据位有 16 位、32 位、128 位、64 位或 256 位五种,每 64 位后加一个 8 位的校验码。少于 64 位的数据位,如 16 位和 32 位后应加一个 8 位的校验码,最后添加一个终止分界符。从设备帧的结构如图 4-46 所示。所有的设备都对主设备帧译码。被寻址源设备用其从设备帧回答,该从设备帧可被多个其他设备接收。

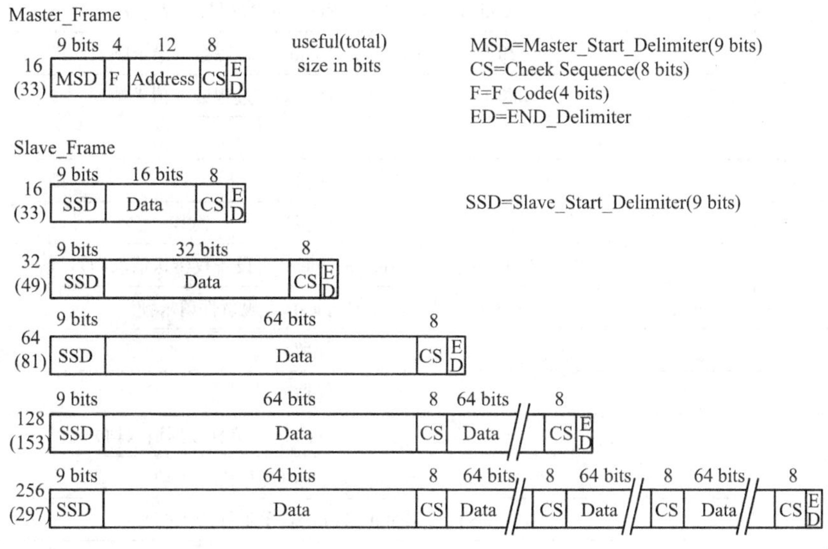

图 4-46 从设备帧的结构

(1)从起始分界符序列格式为:(起始位,“1”“1”“1”“NL”“NH”“1”“NL”“NH”),如图 4-47 所示,起始位是由发送器以逻辑“1”送出,来开始一个帧。

(2)根据主帧中 F 代码的不同,帧数据长度不同。

(3)校验序列与主帧采用同样的校验方式。

(4)终止分界符与主帧终止分界符一样。

3. 报文

总线上主设备发送的一个主帧与源设备为响应主帧发送的从帧组成一个报文。MVB 报文分为过程数据报文、消息数据报文和监视数据报文。

(1)报文类型

MVB 的报文类型一共有 16 种,由主设备帧中的 F_code 区分,见表 4-5。

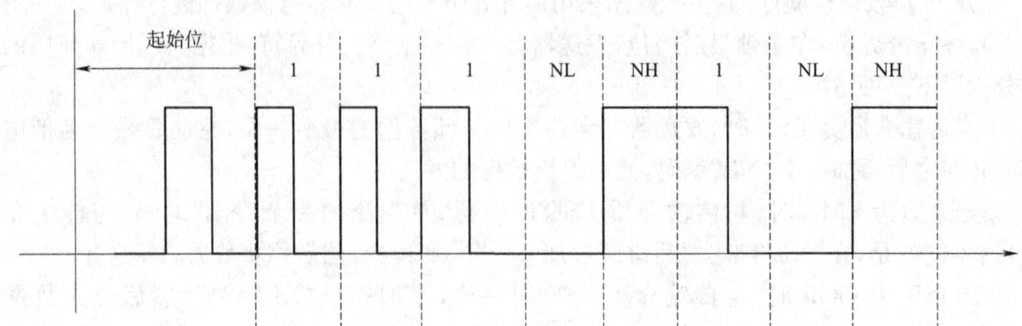

图 4-47　从起始分界符

表 4-5　MVB 的报文类型

F_code	报文类型
0	16 bit Process_Data_Request(过程数据请求帧)
1	32 bit Process_Data_Request(过程数据请求帧)
2	64 bit Process_Data_Request(过程数据请求帧)
3	128 bit Process_Data_Request(过程数据请求帧)
4	256 bit Process_Data_Request(过程数据请求帧)
5	(保留)
6	(保留)
7	(保留)
8	Mastership_Transfer_Request(主设备权传送请求帧)
9	General_Event_Request(常规事件请求帧)
10	(保留)
11	(保留)
12	256 bit Message_Data_Request(消息数据请求帧)
13	Group_Event_Request(组事件请求帧)
14	Single_Event_Request(单事件请求帧)
15	Device_Status_Request(设备状态请求帧)

一个主设备帧和一个从设备帧组成一个报文，MVB 的报文如图 4-48 所示，有过程数据报文、消息数据报文和监督数据报文之分。

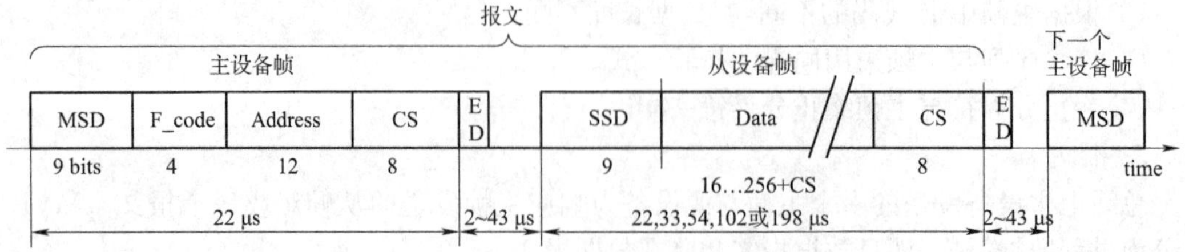

MSD—主设备源分界符；ED—帧结束定界符；SSD—从设备源分界符；CS—校验序列

图 4-48　MVB 的报文

①过程数据报文

主设备发送一个 F_code 为 0～4 的过程数据请求帧(主帧),总线上所有设备都对此数据帧进行接收并译码,只有与过程数据请求帧中 12 位逻辑地址相同的从设备(源设备)才响应此主帧并发送过程数据响应帧(从帧),这便组成过程数据报文,过程数据响应帧的帧数据长度由 F_code 决定,16 位、32 位、64 位、128 位和 256 位四种格式,过程数据报文如图 4-49 所示。

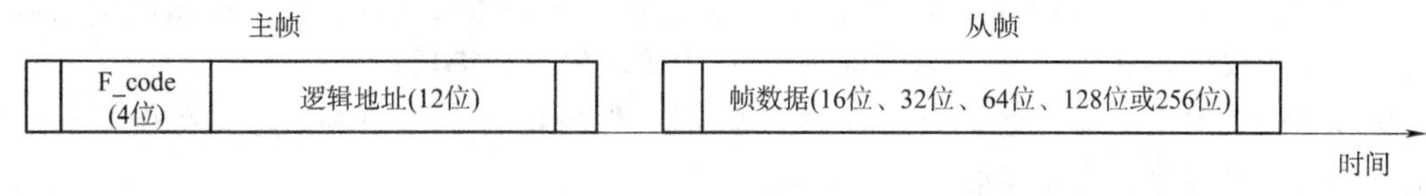

图 4-49　过程数据报文

②消息数据报文

总线上主设备发送一个 F_code=12 的消息数据请求帧(主帧),与请求帧中定义的 12 位设备地址一致的目的设备响应此请求帧,并发送消息数据响应帧(从帧),便组成一个消息数据报文。消息数据响应帧的帧头 4 位规定了消息的模式,“0001”B 表示单播寻址目的设备方式,“1111”B 表示广播 ,并且单播模式和广播模式编码互补;随后 12 位为目的设备地址,所有设备均对目的设备地址译码,只有与目的设备地址一致的设备才接收该消息数据响应帧;接着 4 位定义协议类型,“1000 ”B 表示实时协议,其他值为以后扩展使用;接下来 12 位为源设备地址;接着 8 位表示链路数据中有效的字节数;最后为链路数据,如果链路数据的长度小于 256 位,用“0”进行填充。消息数据报文如图 4-50 所示。

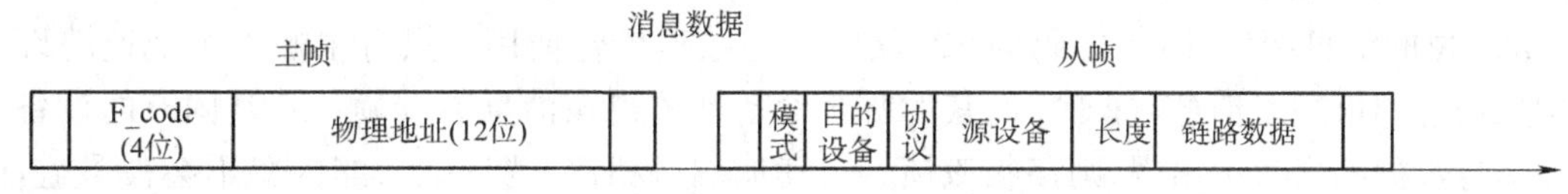

图 4-50　消息数据报文

③监视数据报文

监视数据从帧帧数据长度固定为 16 位,是对主帧中 F_code 为 8、13、14 或 15 的数

据帧的响应。特别地,F_code=8 的消息数据表示主权转移,用于冗余总线主之间的总线管理;F_code=15 表示读设备状态,总线主通过轮询的方式检查设备的信息。如果监视数据请求后没有监视数据响应,监视数据报文不会立即被重发。监视数据报文如图 4-51 所示。

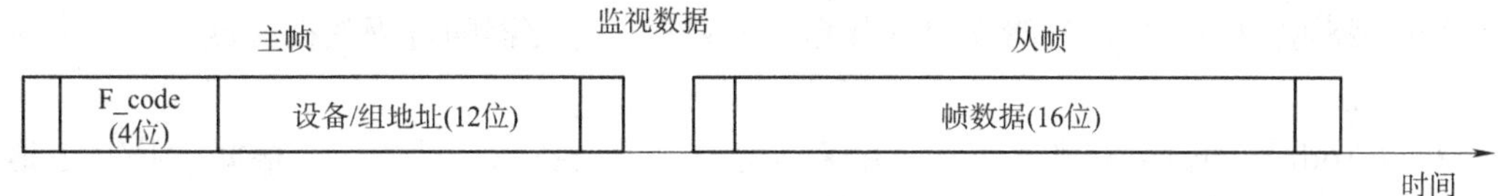

图 4-51　监视数据报文

4. MVB 的信号表示

MVB 的速率为 1.5 Mbit/s。数据采用曼彻斯特编码,每一数据位码元中间都有跳变,从高到低的跳变(负跳变)表示为“1”,正跳变则表示为“0”。帧数据以 9 bit 帧源定界符开头,以 8bit 校验序列结束。

5. 端口

总线上主设备在发出主帧后，源设备应在 2～6 μs 内响应此主帧并发送数据响应帧，所以数据响应帧应在发送之前准备好，为此，设备将数据放在一个寄存器中，这个寄存器称为端口，通过总线管理器进行寻址和译码，同时把从总线上接收的数据放入相应的端口。端口本质上是一种共享的内存结构，是一种非队列的数据结构，并且能够同时被应用层和网络层进行访问，也就是说对端口写入新的数据将覆盖原来的数据，对端口进行的读操作是不会改变端口中的数据。每个设备都有大量端口，根据功能配置为源端口和宿端口。

总线上一个给定的端口地址只能有一个源端口，但可以有多个宿端口。即源设备发送的从帧数据可以被多个宿设备接收。

(1)源端口(Source Port)

提供过程数据响应帧的端口，当其端口地址与过程数据请求帧中一致时，包含该源端口的设备应读取该端口中的数据，并用一个不可分割的操作将该端口中数据发送到从帧中。

(2)宿端口(Sink Port)

用于接收过程响应帧的端口，当其端口地址与过程数据请求帧中一致时，应用一个不可分割的操作将在总线上接收到过程响应帧的数据存储到该端口中，并覆盖先前内容。

端口根据主帧中的 F_code 分为两类：逻辑端口和物理端口。

①物理端口

物理端口的地址就是 12 位的设备地址，设备地址在 MVB 上是唯一的。每个设备可以有 8 个物理端口，用于监督数据和消息数据(F-code 码为 8～15)的传输。除了消息数据端口外，其他端口的大小都为 16 位。

256 位的消息端口(F-code 码为 12)仅供消息数据传输使用。只有主帧指定地址的设备才能从消息端口发出消息数据帧，而其他所有设备则监视该消息数据帧。若其固有的设备地址在消息数据的报头中出现，则接收该帧。与其他端口相比，消息端口的内容不会被覆盖，因为消息端口在以前的内容未取走时，拒绝接收新的数据帧。

物理端口的数据存放在通信存储器的消息数据区域，此外，消息队列(附属于物理消息端口)也可以放在通信存储器中。

②逻辑端口

逻辑端口用于过程变量的传输。每个逻辑端口都有一个 12 位的逻辑地址，逻辑地址在 MVB 上与设备不是唯一对应的。每一个设备可以有若干个逻辑端口，最多为 256 个。在配置阶段，分别将它们设置为源端口和宿端口，其大小根据过程数据集的长度可以设置为 16 位、32 位、64 位、128 位或 256 位。逻辑端口的数据存放在通信存储器的过程数据区域。

6. 寻址

寻址(Addressing)是网络通信实体用来区分网络上设备的一种操作。根据 MIVB 上地址性质的不同，MVB 有两类寻址操作，一类是逻辑寻址，另一类是物理寻址。

逻辑寻址采用 12 位的逻辑地址，用于过程数据的传输。每个参与过程数据通信的设备都具有一组逻辑地址，分为源端口地址和宿端口地址，主帧寻址的对象是源端口地址(源端口号)；过程数据传输(从帧)寻址的对象是宿端口地址(宿端口号)。根据寻址宿端口的数量，从帧寻址又可以分为广播寻址、多播寻址和端口寻址。

广播寻址的对象是总线上的所有端口，即总线上所有被定义接收该源端口数据的宿端口，这是 MVB 过程数据传输采用的主要方式。多播寻址的对象是多个宿端口，这些宿端口被定义接收该源端口号发送的过程数据。端口寻址的对象仅为指定的宿端口。

MVB 的过程数据主要采用源地址的广播方式进行传输。主设备通过发送一个请求过程数据传送的主帧，其 F-code 码为 0～4、地址为请求源端口的端口号，所有从设备则在监听过程中检测自己的逻辑地址范围中是否有与主中地址相同的源端口地址，并且端口长度与 F-code 相符，若设备检测到具有这样的源端口，则该设备向总线广播一个带有源端口地址且符合 F-code 码规定长度的从帧，作为主帧请求的响应。该设备称为传输的源设备。总线上的其他设备在帧听时，则检查自己的逻辑地址范围中是否有与主帧中出现的源地址相同且端口长度符合 F-code 码的宿端口号。如果存在这样的宿端口，就接收源设备广播的从设备帧，称该设备为数据传输的宿设备，MVB 中过程数据的源地址广播方式传送如图 4-52 所示，图中的其他设备为不参与过程数据通信的设备。

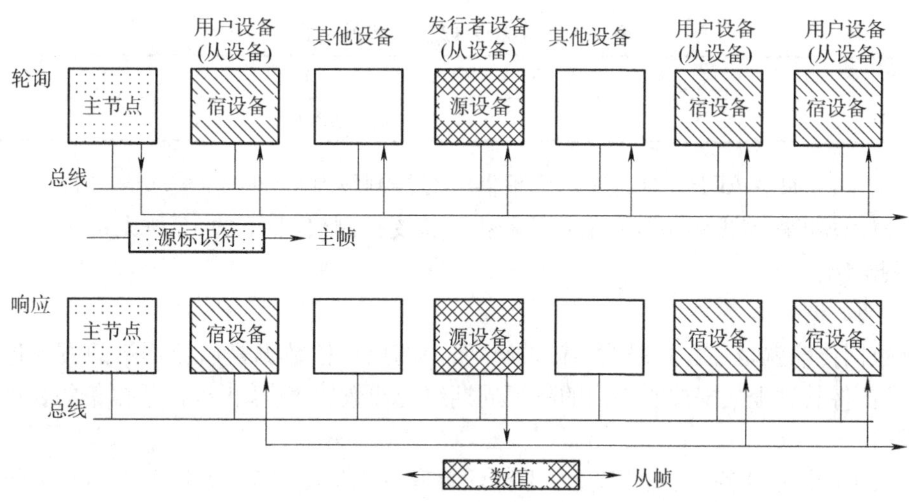

图 4-52 MVB 中过程数据的源地址广播方式传送示意图

MVB 中的每个设备(除不参加通信的重复器设备外)由其唯一的 12 位设备地址(Device Address)标识，但一般要求具有消息数据通信能力的设备最好使用小于 256 的地址，以便在地址搜索时减少仲裁时间。

主设备通过发送 F-code 为 12 的主帧来请求传送消息数据，被寻址的从设备发送一个消息数据予以响应。消息数据的传送除了特殊定义外，一般是点到点的通信，即在从帧中，带有目标地址和源地址。主设备未寻址的设备，若它自身的设备地址为从设备中的目标地址，就接收响应的消息数据帧。

当主设备向从设备请求管理数据时，与主帧中地址匹配的设备按功能码的不同而以不同的从帧作为响应，从而构成管理数据报文。

7. 介质访问控制的主权转移

为提高 MVB 的可用性，总线控制权可以由两个或更多个总线管理器(BA)轮流分担，每个 BA 在一次轮换期间行使控制权，称为总线主设备。在一个轮换结束时，当前的总线管理器用 F-code=8 的主帧将控制权传送给一个待用的、已准备就绪的总线管理器，F-code=8 主设备格式见表 4-6。

表 4-6　F-code=8 主设备帧格式

0	1	2	3	4	5	6	7	8	9	10	11	12	13	14	15
F-code=8				待用的总线管理器设备地址											

主权转移主帧中的设备地址是被提名的主设备地址，当总线上只有一个总线管理器时，该地址则为当前主设备自身的地址。被提名的主设备或当前的主设备按表 4-6 的格式发送一个从帧，作为主权转移的响应。依此类推，总线控制权可以在多个总线管理器之间轮换。当然，每个总线管理器内必须保存有一张可以成为总线管理器的设备地址表，当一个待用的总线管理器拒绝接受主权管理时，当前的 BA 可以根据设备地址表将主权转移至下一个待用的总线管理器。若所有的待用总线管理器均拒绝接受主权管理时，主权传递主帧中的地址回到当前 BA 的地址，因此总线控制的主权仍然回到当前的 BA。

表 4-7　F-code=12 主设备帧格式

0	1	2	3	4	5	6	7	8	9	10	11	12	13	14	15
ACP				有效实现密钥											

在表 4-7 中，如果 ACP=“1”，表示管理器接受控制权，剩下的 15 位包含被提名主设备的有效实现密钥；如果 ACP=“0”，表示管理器拒绝接受控制权，剩下的 15 位无定义。

8. 数据传输

(1)周期数据传输

周期数据传输就是过程数据的传输。MVB 上的周期性数据是以数据集的方式进行传输的，每个设备将其过程数据按照它们的特征周期组合成数据集合，再根据数据集的长度配置过程数据端口。

MVB 的每个主设备(总线管理器)中都配置有一张周期列表，为每个周期数据集指明端口地址、F-code 码和特征周期。周期表由具体应用来配置，也可以通过网络管理软件的管理数据链路层接口(LSI)来配置。周期表是总线主设备工作的基础，因此在 MVB 运行之前必须首先配置周期表。

特征周期 T_{ip} 是周期性数据传输的时间间隔，根据需要和实时性要求可以各不相同。Tip 可表示为：$T_{ip}=T_{Bp}\times 2^n$，这里 $n=0,1,\cdots,10$，T_{Bp} 为基本周期，MVB 中规定特征周期最大不能超过 1 024 ms。应用在配置时把具有相同特征周期的数据放进同一个循环，所以一个周期列表中最多可以有 11 个循环。

一个宏循环的持续时间为 1 024 ms，所以若基本周期为 1 ms，则一个宏循环中包含 1 024 个基本周期特征周期中最大的称为宏周期，规定不能大于 1 024 ms，所以一个宏循环中包含了若干个宏周期。一个总线管理器控制总线的时间称为一个轮换，以宏循环的个数计算，数量级为秒级，轮换结束后，必须进行控制权的转移。如果总线上只有一个总线管理器，轮换结束后，控制权又交回自身。

过程数据源的数据长度有 16 位、32 位，64 位、128 位和 256 位五种固定的尺寸，分别对应于 F-code 码的 0～4，这五个功能码是为发送过程数据而预留的。

(2)非周期数据传输

非周期数据传输是事件(Event)数据的传送,而事件数据主要用于编程、网络监控、设备的维护和故障的诊断。

在基本周期的偶发相期间,主设备查询从设备中需要传输的事件信息,有四个功能码用于非周期性数据或事件数据的查询和传输,这四个功能码分别为:

①F-code=9 为一般事件查询主帧,用于事件环路的启动。主设备通过广播方式向所有设备发送一个具有两个参数的主帧,所有具有悬挂事件的设备用包含有事件地址的从帧来回答。

②F-code=13 为事件组询间主帧。在调用时,总线管理器发送的主由功能码、一个设备组地址和一个掩码组成,其中掩码由若干位的"1"和一个"0"组成,它的位数决定了设备组地址的宽度,掩码的位数越多,表明待查询组地址的范围越小,被寻址的从设备用事件地址作为回答。

③F-code=14 为单个事件查询主帧。主设备在得到可能有事件发生的报告后,就对单个设备进行询问,若确有事件发生,被寻址的从设备就用事件地址作为回答,然后开始传输事件。

④F-code=12 的主帧,用于消息数据的传输,被寻址的从设备发送一个包含目的设备地址和数据的从帧,由目的设备接收该帧。

9. MVB 的实时调度

每个 MVB 周期信息的传输是一个连续而完整的过程,如果已发出数据尚未完成传输便被中断,整个发送数据必须从头开始重新传输,这将严重浪费总线带宽资源,因此,MVB 周期信息的传输是一种无法中断、不可抢占的通信过程,在某种程度上,对其进行实时通信调度与计算机操作系统的实时任务调度中不可抢占任务调度机制完全类似。

为此,对于具有确定响应时间的 MVB 周期信息而言,主要由 BA 根据周期信息的传输周明、截止期等时间特征,利用相关的实时任务调度算法,建立一个包含 MVB 周期信息服务调度次序的实时调度时间表,来实现对 MVB 的实时通信调度。具体运行时,BA 通过循环扫描调度时间表,按照已建立的各周期信息调度时刻,依次向各个 MVB 源设备发送信道使用权。但是,在对 MVB 周期信息通信进行真正调度之前,还需预先分析实时调度表的有效性,即采用可调度性判据来判断已建立的实时调度表能否满足所有信息的截止期要求。由此可见,在 MVB 周期信息实时调度算法中,实时调度表的构建算法及判断实时调度表是否满足可调度性要求的分析方法,是 MVB 实时调度的基础,其中可调度性判断也称为 MVB 周期信息实时调度算法的可调度性分析。

周期信息的实时调度算法根据信息通信方式的不同,主要可以分为异步方式和同步方式两种。在异步方式下,总线仲裁者连续处理所有待发送的周期信息,直到所有信息发送完毕;在同步方式下,如果当前微周期的能力不够发送某个周期信息,则向后查找新的微周期,直至找到有能力发送该信息的微周期为止,而在每个基本周期的非周期时间窗口中,可以处理非周期信息传输或插入空闲帧和同步帧等其他事务。

在不同模式下,周期信息的调度算法也是不相同的。在异步模式下,由于不必考虑微周期的限制,可以采用实时系统中关于单处理器的调度算法;在同步模式下,由于受到微周期限制的影响,原实时系统中关于任务的调度算法不能完全适用。为此,结合经典的基于静态优先级的任务调度 RM 算法,可产生两种周期信息调度算法:异步 RM 算法和同步 RM 算法。

由于 MVB 采用静态法来预先分配总线通信带宽，而且其协议也明确指出每个基本周期(微周期)的大小为 1 ms 或 2 ms，它主要分成周期时间窗口和非周期时间窗口(偶发窗口)，其中每个基本周期 65％左右的固定带宽用于周期信息通信，而剩余 35％左右的带宽则保留给非周期信息通信。因此，具体应用时，列车速度、电机电压电流及司机命令等过程数据的特征周期可根据列车网络控制系统的实际时限要求和一些经验参数预先初步确定，以便进行简单高效的离线静态优先级调度，不必进行优先级的动态调度。为此，假设 MVB 周期信息各自独立，并考虑它们同时到达各自的缓冲区等待发送，即所有周期信息处于临界时刻，此时可采用同步 RM 调度算法对各 MVB 周期信息分配相应的优先级来进行非抢占式的实时调度，建立相应的实时调度表。

具体的调度算法在执行时，首先对实时调度表所有微周期内的负荷初始化为零，然后从周期最小的信息开始，按照微周期的排列次序，不断地扫描周期信息表，进而找到各信息在宏周期中相应微周期内的位置，从而输出一个代表调度次序的逻辑表，构建 MNB 实时调度表的一种算法流程如图 4-53 所示。

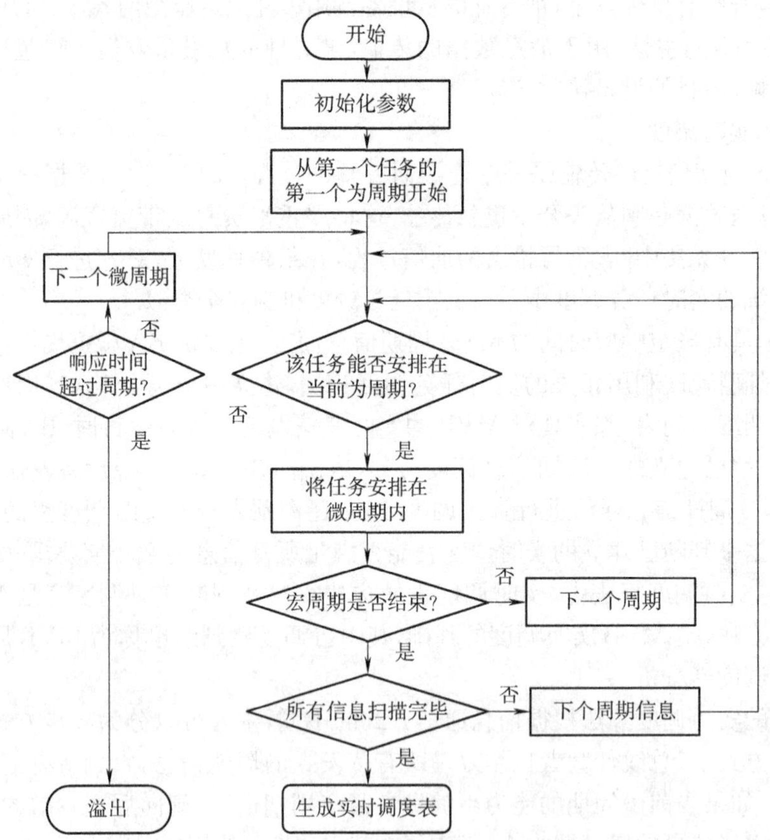

图 4-53　构建 MVB 实时调度表的一种算法流程

采用上述调度算法形成的调度表可以在 MVB 上实现过程数据的周期性传输，但调度算法和调度表的生成方法不是唯一的，可以根据不同的优化目标来优化调度算法，目前在这方面也已经有许多研究和实现的方法。

MVB 的调度表是离线生成的，在调度表生成之后需要对总线上能够成为总线管理器 BA

的所有设备进行静态配置，从而使所有的总线管理器能够按照同一张调度表进行周期传输的调度。调度表的生成是MVB的关键技术之一。

MVB通信的介质访问控制是主从式的，由总线上主设备进行单独控制，总线主设备是唯一能发起通信的设备，其他所有设备均为从设备，从设备只能根据主设备发送的主帧发送相应的从帧，而不能发起通信。MVB协议是一个多主协议，但在一个给定的时间点上，只有一个总线主设备工作，它们是以令牌方式传递主设备控制权。实时数据的通信必须要有确定和不受负载影响的响应时间，同时使非周期变量能最大程度利用剩余带宽，可以充分优化总线利用率。MVB总线主设备将一个轮回周期划分为固定的时间片，这个时间片称为"基本周期"，一个基本周期分为4个相，如图4-54所示。

图4-54 基本周期

(1)周期相：总线主设备用于轮询周期性数据的时间域。

(2)监视相：总线主设备用于进行设备状态扫描和主权转移的时间域。

(3)事件相：总线主设备进行事件查询或消息数据传送的时间域。

(4)保护相：作为缓冲以提供下一个周期相的正确开始。

总线主根据事先设定的周期扫描表(在"宏周期"的每个基本周期中都被总线主轮询的所有节点设备的列表。同时也规定了在每个基本周期中给偶发相剩余的时间。)

对不同设备按不同周期进行轮询，并发送一个主帧序列，所有设备接收主帧并译码，只有与主帧中逻辑地址匹配并且为源的从设备响应此主帧并发送一个从帧，总线上为宿端口的从设备只要检测到总线上有数据便进行接收，即完成了一次典型的MVB数据通信。总线上需要被轮询的设备全部轮询一次所需时间称为特征周期，它是基本周期的$2n$倍($n=1,2,\cdots,10$)，基本周期的取值范围为1～2.5 ms，一般默认为1 ms。最长的特征周期为宏周期，而且不超过1 024 ms。

10. MVB过程数据通信原理

(1)主帧源寻址广播

作为总线主的设备按组态时(正常工作前)定义好的周期扫描表寻址源设备，将包含源设备地址标识符的主帧通过广播的方式发送到总线上，总线上所有设备都接收该主帧并译码，将自身地址与主帧中源标识符进行对比。

(2)从帧响应

经过对比之后，只有自身地址与主帧中源标识符一致的设备会立即响应该主帧，然后发送一个从帧组成一个过程数据报文。总线上端口为宿的设备的均接收该从帧,并对从帧数据解析之后上传到应用层。过程数据通信如图 4-55 所示。

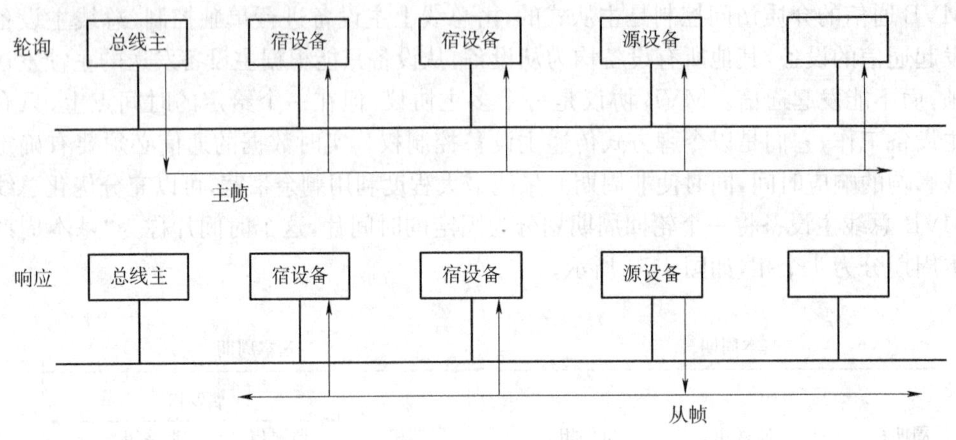

图 4-55　过程数据通信

复习思考题

1. 列车通信网络的主要作用有哪些?
2. 列车的组态形式有哪几种?
3. 简述列车通信网络的两线三层结构。
4. 简述不同列车的组态形式时的列车总线和车辆总线。
5. 多功能车辆总线 MVB 的定义是什么?
6. 多功能车辆总线 MVB 的物理介质有哪几种?
7. 多功能车辆总线 MVB 报文分析。
8. 多功能车辆总线 MVB 副设备帧的结构分析。
9. MVB 设备的性能与设备分类是什么?
10. 总线控制器在列车通信网络的什么位置?起什么作用?
11. 试画出一个典型的动力分散型列车通信的原理框图。
12. WTB 主设备帧和从设备帧的格式分析?
13. WTB 介质附挂单元在列车通信网络的什么位置?起什么作用?
14. WTB 介质附挂单元有哪几种状态?各有什么特征?
15. 典型的已命名 WTB 各节点的组成形态是怎样的?
16. 未命名的 WTB 节点的如何命名?
17. HDLC 控制规程是什么?
18. 目前运用于铁道机车车辆上的计算机网络有哪些?各有什么特点?

项目五　TCN 列车通信网络的应用

项目描述

DTECS 是专为列车控制和通信而设计的一套车载计算机系统，它包括车载硬件、操作系统、控制软件、诊断软件、监视软件和维护工具。

DTECS 是一个分布式控制系统，分布于整个列车的各个智能单元。这些单元可分别安装于车下设备箱、驾驶台或车厢内的电气柜中。这种系统的最大和最重要的优点是：显著减少各箱柜之间的连线，并方便将来对系统功能的扩展。总线的扩展比较简单，只需增加一根连接到该单元的电缆线，并更新应用软件就能和新的单元进行通信。系统设备采用模块化设计，其系列产品不仅适用于各种牵引系统的控制，而且适用于列车的控制，也可以用于列车监控系统。由于该系统构成具有灵活性，因此可以很方便地适应不同形式的列车编组。

DTECS 广泛采用电子控制设备和串行数据通信来代替继电器、接触器和直接硬连线，并且通过网络连接各个子系统的控制设备，能够减少继电器、接触器、列车布线、端子排和连接器联锁的使用。控制系统中具有电子控制机监控设备的子系统是：列车控制单元、牵引逆变器控制单元、辅助逆变器、驾驶显示器、空调控制系统、门控制系统、制动控制系统。

任务一　TCN 通信网络在 HXD_1 型电力机车上的应用

学习目标

1. 知识目标

(1)掌握 HXD_1 型电力机车网络系统。

(2)掌握各模块结构和功能。

(3)掌握网络故障处理方法。

2. 能力目标

(1)能够正确画出 DTECS 的结构图。

(2)能够叙述 DTECS 的功能单元中各模块功能。

(3)能够正确画出 HXD_1 型电力机车网络拓扑结构图。

(4)能够正确画出 HXD_1 型电力机车网络拓扑结构中各接口图和功能。

(5)能够正确叙述 CCU 和 TCU 控制单元的功能。

(6)能够正确画 WTB 电缆连接示意图。

知识课堂

一、概　述

TCN 通信网络在列车上的应用与列车控制系统的运用紧密相关，由于在列车上得到广泛运用的 SIBAS 列车控制系统是基于 TCN 通信网络的列车控制系统，因此在欧洲许多国家的铁路机车或动车组及地铁列车、各类轻轨列车乃至有轨电车上都应用了 TCN 通信网络，并且由于欧洲的铁路机车、地铁列车，以及其他轨道交通列车在世界许多国家和城市都获得运用，因此 TCN 通信网络成为世界上应用最广泛的一种列车通信网络。

TCN 通信网络在我国轨道交通列车上也有广泛的运用，其中主要的内在原因是 TCN 通信网络标准已经成为我国的国家标准和行业标准，而直接的因素是在我国轨道交通列车上运用比较广泛的 SIBAS32 控制系统和 DTECS 列车控制系统，都是基于 TCN 通信网络的列车控制系统。这些列车控制系统在电力机车、高速动车组、地铁列车和轻轨列车上的广泛运用带动和推进了 TCN 通信网络的运用。经过多年的运用实践，TCN 通信网络在我国轨道交通列车上的应用已经稳定并成熟，特别是国内的有关行业组织已经制定了一个 MVB 总线，运用在城市轨道交通列车上的应用层协议——城轨车辆车载控制网络数据传送规范，该规范的推广运用可以认为是 TCN 通信网络应用走向成熟的一个标志。

二、分布式列车控制系统(DTECS)

分布式列车通控制系统，即 DTECS(Distribute Train Electric Control System)，适用于干线铁路的各型电力机车、内燃机车以及高速动车组，也适用于城市轨道交通的地铁列车、轻轨列车和有轨电车。DTECS 以 TCN 通信网络为核心，采用了先进的计算机技术、通信技术、控制技术及模块化设计技术能够实现轨道交通列车所要求的各种控制功能。

1. DIECS 结构

DTECS 是一个采用模块化结构的系统，各功能单元都是能独立工作的智能化模块，通过 TCN 通信网络将各个功能单元模块连接并组成一个分布式列车控制系统，DTECS 的结构如图 5-1 所示。

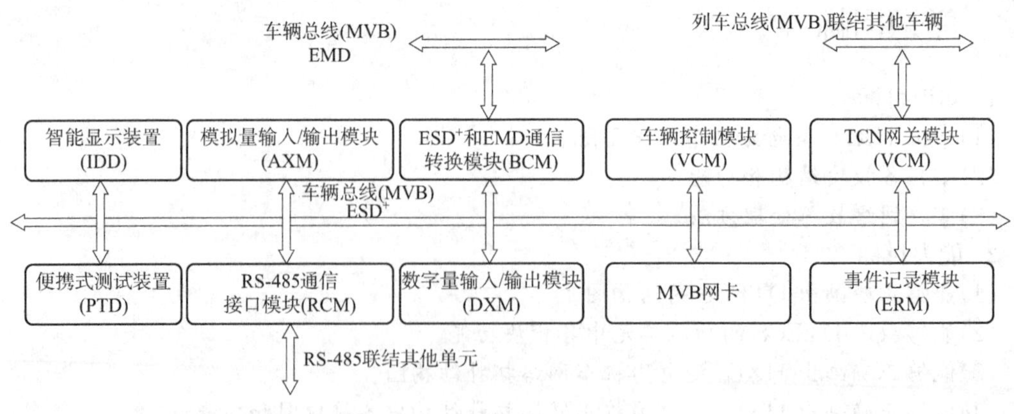

图 5-1　DTECS 的结构

DTECS 的主要功能单元模块包括车辆控制模块 VCM、模拟量输入/输出模块 AXM、数字量输入/输出模块 DXM、MVB 通信模块即 MVB 通信网卡、TCN 网关模块 GWM、智能显示器 IDD、便携式测试装置接口 PTD、事件记录模块 ERM、通信转换模块 BCM 和通信接口模块 RCM。这些单元可分别安装于车下设备箱中、司机操作台或车厢内的控制柜中，使用符合 IEC 61375-1 标准的 TCN 总线连接起来。这种系统最明显的优点是显著减少各箱柜之间的连线，并方便将来对系统功能的扩展。总线的扩展比较简单，只需增加一根连接到该单元的网络电缆线，并更新应用软件就能和新的单元进行通信。

DTECS 的系统结构以 TCN 通信网络为核心，将分布于整个列车的各个智能单元联结成一个列车控制网络，能够实现列车要求的各种控制功能和列车试验、诊断等功能。

列车级采用 WTB 总线贯穿全车，并且承担重联时网络互联互通功能；列车级还采用以太网环网贯穿全车，并且预留重联接口，以太网主要承担维护、检修以及信息化功能。

2. DTECS 的功能单元

(1)车辆控制模块 VCM

车辆控制模块 VCM 是一个基于 MVB 总线通信的车辆控制模块，主要实现车辆级控制通信控制、总线主管理及故障存储和数据下载等功能。在 DTECS 中，VCM 负责整个 MVB 总线通信的管理，也就是 MVB 总线主即总线管理器，其他 MVB 设备则均为从设备。

MVB 总线管理器负责管理 MVB 网络中的介质分配功能即负责调度其他从设备周期性数据的周期性发送；调度偶发性数据(如消息数据)的发送顺序和优先级等。如果同时存在多个可以作为主设备的 VCM，则必须通过某仲裁的手段确保只能有一个管理总线的主设备——总线主，其他的主设备只能作为备用的总线主。总线主在这些主设备之间可以进行控制主权的转移，并且通过这种方法实现 DTECS 总线主的冗余。

VCM 模块的结构主要包括一块处理器模(CPU 板)和一块电源接口模板，通过一个 40 针的联结器相连接，分别固定在 VCM 外壳的下盖板上。输入 VCM 电源接口板的电压范围为 DC 77～137 V，输出 5 V。整个 VCM 系统的电源同时采用了直流变换 DC/DC 电源和低压差线性稳压电源 LDO(Low Drop Out regulator)，保证了系统整体效率与可靠性；同时 VCM 电源还具有掉电保护功能，在外部电源掉电后，模块电源能够继续维持大约 800 ms 的时间供电，供 CPU 执行相关的保护逻辑和相关故障数据的保存。CPU 模板的结构如图 5-2 所示。

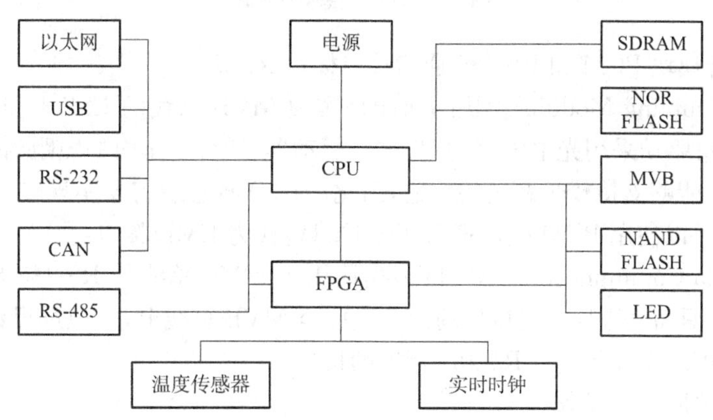

图 5-2　CPU 模板的结构示意图

CPU 模板的设计选择了 INTEL XP425 处理器为核心来构建系统平台。IXP25 是 INTEL 公司推出的嵌入式网络通信处理器，主频为 533 MHz、带浮点运算单元(FPU)、支持高速率的 SDRAM 存储器、存储控制器工作频率最大可到 133 MHz，并集成有 3 个高性能网络处理器内核 NPEA、NPEB 和 NPEC。该处理器的 X Scale 内核将高性能 32 位处理器与双精度浮点单元、32 KB 的指令缓存、32 KB 的数据缓存、数据缓冲内存管理单元、指令缓冲内存管理单元等集成在一起。芯片的其他功能还包括高性能存储控制器、中断控制器、DMA 控制器、PCI 控制器、USB 控制器、I2C 接口等。这种高集成度、低功耗、低成本的嵌入式微处理器非常适合在工业控制、网络通信、交通控制等领域应用。

(2)模拟量输入/输出模块 AXM 和数字量输入/输出模块 DXM

模拟量输入/输出模块 AXM(Analog IO Module)和数字量输入/输出模块 DXM(Digital IO Module)均设计为 TCN 标准中的 1 类设备,主要功能是实现信号的转换,可以进行过程数据的 MVB 通信。AXM 模块(图 5-3)包含 6 路实时采集的模拟量输入信号通道(AI)和 4 路模拟量输出信号通道(AO)。DXM 模块包含 16 路独立的数字量输入通道(DI)和 6 路独立的数字量出通道(DO)。

图 5-3　AXM 模块外形图

(3)总线耦合模块 BCM 和 RS-485 通信接口模块 RCM

BCM(Bus Coupling Module)模块的功能是实现 MVB 总线的 ESD+和 EMD 的介质转换。ESD+的接口驱动采用光电隔离的 RS-485 驱动器,适合于车内的短距离传输;EMD 采用的是变压器启动,能够支持较长距离的传输,因此,当 MVB 总线需要实现较长距离的传输时,如跨车厢传输时可以使用 BCM 模块将 ESD+接口转换为 EMD 接口。

RCM(RS-485 Communication Module)模块用于 MVB 总线与 RS-485 串行通信总线的转换,可以将一不具备 MVB 总线接口的设备连接至 MVB 总线上,实现过程数据通信。RCM 模块具有 2 个 MVB 接口和 4 个 RS-485 标准的接口。

(4)TCN 网关模块 GWM

网关模块 GWM(Gateway Module)是 DTECS 系的核心模块,属于 TCN 标准定义的 5 类设备,GWM 具有管理 WTB 网络的功能、可以实现 WTB 与 MVB 总线的转换及 WTB 总线的初运行。

GWM 应用层软件的编程语言采用符合 IEC 61131-3 的 ISAGRAF 语言,它包括结构化文本 ST(Structured Text)、梯形图 LD(Ladder Diagram)、指令集 IL(Instruction List)、功能块图 FD(Function Block Diagram)、流程图 FC(Flow Chart)五种用于可编程设备的编程语言 ISAGRAF 运用编程工具 Workbench 产生与目标无关的代码 TIC,TIC 代码被 ISAGRAF 虚拟机解释和执行,并通过 ISAGRAF 虚拟机提供的 API 接口与底层用户任务连接,从而完成特定的用户应用功能。

GWM软件采用一种模块化的分层结构，由底向上各层依次为设备驱动层、操作系统内核、实时任务层、ISAGRAF虚拟机和ISAGRAF应用程序。GWM的操作系统采用的是实时多任务操作系统VxWorks，设备驱动层的BSP驱动程序包由操作系统提供或由用户自己写。实时任务层主要是RTP协议的实现和列车的故障诊断及记录等其他任务，其中，RTP协议主要完成WTB和MVB过程数据、消息数据的传输、接口及处理，以及网络的管理。ISA-GRAF虚拟机作为一种特殊的用户任务，负责对ISAGRAF应用程序代码TIC的解释和执行及与调试终端和其他应用任务的接口。这种模块化的分层结构可以最大限度地简化应用软件的开发，极大地提高应用项目的开发效率。

GWM将所有电路封装在一个较小的铝模块中，具有结构简单、体积小、成本低、可靠性高、易维护等特点。

(5)便携式测试装置接口PTD

PTD(Portable Test Device)接口是外部计算机进入TCN通信网络的接口装置，它连接在MVB总线上，通过它的RS-232端口可以连接外部的计算机。外部的便携式计算机测试设备通过PTD进入TCN通信网络(MVB总线)，能够进行在线的数据采集、调试、数据分析和数据的上传及下载。为此，要求接入通信网络的计算机测试设备必须具有TCN标准定义的四类设备能力。

(6)事件记录模块ERM

ERM(Event Record Module)主要用来实现故障记录和事件记录，为此目的模块配置了大容量的NAND FIASH，用于存储记录的数据。ERM记录的数据内容主要有按时间间隔记录的正常运行状况和故障发生时的故障数据，故障发生时的运行状态，其他相关设备状态数据及故障发生点的前后时间段的状态数据。

ERM的记录数据可以通过列车的通信网络调阅，并且支持多种模式的故障数据查阅。ERM的记录数据也能够通过PTD端口下载至便携式计算机测试设备。

3. DTECS的网络通信

(1)MVB总线通信

DTECS的MVB总线物理层采用了光电隔离的ESD+和变压器隔离的EMD两种传输介质。MVB的过程数据采用源地址的广播方式，采用F-code=0、1、2、3、4这五种过程数据报文，按照固定周期进行循环发送。DTECS系统除BCM外，每个功能模块都支持过程数据传输。

MVB消息数据通信主要用于诊断数据、故障数据、状态数据等非周期数据的传输，在每个基本周期内，主设备都要发送一个F-code=9的询问主帧，发起一般事件轮询；如果仅有一个设备响应事件询问，那么将由该设备发起一次消息数据通信；如果有多个设备响应询问，则需要进行事件通信的查询，即通过组事件轮询帧F-code=13和单一事件轮询F-code=14来确定所有响应的设备并进行排队，然后逐个处理。系统中仅具有消息数据通信功能的设备才具有响应事件轮询的功能。

MVB监督数据主要用于实现设备状态轮询(F-code=15)和主权转移(F-code=8)。主权转移功能主要实现总线主功能在多个设备之间进行轮转，可以提高总线的可用性。DTECS系统所有设备都支持设备状态轮询，仅有VCM、GWM和PTD具有主权转移功能。

(2)WTB总线通信

DTECS系统采用FPGA芯片实现WTB协议控制器，可以实现帧的编码、解码、总线监测及切换控制、报文的发送和接收，以及中断的产生和控制等。FPGA 的运用既保证了协议控制器的可靠性，又可以免采用专用的定制芯片带来的其他风险。

系统上电后由默认的主节点发起列车的 WTB 初运行，通过发送命名帧（Naming Request）状态帧（Status Request）、拓扑帧（Topography Request）等对加入的节点进行命名和指定新的地址，主节点可以通过发送设置端节点（SetEnd Request）和设置中间节点（SetInt Request）来实现通信通道的转换。WTB 的主设备通过定期地发送存在帧（Request）来对端节点进行轮询，以确定是否有节点从编组中脱离。如果检测到端节点的缺失，将发送取消命名（Unnaming Request），解编整个编组，然后重新启动初运行过程，形成一个新的编组。

WTB 过程数据的发送同样采用广播模式，WTB 总线主节点按照固定的周期对每个节点进行过程数据轮询，相应的从节点将发送过程数据从帧到总线上，每个节点都可以接收到该节点的过程数据从帧，WTB 消息数据主要用来实现列车级的非周明数据的发送，WTB 软件主要实现消息数据的链路层，由 RTP 协议来实现其网络层、传输层、会话层和应用层。

(3)实时协议 RTP

实时协议 RTP 主要用来实现消息数据的网络层、传输层、会话层和应用层。消息数据链路由相关的 WTB 链路层软件和 MVB 链路层软件来实现，消息数据的传输模型如图 5-4 所示。

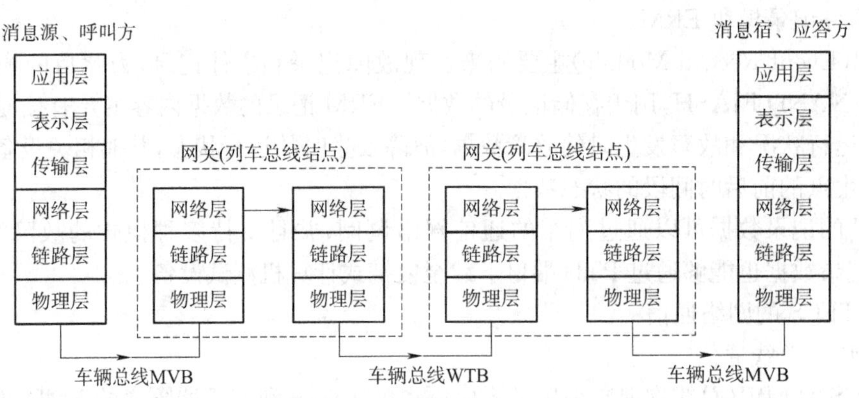

图 5-4　消息数据的传输模型

网络层的主要功能是进行报文的路由，报文经过网络层可以到达 MVB 链路层、WTB 链路层和传输层。传输层的主要功能是实现将消息分解成大小相同的数据包，并且通过滑动窗口进行流量控制和错误恢复。消息发送者称为生产者，消息接收者称为消费者，生产者和消费者都可以通过相应的状态机来进行连接的建立，数据的发送、侦听、接收、取消和解联等操作。会话层主要建立消息的呼叫者和应答者，呼叫者发送呼叫消息给应答者，应答者回送应答消息给呼叫者。应用层主要提供应用程序消息数据接口，供应用者通过网络进行数据的发送和应答消息接收。

消息数据发送时，用户通过应用程序消息数据接口发送消息，首先在会话层建立呼叫者和应答者，消息传送至传输层；传输层将消息分为相应的数据包，建立状态机，建立连接；数据包传送至网络层，网络层对数据包进行路由分析，确定数据链路类型，如果是 WTB 链路，那么通过 WTB 链路发送任务将数据发送到 WTB 总线上去；如果是 MVB 链路层，那么通过 MVB 链路层发送任务将数据发送到 MVB 总线上去。

消息数据接收时链路层将产生相应的中断，在中断中将启动相关的链路层接口来提示网络层有数据要接收；网络层将从总线的通信存储器中复制数据，并且根据路由规则对数据进行路由选择；数据将可能被转发到另外一个链路层上去，也可能传送到传输层去；数据到达传输层后，将进行流量控制和差错恢复，进入状态机；然后数据经过会话层，最终达到应用层。

(4)网络的管理

网络管理层实际上是基于消息数据的一个应用，用来实现对网络的管理功能，包括数据的查看、数据的强制、数据的上载、数据的下载、网络状态查看、网络的远程控制等功能。网络管理者称为经营者，被管理的远程网络设备称为代理者。在 DTECS 系统中一般把 PTD 作为网络管理经营者，其他模块都作为代理者。

用户指令或命令传给网络管理的经营者，经营者作为消息数据的呼叫者，将根据发送的指令或命令发送 CALL MESSAGE，而远程的代理者将根据呼叫消息功能代码(SIF CODE)，执行相应的服务，将数据或执行结果发送相应的 REPLY MESSAGE 回传给经营者。

三、HXD$_1$ 型电力机车网络控制系统

HXD$_1$ 型电力机车采用 SIBAS 32 控制系统和 TCN 通信网络，分为中央控制系统 CCU 和牵引控制系统 TCU 两大系统。每台机车由两节组成，两节车在机械方面和电气方面都基本相同。每节车内部由 MVB 总线连接全部 SIBAS 部件，两节车之间通过 WTB 总线连接。机车上还装备了分布式动力控制系统 LOCOTROL 和制动系统 CCBⅡ。它的网络拓扑结构如图 5-5 所示。

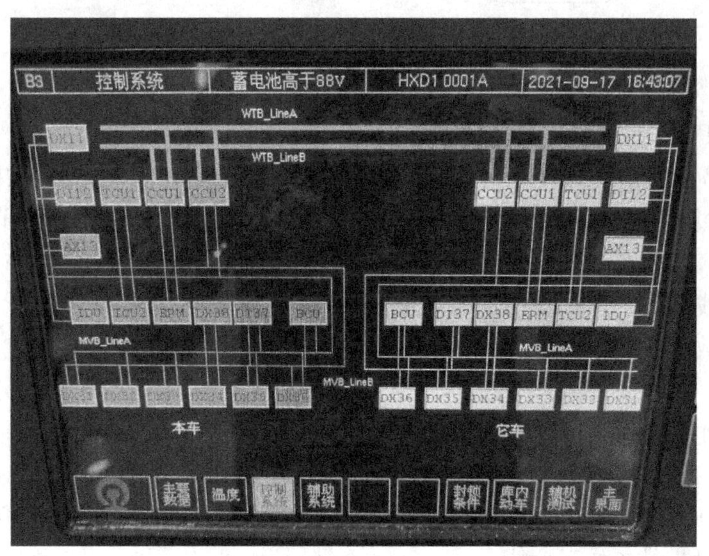

图 5-5　HXD$_1$ 型电力机车网络拓扑图

网络控制系统采用列车级和车辆级控制，列车控制级采用绞线式列车总线 WTB，车辆控制级采用多功能车辆总线 MVB。网络控制系统采用分布采集及执行，中央集中控制与管理的模式。由 WTB/MVB 网关模块 GWM、车辆控制模块 VCM(Vehicle Control Module)、事件记录模块 ERM(Event Record Module)、数字量输入输出模块 DXM(Digital Input/Output Module)、数字量输入模块 DIM(Digital Input Module)、模拟量输入输出模块 AXM(Analog

Input/Output Module)和智能显示装置 IDU(Intelligent Display Unit)等组成，通过 MVB 与传动控制单元 TCU(Traction Control Unit)、辅助变流器控制单元 ACU(Auxiliary Converter Unit)、制动控制单元 BCU(Brake Control Unit)等进行通信。

每节机车装有 1 个 WTB/MVB 网关模块 GWM，位于机械间内，WTB/MVB 网关模块 GWM 通过多功能车辆总线 MVB(ESD+)与车辆控制模块 VCM 通信。GWM/ERM/VCM 模块接口如图 5-6 所示。

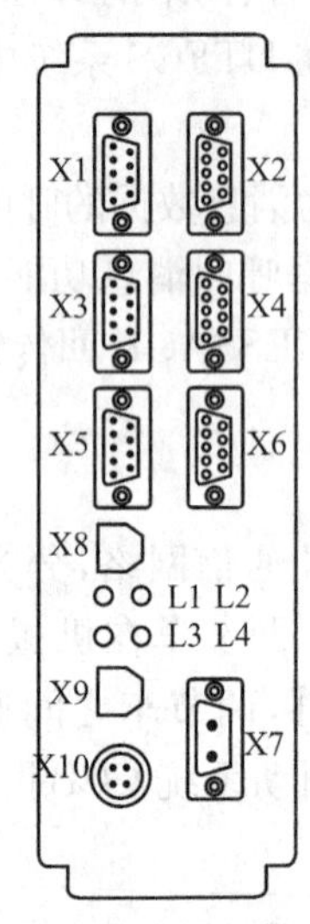

X1: WTB_Direction1 (9-Pin SUB-MIN-D Connector male)
X2: WTB_Direction2 (9-Pin SUB-MIN-D Connector female)
X3: WTB_Direction1 (9-Pin SUB-MIN-D Connector male)
X4: WTB_Direction2 (9-Pin SUB-MIN-D Connector female)
X5: MVB1 (9-Pin SUB-MIN-D Connector male)
X6: MVB2 (9-Pin SUB-MIN-D Connector female)
X7: Power (2W2 SUB-MIN-D Connector male)
X8: USB ()
X9: RS-232 ()
X10: Ethernet ()

图 5-6　GWM/ERM/VCM 模块接口图

1. WTB/MVB 网关模块 GWM 的功能

WTB/MVB 网关模块 GWM 是 TCMS 实现机车重联运行的核心模块，具备如下功能：

(1)列车级过程控制。执行诸如牵引/制动控制等一系列与机车重联运行有关的控制功能。

(2)列车总线管理。具有绞线式列车总线 WTB 的管理能力。

(3)列车级数据通信。与 TCMS 系统的车辆控制模块 VCM 进行与机车重联运行有关的数据交换。

2. 车辆控制模块 VCM 的功能

每节机车装有 2 个车辆控制模块 VCM，位于机械间内，车辆控制模块 VCM 通过多功能车辆总线 MVB(ESD+)与其他设备通信，其 CPU 功能如图 5-7 所示。车辆控制模块 VCM 是 TCMS 的核心模块，具备如下功能：

(1)车辆级过程控制。执行诸如牵引/制动控制、空电联合控制、超速保护和空调顺序启动等一系列控制功能。

(2)车辆总线管理。具有多功能车辆总线 MVB 的管理能力，并且能够进行主权转移。

(3)数据通信。与 TCMS 系统的其他设备及非 TCMS 的智能设备的数据交换。

①调试接口

调试接口在面板上为 X9，为 RS-232 通信标准，可以直接与计算机的串口进行通信。注意

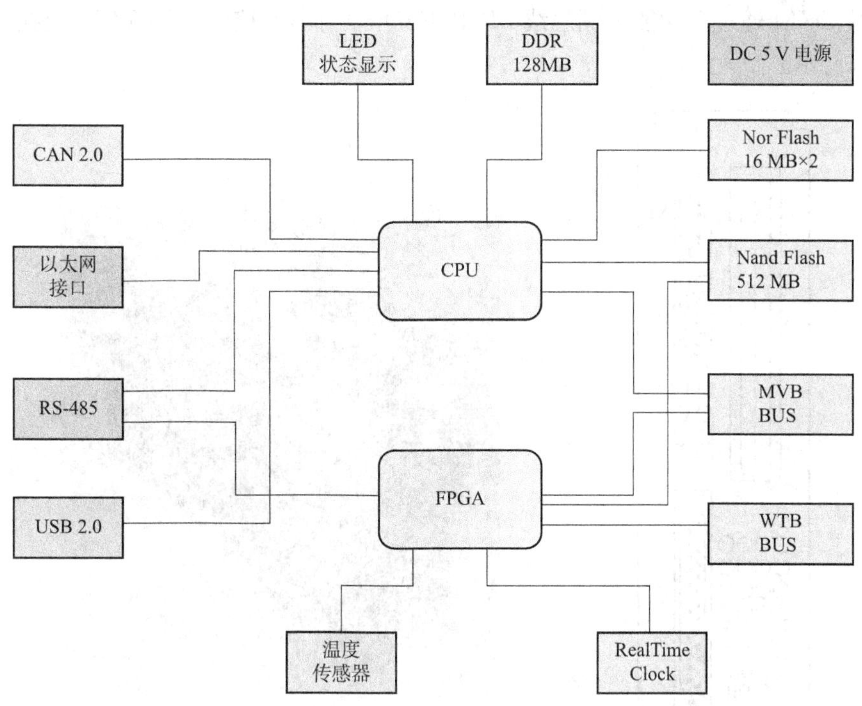

图 5-7　VCM 模块 CPU 功能框图

VCM 模块的串口采用的是 RJ-45 型连接器，而非标准的 DB9 连接器。

②USB 接口

USB 接口在面板上为 X8，提供 USB1.1 标准的主机接口外面可以接 U 盘等存储设备，完成程序的转储。

③以太网接口

以太网接口在面板上为 X10，提供 10/100 M 自适应的以太网通信。可以用来下载程序和固件。采用的工业以太网专用的 M12 连接器，可以进行网络数据传输。

④MVB 通信接口

MVB 接口在面板上为 X4、X5，采用国际标准的车辆总线标准。

3. 事件记录模块 ERM

每节机车装有 1 个事件记录模块 ERM，位于机械间内，事件记录模块 ERM 通过多功能车辆总线 MVB(ESD+)获取完整其功能的所有数据。事件记录模块 ERM 是 TCMS 完成故障诊断、数据记录与 转储的核心模块，具备如下功能：

(1)故障诊断。完成车载的故障诊断功能，并通过 IDU 报告给司机。

(2)数据记录。司机操作数据、故障数据、事件数据的记录，将车辆控制模块 VCM 的故障数据具体化。

(3)数据转储。通过车载信息网(工业以太网)将记录的数据下载，供便携式维护工具分析。

4. 数字量输入输出模块 DXM

每节机车装有 8 个数字量输入输出模块 DXM，分别安装于司机室和机械间中。数字量输入输出模块 DXM 通过多功能车辆总线 MVB(ESD+)与车辆控制模块 VCM 交换数据,其接口如图 5-8 所示。

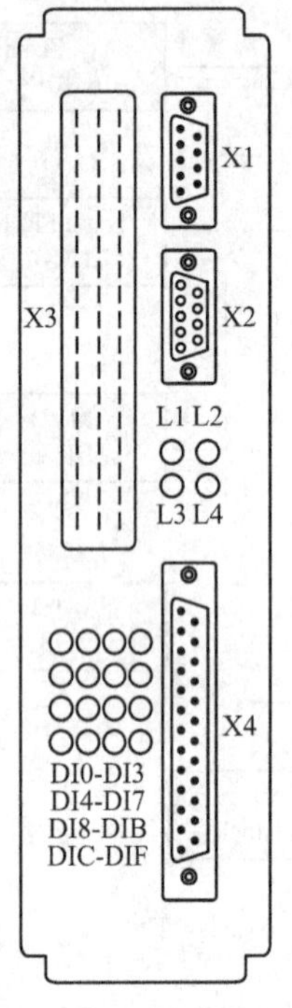

图 5-8　DXM 接口图

5. 模拟量输入输出模块 AXM

每节机车装有 2 个模拟量输入输出模块 AXM(图 5-9),分别安装于司机室中。模拟量输入输出模块 AXM 通过多功能车辆总线 MVB(ESD+)与车辆控制模块 VCM 交换数据。

图 5-9　模拟量输入输出模块 AXM

模拟量输入输出模块 AXM 实现模拟量信号的采集输入和控制输出,具备如下功能:

(1)输入信号采集。将车辆间电气信号转换成控制信号,经由列车控制网络传送给车辆控制模块 VCM,完成各种控制功能。

(2)控制信号输出。将网络控制信号转换成电气信号,控制诸如仪表等设备。

AXM 硬件系统的结构主要包括:①CPU 子系统;②MVB 通信子系统;③A/D 采集系统;④D/A 输出系统;⑤电源子系统。AXM 主要接口如图 5-10 所示。

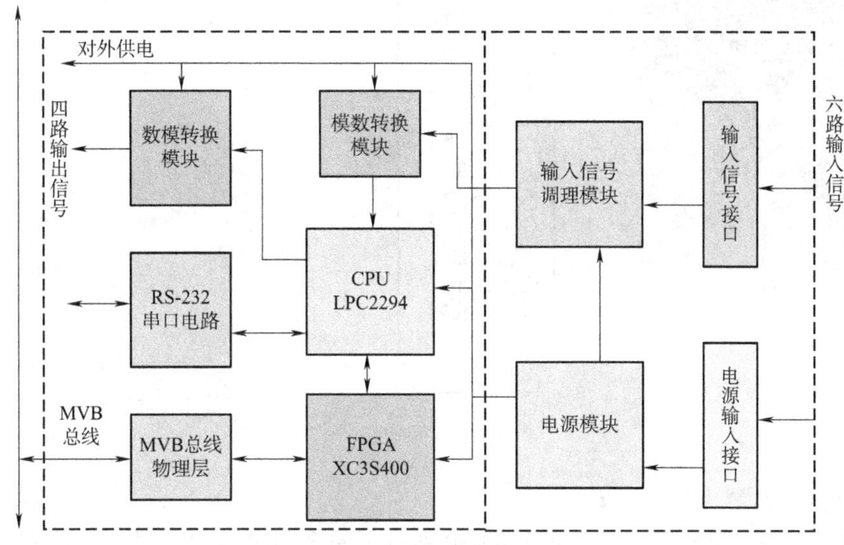

图 5-10　AXM 主要接口图

输入接口通道数:6。

电压型范围:DC 0～10 V。

电流型范围:0～20 mA。

精度:1%。

输出接口通道数:4。

电压型范围:DC 0～10 V。

电流型范围:0～20 mA。

精度:1%。

6. 数字量输入模块 DIM

每节机车装有 3 个数字量输入模块 DIM,分别安装于司机室和机械间中。数字量输入模块 DXM 通过多功能车辆总线 MVB(ESD+)与车辆控制模块 VCM 交换数据,其接口如图 5-11 所示。

(1)数字量输入模块 DIM 功能

①输入信号采集:将车辆间电气信号转换成控制信号,经由列车控制网络传送给车辆控制模块 VCM,完成各种控制功能。

②设备地址输入:通过外部跳线配置设备地址,维护过程异常容易。

数字量输入通道数:32。

逻辑“0”电压范围:DC 0～49 V。

逻辑“1”电压范围:DC 58～110 V。

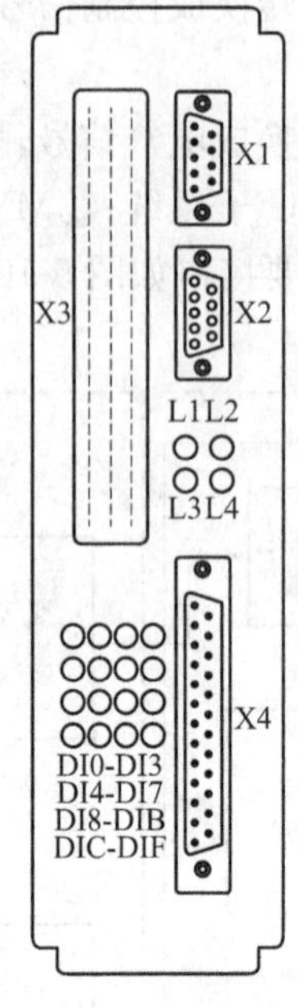

图 5-11　DIM 接口图

7. 智能显示装置 IDU

每节机车装有 2 个智能显示装置 IDU，分别位于两个司机室内，智能显示装置 IDU 通过多功能车辆总线 MVB(ESD+)与其他设备通信。智能显示装置 IDU 是列车控制和诊断系统 TCMS 的终端设备，是司机和维护人员操作机车的窗口等参数进行更改与设定。

(1)IDU 功能

①列车信息显示：向车辆驾驶人员和维护人员提供车辆综合信息、各设备的工作状态、故障信息的综合与处理等功能。

②参数设定：对轮径值、列车重量、站点、时间日期。

(2)IDU 技术参数

①机械尺寸：315 mm×250 mm×81.1 mm。

②质量：4.5 kg。

③工作电压：DC 77～133.5 V。

④环境温度：−25～+45 ℃。

⑤冷却方式：自然风冷。

⑥通信接口：MVB、CAN(监控预留)。

四、机车车载网络控制软件

机车车载网络控制软件是 TCMS 的主要功能，主要包括以下部分：

1. 牵引控制功能

(1)牵引制动特性控制

牵引时手柄设定速度，制动时手柄设置制动力。根据特性曲线和牵引力的上升/下降斜率等进行牵引/制动力的给定控制。

(2)牵引制动力分配控制

根据各动力轴的不同情况及各转向架的情况不同,修改特性控制计算的设定力矩。

(3)顺序控制

可以根据节点号确定机车的不同状态。节点号是所有系统处理器(总站)的参考号,可以据此对机车操作过程作出明确规定,顺序控制还可以执行各种保护功能。例如,只有当顺序控制达到相应的节点或状态后主断才可闭合。

(4)机车逻辑控制

机车逻辑控制包括操作端控制、方向选择、牵引运行逻辑解锁控制、停车换端控制、撒砂控制等。

(5)主电路控制

主电路控制包括受电弓的控制、主断路器的控制、网压监视和变压器监视等。

(6)辅助系统控制

辅助系统控制包括辅助系统的启动及停机控制、辅助系统接触器控制、辅助系统变频等级的计算及控制、辅助系统故障切换、压缩机的控制等。

(7)防空转/滑行控制

防空转/滑行控制是指根据当前实际动力轴的状态控制牵引/制动力输出的大小,从而减小空转/滑行对车辆带来的不利影响。

(8)空电联合控制

空电联合是指为减少轮对磨损、节约电能而使车辆在制动过程中,优先选择电制动,空气制动补偿到满足列车制动要求的行为。

(9)重联运行控制

软件设置可进行三台机车的重联,通过WTB进行命令的传输及重联车状态信息的反馈(包括故障信息),甚至消除保证前后机车协调一致地进行工作。

(10)分相区控制

机车过分相时能将牵引力快速而平稳下降到0,断“主断”,过分相后自动恢复分相前的牵引运行状态。防止由于司机操作使失误机车带电过分相。

(11)辅助系统库用测试

在库用状态通过显示屏辅助系统测试页面进行辅助变流器、辅助电机的试验,包括辅助系统故障切换试验。

(12)轴重转移补偿控制

机车牵引控制系统有动态轴重转移补偿功能。由轨道条件等原因引起的一个牵引电机不能实现被要求的牵引力,轴重转移补偿功能将增加机车其他牵引电机的扭矩以达到要求的牵引力。但每个牵引电机能发出的最大扭矩应限于其最大的设计扭矩值。

(13)轮径手动修正功能

只有机车在静止时才可以凭密码输入参考轮径。

(14)机车定速控制

只有方向手柄在“向前”位置时,定速功能才起作用,定速功能不支持“向后”运行。为了激活定速模式,以下条件应完全满足:

①主司控器在“牵引”区域,它不在“0”位或者“制动”区域。

②没有空气制动。

③没有牵引封锁。

④已经输入了有效的列车质量。

(15)牵引和制动工况下牵引电机电流最大值限制控制功能

在牵引和制动工况下,网络控制系统及牵引控制系统具有牵引电机电流最大值控制功能。

(16)无人警惕控制

当控制部件无动作或长期激活控制部件,此时警惕装置报警并通过开始惩罚制动或激活列车自动停止阀自动制动。

(17)冗余控制功能

确保在工作单元失效时能自动转换。控制系统采用两个 CCU,WTB/MVB 通过本身两个通道进行冗余,重要的 I/O 采用双份,冗余切换过程将在足够的时间内进行。MVB 采用热备工作方式。单路故障时,可自动切换,在转换过程中有短暂保护性动作。

2. 保护功能

(1)列车级保护

列车级保护是指引起全列车都进行保护的动作,主要包括:紧急制动、牵引封锁、电制动力封锁。

(2)车辆级保护

车辆级保护是指引起本节车进行保护的动作,主要包括:蓄电池欠压保护,牵引封锁、电制动力封锁、变流器封锁、逆变器封锁、HVB 断开、PANTO 降下、功率限制、启动联锁。

(3)部件级保护

部件级保护是指引起各设备进行保护的动作,一般由各设备完成,主要包括:电机组牵引封锁、电机组制动力封锁、电机组脉冲封锁、电机组功率限制。

3. 监视功能

为正常运行,每个司机室中至少需要显示如下信息:

(1)一般故障。

(2)空转/滑行状态。

(3)接触网电压。

(4)机车运行工况。

(5)监视设备必须监视如下状态:

①MVB 设备状态。MVB 的设备状态应在机车显示屏上按照实际情况显示,有清晰的信号名称、拓扑位置和状态量。

②机车运行数据。机车的重要数据在机车显示屏上按照实际情况实时显示出来。

③司机操作指令。在 MVB 上与机车运行控制有关的司机操作指令在机车显示屏上实时显示出来,对有效的操作的过程和无效操作的因果关系都有清晰的显示。

司机室显示信息尽量用微机显示屏显示,对不同类别的信息用彩色予以分开。微机显示屏具有显示故障的功能,并提供故障处理建议。

4. 诊断功能

车载诊断系统 DDS 是 TCMS 系统的重要组成部分,VCM 收集并在故障数据库中存储列车的事件、故障和列车状态的相关信息。故障信息在司机台上通过智能显示装置 IDU 显示出来,并且通过 PTU 上传到地面维修和服务系统中,供长期的储存和深入的地面分析。

故障的检测分为车辆综合故障的检测和子系统故障的检测，其中车辆综合故障的检测由TCMS根据车辆综合信息进行逻辑判断，滤波后得到有效的车辆综合故障信息。子系统故障一般说来由各子系统完成，TCMS对其有效性进行判断。TCMS的诊断功能可以协助司机和检修人员进行工作。当故障发生时，协助司机采取适当的操作，并使维护人员更容易地查找并解决故障。

如果列车发生故障，将以纯文本信息在智能显示装置IDU上显示给司机。为此，支持总线的单元通过MVB传输故障发生信息到主控VCM。然后主控VCM将日期和时间加到设备项的故障代码上。信息将通过MVB传输到IDU上。在IDU上，每条纯文本信息都分配有故障代码，根据不同的故障类别进行故障评估。故障类别和纯文本信息显示在显示器的界面上。此外，司机可以从显示器上获得所必须实施的操作的指导说明。

故障信息存储下来，将包括下面数据：

(1)日期、时间。

(2)故障处理指南。

(3)故障代码。

(4)新故障/故障消除状态(仅在运行模式有效)。

5. 故障等级

TCMS将故障划分为三个级别，当检查到故障时按照每个故障等级TCMS将采取定义好的动作。

(1)严重故障(等级1)：要机车操作人员立即注意或采取行动的故障定义为严重故障。当此级别故障发生，智能显示装置故障信息栏闪烁，当操作人员按压确认键后，故障信息栏内容消失，当前故障在故障信息界面显示。当此级别故障发生，司机必须根据智能显示装置故障信息界面显示故障处理提示进行相应处理，用于消除故障或隔离故障设备。

(2)中等故障(等级2)：要维护人员注意的故障被定义为中等故障。故障信息在故障界面显示。故障信息界面显示故障处理提示用于排除故障。

(3)轻微故障(等级3)：由列车操作人员触发的故障被定义为轻微故障。故障不在操作人员的故障信息界面上显示。仅记录在故障日志中。

机车显示器应用软件组成如图5-12所示。

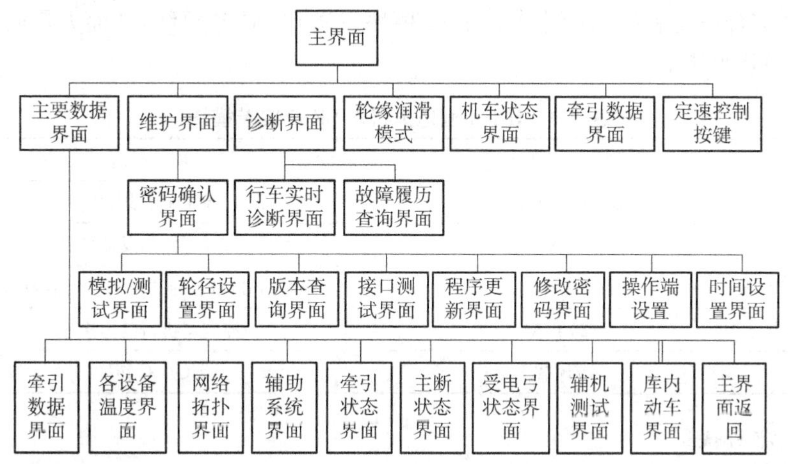

图5-12　机车显示屏软件组成

五、HXD1 型电力机车控制系统的主要部件及其功能

1. 中央控制单元(CCU)

HXD1 型电力机车采用 3 型 CCU，每节车有 2 个 CCU 机箱，分别工作在主控模式和从控模式下，互为热备份。

CCU 负责列车级控制和机车级控制，它具有以下主要功能：设备监视(自诊断功能)；机车重联控制、WTB、MVB 总线管理；机车控制逻辑的实现；机车牵引/制动特性控制；轴重转移补偿控制；自动过分相控制；空电联合制动控制；通风机转速自动控制；无人警惕控制；自动轮径校正。

2. 牵引控制单元(TCU)

HXD1 型电力机车每节车有 2 个 TCU，分别控制一个转向架的牵引和制动。通常 TCU1 为主 TCU，当其出现故障时，TCU2 会变为主 TCU。CCU 只发送指令(牵引/制动等)给主 TCU，但两个 TCU 都反馈信号给 CCU。

TCU 主要负责传动级控制功能，包括：牵引和电制动力的闭环控制；辅助逆变器的闭环控制；网侧参数(例如等效干扰电流、功率因数)的闭环控制；中间直流回路电压的闭环控制；产生 IGBT 模块脉冲信号；对预充电接触器、线路接触器等部件的控制；对变流器、牵引电机和其他部件的监控；防滑/防空转控制；牵引诊断数据的保存；通过 MVB 与 CCU 和其他 TCU 进行数据交换。

3. SIBAS KLIP

HXD1 型电力机车安装了 SIBAS KLIP 输入/输出设备，相关电路(接触器、开关等)的信号读入到 SIBAS KLIP I/O 模块。SIBAS KLIP 分为 Compact I/O 和 KLIP STATION 两类。

(1)Compact I/O

司机室副台下安装了 2 个 Compact I/O，用于读取司机指令(升弓、合主断、无人警惕装置信号等)，也读取主司控器的格雷码信号(牵引/制动给定、速度给定)。Compact I/O 结构如图 5-13 所示。

(2)KLIP STATION

KLIP STATION 在电路图上的代号为 SKS3，它被安装在机械室低压柜内。通过 SKS3 可以迅速地将综合信息和控制指令由 AS318 模块发送到 MVB 总线，从而大量简化机车布线，SKS3 安装的模块见表 5-1。

表 5-1　HXD1 型电力机车 SKS3 安装模块

模　块	类　型	功　能
AS318	MVB board	MVB 总线接口
开关量输入	110 V	读入信号(如反馈信号)
开关量输出	110 V	输出信号(如控制主断、接触器等动作)
模拟量输出	±20 mA	控制司机台的力矩表
电源	MVB 32	DC/DC 转换

(3)MVB 服务接口

在司机室副台侧窗下方有个 MVB 服务接口，它附带 AC 220 V 插座。通过这个接口，可

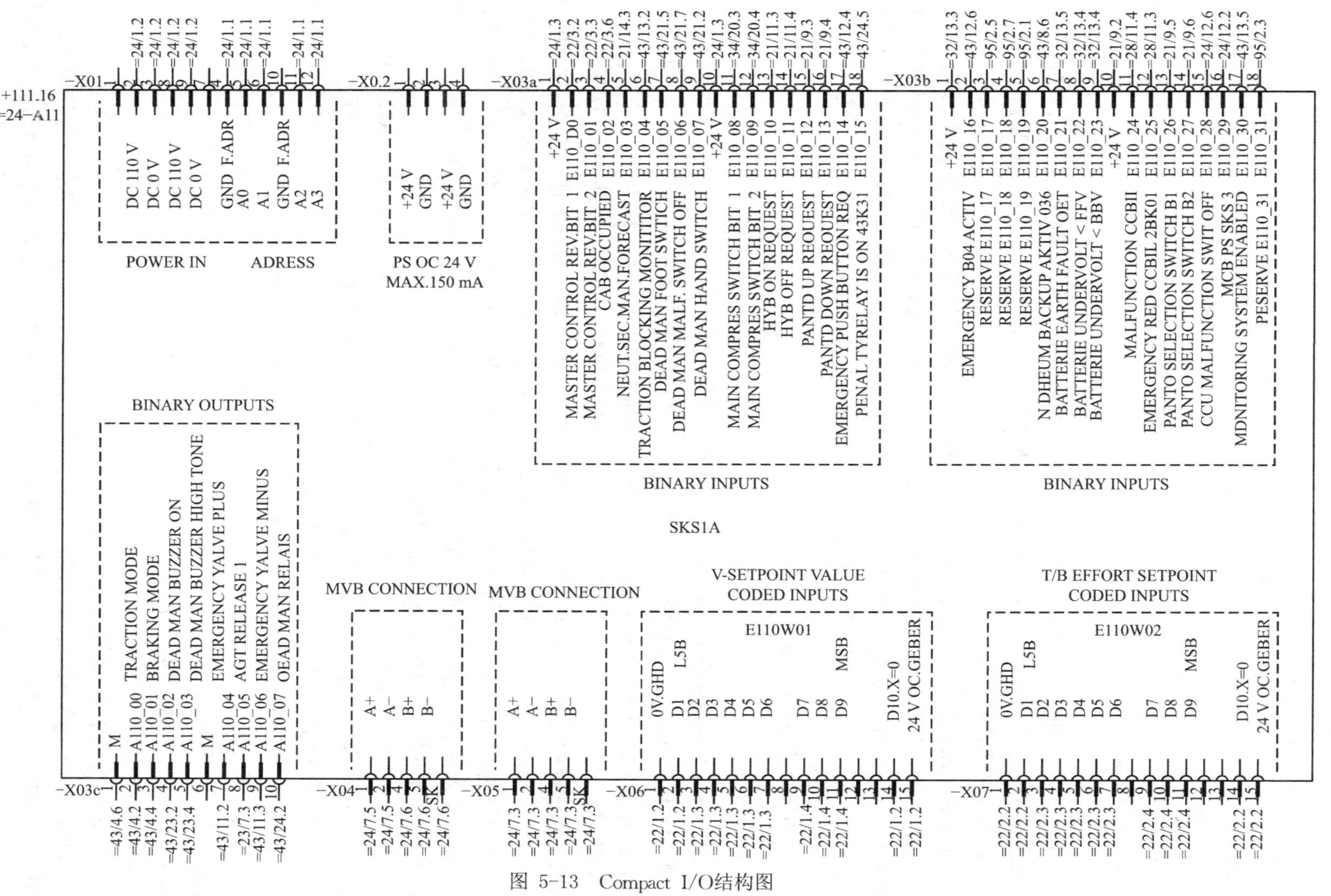

图 5-13　Compact I/O结构图

以使用 SIBAS Expert2 软件或者 Monitor 软件读取机车的诊断数据及日志数据。

(4)制动控制单元(BCU)

BCU 主要负责机车的空气制动控制,在机车上安装 LOCOTROL 时集成 LOCOTROL 控制功能。

(5)制动显示器(LCDM)

LCDM 为制动系统的显示器,主要显示机车制动系统的相关信息,可对制动系统的部分参数进行设定。

(6)微机显示器(HMI)

HMI 的主要功能是显示机车的列车级、机车级运行状态数据和故障信息,实现机车部分参数的设定和集成部分机车控制按钮,并可以在维护界面对部分机车设备进行检查。

4. 机车故障诊断

机车的 SIBAS 32 控制系统具有自诊断功能,自诊断信息可在微机显示器上进行显示。CCU 和 TCU 具有故障诊断和故障储存功能。故障诊断分为司机屏提示、Monitor 软件实时诊断、Expert2 软件离线分析等方式。诊断数据分故障数据和日志数据,其中诊断数据附带机车运行的环境参数。诊断数据包含代码、发生时间、消失时间、事件简单说明等信息。

六、SIBAS 32 控制系统

1. 概述

SIBAS 控制系统是德国 SIEMENS 公司的列车微机控制系统,能够实现列车的牵引系统控制、信息传输、运行监控和诊断等全部控制任务。SIBAS 控制系统有 SIBAS 16 和 SIBAS 32 两个系列,目前在列车上普遍运用的 SIBAS 32 是 SIBAS 系统的第二代产品。

SIBAS 32 系统是一个基于 TCN 通信网络的列车控制系统,该系统是按照 TCN 通信网络的结构进行构建的,为此 SIBAS 32 控制系统设计了智能外围设备连接终端,即 SIBAS KLIP 站。KLIP 站可以很自由地分布在列车车辆的各个部位上,因此采用了 SIBAS KLIP 的系统能够迅速综合信息和控制指令,并且通过通信总线传输给中央控制装置,同时 KLIP 站的运用还大量减少了传统列车的布线数量。SIBAS 32 控制系统采用集散控制模式,能够实现列车的牵引系统控制、信息传输、运行监控和诊断等全部控制任务。

SIBAS 32 控制系统如图 5-14 所示,图中的 TC1、TC2 即为牵引控制单元、REP 为网络重复器、PIS 为旅客信息系统控制单元、AUX 为辅助电源系统控制单元、BCU 为制动系统控制单元、DCU 为车门控制单元。作为一种集散控制系统, SIBAS 32 控制系统由多个相对独立的控制单元构成,控制单元之间通过 MVB 总线连接,只在带有网关的车辆控制单元 VCU 和具有中央控制功能的 VCU(称之为 CCU)之间采用 WTB 总线连接。系统也可以采用单一网络的方式,在固定编组的列车上采用 MVB 总线(加重复器 REP)连接全列车的控制单元,从而能获得更简洁的系统结构、更小的信息传输时延和更好的系统整体性。目前,这种方式在城市地铁列车、轻轨列车和有轨电车上得到广泛的运用。

2. SIBAS 32 控制系统的主要功能控制单元

功能控制单元是 SIBAS 32 控制系统的主要组成部件, SIBAS 32 控制系统控制单元的通用性功能结构如图 5-15 所示,但每个控制单元的实际结构则需要根据该控制单元所需要的具体功能进行设计,SIBAS 32 控制系统的主要控制单元为车辆控制单元 VCU(中央控制单元

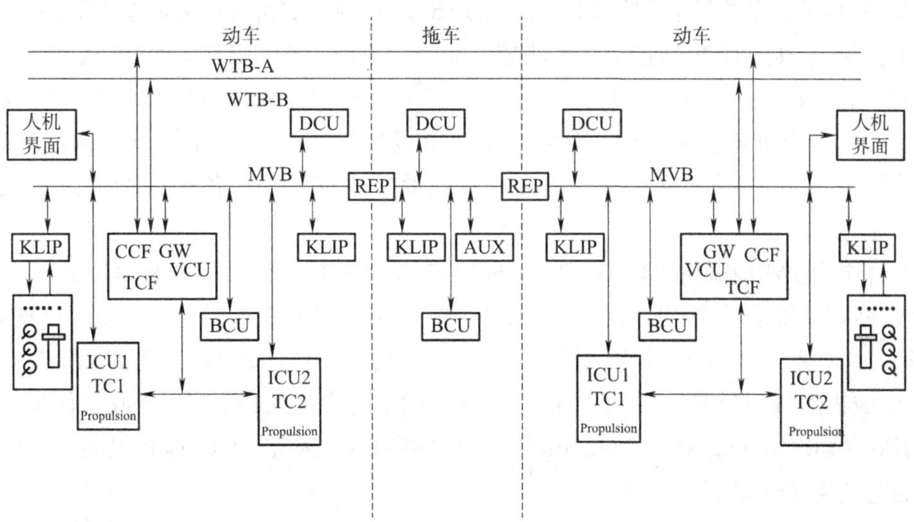

图 5-14　SIBAS 32 控制系统示意图

CCU)、牵引控制单元 TCU、列车总线 WTB 和车辆总线 MVB 及其网关 GW、智能外围设备连接终端 KLIP 站等。

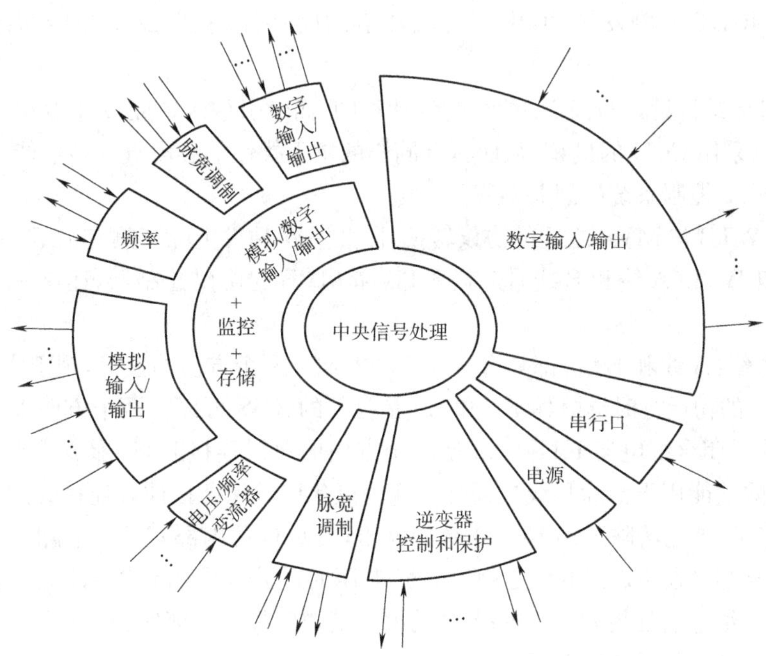

图 5-15　SIBAS 32 控制系统控制单元的通用性功能结构图

(1)SIBAS 32 控制系统的 VCU 和 CCU

车辆控制单元 VCU 是车辆级的控制单元,而中央控制单元 CCU 则是增加了列车级控制与管理功能的 VCU。在 SIBAS 32 控制系统中 CCU 的功能是可以转移的,根据当前运行的需要如换向运行或当前的 CCU 发生故障,其功能可以转移至另一节车辆的 VCU 上。因此,系统中的每个 VCU 都具有 CCU 的列车控制和管理功能,可以在需要的时候予以激活。

CCU 作为列车层的控制和管理器是 SIBAS 32 控制系统的核心控制单元，主要实现列车的集中控制与故障诊断功能（CCF 功能），同时还具有车辆级的牵引控制功能（TCF 功能）。网关 GW 集成在 CCU 内，但是一个独立的中央处理器采用 32 位的 CPU 实现系统的控制与管理。中央处理器和 TCN 网关的串行总线接口用于外接计算机设备，可以通过外接的计算机设备对 CCU 和网关进行检查或系统设置。单元内的各插件均通过背板实现电气连接。

CCU 的机械结构采用欧洲标准的 6U 机箱，其中，中央处理器、网关和电源为 6U 的插件，串行总线（MVB）和输入/输出插件为 3U 的插件，机箱底部一般还带有高度为 1U 的风扇层，用于机箱通风和散热。CCU 的机箱结构设计充分考虑了环境因素如温度、振动，以及电磁干扰如静电、电磁辐射等的影响；设置了防止插件位置插错的机械编码机构；采取了保证系统电磁兼容性 EMC（Electromagnetic Compatibility）性能的措施，因此 CCU 具有很高的抗干扰性能和良好的电气连接性能。

（2）SIBAS 32 控制系统的 TCU

牵引控制单元 TCU 是列车的传动级控制单元，主要功能是实现对牵引变流器的控制。TCU 的结构与 CCU 类似，如图 5-16 所示。TCU 在结构上增加了一个牵引处理单元，其中的核心为一个高速信号处理器 SIP（ Signal Processor），SIP 承担牵引和电制动的闭环控制并产生逆变器模块 IGBT 的触发脉冲、中间直流环节的闭环控制，以及实施传动部分的监控和保护。

TCU 的机械结构设计与 CCU 的结构设计相同，而牵引控制单元设计为 6U 结构的插件，因此 TCU 可以采用 CCU 的机箱，从而具有同样的抗干扰性能和电气连接性能。

（3）SIBAS 32 控制系统的网关 GW

GW 用于 WTB 与 MVB 之间的协议转换，因此 GW 插件上除了具有两组 MVB（A 线和 B 线）接口和两组 WTB（A 线和 B 线）接口、WTB 和 MVB 的协议控制器，还有一个处理协议转换的微处理器。

WTB 的总线（A 线和 B 线）都具有方向 1 和方向 2 两个方向的接口，用于实现 WTB 的初运行。在 WTB 的初运行时继电器 K1 和 K2 是打开的，GW 可以在两个方向上进行总线的连接；初运行完成后闭合继电器 K1 和 K2 使两个方向的总线连接起来，形成完整的 WTB 总线网络。氧化消除功能用于消除总线接插件之间的氧化层以保证接插件连接处的低阻抗。根据 TCN 标准的定义，氧化清除采用 DC 60 V 的电压，因此 GW 内部有一个清除电压模块。进行氧化清除时闭合继电器 K3 和 K4 使 DC 60 V 电压通过总线作用到接插件上，清除结束断开 K3 和 K4。所有继电器的控制由 FPGA 内的继电器逻辑控制功能实现。

（4）SIBAS 32 控制系统的 KLIP 站

KLIP 站是一种信号输入/输出设备，主要功能是采集相关电路的状态信号和输出相关的控制信号。KLIP 站可以分为 CIO（Compact I/O）和 SKS（SIBAS KLIP STATION）两种形式，两种形式的 KLIP 站都具有 MVB 通信能力。CIO 一般主要用于司机操作台，负责采集司控器的信号、司机操作台的控制命令，如升/降弓、分/合主断路器等及向司机操作台输出一些状态指示信号；SKS 主要用于低压电器柜和一些控制逻辑电路，负责采集低压电路（控制电路）的状态信号和相关控制信号的输出。

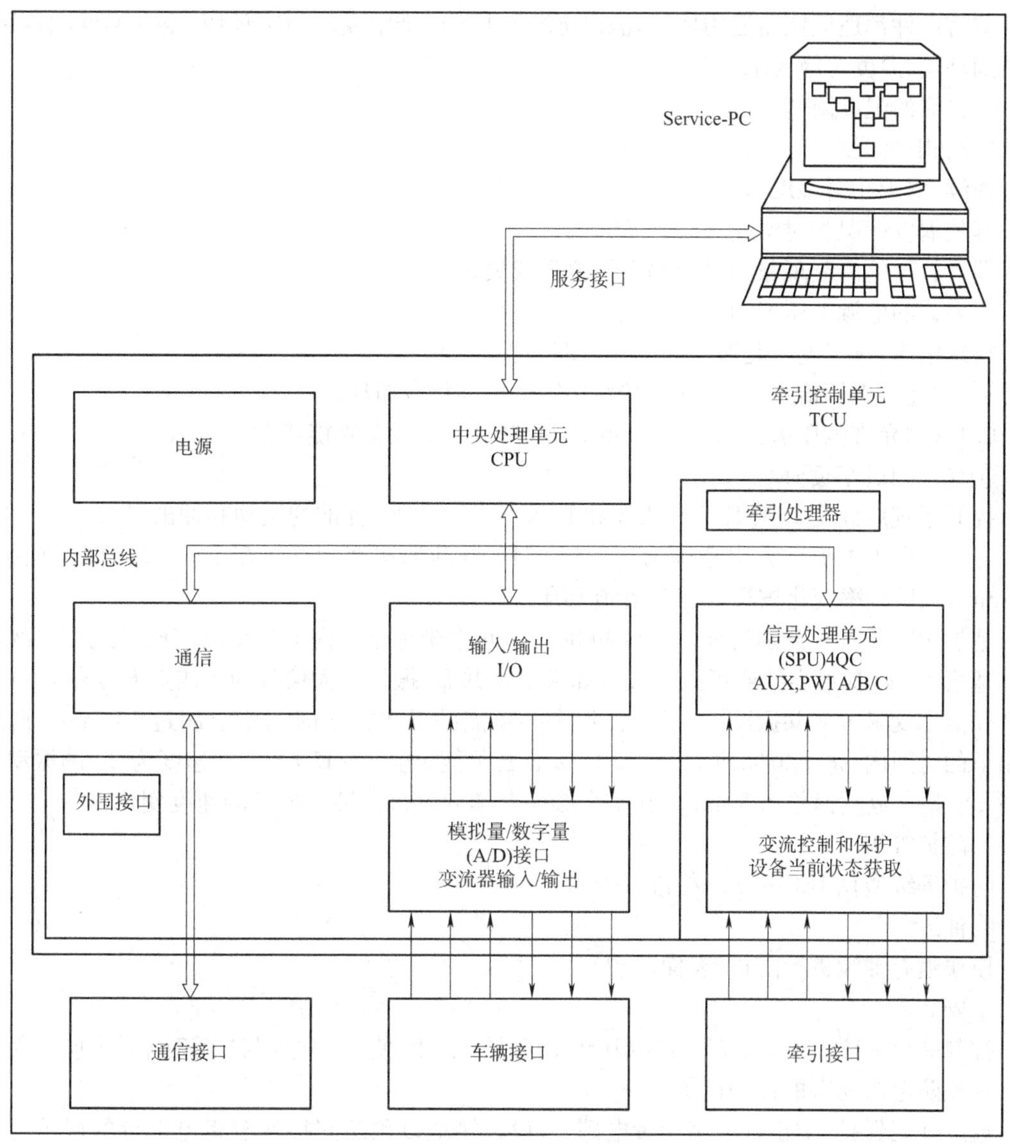

图 5-16　TCU 控制单元结构图

3. SIBAS 32 控制单元

(1)应用标准

SIBAS 32 控制系统是为了轨道运输和长距离铁路运输而开发的，满足欧洲标准 EN 50155 的要求，在产品开发和型式试验中的相关应用场合也参照了下列标准：

BN 411 002(LES-DB)/1996　　　IEC 60571/1998

EN 50155/1995　　　EN 50121 Part 3-2/2000

EN 50153/1996　　　EN 50261/1999

(2)通用技术规范及使用条件

①允许的温度范围

环境温度：－40～70 ℃。

所有部件都适应铁路运用环境，满足 EN 50155 标准中模块周围环境、空气温度和控制系统周围环境、温度等级要求。

②允许的湿度限值

年均相对湿度：75%。

连续 30 天相对湿度：95%。

其他偶发情况相对湿度：95%～100%。

偶发轻微的冷凝现象不得引起系统故障或失效。

③允许的电源电压范围

持续电压：额定电压允差－30%～＋25%。

1 s 内允许电压值：－25%～＋40%额定电压不得有损坏。

0.1 s 内允许电压值：－40%～＋40%额定电压下，设备功能正常。

④允许的机车负荷

控制系统应满足 DIN IEC 68-2-6 和 DIN IEC 68-2-27 标准的振动和冲击要求。

三个方向上的振动频率范围为 8～150 Hz，振动加速度为 $2g$，在 5～8 Hz 间的振幅为 7.5 mm，之后频率变化按每分钟 8 倍频上升。

施加 18 次冲击，分别持续 11 ms 和 30 ms，每个坐标轴方向上每个时间段各施加 3 次，冲击加速度为 $5g$(梯形半波或正弦半波)，如果出现共振(振幅放大倍数为 5 或更大)，在 1 h 内装置必须能承受最大的共振冲击，但是在每个共振点的最大持续时间不能超过 15 min。此后，在剩下的时间内(每个坐标轴 1～1.75 h)装置必须能承受 8～150 Hz、加速度为 $2g$ 的振动，在 5～8 Hz 频率范围偏差 7.5 mm。在整个频率范围内以每分钟 1 倍频的速度变化。

⑤防护等级

防护等级遵循 IEC 60529 标准：IP20。

⑥油漆

模块喷有油漆进行防护(表面防护)。

⑦安装

控制单元在安装时必须保证其风扇产生的风竖直向上(使冷却气流与自然对流的方向一致)。

⑧预防电击伤害的保护措施

通过外壳保护，防止直接接触带电部分；设备接地以预防间接接触带电部分的保护(接地连接保护)；只有当前面板上所有连接器都正确连接好后才能对控制单元进行操作；未与控制单元连接的连接器的触点不能带电；控制单元前面板上未使用的插座必须用盲插头盖上。

保护接地的连接(保护接线端子)是通过控制单元的紧固螺丝来实现的，也可以采用其他方式，只要确保该方式能有与保护接线端子相同的导电性能。如有必要，必须采用保护导线连接。保护导线的截面积必须至少与回路导线的截面面积相同。

(3)安全措施 ESD

①ESD 的含义

电子元件的集成度不断提高，导致其对静电敏感。为了确保控制单元功能正常，必须考虑装置对静电的敏感性。因此在部件的制造、加工、运输或储存等环节都必须采取适当的保护措施。对这些部件以及部件上安装的模块采取防静电设计，简称为 ESD。

②ESD 措施

有效的安全措施可以防止静电产生。这些措施是：

a. 划分电子保护区。

b. 工作台 ESD 接地。

c. 采用防静电的包装材料和运输容器。

此外,必须遵守以下一般规则:

a. 不要触摸装置的接地端子,那里不是绝对的基准电位点(例如,在可传导的地表面行走时电位是不均衡的)。

b. 禁止触摸印制电路板的模块插脚、底板插头的插脚或印制电路导体。

相当多的电磁放电出现在去除标签或撕掉胶条的时候,因此在靠近 ESD 的地方应该避免这些行为的发生。在不得已这样做的时候,缓慢地拆卸可以减少危险。使用橡胶手套添加或取下这些东西时可以取得同样的效果。

c. ESD 不接触到可积累电荷的物体(例如大多数的塑胶材料)。

d. 对静电敏感的部件不能靠近数据终端或电视机,它与屏幕的最小间距不能小于 10 cm。

③维护时应采取的措施

a. 装有静电敏感部件的模块,只允许技术维护人员接触,并且须确认采取了戴防静电手腕、铺防静电地毯、鞋子接地等措施。此外,可传导的工作台外表及模块外壳必须接地。

b. 在测试适配器及测试插座的时候,不能带电插拔。

c. 只使用被认可的试验设备或工具(例如专用烙铁)。

(4)电磁兼容性(EMC)

车辆上安装的电子设备需要承受各种干扰。为了使设备免受干扰的影响,必须考虑采用宽波段的 EMC 措施,采用 EMC 原理进行设计。

干扰的类型及其对应措施下:

①电磁干扰的种类

为了实现车辆的电磁兼容,必须考虑各种干扰源及干扰宿的耦合路径。

电磁干扰的种类见表 5-2。

表 5-2　电磁如干扰的种类

干扰类型	措　施
电流型	滤波、接地、等电位点
电容型	屏蔽、选择电缆布线路径
电感型	选择电缆布线路径
电磁辐射	屏蔽、接地、等电位点

②EMC 措施

控制装置及信号通路的主要 EMC 措施,包括电源、外部串行总线接口、开关信号、模拟信号、脉宽调制信号的 EMC 措施,如图 5-17 所示。

4. 控制装置的机箱

中央控制系统 CCU 和牵引控制系统 TCU 都采用单独机箱安装,机械连接采用特殊设计,电气接触优良,抗电磁干扰性能高。

机箱内部有散热风扇,有掉电保护的存储模块及实时时钟。各插件都有防插错的机械编码装置。插件之间通过装置底板进行电气连接。

图 5-18 为 CCU 和 TCU 的机箱外形。

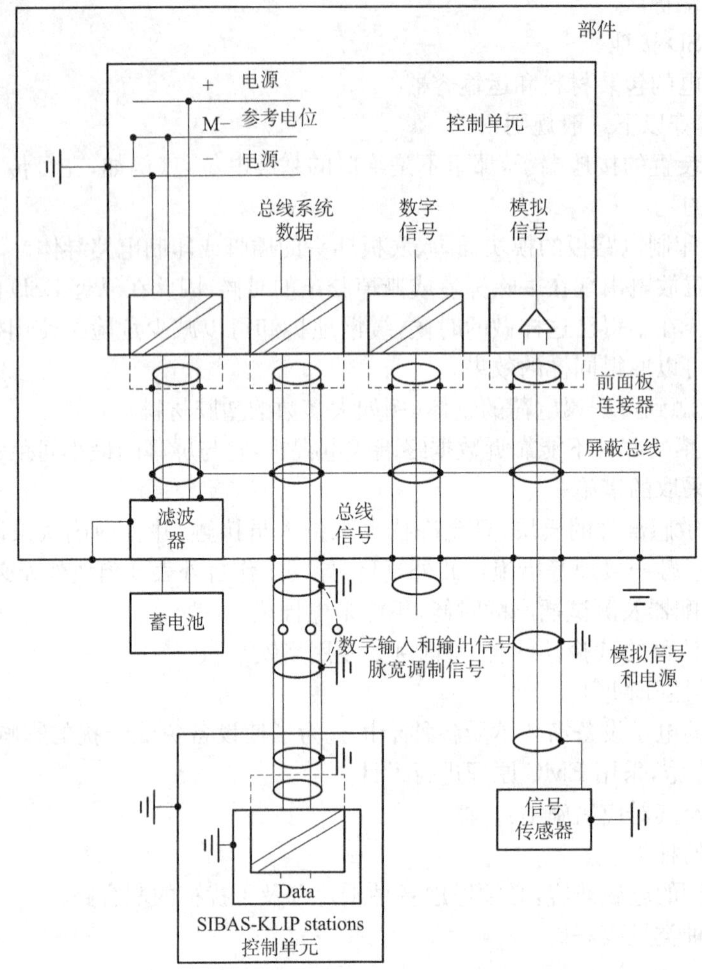

图 5-17　EMC 原理框图

图 5-18　CCU 和 TCU 机箱外形

5. CCU 控制单元模块

CCU 的各个模块通过机箱底板连接。模块的布置如图 5-19 所示。

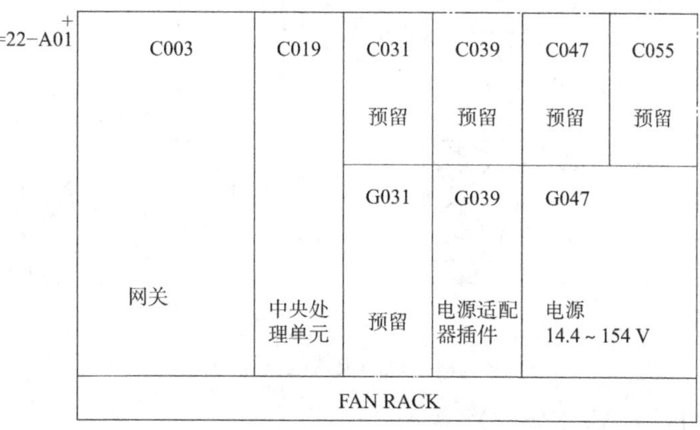

图 5-19 CCU 控制单元模块布置图

模块的型号见表 5-3。

表 5-3 CCU 各模块的型号

型　　号	模块名称	名称缩写
6FH6037-3A	风扇模块	FAN
6FH9151-3A	开关电源	PCS 5 V/±15 V
6FH9415-3J	网关	TCN GW
6FH9433-3A	变换器	APCS 15
6FH9533-3B	中央处理单元	CPU

(1)风扇模块(FAN)

风扇模块安装在 CCU 机箱的底部,用于对 CCU 控制单元进行强迫通风。风扇模块内部有后备电池,对机箱模块的数据提供防掉电保护。电池容量可通过软件检测。风扇的额定工作电压为 15^{+2}_{-4} V。风扇状态由 CCU 软件监控。

风扇模块的面板及电气原理分别如图 5-20 和图 5-21 所示。

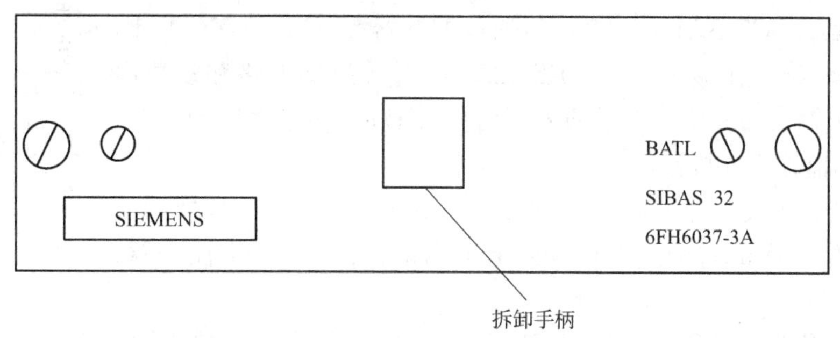

图 5-20 风扇模块的面板示意图

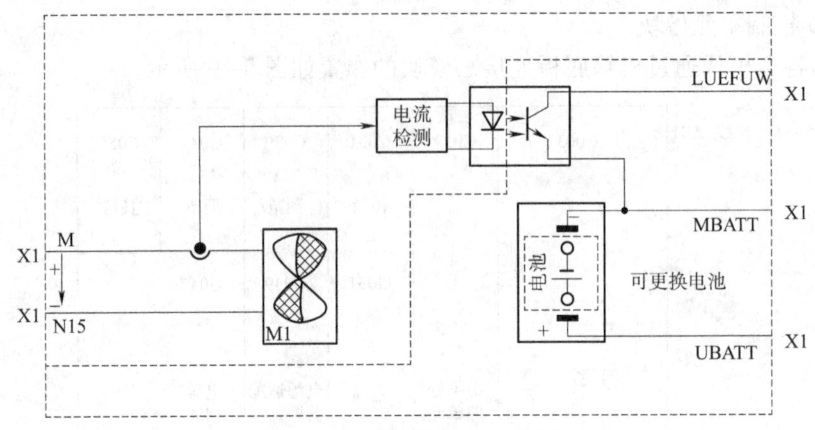

图 5-21　风扇模块电气原理图

(2)开关电源(PCS5 V/±15 V)

PCS5 V/±15 V 单元(6FH9151-3A)为 SIBAS 机箱提供电源,其主要特性如下:

①额定输入电压 U_{IN}=14.4～154 V。

②输出电压 U_{OUT}=5 V/±15 V(50 W)。

③电气隔离。

④输入极性反接保护。

⑤可拆卸,背部有插头。

电源模块的面板及电气原理分别如图 5-22 和图 5-23 所示。

(3)网关(TCN GW)

TCN GW 模块(6FH9415-3J)是用于 TCN 通信协议的微型计算机,它为 WTB 和 MVB 之间提供网关功能。其结构为 2 个槽宽(8 TE)、双倍欧标尺寸,由网关板 Gateway 和 MVB PC/104 板这两个电路板组成。

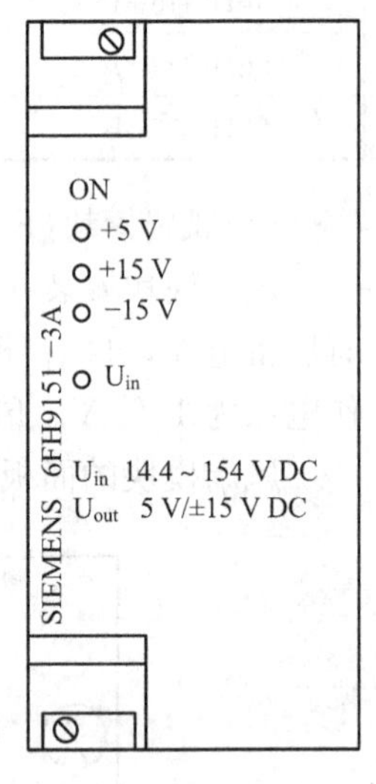

图 5-22　电源模块的面板示意图

网关板 Gateway 作为 MVB PC/104 板的母板,通过 64 芯母板连接器与 SIBAS 系统母板总线相连。从正面看,它位于左侧,由下列功能元件组成:WTB 发送/接收器;WTB 短路检测;WTB 总线信号的编码器/解码器 SDSP;LED 数码显示;FPGA 可编程门阵列;14 路数字量输入和 9 位数字量输入(FPGA 处理);继电器驱动电路;15 V 电源监控;SAF C167 微处理器;ESCC SAF 82532 串行通信控制器;RAM;闪存(Flash) EEPROM;FRAM;七段数码显示;RS-232 接口;看门狗电路和复位电路;9 路数字量输入和 9 位数字量输入(软件处理);引导程序启动开关、板复位按钮和监控模式按钮。

MVB PC/104 板用螺钉固定在网关板 Gateway 上。MVB 板的接口,从前面看位于底部右侧。它包含以下基本部件:MVBCS1 控制器、线路接口、RAM。

TCN 网关模块软件固化在闪存 EEPROM 内,它集成了下列功能:MVB 和 WTB 通信协议软件;过程数据的名称分解器;过程数据的编组;消息数据的路由;列车组映射及配置;控制接口;NSDB 管理;监控软件;待机功能;网络管理连接。

TCN GW 的面板及电气原理分别如图 5-24 和图 5-25 所示。其技术参数见表 5-4。

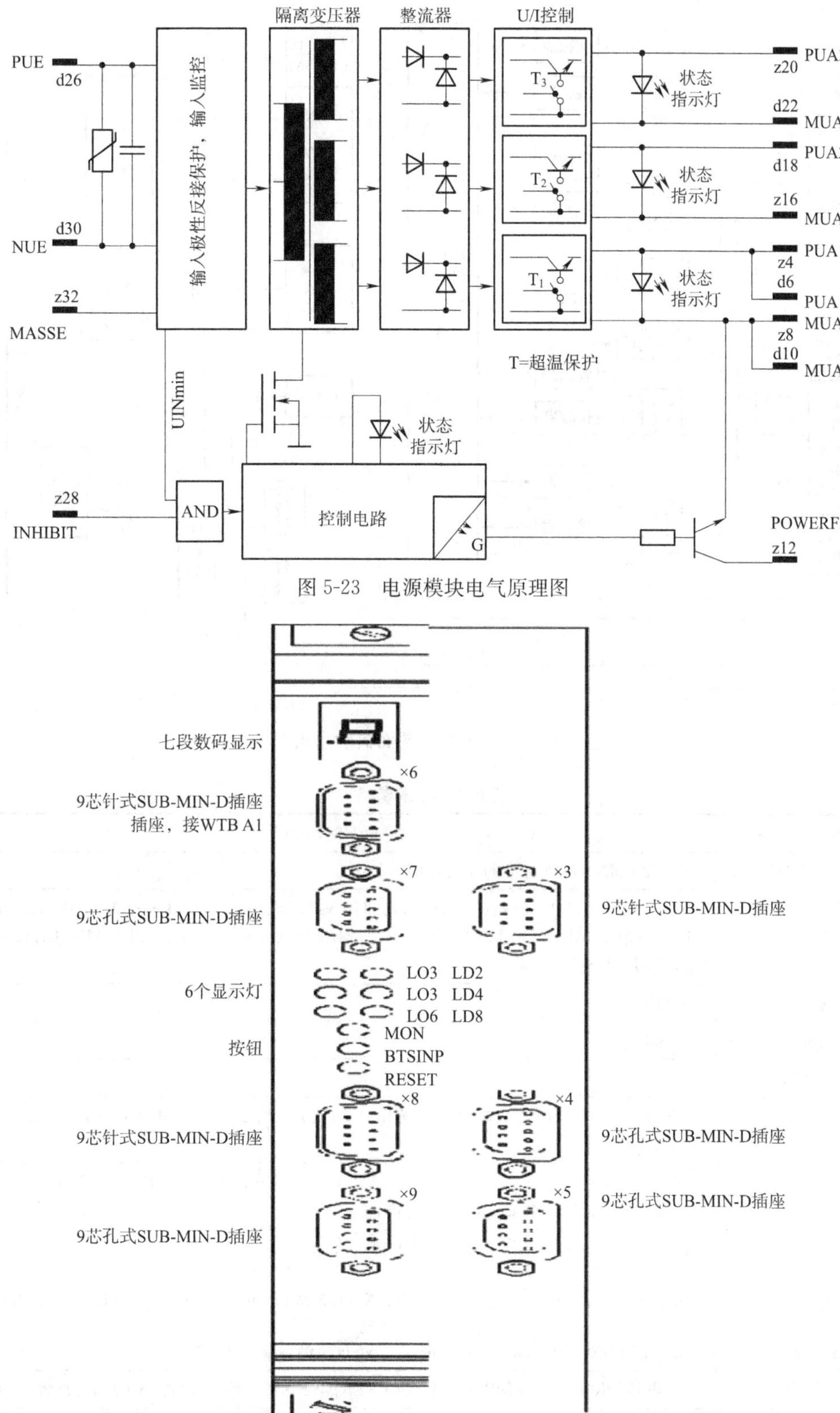

图 5-23　电源模块电气原理图

图 5-24　TCN GW 面板示意图

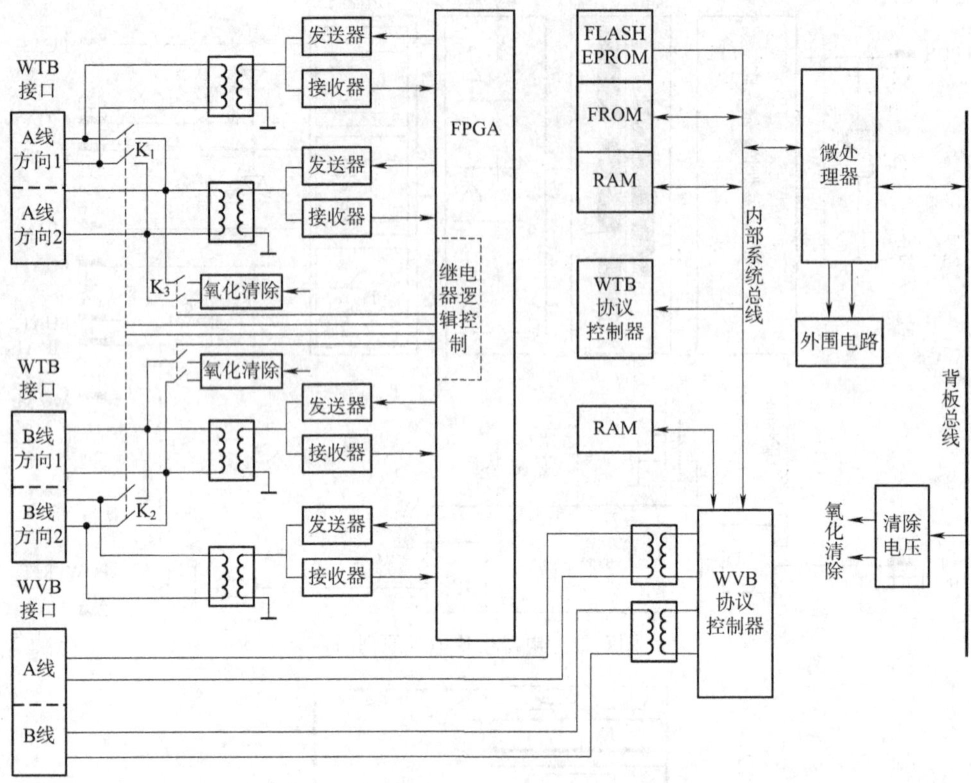

图 5-25　TCN GW 面板示意图

表 5-4　技术参数

订货号	6FH9415-3J
背板插座编号	X1,X2:DIN 41612 标准的 64 芯插座
面板插座编号	X3:9-pin SUB-MIN-D(male);X4:9-pin SUB-MIN-D(female);X5:9-pin SUB-MIN-D(female);X6:9-pin SUB-MIN-D(male);X7:9-pin SUB-MIN-D(female);X8:9-pin SUB-MIN-D(male);X9:9-pin SUB-MIN-D(female)
槽宽	8 TE
质量	约 800 g
环境温度	−40～+85 ℃
电源	+5(1±5%)V,约 1.2 A,450 mA;+15(1±5%)V,约 260 mA,86 mA;−15(1±5%)V,约 240 mA,76 mA
结构	螺栓固定印制电路板;Gateway-Card 板(233.4 mm×160 mm);MVB PC/104 Card 板(96 mm×91 mm);双面浸漆,符合 BN 411 002 标准,铁路应用
执行标准	EN 50155;LES-DB;绝缘依据 VDE 0110 和 VDE 0160 标准
波特率	X3:300～115 200 baud(服务接口);X4,X5:1.5 M baud(MVB);X6…X9:1.0 M baud(WTB)
处理器	SAF C167;32 MHz clock frequency(32 MHz 时钟频率)
存储器	Flash EEPROM(2×1 MB);FRAM(1×32 KB);RAM 处理器(内置 16×1 KB,外置 2×1 MB)
其他模块	MVB PC/104Card

续上表

订货号	6FH9415-3J
数字量输入口 X1,X2	23
数字量输出口 X1,X2	18
电气隔离	变压器隔离

(4)变换器(APCS 15)

APCS 15 模块(6FH9433-3A)将来自蓄电池的电压信号从机箱前面传到机箱背面,同时将机箱背面产生的信号传送到机箱前面。它有以下主要特点:

①背面连接

a. 有 15 个大负载的快速触点。

b. 有 2 个最大电流容量为 10 A 的接线柱。

c. 有 13 个最大电流容量为 4 A 的接线柱。

②正面连接

a. 有 15 个大负载的快速触点。

b. 有 2 个最大电流容量为 10 A 的接线柱。

c. 有 13 个最大电流容量为 4 A 的接线柱。

输入端(面板侧)必须用带屏蔽的接头连接,每个回路必须单独屏蔽。

APCS 15 的面板及接线如图 5-26、图 5-27。其技术参数见表 5-5。

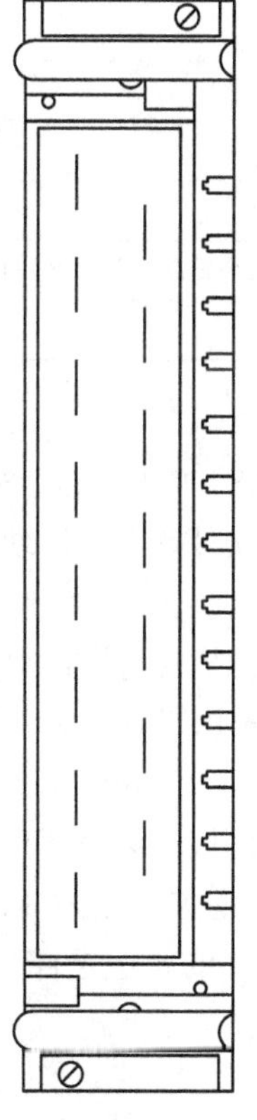

图 5-26　APCS 15 面板示意图

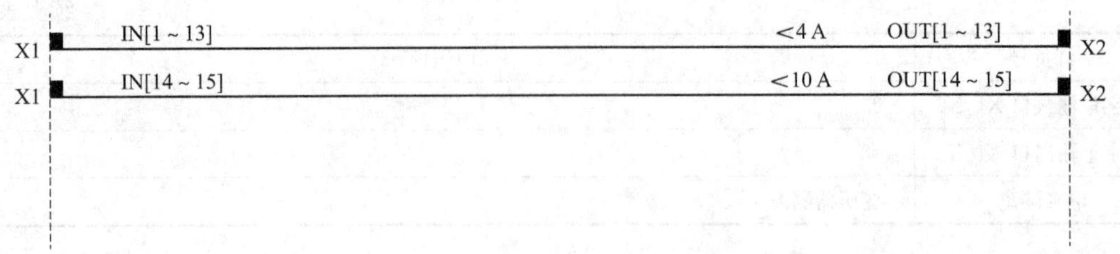

图 5-27　APCS 15 接线图

■—重载接头

表 5-5　APCS 15 的技术参数

订货号	6FH9433-3A
背板插座编号	X1，DIN 41612 标准 15 芯插座
面板插座编号	X2，DIN 41612 标准 15 芯插座
槽宽	4 TE
质量	约 150 g
环境温度	－40～＋85 ℃
结构	欧式印刷电路板；100 mm×160 mm；双面浸漆；2 层板，35 mm 工艺设计，可机械编码；依据 BN 411 002 标准，适合铁路运用
执行标准(如果有)	EN 50155；LES-DB；绝缘依据 VDE 0110 和 VDE 0160
X1 插座的输入信号数	15
X1 插座的输入直流电压	U_{IN}≤110(1＋30％)V
X1 插座的输入电流	I_{IN}[01～13]≤4 A；I_{IN}[14～15]≤10
X2 插座的输出信号数	15
X2 插座的输出电压	U_{OUT}≤110(1＋30％)V
X2 插座的输出电流	I_{OUT}[01～13]≤4 A 每个重载接头；I_{OUT}[14～15]≤10 A 每个重载接头(Faston)
电气隔离	无

(5)中央处理单元(CPU)

CPU 模块(6FH9533-3B)是 SIBAS 32 控制系统的处理器模块。微处理器采用一块 Am486DX-2。除了逻辑运算和变量存储外，CPU 模块还内置了外围设备。CPU 单元提供了一个插入式模块接口，主要供通信用。

模块通过背板上的两个连接器与系统相连，X1 用于连接 SIBAS 总线(16 位数宽，2 MB 地址空间)。CPU 是 SIBAS 系统唯一的总线管理者，外围信号通过 X2 连接。

CPU 设有一个 16 Mbit/s FEPROM，1 Mbit/s 高速 SRAM 和 2 Mbit/s BRAM。若想提高其容量(以使 RAM 无等待时间)，还可以在闪存 EPROM 区集成 768 KB RAM。

实时时钟和电池后备 RAM 作为电池欠压故障时的缓冲，通过一个超级电容，可支撑至少 30 min。外装电池最迟必须在得到 CPU 的相应电路监测信息后更换。外部电池充电状态信息由 CPU 软件判断。

综合开发工具可用于 CPU 编程。

面板上有下列部件：

①用于显示程序状态的七段数码显示。
②BCD 开关,可由 CCU 软件读入。
③黄色 LED 灯,用于显示 CCU 不在复位状态。
④红色 LED 灯,用于显示看门狗电路是否启动。
⑤用于控制闪存 EPROM 写入程序的跳线(必须短接才能写程序)。
⑥红头按钮(凹),用于 CCU 复位。
⑦黑头按钮,用于 Monitor 软件复位。
⑧用于进入引导程序的黑头按钮(凹)。
⑨用于维护的 9 芯串行插座(RS-232)。
⑩用于调制解调器接口的 15 芯插座(RS-232)。
⑪用于插件板直接电缆连接的 9 芯插座。
CPU 模块的面板及电气原理分别如图 5-28 和图 5-29 所示。

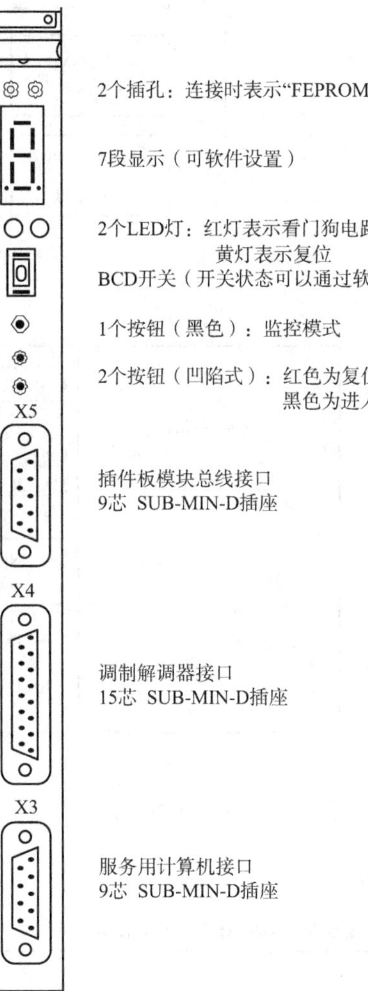

图 5-28　CPU 模块面板示意图

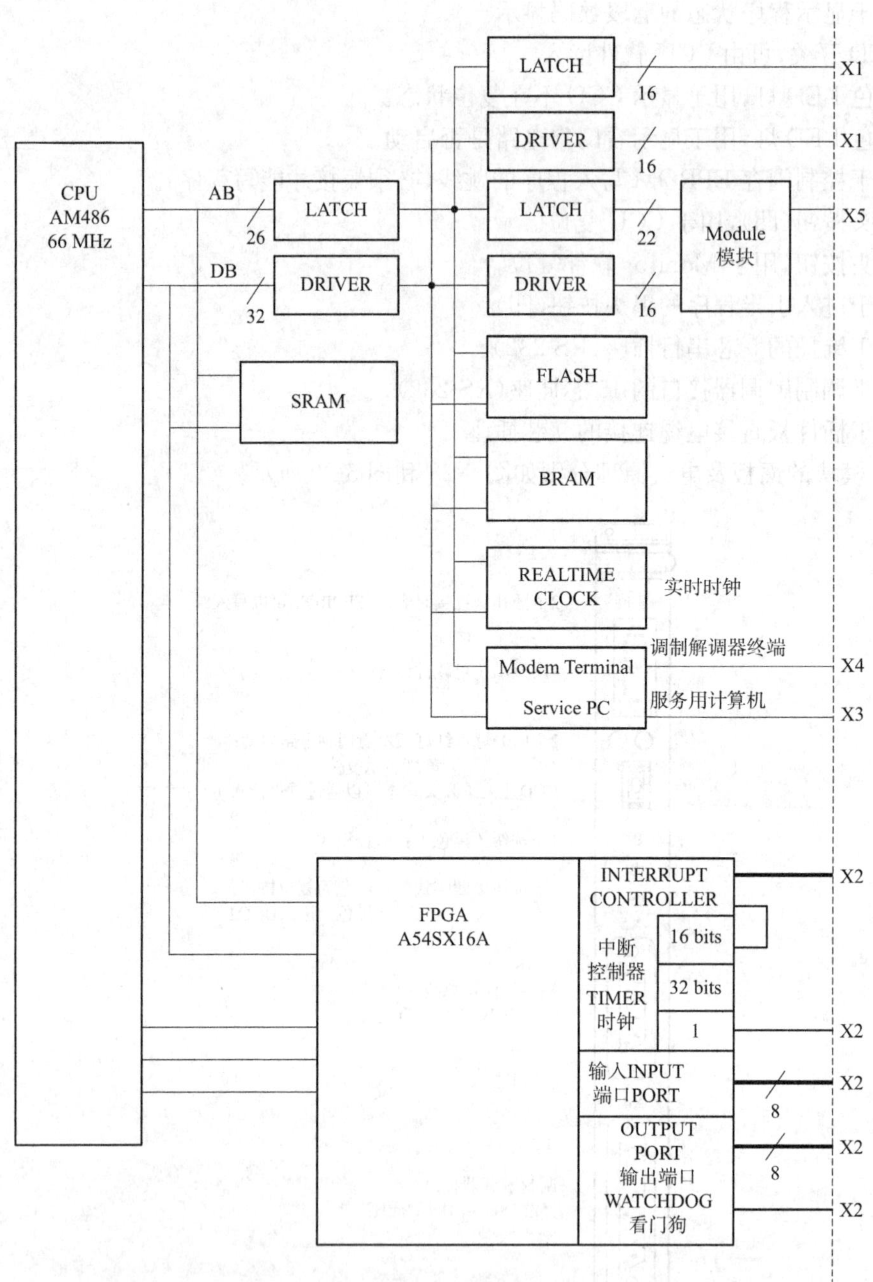

图 5-29　CPU 模块电气原理框图

CPU 模块的技术参数见表 5-6。

表 5-6　CPU 模块的技术参数

订货号	6FH9533-3B
背板插座	X1,X2,遵循 DIN 41612 标准的 64 芯插接式连接器,用于 SIBAS 总线系统
面板插座	X3,9 芯针式 SUB-MIN-D 插针连接器;X4,15 芯 SUB-MIN-D 插孔连接器;X5,9 芯针式 SUB-MIN-D 插针连接器

续上表

槽宽	4 TE
质量	约 550 g+插入式模块质量
环境温度	-40～+85 ℃
电源	+5(1±5%)V，约 1 000 mA+插入式模块消耗
结构	欧式双倍尺寸印制电路板；160 mm×233.4 mm；双面浸漆；18 mm 工艺设计的 6 层板，可机械编码；依据 BN 411 002 标准，适合铁路运用
执行标准	EN 50155；LES-DB；绝缘依据 VDE 0110 和 VDE 0160
CPU 相关数据	Am486DX-2，频率为 66 MHz
存储模块	主 RAM：1 MB；电池 RAM：2 MB；闪存 EPROM：16 MB
其他模块	实时时钟 DP8570；带集成总线接口，具有中断控制、看门狗、其他时钟功能和外围功能的 FPGA；两通道串行接口 ID 模块 MVB 接口
输入	8 位输入端口
输出	8 位输出端口
面板上的显示元件和操作控制	2 个 2 mm 衬套；1 个 7 段显示；2 个 LED 灯显：红——看门狗电路动作，黄——复位；1 个 BCD 开关；1 个按钮(黑)，用于 Monitor 软件；2 个凹陷式按钮：红——复位；黑——引导程序

七、HXD1 型电力机车的控制系统

HXD1 型电力机车采用 SIBAS 32 控制系统，两节车(A 车和 B 车)具有完全相同的组成结构。

HXD1 型电力机车的 SIBAS 32 系统由中央控制单元(CCU)、牵引控制单元(TCU)、制动控单元(BCU)、人机交互接口(HMI)和智能外围设备连接终端(KLIP)等构成，并由 WTB 列车总线和多功能车总线 MVB 两级总线构成机车通信网络，实现系统的数据通信。

HXD1 型电力机车的每节车设置了 2 个中央控制单元 CCU，为 CCU1 和 CCU2 并分别工作为主控模式 CCUM 和从控模式 CCUS；CCU1 和 CCU2 又同时互为冗余，采用热备方式。CCU 负责列车级和机车级的控制与管理，主要功能是为机车牵引/制动特性控制、空电联合制动控制、机车重联控制、轴重转移补偿控制、自动过分相控制、通风机控制、自动轮径校正、设备的自诊断和监视及机车控制逻辑的管理和通信网络管理。另外，CCU 单元内还带有一个 TCN 网关，实现 WTB 总线与 MVB 总线的连接。

每节车有 2 个牵引控制单元 TCU，分别为 TCU1 和 TCU2，一个 TCU 控制一个转向架的牵引和电制动，通常以 TCU1 为主 TCU，CCU 的指令只发给主 TCU，但两个 TCU 都需要反馈状态信息给 CCU。若主 TCU1 发生故障，则 TCU2 升级为主 TCU。TCU 的功能是负责传动级的控制，主要包括牵引逆变器的控制、四象限变流器的控制、中间直流回路的电压控制与保护、预充电电路的控制及变流器、牵引电机和其他部件的监控。除此之外，TCU 还承担同一个变流器箱中的辅助逆变器的控制。TCU 都具有 MVB 总线的接口，因此 TCU 可以管理与 CCU 的通信及与另一个 TCU 的 MVB 通信。

人机交互接口 HMI(Human Machine Interface)就是机车状态显示屏，用以显示机车的运行状态数据和故障信息，实现机车部分参数的设置。HMI 还集成了部分机车的控制按钮，在机车维护的显示界面下可以对机车的部分设备进行检查。

制动控制单元 BCU(Brake Control Unit)中包含了三个功能,第一是 CCBⅡ制动系统控制功能,第二是空气制动的防滑控制(SLIP)功能,第三是用于远程重联控制的 LOCOTROL 功能。CCBⅡ制动系统中的中央集成处理模块(M-IPM)是制动系统的中心处理器,负责管理空气制动系统和制动信息显示屏(LCDM)的接口,并通过车辆总线 MVB 与中央控制单元 CCU 进行通信。

1. TCN 通信网络

HXD_1 型电力机车在两节机车之间采用 WTB 总线连接,每节车内采用 MVB 总线连接各个功能单元,每节车的 WTB 总线和 MVB 总线之间则有网关 GW 来实现数据的转换和传输。因此,HXD_1 型电力机车的通信网络是一个比较完整地运用了 TCN 标准协议的通信网络。

(1)WTB 总线

HXD_1 型电力机车的 WTB 总线连接两节车的网关,WTB 电缆连接如图 5-30 所示。由于每节车内配置 2 个 CCU,每个 CCU 内都带有网关,因此一节车有 2 个网关,HXD_1 型电力机车具有 4 个 GW 网关,根据网关结构的端口布置,端口 X6、X7 为 WTB 的 A 线接口,端口 X8、X9 为 WTB 的 B 线接口。在两节车连接时,WTB 的 A 线和 B 线进行了交叉,图 5-38 同时还表示了 HXD_1 型电力机车重联时的电缆连接。WTB 的传输介质为屏蔽双绞线电缆,通信速率为 1 Mbit/s。

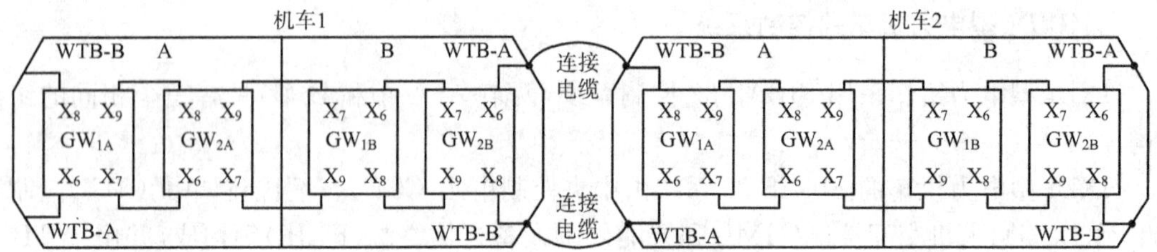

图 5-30 WTB 电缆连接示意图

HXD_1 型电力机车运行中必须以其中的一节机车为主控机车,主控机车由司机操作台上的控制钥匙激活,另一节车为从控机车。无论是主控机车还是从控机车都具有 2 个结构完全相同的 CCU,其中一个为主控 CCUM,另一个为从控 CCUS,只有主控 CCUM 配置的网关参与 WTB 通信,从控 CCUS 配置的网关不参与 WTB 的初始化、数据通信,也不能为其他 WTB 的节点所识别。在 WTB 网络通信中由主控机车的主控 CCUM 作为网络的总线,CCUM 与 CCUS 之间能够实现周期性的转换。在多机车重联运用的情况下,由本务机车的主控 CCUM 为主节点,控制网络的通信,其余重联机车的 CCUM 均为从节点。机车重联运用时的 WTB 网络如图 5-31 所示。

由此可见,在单机车运用时,WTB 网络上的节点为 2 个;由于 HXD_1 型电力机车最多可以构成 4 辆机车的重联,因此 WTB 网络上的节点最多可以达到 8 个。在多机车重联运用时,本务机车的 CCUM 通过 WTB 网络传输控制命令给重联机车的 CCUM,重联机车的 CCUM 则通过 MVB 传输命令到各个子系统。

机车上电或机车的编组发生改变后,列车编组都需要进行初始化。HXD_1 型电力机车的初始可以分为两个步骤:首先由主设备(主节点)启动 TCN 协议定义的初运行,然后执行 UIC 协议定义的初始化,TCN 的初运行主要完成对每节车的 TCN 地址分配,该地址中标记每节车

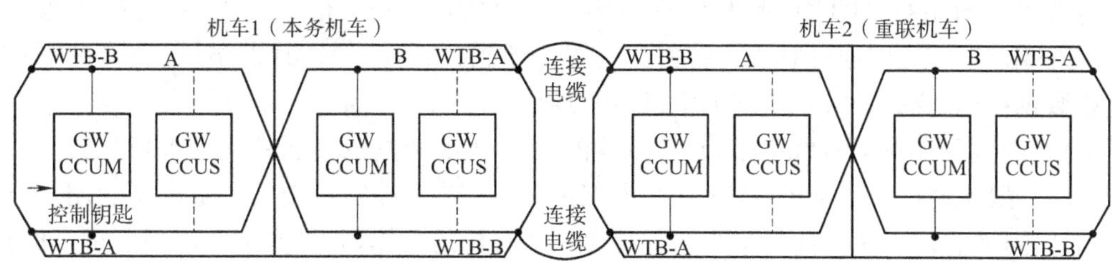

图 5-31 机车重联时的 WTB 网络

在机车编组中的位置，并且在初运行完成时由主设备将网络拓扑结构传送给各个节点。网络拓扑结构中包含的信息有该节点的 TCN 地址和对总线的参考方向、已经确认的各个节点的 TCN 地址、各个节点的类型及网络的起始节点和终止节点。UIC 初始化是一种逻辑初始化，逻辑初始化的任务是确定机车序列、确定并发布各节机车的 UIC 地址、编辑和发布对配置的描述 NADI(Network Address and Attribute Directory)及确认机车编组没有变化。HXD_1 型电力机车的 WTB 网络之所以需要执行 UIC 初始化是因为 WTB 网络协议的应用层采用了 UIC 556 协议，而 UIC 的初始化可以实现列车结构和状态的重新计算，是形成实际机车更新配置的重要过程，更是 WTB 总线数据正确传输的重要前提和数据一致性的保障。

WTB 总线上传送四种类型的报文：R1 报文、R2 报文、P1 报文和 P2 报文。R1 报文是主控机车发给所有被控机车的控制数据(命令)；R2 报文是所有被控机车发给主控机车的状态数据；P1 报文是一台机车的主控车发给被控车的控制命令；P2 报文是一台机车的被控车发给主控机车的报告。

(2)MVB 总线

MVB 总线连接一节机车内的电子控制装置，实现 MVB 总线上所有设备间的数据交换。每节机车 MVB 总线连接的设备有中央控制单元 CCU1、CCU2，牵引控制单元 TCU1、TCU2，I/O 单元 CIO1、CIO2 和 SKS3，显示器 HMI 和制动单元 BCU，这些设备的设备分和地址见表 5-7。

表 5-7 MVB 总线的设备分级与地址

设备名称	设备分级	设备地址(十进制)	备 注
CCUM	4 级 TCN 设备	16	主控单元
CCUS	4 级 TCN 设备	17	备用单元
GWM	2 级 TCN 设备	20	网关
TCU1	2 级 TCN 设备	24	—
TCU2	2 级 TCN 设备	25	—
CIO1	2 级 TCN 设备	256	—
CIO2	2 级 TCN 设备	272	—
SKS3	2 级 TCN 设备	114	KILP STATION
HMI	3 级 TCN 设备	56	司机台显示器
BCU	1 级 TCN 设备	32	具有 256 个端口

每节机车的主控 CCU 控制和管理本节车的 MVB 网络，备用 CCU 为热备状态；主控 CCU 与备用 CCU 之间通过总线主转移功能周期地进行转换。MVB 网络可以实现本节机车的过程数据通信，支持两节机车间的消息数据通信。

MVB 总线采用屏蔽双线电缆，具有双线的冗余设计，数据传输速率为 1 Mbit/s。

HXD_1 型电力机车是基于 TCN 通信网络的 SIBAS 32 控制系统的一个成功运用，也正是 TCN 通信网络的运用使整台机车的控制成为一个有机的整体，并且能够实现多节机车的重联运行。

TCN 网络与 ISO 通信模型结构类似，由 6 个部分组成，分别为：①标准设备的结构；②实时协议；③多功能车辆总线 MVB；④列车总线 WTB；⑤网络管理；⑥TCN 一致性测试，如图 5-32 所示。

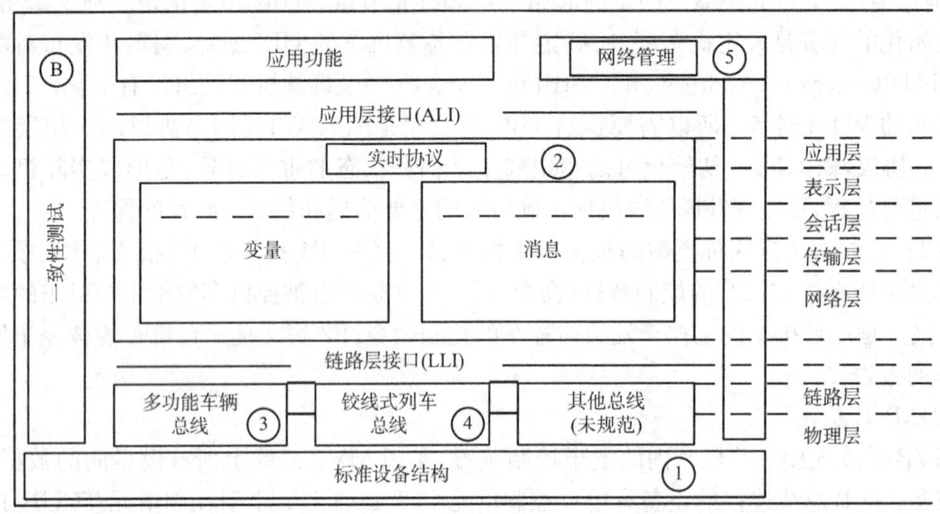

图 5-32　TCN 模型

TCN 总线系统如图 5-33 所示。

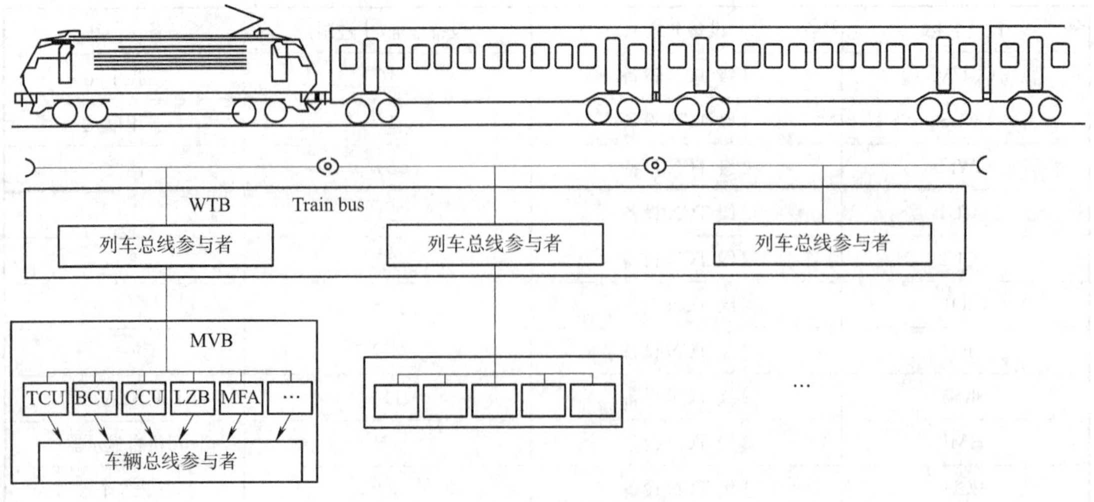

图 5-33　TCN 总线系统

(3)WTB

如果运行中发生故障,系统可以由一条总线无中断地转换到另一条总线上。如果一个网关故障,系统允许短时故障运行(持续时间为一个转换过程)。WTB 总线简图如图 5-34 所示。

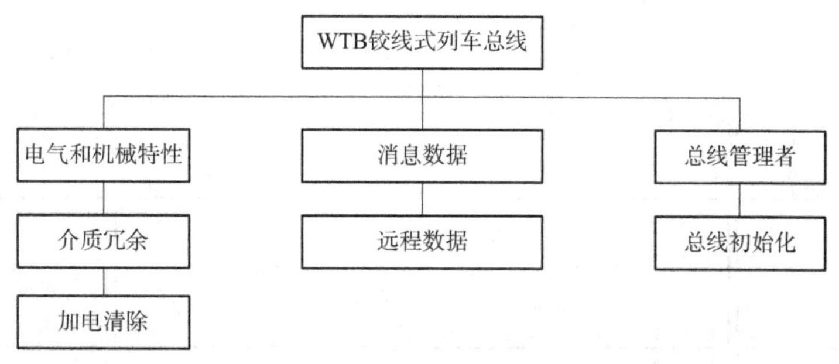

图 5-34　WTB 总线简图

列车总线(绞线式列车总线)连接列车中不同车辆上的电子设备。为满足此功能,不同的车辆总线通过网关相互连接。列车总线在个别设备(列车总线节点)与总线停止通信或开始通信后,可以恢复同其他设备的通信。例如,车辆连挂之后或解编之后,总线以变化后的参与者数目运行。总线参与者数目的最小值为 2,最大值为 32。TCN 地址在列车初始化过程中(开机)动态配置到参与者中。列车初始化发生在每次总线配置发生变化后,如每次编组之后。在此过程中,总线的正常数据交换完全停止。当新的总线配置确定之后,数据交换重新开始。系统初始化期间各个参与者的 TCN 地址配置完成。主控器通过申请而明确设定(如通过钥匙开关的操作)。

总线系统物理层由铜质双绞线组成,数据传输速率为 1 Mbit/s,总线长度可长达 860 m。为提高总线系统工作的可靠性,总线系统采用全系统冗余设计技术。每个列车总线节点有 4 个接口。每单个总线节点有 1 个普通接口和 1 个冗余接口。每个接口连接上一节点以及下一节点。每根总线电缆从一个节点铺设至另一节点并在每个总线节点处形成闭环。在总线终端节点,通过网关上的继电器与匹配的终端电阻(120 Ω)相连。

2. HXD_1 型电力机车的 WTB 实现(图 5-35)

UIC 标准第 556 单册把牵引车和拖车的应用技术、功能和 IEC 61375 标准规定的 WTB 数据传输标准联系在一起。UIC 标准第 556 单册的主要目的是定义国际运营列车的列车总线必须交换的数据,以确保所有依据该标准设计的车辆通过列车总线能使用同样的语言,即传送的每个字节或每个位的含义是相同的。

HXD_1 型电力机车的报文数据分为四种不同类型:

(1)R1 报文。由主控车辆传输至所有从控车辆(控制数据)。

(2)R2 报文。由所有从控车辆传输至主控车辆(状态数据)。

(3)P1 报文。来自重联机车本车的控制数据。

(4)P2 报文。来自重联机车补车的状态数据。

网关能够实现车辆信号向列车总线的转换。系统采用“忙”位来监控数据是否被正确传输。

3. WTB 遥控选择

HXD_1 型电力机车没有 UCI 连线,WTB 仅通过车辆间的连接器与从控机车相连,并通过使用两套独立的电缆来实现冗余,如图5-36所示。机车没有遥控连接功能。

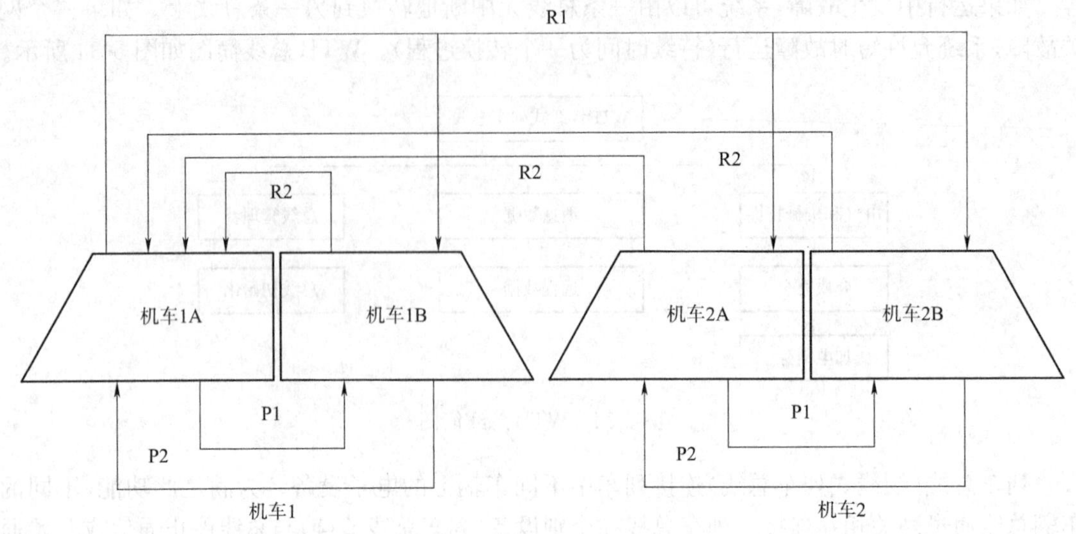

图5-35　HXD1型电力机车WTB通信示意图

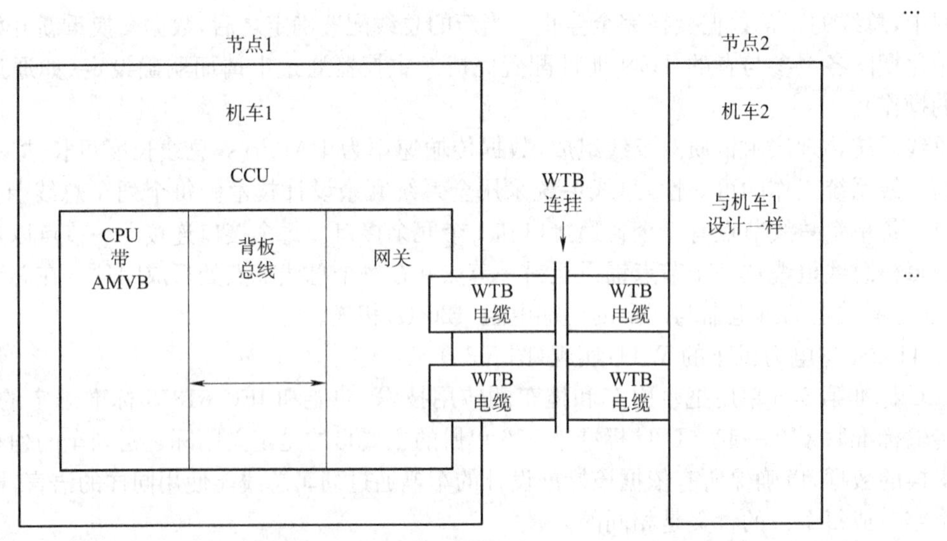

图5-36　WTB连接示意图

HXD1型电力机车单元至少由两节机车组成而且始终以多机牵引模式运行。在这种模式下,主控机车和从控车是有级别区分的。操作钥匙开关处于"1"位的机车总被认为是主控机车,所有其他机车被认为是从控机车。在所有有电气连接的机车组中,其处于"1"位的操作钥匙开关多于1个,则机车组不能运行。此时,状态显示为主控冲突。

4. HXD1型电力机车的MVB实现

车辆总线支持单节机车中挂在总线上的所有设备进行数据交换。

根据设备的运算性能,TCN标准将车辆总线设备分为四个等级。下列设备都可以连接到

MVB。设备必须满足以下 MVB 分级以满足机车控制和诊断所关注的所有通信要求。

0 级设备:连接到 MVB 但不处理数据的设备(例如中继)。

1 级设备:1 级设备只能交换过程数据。

1.0 级:1.0 级设备可以发送和接受最大 8 个 words 的过程数据或发送 16 个 words(1 word=16 bit)。不支持宿时间管理(替代:触发位)。

1.1 级:来自固定预设数据结构过程数据的扩展交换,扩展端口都可以配置。1.1 级设备之间可以进行过程数据交换。支持宿时间管理(256 个端口)。

1.2 级:1.1 级设备的扩展功能,通过处理系统可以处理单独信号,而且可以寻址(256 个端口)。

1.3 级:1.2 级设备的扩展功能,可以进行运行配置数据 NSDB 评估(256 个端口)。

2 级设备:这些设备可以交换过程数据和消息数据。该设备拥有多达 256 个传输端口。最新过程数据可以支持宿时间管理。

3 级设备:3 级设备与 2 级设备结构相同,可使用的端口数目有 4 096 个。

4 级设备:4 级设备与 2 级设备、3 级设备结构相同,可承担总线管理功能。

通过项目配置工具 TCN-PT,可以实现车辆总线 MVB 上所有的控制设备进行数据交换。

5. MVB 设备的 TCN 地址

中央控制单元 CCU1 和 CCU2 以及牵引控制单元(TCU1 和 TCU2)组成控制系统的核心,这些设备相互连接。为便于交换数据,它们通过车辆总线 MVB 与其他子系统连接,如图 5-37 所示。

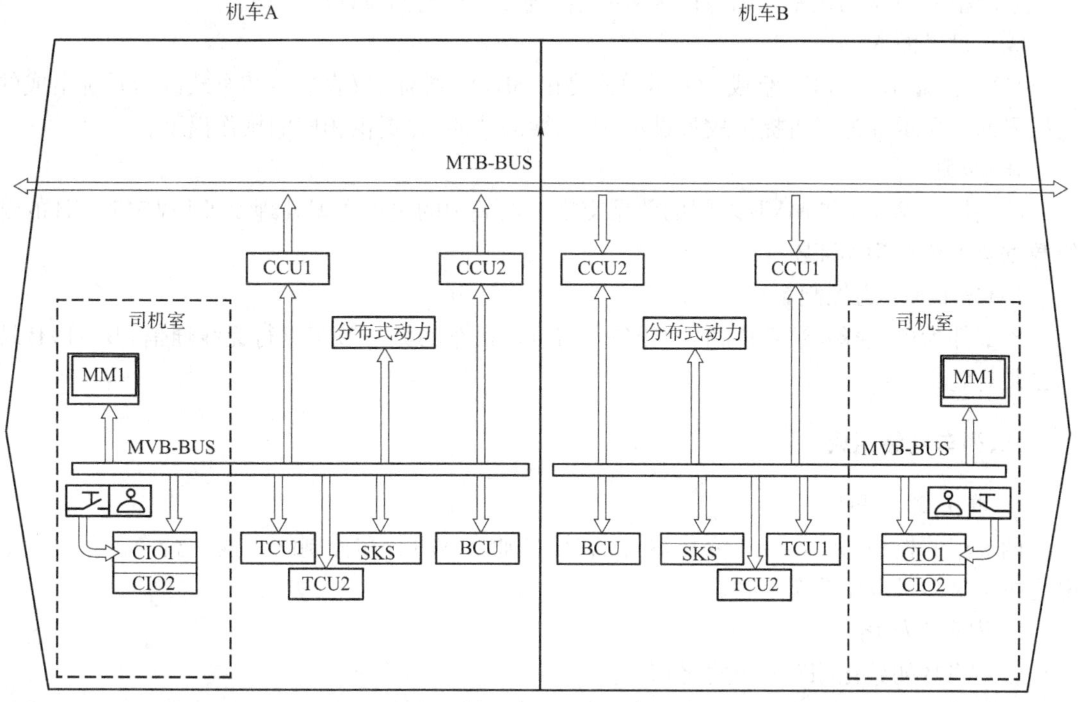

图 5-37　MVB 总线连接的设备

主控 CCU 作为车辆总线 MVB 的总线主。所有重要子系统均要连接到 MVB 总线上,成为总线成员。SIBAS 接收并管理这些数据。在西门子 TCN-PT 工具的帮助下，基于这些数据，可产生所有 MVB 转换所需要的 NSDB 清单。同时由于端口明细含所有设备所关注的传输和响应数据，所以这些数据对所有的 MVB 转换都有用。

6. 网络电子部件

(1)中央控制单元(CCU)

CCU 为 32 位 SIBAS 32 西门子列车自动化系统微机控制设备，承担着机车车辆控制管理的功能，直接完成或协作完成车辆的控制、监控功能。CCU3 型有如下设备：网关、带 AMVB 模块的中央处理器、电源。

(2)制动控制单元(BCU)

BCU 承担除电制动以外的制动设备的控制和管理的任务。电制动由 TCU 控制。

(3)牵引控制单元(TCU)

TCU 承担电气牵引设备的控制和管理任务。

TCU 也负责对辅助变流器(SITRAC)的控制。

(4)外部设备连接

①智能输入输出终端 SIBAS-KLIP

SIBAS-KLIP 分布式输入/输出系统减少了车辆布线，提高了车辆控制和诊断的可靠性。通过 SIBAS-KLIP 输入/输出终端，系统可以对未与 MVB 直接连接部件设备的信号进行采集和控制。SIBAS-KLIP 输入/输出终端的模块化结构帮助系统实现了对特定设备的优化控制。

②紧凑型 I/O

紧凑型 I/O 是司机室内的专门为数字信号输入/输出而设计的设备。

③人机界面 MMI

MMI 由显示屏和 PC 组成。显示单元是由 SIBAS 控制、仪表显示和车载诊断系统组成的人机界面。显示屏为司机提供故障显示、限制性的功能，并提供相应的操作提示。

(5)网关

网关提供 WTB 和 MVB 之间的数据交换。网关中的过程数据处理 PDM 决定 MVB 的哪组数据会被传送到 WTB。

(6)分布式动力控制系统

本部件为可选择安装部件，它的任务是与重联机车的另一节车进行无线通信，其 MVB 端口必须有定义。

八、列车网络组成

1. 重联/取消重联

两节车的控制(如合主断、变压器等)和设备通过 WTB 和控制线组成一台车。HXD_1 型电力机车最多可以 4 节车重联。

2. 列车初始化

(1)WTB 初始化(TCN 初始化)

列车总线支持可变数量的列车组合。设计上支持多节机车。当列车总线的配置由于另外增加车辆而改变，一旦一端司机室的钥匙开关进行确认，整列重联车就会立即进行自动初始化。

初始化过程中，确定的 TCN 地址就会分配给每节车。TCN 地址标记每节车在重联车中的位置。TCN 初始化结束时，总线主控将分配网络拓扑给列车总线的各个节点。

列车总线拓扑允许列车总线的各个节点确认 TCN 地址的起始和终止节点，其自身节点的 TCN 地址，其对总线的参考方向，列车总线其他各个节点的 TCN 地址和类型。

(2)逻辑初始化(UIC 初始化)

每一次新的 WTB 初始化都要进行逻辑初始化。

与 TCN 初始化相比较，逻辑初始化和配置的任务是编辑通信系统的应用程序(列车控制)。

它要执行下列任务：

①确定列车和机车序列，发布 UIC 地址。

②编辑、发布对配置的描述，其允许应用程序在逻辑层处理。

③TCN 和一个新的被执行的 UIC 初始化之后，当 WTB 检测到多于一节的牵引车时，所有的 WTB 参与者将改变牵引车的状态。这种状态下，不能进行 WTB 通信。这种状态可以通过摘除一节牵引车(钥匙开关)而取消。

3. 冗余

(1)WTB 列车总线冗余

每节机车有两路总线和两个网关，组成 WTB 总线冗余。如果一路 WTB 总线故障，数据交换可以不中断地在另外一路总线上继续进行。如果两路总线故障，数据传输中断，重联机车的 WTB 会重新初始化。这种情况下，重联机车的新部件不能接入网络拓扑中。

(2)MVB 列车总线冗余

MVB 硬件及控制采用冗余技术。如果一路总线故障，数据交换将在第二路总线上继续进行。司机显示屏会告知司机总线出现了故障。

(3)CCU 冗余

每节机车有两套 CCU，分别为主控 CCU 和从控 CCU，互为热备份。主控 CCU 能够完成本节机车的所有控制功能。两套 CCU 的结构完全相同。CCU 故障情况下，只要有一套 CCU 处于运行准备状态，系统就可以无任何限制地支持车辆运行。一套 CCU 承担主控功能并且积极控制本节机车，另外一套 CCU 处于备用状态。一节机车的主从 CCU 进行周期性转换，以确保该节机车的可靠性。备用 CCU 故障对机车运行无任何影响，仅仅是向司机发送故障信息。主控 CCU 故障会引起全部管理级别的临时丢失。司机必须使用切换开关，选择需要的 CCU，剩下的 CCU 成为主控 CCU。

重联机车或多机重联机车运行时，每节机车都有一套主控 CCU 和一套从控 CCU(备用级)。主控机车的主控 CCU 亦是整个重联机车组的主控 CCU，从控机车的主控 CCU 是重联机车的从控 CCU。重联机车的主控 CCU 通过 WTB 传输控制命令以及控制值到重联机车的从控 CCU，重联机车的从控 CCU 通过 MVB 传输控制命令以及控制值到其子系统。这样，即使每节机车仅有一套 CCU 正常工作，整列车也可以正常运行。如果整列车仅有一套 CCU 正常运行，则仍有一节机车正常运行。

(4)网关冗余

每节机车配置两套网关，其中一套网关参与 WTB 通信，每个网关对应分配到一个 CCU。

配置给从控 CCU 的网关不参与重联机车的初始化，也不参加任何的数据交换。该网关不为其他 WTB 参与者所识别。主控 CCU/GW 失去主控功能后，主从转换自动启动。

（5）输入/输出单元（CIO）冗余

对司机室操作有关联作用的输入/输出存在两套 CIO，这些数据对主控 CCU 有效。如果出现冗余数据相互矛盾的情况，系统必须对数据的合理性作出选择。

任务二　CR400AF 型动车组网络控制系统

学习目标

1. 知识目标

（1）掌握 CR400AF 型动车组的网络基本结构。

（2）理解 CR400AF 型动车组的 TCMS 网络控制系统设备与功能。

（3）掌握 CR400AF 型动车组网络控制系统司机室 HMI 显示界面操作。

2. 能力目标

（1）能够正确画出 CR4000AF 型动车组网络拓扑结构图。

（2）能够正确叙述 CR400AF 型动车组网络系统主要设备配置数量。

（3）能够正确画出 TCMS 中主要设备接口图。

（4）能够正确操纵 CR400AF 型动车组 HMI 显示界面。

知识课堂

一、CR400AF 型动车组网络基本结构

CR400AF 型动车组最高持续运营速度为 350 km/h。该型动车组为固定的 8 辆编组形式，4 动 4 拖，其编组配置为 Tc01-M02-Tp03-Mh04-Mb05-Tp06-M07-Tc00，同时具备最多 2 列重联编组的能力。

该型动车组采用 TCN＋以太网（环形 ETB）拓扑架构，TCN 符合列车通信网络 IEC 61375 标准及 GB/T 28029 标准的列车网络，为两级总线式拓扑结构，即列车级 WTB 总线和车辆级多功能 MVB 总线，列车级和车辆级数据转换采用 WTB/MVB 网关。

CR400AF 型动车组网络拓扑结构如图 5-53 所示。WTB 总线为绞线式列车总线，是连接在动车组 MVB 单元之间的双路冗余的双绞屏蔽线线路，由网关控制，通过自动车钩覆盖整车，允许重联操作。WTB 处理 MVB 单元之间的数据通信，可动态配置。WTB 总线通信速率为 1.0 Mbit/s。

列车级总线同时布设以太网（环形 ETB 总线），采用 100BASE-TX，全双工模式，传输介质为超 5 类 4 芯屏蔽绞线，ETB 总线传输速率为 100 Mbit/s。每节车辆均设置以太网交换机，采用环形拓扑结构，通过以太网交换机与 CCU、HMI、WTD 等设备相连进行数据交换。ETB 总线用以传输故障诊断、事件记录、显示等数据，同时作为维护网络，连接至以太网的车载子系统实现软件上载和数据下载。

如图 5-38 所示，MVB 属于列车基本单元内部数据总线，整列车分为两个单元，每 4 节车为一个单元。单元级采用 MVB-EMD(电中距离介质)总线，每节车设置一个中继器(头车设置 2 个)，将一个 MVB 单元分成多个分支。车辆总线采用 MVB-EMD 总线，网络内部各设备以及第三方设备均连接至 MVB-EMD 总线上，通信速率为 1.5 Mbit/s。智能设备(包括中央控制单元、网关、显示器、WTD、TCU 和 ACU 等)均采用以太网连接到交换机上；两个 DIMe-L 模块采集司控器级位信号，互为冗余；两个 DIMe 模块采集司机室关键控制信号，互为冗余。

网络系统各设备模块的中英文名称见表 5-8。

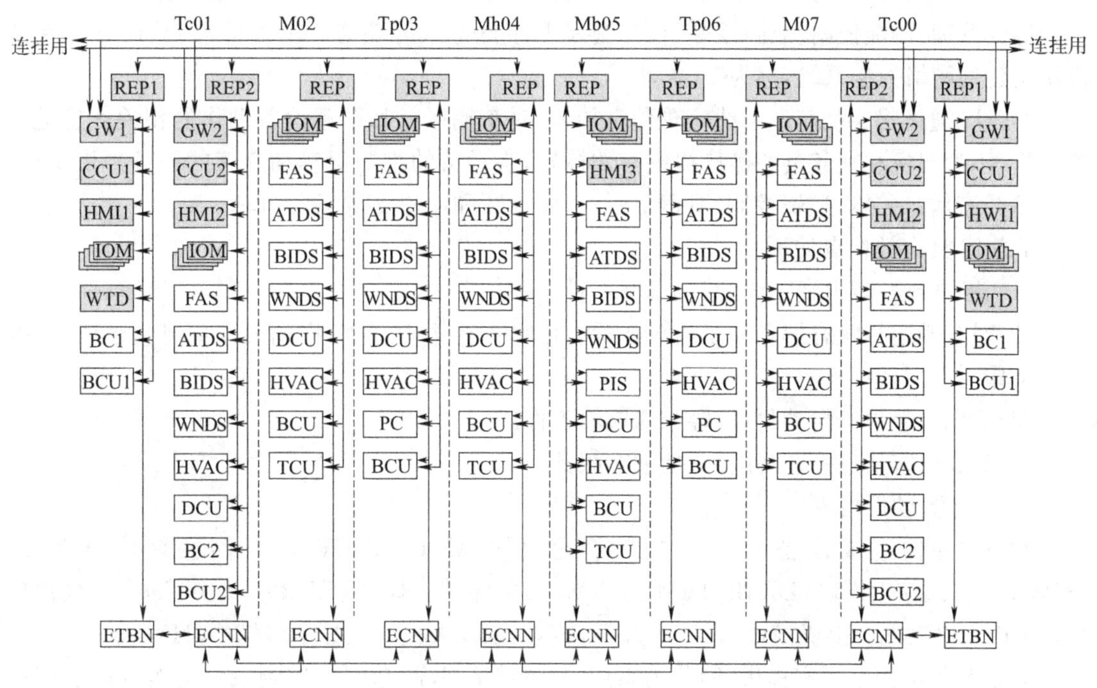

图 5-38　CR400AF 动车组网络拓扑结构

表 5-8　CR400AF 型动车组网络设备中英名称对照表

英文缩写	中文名称	英文缩写	中文名称
EVCM	中央控制单元	TCU	牵引控制单元
EGWM	网关模块	HVAC	采暖、通风和空调控制装置
REP	中继器	MDCU	车门控制单元
HMI	人机交互接口	FAS	烟火报警系统
DXM	数字量输入输出模块	ATDS	温度检测装置
DIM	数字量输入模块	BIDS	转向架失稳检测装置
AXM	模拟量输入输出模块	PCU	受电弓控制单元
ECNN	以太网交换机	ACU	辅助控制单元
ETBN	骨干网交换机	PIS	旅客信息系统
WTD	无线传输装置	BC	充电机控制单元

续上表

英文缩写	中文名称	英文缩写	中文名称
EDRM	事件数据记录模块	EOAS	司机操作监控系统
EBCU	制动控制单元	ATP	自动列车保护

二、CR400AF型动车组网络控制系统(TCMS)

CR400AF型动车组网络控制系统主要采用列车分布式网络通信和控制系统(DTECS平台),DTECS平台是专为轨道车辆的控制和通信设计的一套车载计算机系统,主要完成轨道车辆的通信管理、功能控制、故障诊断、信息显示和事件记录等功能。由若干个DTECS平台的模块构建的网络控制系统,称为TCMS。

TCMS通过贯穿列车的总线实现信息传输,对车辆运行和车载设备动作的相关信息进行集中管理,为司机和乘务员的操作提供有效指导,为设备的维护保养和乘客的服务提供支持。TCMS具有信息传输、逻辑控制、画面显示、故障诊断和用户支持五大功能。

TCMS具有的特点如下:

(1)总线传输,减少硬连线,减轻车辆重量。

(2)对车辆运行状态信息和车载设备状态信息进行集中管理,提高列车信息化程度,支撑司机工作。

(3)实现车上检查自动化,减轻维修保养工作。

(4)集成旅客信息系统功能,支持乘客服务。

1. TCMS硬件构成

TCMS主要组成设备为中央控制单元模块(CCU或EVCM)、网关模块(GW或EGWM)、输入输出模块(DXMe/DIMe/AXMe)、事件记录模块(EDRM及WTD)、中继器模块(REPs)、以太网交换机模块(ECNN及ETBN),以及人机交互显示屏模块(HMI)。

TCMS可由两个厂家提供,简称为系统A和系统B,两套网络控制系统可实现的功能一致,能够相互替代,但各子模块间的功能分配因设计思路的不同存在而一定差异,表5-9为系统A与系统B不同模块的列表。

表5-9 CR400AF型动车组网络设备中英名称对照表(系统A/系统B区别)

英文缩写	中文名称
EVCM(系统A)/CCU(系统B)	中央控制单元
EGWM(系统A)/GW(系统B)	网关模块
ECNN(系统A)	以太网交换机
ETBN(系统A)	骨干网交换机
ECU(系统B)	以太网控制单元
EDRM(系统A)	事件数据记录模块

(1)系统A主要设备配置(表5-10)

表 5-10 系统 A 主要设备配置(8 节车编组)

序号	设备名称	单位	车辆类型								数量/列
			T01	M02	T03	M04	M05	T06	M07	T00	
1	ECNN 模块	个	1	1	1	1	1	1	1	1	8
2	REPs 模块	个	2	1	1	1	1	1	1	2	10
3	EGWM 模块	个	2							2	4
4	HMI	个	2				1			2	5
5	EDRM 模块	个				1	1				2
6	DXMe 模块	个	5	3	3	4	4	3	3	5	30
7	DIMe 模块	个	7	2	4	2	2	4	2	7	30
8	DIMe-L 模块	个	2							2	4
9	AXMe 模块	个			1			1			2
10	EVCM 模块	个	2							2	4
11	ETBN 模块	个	1							1	2
12	WTD 模块	个	1							1	2

(2)系统 B 主要设备配置(表 5-11)

表 5-11 系统 B 主要设备配置(8 节车编组)

序号	设备名称	单位	车辆类型								数量/列
			T01	M02	T03	M04	M05	T06	M07	T00	
1	ECU 模块	个	2	1	1	1	1	1	1	2	10
2	REPs 模块	个	2	1	1	1	1	1	1	2	10
3	HMI	个	2				1			2	5
4	DXMe 模块	个	5	3	3	4	4	3	3	5	30
5	DIMe 模块	个	7	2	4	2	2	4	2	7	30
6	DIMe-L 模块	个	2							2	4
7	AXMe 模块	个			1			1			2
8	CCU(含 GW)	个	2							2	4
9	WTD	个	1							1	2

2. TCMS 主要硬件设备

本书以系统 A 为例,介绍 TCMS 的主要硬件设备。系统 A 主要硬件设备有中央控制单元(EVCM)、中继器(REP)、以太网交换机(ECNN)、骨干网交换机(ETBN)、网关(EGWM)、数字量输入模块(DIM)、数字量输入输出模块(DXM)、模拟量输入输出模块(AXM)、人机交互接口(HMI)、无线传输装置(WTD)等。

(1)中央控制单元(EVCM)

EVCM 为车辆控制模块,实现 MVB 总线管理、逻辑控制、MVB 总线与以太网数据交互、故障诊断等功能,主控车管理全车,通过 MVB 和以太网传输处理部分送显的数据。EVCM 模块前面板安装了对外电气接口的连接器,其外形及对外电气接口布置如图 5-39 所示。

EVCM 模块主要通过 12 个 LED 指示灯进行人机交互，各灯具体含义见表 5-21，对外电气接口提供 MVB-EMD 接口、以太网接口、调试串口及电源输入接口。

(2)中继器(REPs)

中继器具有信号中继功能，它将一个车辆单元的智能设备通过 MVB 总线连接到列车通信网。REPs 模块前面板安装了对外电气接口的连接器，其外形及对外电气接口布置如图 5-40 所示。

(3)以太网交换机(ECNN)

ECNN 为时代电气网络系统的编组网交换机，主要用来连接中央控制单元及辅助控制单元等智能设备的以太网接口，担任传输显示数据及显示数据冗余备份的功能，还实现通过以太网对各设备进行维护及诊断。

图 5-39　EVCM 模块接口

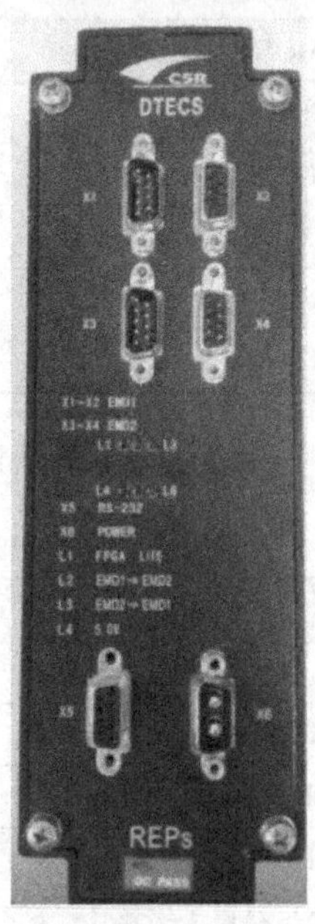

图 5-40　REPs 模块接口图

模块由 ECNN CPU 板(TE486-020100)、接口板(TE486-020200)、电源板(TE486-010300)三块板插件组成，CPU 板与接口板通过板级连接器扣在一起，辅以螺钉紧固，电源板同多个 6 芯电缆连接接口板，单板通过螺钉固定在金属外壳内。

ECNN 模块前面板安装了对外电气接口的连接器。其外形及对外电气接口布置如图 5-41 所示。

ECNN 具有的功能如下。

①L2 层交换功能

ECNN 的输入帧在 ECNN 内完成 2 层交换，送至指定目的端口输出。ECNN 的 2 层交换功能实现：

a. 交换端口的全双工传输

交换端口上可同时收发数据；全双工传输功能通过配置交换芯片为全双工模式及接口电路实现；全双工传输功能由 CPU 单元及接口单元提供。

b. 帧过滤及帧转发

ECNN 检查输入帧的源 MAC 地址并执行学习过程，同时检查输入帧的目的 MAC 地址

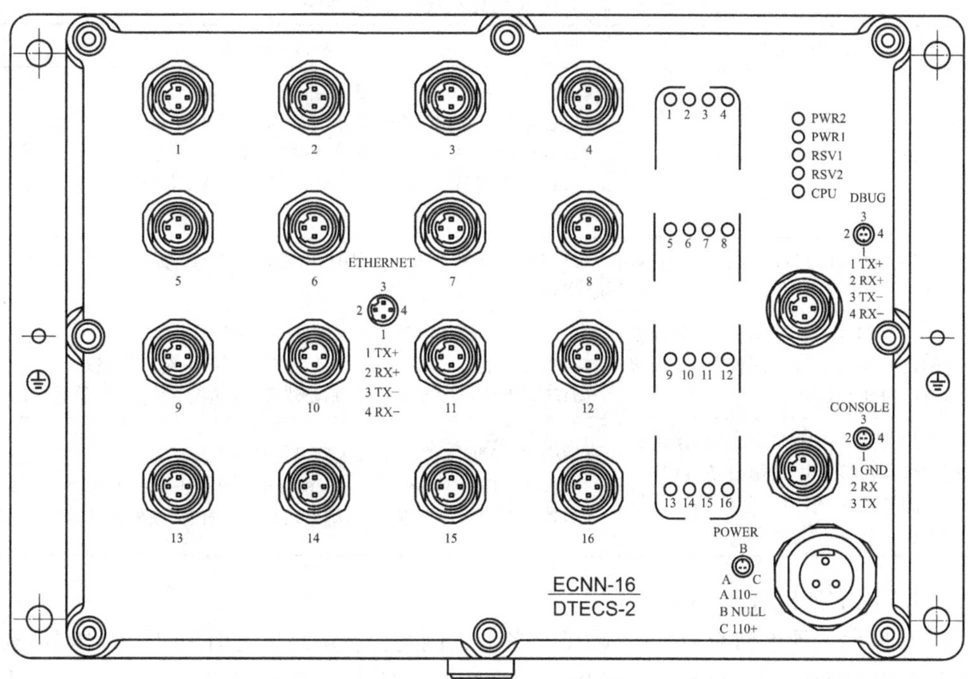

图 5-41　ECNN 模块接口图

并与 CAM 表中地址比较，以确定帧输出的端口。

c. 将交换机一个或多个端口的数据镜像到一个或多个端口；端口镜像功能通过配置交换芯片的镜像捕捉控制寄存器实现；端口镜像功能由 CPU 单元及软件单元提供。

②环网支持功能

同一编组内的 ECNN 组成环网，为避免出现广播风暴，应采用环网冗余协议使环网中的一条链路虚断。当环网出现单点故障时，环网冗余协议激活虚断链路，以保证网络通信正常运行。故障恢复正常时，环网冗余协议重置虚断链路。

环网冗余协议可通过简化 RSTP 协议实现过程方式实现。环网支持功能由软件单元提供。

③QoS 支持功能

QoS 支持功能是用于解决网络延迟和阻塞等问题的一种技术。通过对优先级、输入输出速率控制，在网络过载或拥塞时，QoS 可保证重要业务量不受延迟或丢弃，同时保证网络的高效运行。

④VLAN 支持功能

VLAN 是将物理 LAN 划分成不同虚拟 LAN，ECNN 实现支持 802.1Q VLAN，基于端口的 VLAN 和基于 MAC 的 VLAN。

⑤网络管理功能

基于交换芯片的状态寄存器及底层协议提供的信息，在应用层实现的配置、拓扑显示、故障诊断及性能统计等人机接口。ECNN 提供 Web、命令行或配置文件等多种交互方式。

⑥协议支持功能

ECNN 模块的常见故障及解决办法见表 5-12。

表 5-12　ETBN 常见故障及解决办法

序号	故障现象	参考解决办法
1	面板 PWR1、PWR2 灯全不亮	确认模块 DC 110 V 电源输入插头是否有电。 (1)若无 DC 110 V 输入，则检查外部 DC 110 V 供电电源电路 (2)若有 DC 110 V 输入，则检查插头和模块电源接口是否连接可靠，若连接可靠且模块 PWR1、PWR2 灯不亮，则模块电源板坏掉，建议更换模块，联系售后维修
2	面板 PWR1、PWR2 其中一个灯不亮	若有 DC 110 V 输入，则表明模块电源板上有一路供电故障，建议更换模块，联系售后维修
3	模块 PWR1、PWR2 灯点亮，某以太网端口上连接了以太网设备，但该端口对应的灯不亮	(1)检查连接到该端口的以太网设备是否工作正常 (2)检查该端口的以太网电缆是否连接可靠，电缆是否完好 (3)若以上两项检查都完好，则模块坏掉，建议更换模块，联系售后维修
4	模块 PWR1、PWR2 灯点亮，某以太网端口上连接了以太网设备，该端口对应的灯点亮，但连接到该端口的以太网设备不能正常通信	(1)检查连接到该端口的以太网设备是否工作正常 (2)将 ECNN 模块断电重启后，检查模块是否正常工作 (3)若以上两项检查都完好，则模块坏掉，建议更换模块，联系售后维修

(4)骨干网交换机(ETBN)

ETBN 为列车骨干网交换机，它除了具备编组网交换机除环网之外的所有功能外，还可以进行数据跨网段的通信以及列车重联初运行功能。如图 5-42 所示，在 ETBN 上有两种类型的端口，ETB 口(1～4 端口)和 ECN 口(5～12 端口)。其中，ETB 口是用来连接其他 ETBN 节点用的，设备通过 ETB 口接入以太网骨干网。ECN 口和 ECNN 的端口类似，用来连接以太网编组网设备。

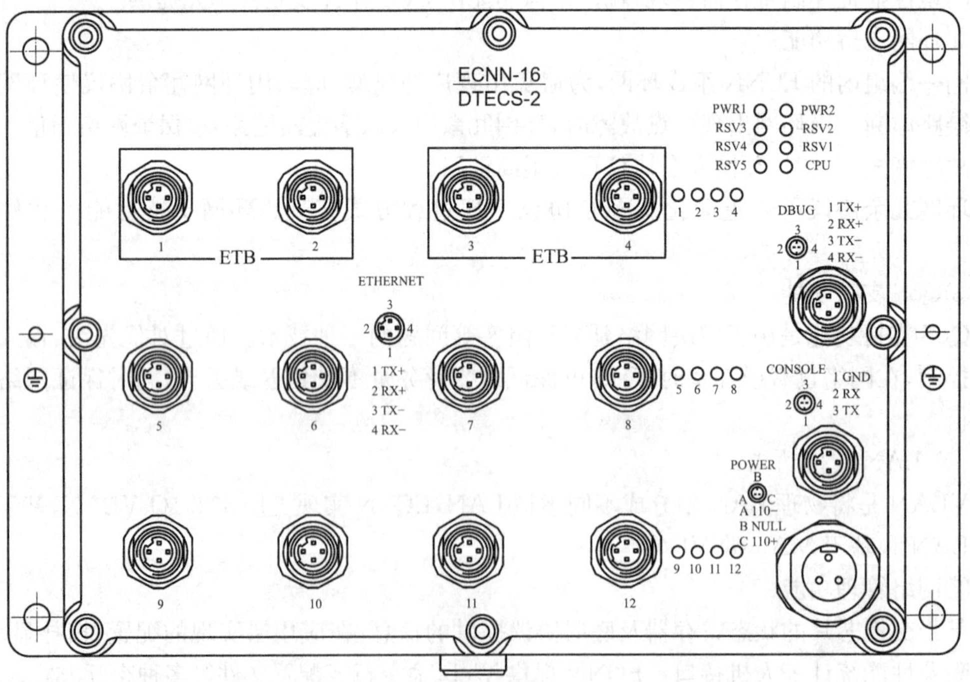

图 5-42　ETBN 模块接口图

ETBN 典型应用拓扑如图 5-43 所示，图中为一辆有三个编组的列车，虚线分割不同的编组。ECN 通过 ETBN 接入 ETB，连接同一编组内 ECN 的两个 ETBN 需要做主从热备份。跨编组的通信需要在 ETB 上传输信息。ERPT 用于 ETB 上信号的中继传输。

编组 1 中一个 ECN 编组通过两个 ETBN 接入 ETB，ETBN 间做主从备份；编组 2 中，ETBN 划出三个端口组成一个逻辑上的 ECN，其中一个连接终端设备 EVCM（物理上直连 ETBN，拓扑上从属于 ECN）；编组 3 中，设备全部直接挂在 ETBN 上，为 ETBN 直连设备，拓扑上直接归属于 ETB，不布置 ECN。

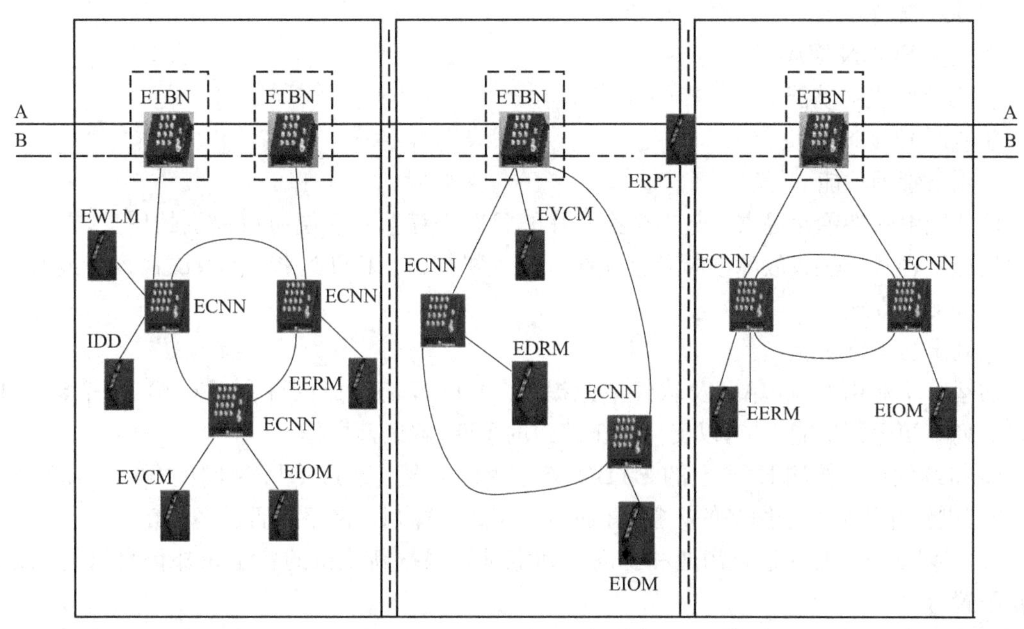

图 5-43　ETBN 应用拓扑图

ETBN 具有的功能：

①电源冗余功能

DC 110 V 电源输入，分别通过两路 DC/DC 变压至 DC 5 V，然后合并至一路 DC 5 V 输出给接口板，两路电源热冗余，正常工作时，两路电源共同承担负载。一路电源故障不应影响另一路电源的正常工作，此时，正常的电源单独承担负载，并应可保证部件正常供电。

②旁路中继功能

用于 ETB 通信的以太网端口具有旁路中继功能，能够在掉电或者其他情况下旁路本节点，使得与此左右相连的两个 ETBN 实现直通。

③链路汇聚功能

为了提高 ETB 链路的可靠性，ETBN 在 ETB 侧提供链路汇聚功能进行链路级的冗余。链路汇聚是指将两个或者多个数据信道结合成一个单个的逻辑链路。在 ETBN 上，1 口和 3 口所在链路为一个链路汇聚组，2 口和 4 口所在链路为一个链路汇聚组，因此在使用 ETBN 的时候，1 口和 3 口必须在同一侧连接到相同的 ETBN 上，同时 2 口和 4 口也必须遵守此规则。

④L3 层交换功能

ETBN 在支持二层交换的同时也能支持三层交换功能，根据报文的目的 IP 地址来决定一个报文是二层转发还是三层转发。

⑤端口类型可配置功能

ETBN 上的端口分为：

a. ETBN 互连端口，左右各两个，共 4 个端口，支持旁路中继功能，为固定功能端口。

b. ETBN 设备直连端口有 6 个，连接的设备为直连设备，直接从属于 ETB 子网，IP 分配符合 IEC 61375-2-5 的规定。

c. ECN 接入端口有 2 个，ECN 网络挂接到 ETB 上时，连入的端口。

⑥QoS 支持功能

功能同 ECNN 模块。

⑦VLAN 支持功能

功能同 ECNN 模块。

⑧网络管理功能

该功能由软件单元提供。基于交换芯片的状态寄存器及底层协议提供的信息，在应用层实现的配置、拓扑显示、故障诊断及性能统计等人机接口。ETBN 提供 Web、命令行或配置文件等多种交互方式。

⑨列出初运行功能

初运行功能由 CPU 单元及软件单元提供。ETBN 需要提供符合 IEC 61375-2-5 TTDP 协议的列车初运行功能支持，以支持列车编组的重联、解编等操作。

a. 持续发现和检测 ETB 上的 ETBN 节点变化情况。通过 ETBN 间的 TOPOLOGY 消息，动态更新并传播整个网络的拓扑，并通过分布式计算判定网络是否已经稳定。

b. 与列车应用程序进行沟通和协商。确定是否根据新获得的稳定拓扑信息进行网络的重新配置。

c. 在列车应用允许的前提下，根据获得的拓扑信息配置整个网络，包括建立终端及网络设备 IP 的映射关系，网络设备的 DHCP、DNS、NTP、R-NAT、route 等服务的更新。

⑩网络地址转换(R-NAT)功能

ETBN 具备 IEC 61375-3-4 所定义的 R-NAT 地址转换功能，对 ETB 和 ECN 间的数据流进行地址转换。R-NAT 功能的激活为软件可配置，根据网络规划的不同而定。当连接的 ECN 采用动态地址分配方案时，不需要激活 R-NAT，当连接的 ECN 采用静态、局部地址配置方案时，需要激活 R-NAT 功能。激活 R-NAT 功能时，通过对 L3 表的控制，ETBN 对 ECN/ETB 的 IP 子网间数据转发不进行交换芯片内的 ASIC 硬件加速处理，而是将数据流全部重定向到 CPU，交由 CPU 上的 L3 软件转发模块，完成 R-NAT 处理后再进行软件路由转发。

⑪ETBN 冗余控制

当同一个 ECN 通过两个或以上 ETBN 接入 ETB 时，ETBN 间需要运行冗余控制协议，使只有一个 ETBN 被选为主，其他均为从，通信数据只从主 ETBN 进行交换，主 ETBN 故障时，某一个从 ETBN 会被重新选举为主。主 ETBN 在 ETB 和 ECN 这两侧的两个网络上都会分别通过 Gratuitous ARP 将接口 MAC 绑定到虚拟的网关接口 IP，其他通信设备更新 ARP 表即可，无须变更 IP。

⑫协议支持

ETBN 为应用提供其所需的其他应用层协议栈和物理层、链路层协议控制。

(5)网关(EGWM)

EGWM 模块为网络系统的网关及车辆控制模块。EGWM 通过多功能车辆总线 MVB(EMD)与其他设备通信,通过列车总线 WTB 与其他动力单元进行通信。EGWM 是 TCMS 的核心模块,具备的功能如下。

①车辆级过程控制:执行诸如牵引/制动控制、空电联合控制和空调顺序启动等一系列控制功能。

②通信管理:具有多功能车辆总线 MVB 的管理能力,并且能够进行被动的主权转移功能。

③显示控制:与 HMI 显示有关的数据传输。

④故障诊断:状态数据、故障数据的采集处理,并通过 HMI 报告司机。

如图 5-44 所示,EGWM 模块有两对 WTB 接口、一对 MVB-EMD 接口、两个 ETH 接口、一个 RS-232 接口和一个电源供电接口。

图 5-44 EGWM 模块接口图

EGWM 模块的常见故障及解决办法见表 5-13。

表 5-13 EGWM 模块的常见故障及解决办法

序号	故障现象	建议解决办法
1	上电后前面板指示灯异常	(1)确认电源插头 110 V 供电是否正常 (2)检查 110 V 电源线及其插头连接是否正常。如果供电正常并且 110 V 电源线连接正常,则建议更换模块,将故障模块返厂维修

续上表

序号	故障现象	建议解决办法
2	上电后,面板 PS 灯正常,ST 灯故障	检查串口是否有打印信息,如果无打印信息,并且断电重启之后现象依旧,则模块损坏,需要返厂维修
3	上电后,面板 PS 灯及 ST 灯正常,但是网口连接异常(LA 灯异常)	(1)检查连接到对应端口的网线及端口连接器是否连接正常 (2)检查串口打印信息是否正常 (3)如果以上均正常,则建议将故障模块返厂维修。

(6)数字量输入模块(DIMe/DIMe_L)

DIMe 模块为 DC 110 V 数字量输入模块,DIMe_L 模块为 DC 24 V 数字量输入模块。两者的接收电压不同,其他功能及接口都相同。

如图 5-45 所示,DIMe/DIMe_L 模块的对外电气接口主要有输入电源接口、MVB 通信接口、数字量输入接口。DIMe/DIMe_L 模块对外部设备进行数字量输入的接口模块,通过 MVB 与 EGWM 模块连接使用。具备的功能如下。

①控制信号输出:将网络控制信号转换成电气信号,控制指示灯、继电器等设备。

②设备地址输入:通过外部跳线配置设备地址,维护过程异常容易。

数字量输入输出模块 DIMe/DIMe_L 皆由 MVB 板和 I/O 板两块单板组成,分别固定在模块外壳的上下盖上。两块 PCB 通过两组 40 芯扁平电缆连接,尺寸完全相同。

MVB 板包括三个部分:分布式 DC/DC 电源、MVB 物理介质接口电路和 MVB 协议控制器。

a. 分布式 DC/DC 电源:完成车载 DC 110 V 电源输入,到一路隔离的 DC 5 V 电源输出的转换。

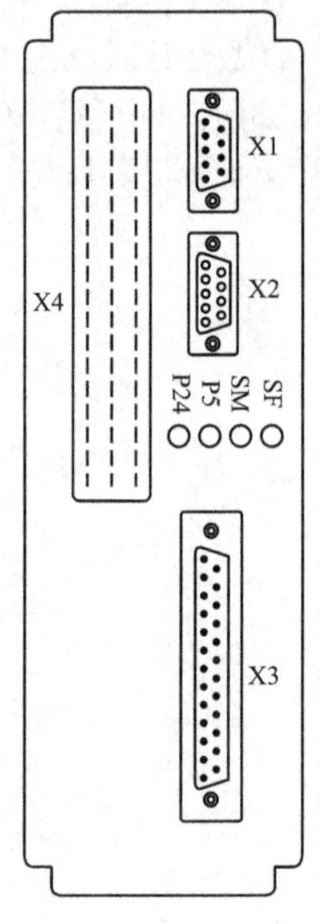

图 5-45　DIMe/DIMe_L 模块接口图

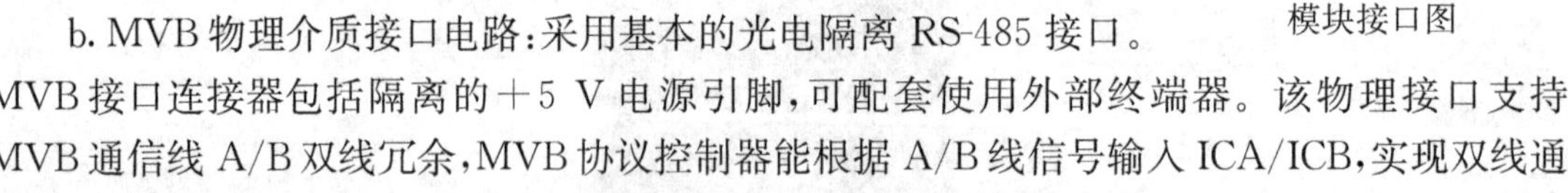
b. MVB 物理介质接口电路:采用基本的光电隔离 RS-485 接口。MVB 接口连接器包括隔离的 +5 V 电源引脚,可配套使用外部终端器。该物理接口支持 MVB 通信线 A/B 双线冗余,MVB 协议控制器能根据 A/B 线信号输入 ICA/ICB,实现双线通信状态判断与处理。

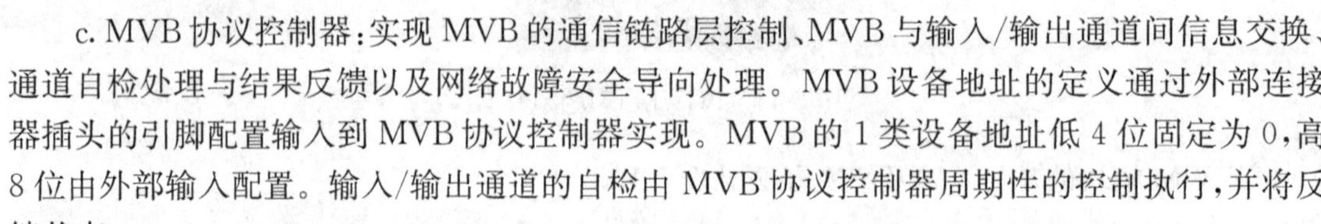
c. MVB 协议控制器:实现 MVB 的通信链路层控制、MVB 与输入/输出通道间信息交换、通道自检处理与结果反馈以及网络故障安全导向处理。MVB 设备地址的定义通过外部连接器插头的引脚配置输入到 MVB 协议控制器实现。MVB 的 1 类设备地址低 4 位固定为 0,高 8 位由外部输入配置。输入/输出通道的自检由 MVB 协议控制器周期性的控制执行,并将反馈状态。

(7)数字量输入输出模块(DXMe)

DXMe 模块为 DC 110 V 数字量输入输出模块,不仅可以接收 DC 110 V 信号,也可以发出 DC 110 V 信号,与 DIMe 模块的典型区别是还具备输出 DC 110 V 功能。该模块接口如图 5-46 所示,较 DIMe 模块多了 16 个指示灯,且具备 16 路输入和 8 路输出。

(8)模拟量输入输出模块(AXMe)

AXMe 模块为带 MVB 通信接口的模拟量输入输出模块,分为电压型和电流型两大类。

如图 5-47 所示,AXMe 模块的对外电气接口主要有 MVB 通信接口(X1/X2)、模拟量输出接口(X3/X4)、DC 110 V 电源接口(X5)、模拟量输入接口(X6)。

AXMe 实现模拟量信号的采集输入和控制输出,通过 MVB 与 EGWM 模块通信。具备的功能如下。

①输入信号采集:将车辆间电气信号转换成控制信号,经由列车控制网络传送给 EGWM 模块,完成各种控制功能。

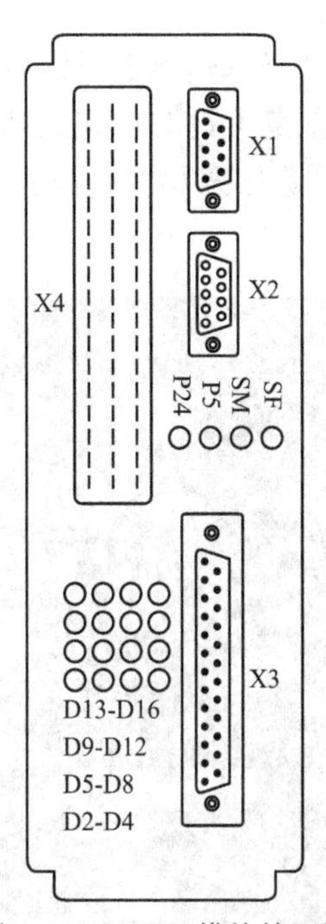

图 5-46　DXMe 模块接口图

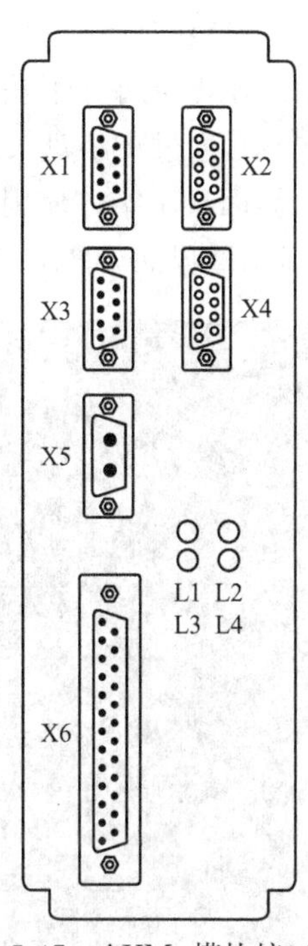

图 5-47　AXMe 模块接口图

②控制信号输出:将网络控制信号转换成电气信号,控制诸如仪表等设备。

模拟量输入输出模块 AXMe 由 CPU 板和接口板两块单板组成,分别固定在模块外壳的上下盖上。两块 PCB 通过两组 40 芯扁平电缆连接,尺寸完全相同。

CPU 板包括四个部分:CPU 系统、模拟量输出电路、MVB 物理介质接口电路和 MVB 协议控制器。

a. CPU 系统:主要是控制数据的采集和数据的输出,以及完成与 MVB 协议控制器之间的数据交换。

b. 模拟量输出电路:可以根据 MVB 主设备发送过来的数据经过 MVB 协议控制器和 CPU 系统之后进行数据输出,可以输出电压型和电流型信号。

c. MVB 物理接口电路:采用基本的光电隔离 RS-485 接口。MVB 接口连接器包括隔离的+5V 电源引脚,可配套使用外部终端器。该物理接口支持 MVB 通信线 A/B 双线冗余,MVB 协议控制器能根据 A/B 线信号输入 ICA/ICB,实现双线通信状态判断与处理。

d. MVB 协议控制器:实现 MVB 的通信链路层控制、MVB 与输入/输出通道间信息交换以及网络故障安全导向处理。MVB设备地址的定义通过RS-232接口配置输入到MVB协议控制器实现。MVB的1类设备地址低4位固定为0,高8位由外部输入配置。输入/输出通道的自检由MVB协议控制器周期性的控制执行,并将反馈状态引回处理。

接口板主要包括:信号调理电路以及DC/DC电源。

a. 信号调理电路:主要是将信号进行增益和滤波的调整,使调整之后满足对输入信号的要求。

b. DC/DC电源:完成车载DC 110 V电源输入到一路DC 5 V的电源输出和DC 15 V、DC 15 V、DC 24 V电源输出的转换。

(9)人机交互接口(HMI)

人机交互接口(HMI)显示车辆状态和故障信息,进行车辆参数设定及故障数据转储等功能。HMI嵌入司机台中,通过十字盘头螺钉固定,所有模块具有相同的外形尺寸的机械安装接口。人机交互接口界面汉字字体使用"宋体",英文和数字采用"新罗马"字体,字号可根据具体界面调整。HMI显示屏界面如图5-48所示。

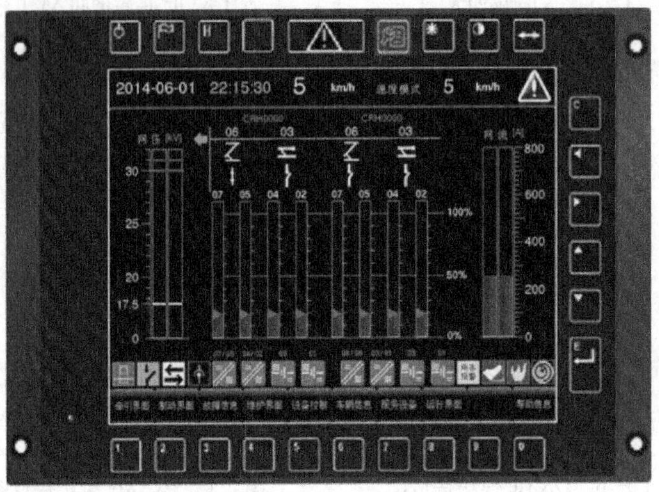

图5-48 HMI界面示意图

3. TCMS的功能

(1)控制功能

系统对MVB总线、WTB总线进行控制和管理,按照通信协议完成车辆数据、列车数据的组织和转发,实现列车控制、显示屏信息显示以及事件记录等功能。

系统自动监测列车的重联状态,当列车处于重联工况时,系统根据重联列车的数量自动构建WTB网络,并自动进行列车的重联控制和诊断功能。

通过以太网总线对列车进行故障数据下载和软件维护以及部分数据传输。

(2)警惕功能

列车在运行过程中,为防止司机失去意识时造成事故,需要司机在规定的时间内对手柄,踏板等设备进行操作,否则在一定时间内进行警惕报警,如果仍然无动作,进行紧急制动停车。

(3)诊断功能

TCMS完成车载各部件故障数据的采集、分析、转储和显示。故障信息在司机台上通过显示屏显示，诊断信息能上传到地面维修和服务系统中，供长期的储存和深入的地面分析。

(4)车辆控制功能

①限速控制

TCMS 在以下条件下进行限速控制：

a. 列车退行时，限速 10 km/h。

b. 检测到轴温预警、齿轮箱温度预警时，限速 200 km/h。

c. 检测到轴温报警、齿轮箱温度报警、轴抱死、电机传动端轴承或电机非传动端轴承温度报警时，限速 40 km/h。

d. 检测到空簧压力低时，限速 120 km/h。

②司机室激活控制

对列车的操作必须从对司机室的激活开始。当司机钥匙没有插入司控器的钥匙孔，或者司机钥匙没有旋转至“激活”位时，TCMS 将处于一种“待机”状态，拒绝接收和执行诸如施加牵引、缓解制动等各种涉及安全的控制指令，但可以对全列车的状态信息进行监视和故障诊断。

当司机钥匙旋转至“激活”位后，TCMS 进入“激活”状态，将有“司机钥匙激活”信号的 Mc 车设置为主控司机室，并同时在显示器主界面对主控司机室进行图示。TCMS 激活后，只允许接收来自主控司机室的各种控制指令，而忽略非主控司机室的各种控制指令，但有一条指令除外，即“紧急制动”指令。当任何一个司机室的“紧急制动”按钮被按下，TCMS 均执行“紧急制动”指令，同时封锁牵引信号的输出。

如果两个司机室的司控器有没有做机械联锁，当 TCMS 检测到两个司机室均有“司机钥匙激活”信号时，TCMS 会诊断出“司机室联锁故障”，并在显示器上做故障提示，并继续处于“待机”状态，拒绝执行各种控制指令。

③方向控制

列车的运行方向包括“向前”和“向后”，所谓的“前”与“后”均是以司机的主观视角来定义的。而对牵引系统来说，是没有前后之分的，牵引逆变器通过正相序或反相序输出交流电控制牵引电机和车辆轮对的正转或者反转，以实现司机所期望的列车“向前”或者“向后”运行。因此，对列车的方向控制即是对每个牵引逆变器的“正向”和“反向”控制。

对于某一个牵引逆变器而言，如果期望列车朝 Mc1 车方向“向前”运行，牵引逆变器需要执行“正向”指令的话，那么如果期望列车朝 Mc2 车方向“向前”运行时，TCMS 则需要向该牵引逆变器发出“反向”指令。按照这个逻辑，TCMS 需要根据列车的每一个牵引逆变器的安装方位、主控司机室的位置以及该司机发出的方向指令进行逻辑判断，并逐个向每一个牵引逆变器单独发送“正向”或“反向”指令。

列车的换向操作只允许在列车静止的状态下才允许进行。一旦列车开始运行后，TCMS 将锁定当前列车的方向信号，直到列车停止运行后才解锁。如果在列车运行过程中，不管是人为操作原因还是司控器故障原因导致方向信号变化了，TCMS 会诊断出“方向信号丢失故障”，并在显示器上做故障提示。

④空电联合制动控制

TCMS 参与列车的空电混合制动控制，制动力的计算和分配由制动系统完成。具体控制指令传输过程如下。

a. TCMS 根据来自司控器的指令信号产生控制指令，通过 MVB 网络发送给制动系统。

b. 制动系统根据制动级位和载荷等信息，计算列车总制动力需求值。按照无故障情况下优先使用电制动力的原则，将列车总制动力需求值全部分配成电制动力需求值，经由 TCMS 发送给各车牵引系统。

c. 牵引系统根据电制动力需求值施加再生制动，并将电制动力实际值反馈给 TCMS。

d. TCMS 将各车牵引系统的电制动力实际值反馈给制动系统。

e. 制动系统根据反馈的电制动力实际值判断电制动力是否满足列车总的制动力需求，如果不满足，则通过气制动力进行补足。

⑤保持制动缓解控制

为了防止列车停在坡道上出现溜车情况，需要在列车停稳后施加一个固定大小的常用制动力，一般该常用制动力的大小为最大常用制动的 70%左右，即保持制动。保持制动的施加由制动系统负责，保持制动的缓解由 TCMS 负责；当 TCMS 故障时，保持制动的管理全部由制动系统自身负责。

当满足以下条件之一时，TCMS 向所有的 BCU 发出保持制动缓解命令：

a. 列车处于牵引工况且速度大于 0.5 km/h。

b. 列车处于牵引工况且牵引力大于一定值（设计联络阶段确定）。

列车在某些特殊情况下，比如通过调车机拖拽时，需要缓解列车的保持制动，可以通过点击 HMI 上检修界面中的“保持制动切除”软按钮，TCMS 接收到该信号后，同样也会发出保持制动缓解指令。

(5)空调控制

为了防止各节车辆的空调机组的压缩机同时启动，对辅助供电系统造成的交流负载严重过载，因此需要通过 TCMS 对空调机组压缩机进行错时启动控制。TCMS 按照一定的循环周期，分别向各节车辆的空调系统发送“空调允许启动”的时间窗口，每节车的空调系统只能在属于自己的时间窗口时才能启动，其他时间则不允许启动。每节车内的空调压缩机启动顺序由空调厂家控制，但在一个时间窗口中，只允许启动一个空调压缩机。对于已经完成启动的空调系统，其停机过程不受该时间窗口的控制，可以根据外界温度条件或者控制指令随时停机。

此外，当制动系统空压机启动前会预先发出一个“空压机预启动”信号，TCMS 检测到该信号后将关闭所有空调的启动时间窗口，禁止一段时间内的所有空调的启动操作。

司机可以通过司机台显示器可以对全车空调进行启停、温度和模式设定。

(6)并网供电控制

CR400AF 型动车组辅助供电系统采用并联供电模式，每列车安装 4 台辅助逆变器，每台辅助逆变器输出三相 AC 380 V/50 Hz 电源给三相交流辅助供电母线，然后再通过母线分配给不同的负载。

(7)通信状态检测

TCMS 通过生命信号机制检测所有连接至网络上的设备的通信状态。

当设备生命信号停止跳变超过 5 个传输周期，TCMS 判定该设备通信失败，在显示器上显示通信故障。当设备恢复跳变后，TCMS 判定该设备通信正常，并复位通信故障。

(8)牵引封锁条件检测

TCMS 检测进行牵引封锁的条件，安全联锁控制产生牵引封锁的条件：

①中间车作为主控车。

②无司机室激活时。

③CCU 检测方向故障。

④非零速时，停放制动未缓解。

⑤列车处于牵引工况超过一定时间，或速度大于 5 km/h 时，所有制动为缓解。

⑥无牵引使能信号。

⑦主控单元车的紧急 EB 环路状态为低电平。

⑧主控单元车的紧急 UB 环路状态为低电平。

当以上条件触发牵引封锁时，TCMS 在显示器显示牵引封锁状态，便于司机了解牵引封锁的产生原因，对车辆进行相对应的处理。

(9)列车重联功能

使用 WTB 总线实现重联，并实现 2 列重联编组，编组间可头尾、尾尾、尾头等连挂形式。

每个编组节点同时作用于 WTB 总线上，为实现重联控制功能，依次实现编组数量的识别、重联位置识别、非重联端识别、主控编组识别、激活编组识别、行驶方向识别，最终构建重联编组拓扑。

(10)监控显示功能

TCMS 能对动车组和各个重要部件的性能进行实时监测和报警，确保动车组运行安全。系统的监测信息一般包括制动系统工作状态、制动动作情况、车上用电系统状态、车门状态等。通过系统监测能够及时发现事故隐患，以便及时进行维修。监控和诊断数据实时地通过司机显示屏显示，为乘务员安全驾驶提供支持。

(11)数字信号输入功能

系统通过数字量输入模块采集数字量信号。数字量输入模块包括 DXMe 模块(16 路输入通道，8 路输出通道)、DIMe 模块(32 路输入通道)。

(12)数字信号输出功能

DXMe 模块输出数字量信号，每个模块提供 6 路 MOS 管输出通道和 2 路继电器输出通道。

(13)模拟信号输入功能

系统通过模拟量模块采集模拟量信号。系统能够对电流、电压模拟量信号进行采集，同时能够为传感器提供±15 V、±24 V 电源。

(14)模拟信号输出功能

系统通过模拟量模块/插件输出模拟量信号。系统能够输出 0～10 V、0～20 mA、4～20 mA 三种模拟量输出信号。

三、CR400AF 型动车组 HMI 显示界面操作

CR400AF 型动车组的司机室 HMI 显示界面包含：牵引界面、制动界面、设备状态界面、设备控制界面、低恒速界面、故障信息界面、运行界面、维护界面和帮助信息等。以下仅介绍 CR400AF 型动车组单编组司机室 HMI 显示界面，重联列车与其类似，不再赘述。

司机室 HMI 界面采用菜单结构树结构，如图 5-49 所示。

显示屏启动后，司机室显示屏左屏进入牵引界面，司机室显示屏右屏进入制动界面。可以进行牵引(左屏)和制动(右屏)的切换；当其中一个屏故障时，可以在正常显示屏上通过按键菜

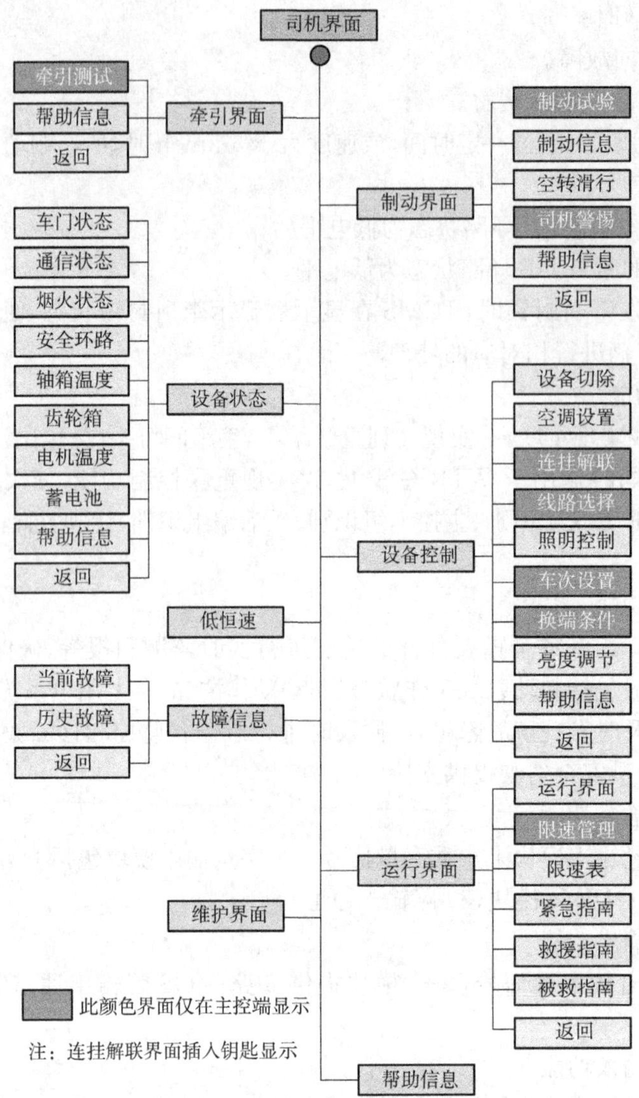

图 5-49　司机室显示界面结构树

单选择运行界面(包括高压、牵引、制动、车门等必要信息)。

1. 牵引界面

牵引分支的界面共 3 个,分别为牵引主界面、牵引测试界面、牵引帮助界面。

(1)牵引主界面

显示器正常启动后,司机室左屏将自动进入牵引主界面中,或在使用显示器的过程中,按下【牵引界面】按键后,司机室 HMI 显示屏将进入牵引主界面。主界面如图 5-50 所示,主界面中显示的是行车的基本牵引信息,根据不同需求,选择界面下方其他功能选择按键,将进入其他功能界面。

牵引主界面中包含的主要行车内容如下。

①网压:B 区左侧显示,重联界面左侧网压为前编组网压,右侧网压为后编组网压。

②网流:B 区右侧显示,重联界面左侧网流为前编组网流,右侧网流为后编组网流。

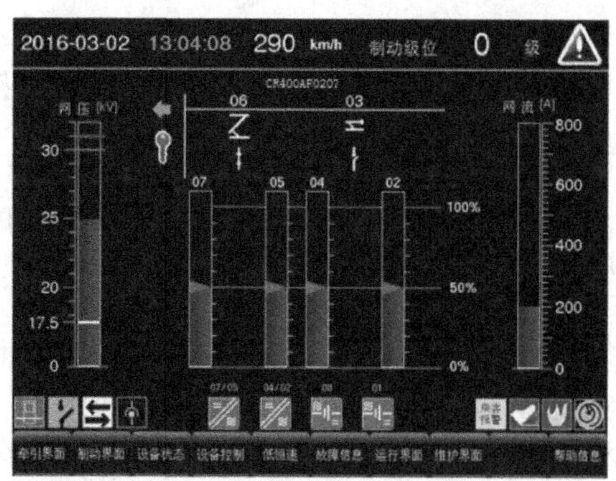

图 5-50　牵引主界面

③编组编号：在 B 区中上部显示，重联界面左侧为前编组，右侧为后编组。

④方向：绿色箭头显示列车方向。

⑤钥匙：有钥匙的情况下显示钥匙图标，无钥匙图标隐藏。

⑥受电弓状态：在 B 区中上部显示，重联界面左侧为前编组，右侧为后编组。

⑦VCB 状态：在 B 区中上部显示，重联界面左侧为前编组，右侧为后编组。

（2）牵引测试界面

通过点击牵引主界面上的【牵引界面】按键后，再点击【牵引测试】按键，进入牵引测试界面，如图 5-51 所示。

牵引测试必须满足 9 项条件，分别为：司机台激活、列车静止、方向指令、高压供电、7 级制动、制动缓解、EB 环路闭合、UB 环路闭合和非紧急模式。对应的条件满足时，相应条目显示为绿色，若不满足，则显示灰色。

点击 B 区右侧的【测试开始】按键可对列车牵引变流器状态进行测试，并查看测试结果。

（3）牵引帮助信息界面

通过点击牵引主界面上的【牵引界面】按键后，再点击【帮助信息】按键，可查看列车牵引帮助信息，如图 5-52 所示。

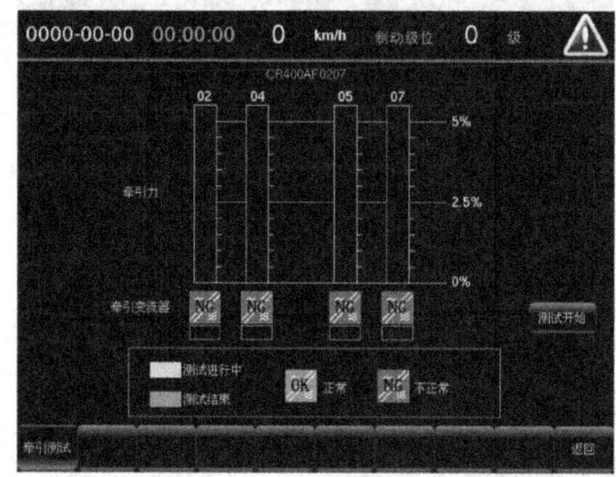

图 5-51　牵引测试界面

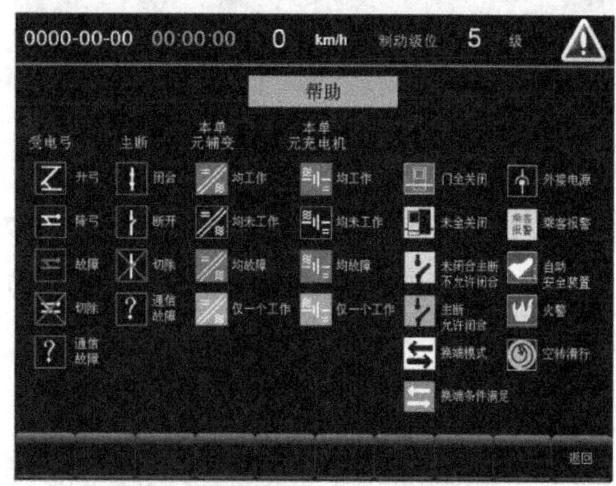

图 5-52　牵引帮助信息界面

2. 制动界面

制动分支的界面共 6 个，分别为制动主界面、制动试验界面、制动信息界面、空转滑行界面、警惕装置界面、制动帮助界面。

(1)制动主界面

显示器正常启动后，司机室右屏将自动进入制动主界面，或在使用显示器的过程中按下【制动界面】按键后，司机室 HMI 显示屏将进入制动界面。界面如图 5-53 所示，展示各车当前制动状态。

主界面中显示的是行车的基本制动信息，根据不同需求，选择界面下方其他功能选择按键，将进入其他功能界面。制动主界面中包含的主要行车内容如下。

①编组编号：在 B 区中上部显示，重联界面左侧为前编组，右侧为后编组。

②受电弓状态：在 B 区中上部显示，重联界面左侧为前编组，右侧为后编组。

③VCB 状态：在 B 区中上部显示，重联界面左侧为前编组，右侧为后编组。

④电制动施加情况：在 B 区中部显示，重联界面左侧为前编组，右侧为后编组。

⑤空气制动施加情况：在 B 区中部显示，重联界面左侧为前编组，右侧为后编组。

⑥停放制动施加情况：在 B 区中部显示，重联界面左侧为前编组，右侧为后编组。

⑦总风管压力：在 B 区右侧显示，重联界面左侧为前编组，右侧为后编组。

(2)制动试验界面

制动试验界面只在司机室左屏显示，通过点击主界面上的【制动界面】按键后，再点击【制动试验】按键，只有当制动试验条件满足时，才可以进行制动试验，界面如图 5-54 所示。

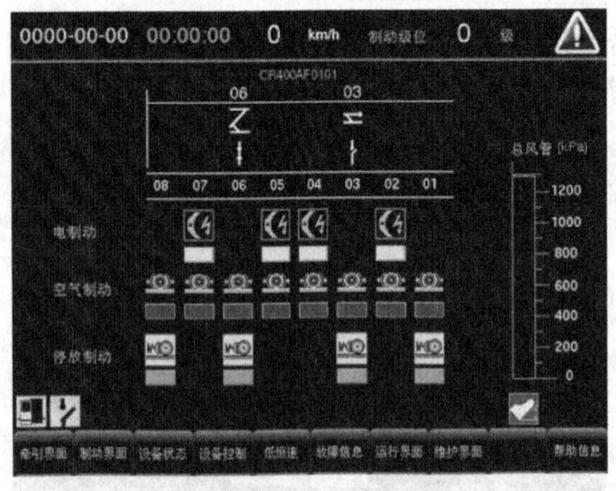

图 5-53　制动主界面

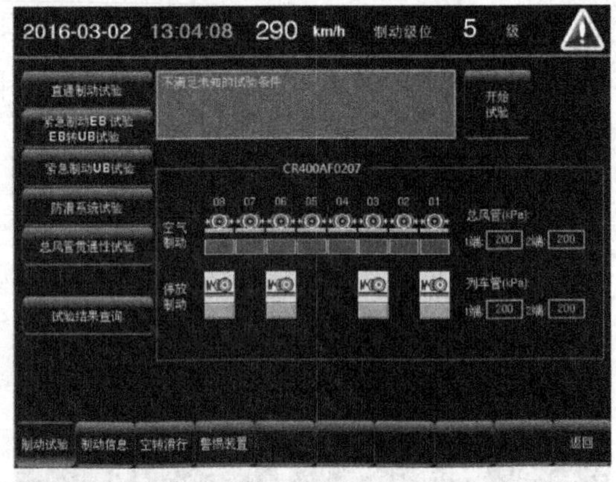

图 5-54　制动试验界面

制动试验界面左侧选择需要进行的试验项目，下方的【试验结果查询】按键按下后可查看相应的试验结果，如图 5-55 所示，制动试验结果在列车重联或解联后清空，B 区右侧可查看试验过程中制动系统的状态。

(3)制动信息界面

通过点击主界面上的【制动界面】按键后，再点击【制动信息】按键，可查看列车制动系统信息，界面如图 5-56 所示，展示各车具体的制动参数值或状态。

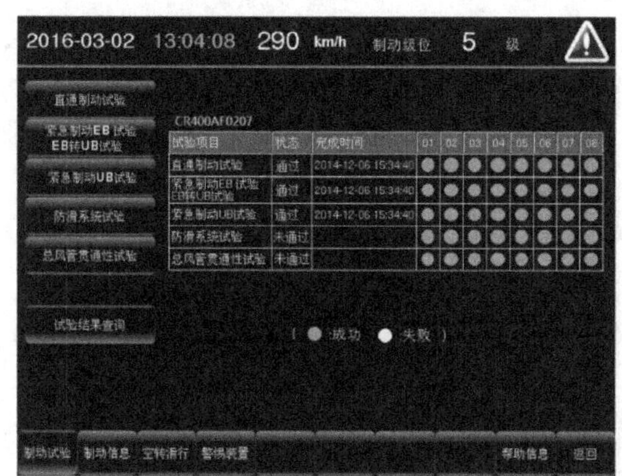

图 5-55　制动试验结果界面

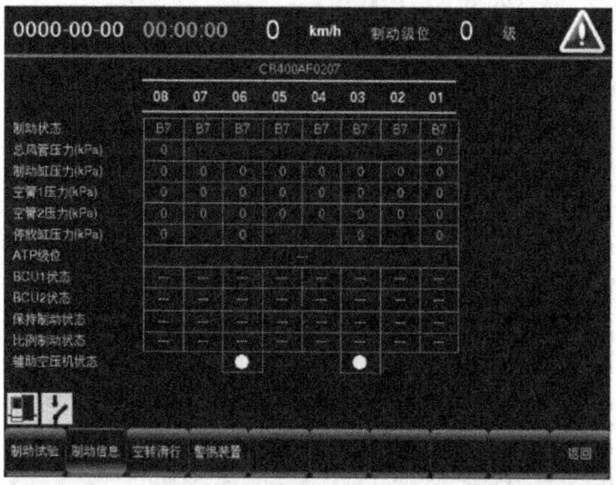

图 5-56　制动信息界面

(4)空转滑行界面

通过点击主界面上的【制动界面】按键后，再点击【空转滑行】按键，进入空转滑行界面，如图 5-57 所示，展示各车本日空转及滑行的次数。

(5)警惕装置界面

通过点击主界面上的【制动界面】按键后，再点击【警惕装置】按键，可查看列车警惕条件施加状态，如图 5-58 所示。

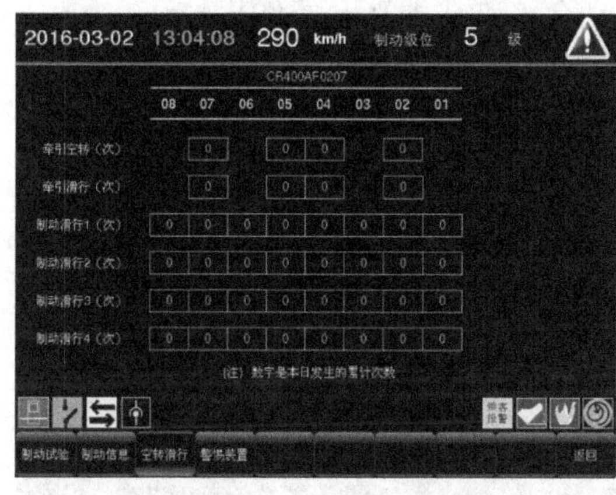

图 5-57　空转滑行界面

图 5-58　警惕装置界面

(6)制动帮助信息界面

通过点击主界面上的【制动界面】按键后，再点击【帮助信息】按键，可查看列车制动帮助信息，如图 5-59 所示。

3. 设备状态界面

设备状态分支的界面共 8 个，分别为车门状态界面、通信状态界面、烟火状态界面、安全环路界面、轴箱温度界面、齿轮箱界面、电机温度界面、蓄电池界面。下面仅介绍车门状态界面、烟火状态界面、安全环路界面和蓄电池界面。

(1)车门状态界面

通过点击主界面上的【设备状态】按键，可进入车门状态界面，界面如图 5-60 所示，展示各车车门的实时开闭状态。

图 5-59　制动帮助信息界面

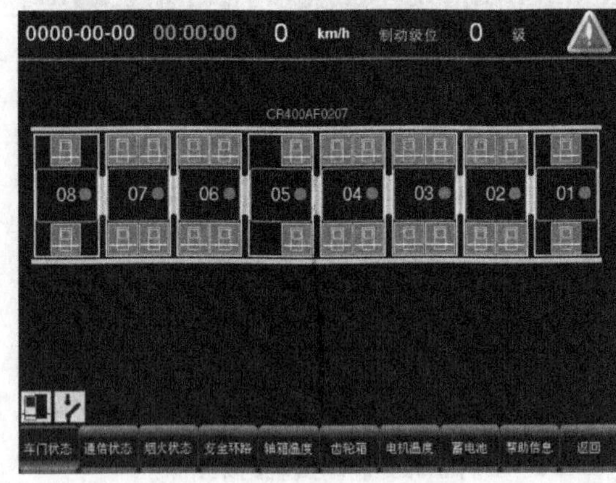

图 5-60　车门状态信息界面

(2)烟火状态界面

通过点击主界面上的【设备状态】按键后，再点击【烟火状态】按键，可进入界面对列车的烟火报警状态进行监视，如图 5-61 所示，绿色正常，红色异常。

(3)安全环路界面

通过点击主界面上的【设备状态】按键后，再点击【安全环路】按键，可进入安全环路界面，如图 5-62 所示，展示各车安全环路状态:绿色表示闭合、红色表示断开、黄色表示隔离。

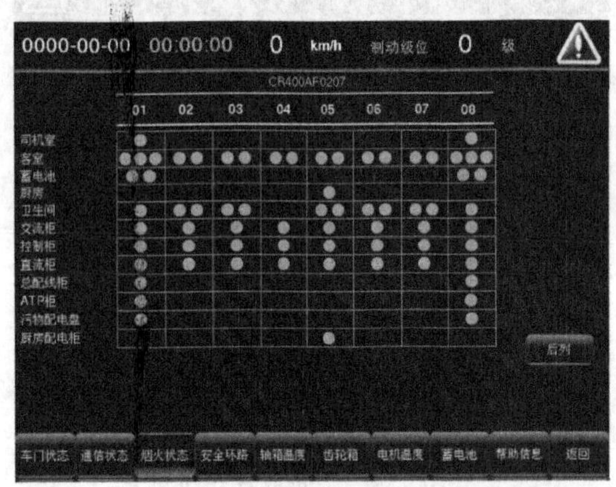

图 5-61　烟火状态界面

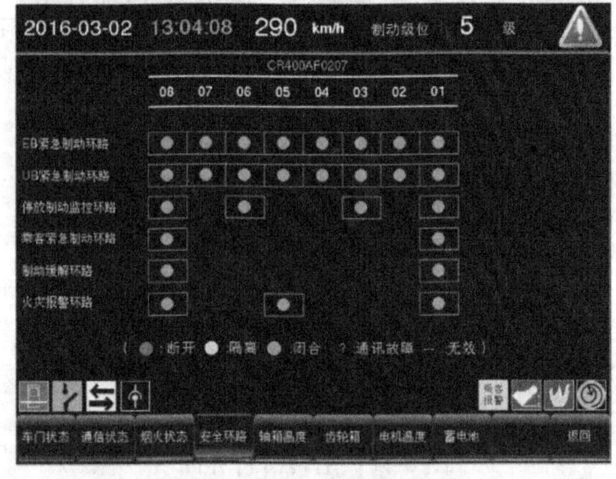

图 5-62　安全环路界面

(4)蓄电池界面

通过点击主界面上的【设备状态】按键后，再点击【蓄电池】按键，可对列车蓄电池进行监视，如图 5-63 所示，展示各蓄电池的电压和电量。

4. 设备控制界面

设备控制分支的界面共 8 个，分别为设备切除界面、空调设置界面、连挂解联界面、线路选择界面、照明设置界面、车次设置界面、换端条件界面、亮度调节界面。下面仅介绍设备切除界面、空调设置界面、连挂解联界面。

(1)设备切除界面

通过点击主界面上的【设备控制】按键，可进入设备切除界面，如图 5-64 所示。

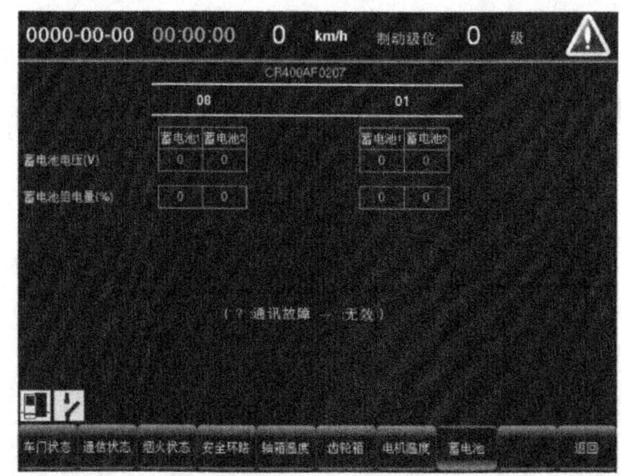

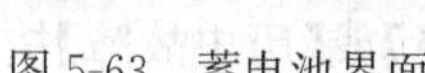
图 5-63　蓄电池界面

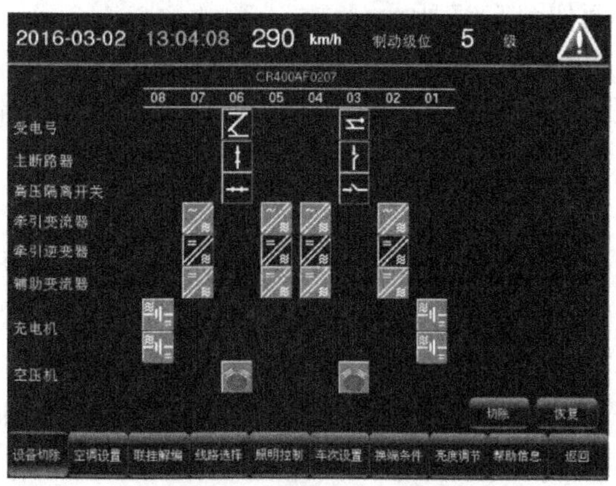

图 5-64　设备切除界面

切除界面可将受电弓、主断路器（VCB）、高压隔离开关、牵引逆变器、辅助变流器、充电机、空压机、牵引变流器进行远程切除。通过点击设备图标选择需要切除的设备，再点击【切除】按键进行切除，选择已切除的设备，再点击【恢复】按键可取消切除。

(2)空调设置界面

通过点击主界面上的【设备控制】按键后，再点击【空调设置】按键，可对列车的空调设备进行设置。界面如图 5-65 所示，展示参数包括控制模式、运转模式、目标温度、室内温度、室外温度等。

(3)连挂解联界面

通过点击主界面上的【设备控制】按键后，再点击【连挂解联】按键，可进入界面对列车连挂解联过程的监控。界面中连挂解联过程中已经完成的步骤背景色为绿色，失败的步骤背景色为红色，尚未进行的步骤背景色为白色。进入连挂界面后，点击【开始连挂】按键，列车进入连挂过程，界面如图 5-66 所示。

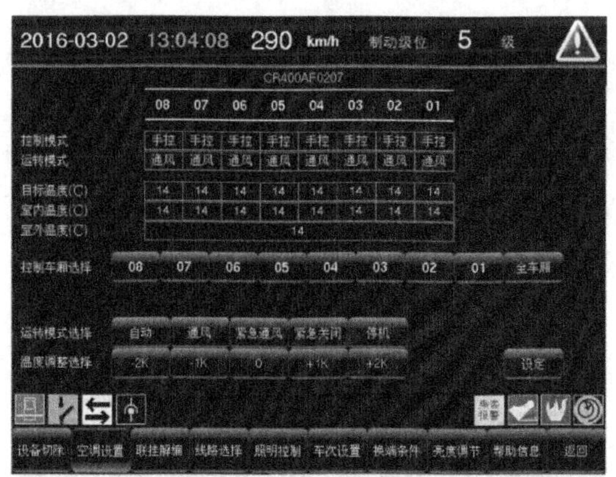

图 5-65　空调设置界面

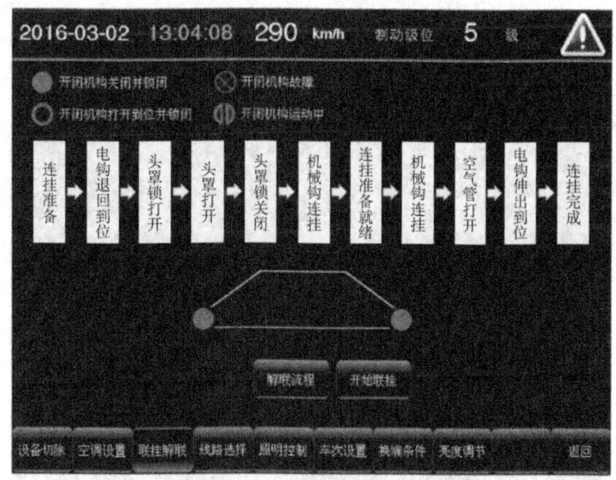

图 5-66　连挂界面

在连挂界面点击【解联流程】按键，可进入解联界面，点击【开始解联】按键，列车进入解联过程。在解联界面，点击【强制关罩】按键，并点击【确认】按键后，可以强制关闭头罩。解联界面如图 5-67 所示。

5. 故障信息界面

故障信息分支的界面共 3 个，分别为当前故障界面、历史故障界面、故障操作提示界面。

(1)当前故障界面

通过点击主界面上的【故障信息】按键或者界面右上角的三角图标，可进入当前故障界面，对列车当前存在的故障进行查看，如图 5-68 所示。

(2)历史故障界面

通过点击主界面上的【故障信息】按键后，再点击【历史故障】按键，可对列车的历史故障进行查看，如图 5-69 所示。历史故障信息可存储并显示 1 000 条故障。

(3)故障操作指示界面

通过点击主界面上的【故障信息】按键后，再点击【当前故障】或【历史故障】按键，点击任意一条故障后，可查看所选故障的操作指示。当前故障操作指示界面如图 5-70 所示。

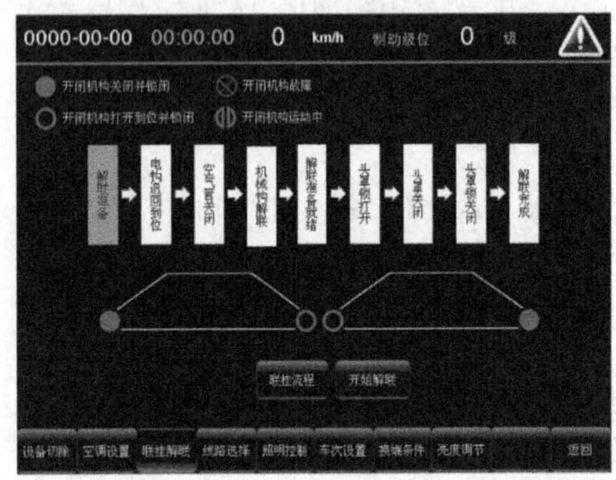

图 5-67 解联界面

图 5-68 当前故障界面

图 5-69 历史故障界面

图 5-70 当前故障操作指示界面

历史故障操作指示界面如图 5-71 所示。

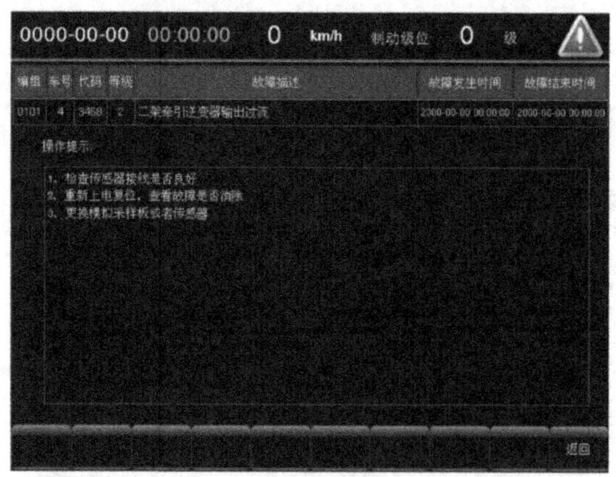

图 5-71　历史故障操作指示界面

任务三　TCN 通信网络在地铁车辆上的应用

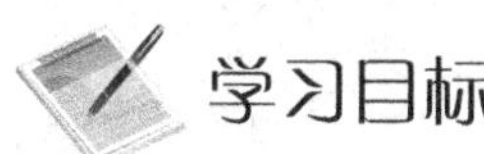

学习目标

1. 知识目标

(1)掌握列车控制与监控系统的组成；

(2)掌握列车控制与监控系统的网络结构；

(3)掌握列车控制与监控系统的功能原理。

2. 能力目标

(1)能够叙述列车网络控制系统硬件配置中主要模块功能。

(2)能够叙述主要控制单元网络功能。

(3)能够正确画出网络控制系统拓扑结构图。

知识课堂

某城市地铁 5 号线列车为＝Tc－Mp－M＊ M－Mp－Tc＝，6 辆编组(4M2T)，列车网络控制系统采用符合 IEC 61375 国际标准的 TCN 网络。采用分布式控制技术，整个网络划分为两级：列车控制级、车辆控制级。列车控制级总线和车辆控制级总线均采用 EMD 电器中距离介质的 MVB 多功能车辆总线。

一、列车网络控制系统拓扑结构(图 5-72)

按照不同的功能与硬件配置分为两种车型：带司机室的拖车 Tc 车、带受电弓的动车 Mp 车和不带受电弓的动车 M 车。不同车型由数量不同的车辆控制模块 VCMe、事件记录模块 EDRM、中继器 REP、数字量输入输出模块 DXMe、数字量输入模块 DIMe、模拟量输入输出模块 AXMe、人机接口模块 HMI 和必要的总线终端器构成。此外，事件记录模块 EDRM 具备以太网接口，TCMS 可以通过 EDRM 的以太网接口或者车辆总线 MVB-EMD 接口借助车载

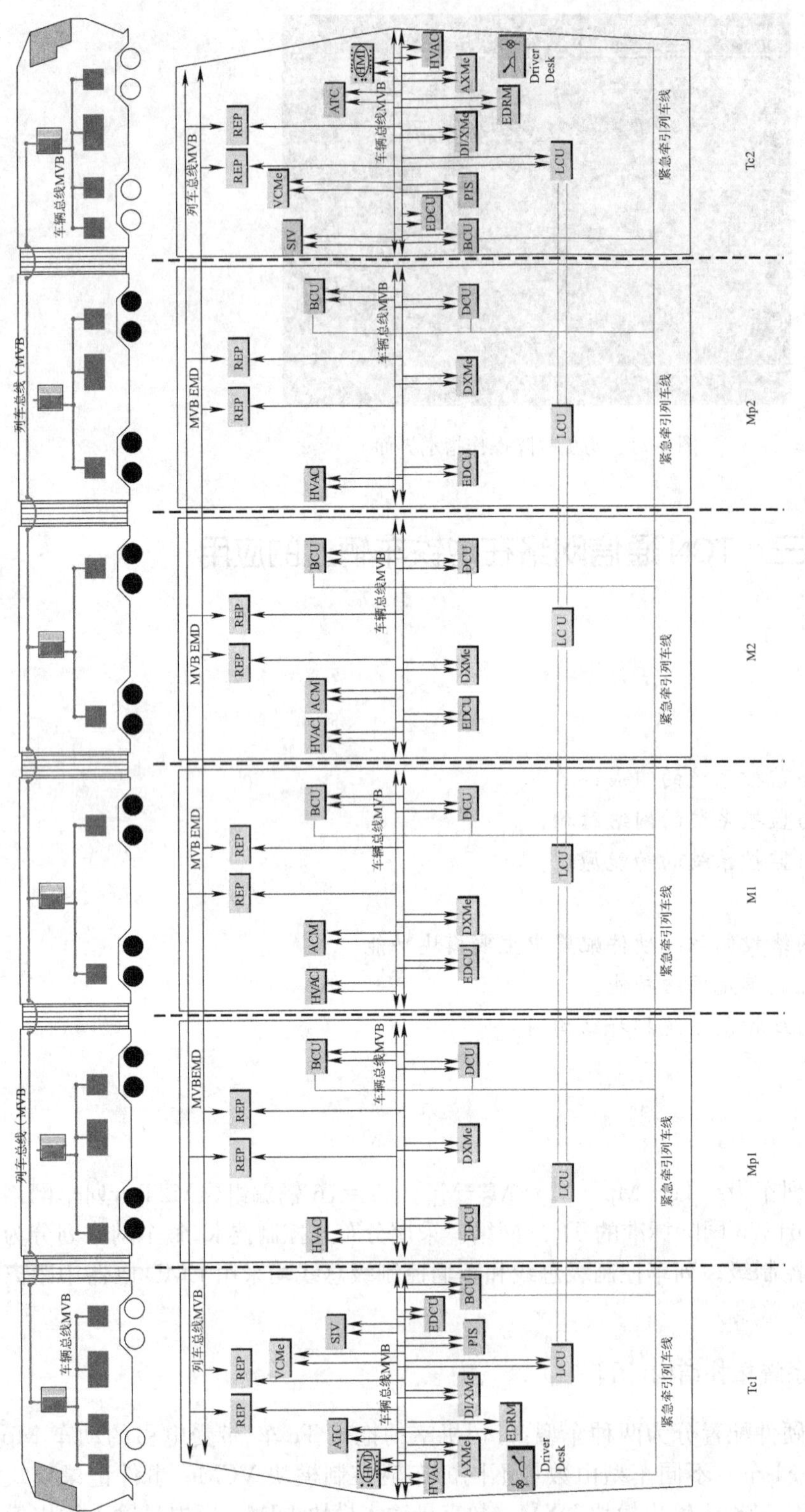

TIMS供货：
VCMe: 车辆控制模块
EDRM: 事件记录模块
DXMe: 数字量输入输出模块
DIMe: 数字量输入模块
AXMe: 模拟量输入输出模块
HXI: 显示器
REP: 中继模块
RCMe: RS485/RS422通讯模块

其他供货商：
ATC: 信号系统
BCU: 制动系统
PIS: 旅客信息系统
DCU: 牵引系统
EDCU: 门控系统
HVAC: 空调系统
SIV: 辅助供电系统

图 5-72 列车网络控制系统拓扑结构

无线传输系统将 MVB 总线上的列车状态和故障数据实时传输到地面运营控制中心，实现列车远程监控功能。

二、列车通信网络基本参数（表 5-14）

表 5-14 列车通信网络参数表

项 目	参 数
标准	IEC 61375
网络拓扑	总线型
物理介质	屏蔽双绞线
波特率	MVB：1.5 Mbit/s
校验	循环冗余校验
系统响应时间	≤200 ms（以牵引/制动控制来计算响应时间）
冗余性	通信线路双通道冗余，关键的控制模块 VCM 热备冗余

三、列车网络控制系统硬件配置（表 5-15）

表 5-15 列车网络控制系统硬件配置

	Tc1	Mp1	M1	M2	Mp2	Tc2
VCMe	1	—	—	—	—	1
HMI	1	—	—	—	—	1
EDRM	1	—	—	—	—	1
REP	2	2	2	2	2	2
DXMe	2	2	2	2	2	2
DIMe	1	—	—	—	—	1
AXMe	1	—	—	—	—	1
RCMe	1	—	—	—	—	1
MVB 通信专用电缆	暂定 1 800 m/列					
与 TCMS 模块相连的各种连接器	一套包括 MVB 连接器、电源连接器、IO 连接器等，但不包括跨车连接器					

1．AXMe 模块

AXMe 安装于司机室的电气柜中。AXMe 实现模拟量信号的采集输入和控制输出，通过 MVB 总线与 EGWM 通信。具备如下功能。

（1）输入信号采集：将车辆间电气信号转换成控制信号，经由列车控制网络传送给网关模块 EGWM，完成各种控制功能。

（2）控制信号输出：将网络控制信号转换成电气信号，控制诸如仪表等设备。

2．DIMe 模块

DIMe 安装于司机室和电气柜中，对外部设备进行数字量输入的接口模块，通过 MVB 总线与网关模块 EGWM 连接使用。具备如下功能。

(1)控制信号输出:将网络控制信号转换成电气信号,控制诸如指示灯、继电器等设备。

(2)设备地址输入:通过外部跳线配置设备地址,维护过程异常容易。

3. DXMe 模块

DXMe 安装于司机室和电气柜中,数字量输入输出模块 DXMe 通过多功能车辆总线 MVB(EMD)与网关模块 EGWM 交换数据。可以实现开关数字量状态信号的采集处理和网络控制指令的输出,并通过 MVB 车辆总线与 MVB 设备互联。具备如下功能。

(1)输入信号采集:将车辆间电气信号转换成控制信号,经由列车控制网络传送给网关模块 EGWM,完成各种控制功能。

(2)控制信号输出:将网络控制信号转换成电气信号,控制诸如指示灯、继电器等设备。

(3)设备地址输入:通过外部跳线配置设备地址。

4. EDRM 模块

EDRM 安装在司机室电气柜内,以太网数据记录模块 EDRM 是完成故障诊断、数据记录与转储的核心模块,与 DETES 系统中的其他模块共同组成完整的列车网络控制系统。具备如下功能。

(1)数据记录:司机操作数据、故障数据、事件数据的记录,将网关模块 EGWM 的故障数据具体化。

(2)数据转储:通过车载信息网(工业以太网)将记录的数据下载,供便携式维护工具分析。

5. REP 模块

每节列车装有 2 个中继模块 REP,实现 MVB-EMD 总线耦合,单板功能主要包括 EMD 总线信号接收与发送处理,中继模块(REPs)详细介绍如下。

(1)EMD 总线信号

控制物理层的接收与发送。对接收到的数据(从 EMD 总线上得到)和要通过 EMD 总线发送的数据进行接收和发送处理。

(2)中继模块

通过对两种不同总线上的信号进行接收处理后,数据被存储在内部,中继模块主要实现信号恢复与重建,信号发送的格式转换(两种总线的帧信号传输格式不一样)后,再传输到发送模块。

6. EGWM 模块

每节列车装有 2 个网关模块 EGWM 实现冗余,位于司机室的电气柜内,网关模块 EGWM 主要是完成网络的逻辑控制和网络协议的管理功能,相当于列车网络系统的大脑,其与 DETES 系统中的其他模块共同组成完整的列车网络控制系统,具备如下功能。

(1)过程控制:执行诸如牵引/制动控制、空电联合控制、超速保护和空调顺序启动等一系列控制功能。

(2)通信管理:具有多功能车辆总线 MVB 的管理能力,并且能够进行主权转移以实现热备冗余。

(3)故障对策:EGWM 单路故障时,可自动切换,切换完成后不能损失功能和动力;双路故障时,具备紧急控制功能,维持运行。

(4)显示控制:与 HMI 显示有关的数据传输。

7. HMI 显示器

每列车装有 2 个显示器 HMI，分别安装两个头车中，HMI 通过多功能车辆总线 MVB(EMD)与其他设备通信。

HMI 是 TCMS 的显示终端设备，是司机和维护人员操作机车的窗口，具备如下功能：

(1)信息显示：向车辆驾驶人员和维护人员提供车辆综合信息，各设备的工作状态，故障信息的综合与处理等功能。

(2)参数设定：对轮径值、列车重量、站点、时间日期等参数进行更改与设定。

(3)功能测试：进行列车运行时加速度、减速度、制动距离等基本参数的测试。

四、主要控制单元网络功能

1. 牵引控制单元 DCU

DCU 放置于牵引逆变器箱内，采用叠板结构，包括主控板(即 DSP 板)、母板、接口板，采用双 OMAP＋FPGA＋CPLD 结构，位于主控板的 OMAP 芯片为高性能双核处理器，内含 ARM9 核和 C67XX DSP 核，如图 5-73 所示。

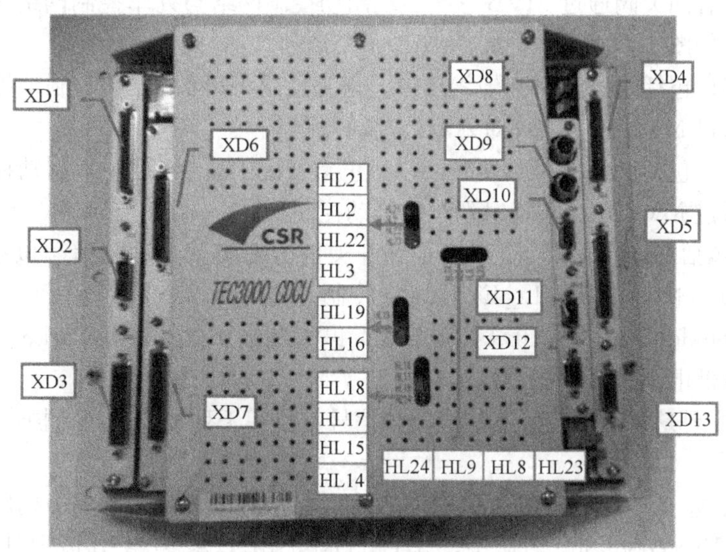

图 5-73 DCU 实物图

DCU 外形尺寸：380mm×300mm×60mm(长×宽×高)。

DCU 采用直接转矩控制完成对异步牵引电动机的精确转矩控制，实现完全微机化、数字化的实时控制。DCU 具有符合列车通信网络 IEC 61375 标准的 MVB 通信接口，对外与车辆总线相连，与中央控制单元等形成控制与通信系统。同时，具备当列车控制与诊断系统出现故障时，可用硬线实现紧急牵引功能。

DCU 主要实现以下功能：

(1)牵引逻辑控制功能：接受外部控制命令，综合各种因素进行逻辑判断，输出数字信号控制各继电器、接触器等的通断，实现逻辑控制。

(2)变流器实时控制功能：接收电压、电流、速度等采样信号，输出 PWM 脉冲，实时控制电机,实现电机的高动态响应。

(3)特性控制功能:通过牵引给定力和电制动给定的计算、空电配合、牵引/电制动曲线控制,实现列车的牵引和制动。

(4)黏着利用功能:通过空转滑行的检测和控制,使黏着利用效率最大化。

(5)与列车网络设备通信功能:DCU 与列车网络控制和诊断系统之间通过 MVB 交换数据,通信单元可以将数据转换成符合 MVB 协议格式的数据包,传输到列车网络控制和诊断系统上去。同时 DCU 接收来自列车网络控制和诊断系统的数据,接受 VCM 调度,并反馈变流器运行状态和故障信息。

(6)故障记录、诊断和保护功能:可以实时监测逆变器及 DCU 的故障,记录故障波形数据,并向列车控制与诊断系统上传故障信息,记录故障日志,DCU 故障数据可通过以太网进行下载。

2. 制动控制单元 BCU

车辆制动控制网络由两个 CAN 网络构成。其中每节 Tc 车、Mp 车和 M 车构成一个 CAN 网络。每个 CAN 网络包括 2 个网关阀和 4 个智能阀。两个网关阀互为备份,以提高系统的可靠性。所有网关阀通过 MVB 总线实现制动控制网络与列车控制网络之间的通信。制动系统网络结构如图 5-74 所示。

微机控制接口包括网络接口和硬线接口。正常情况下(网络控制),制动控制网络与列车控制网络之间通过 MVB 总线实现对列车的制动控制。

微机控制接口包括网络接口和硬线接口。正常情况下(网络控制),制动控制网络与列车控制网络之间通过 MVB 总线实现对列车的制动控制。

硬线接口:包括二进制信号、频率信号和开关信号三类。二进制信号包括紧急制动(L_EmergencyBrake)、快速制动(L_FastBrake)、制动(L_Brake)、牵引(Drive)、紧急牵引(EmergencyDriveMode)、电源(UBAT)、CanID、停放制动施加(ApplyParkingBrake)。其中,前三种制动信号低电平(0 V)时有效。

频率信号:主要是指速度传感器信号。该信号主要用于列车的防滑保护,并可作为列车的参考速度。

开关信号:包括非零速(NoZeroSpeed)、制动缓解(BrakeReleased)及两个超速(Exceed35kph、Exceed88kph)。其中,Exceed35kph 用于紧急牵引情况下的超速保护;Exceed88kph 用于正常情况的超速保护。制动系统微机控制接口如图 5-75 所示。

每节 Tc 车和 M 车上有一个智能阀和一个网关阀。每节 MP 车上有两个智能阀。每个阀均就近安装在其控制的转向架上(每个转向架一个阀)。智能阀控制其所在转向架的常用制动、紧急制动和车轮防滑保护。网关阀除了具备智能阀的所有功能外,还能进行制动管理并且与列车控制系统接口。MVB 串行通信卡安装到网关阀以实现制动系统与列车控制系统(例如,中央控制单元和牵引控制单元)的通信。

3. 辅助电源控制单元 ACU

ACU(图 5-76)放置于辅助逆变器箱内,采用叠板结构,包括主控板(即 DSP 板)、母板、接口板,采用双 OMAP+FPGA+CPLD 结构,位于主控板的 OMAP 芯片为高性能双核处理器,内含 ARM9 核和 C67XX DSP 核。

ACU 外形尺寸:380mm×300mm×60mm(长×宽×高)。

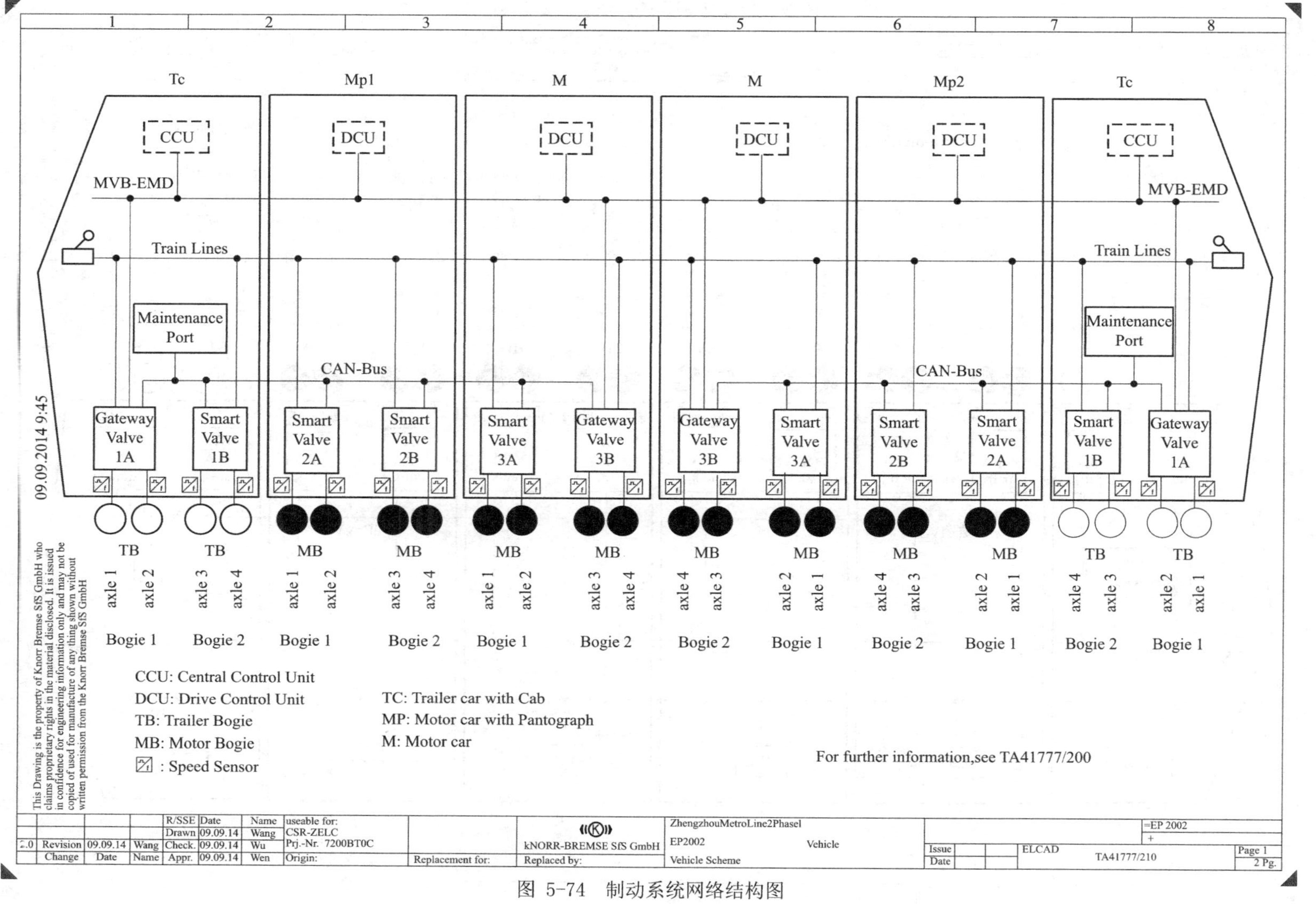

图 5-74　制动系统网络结构图

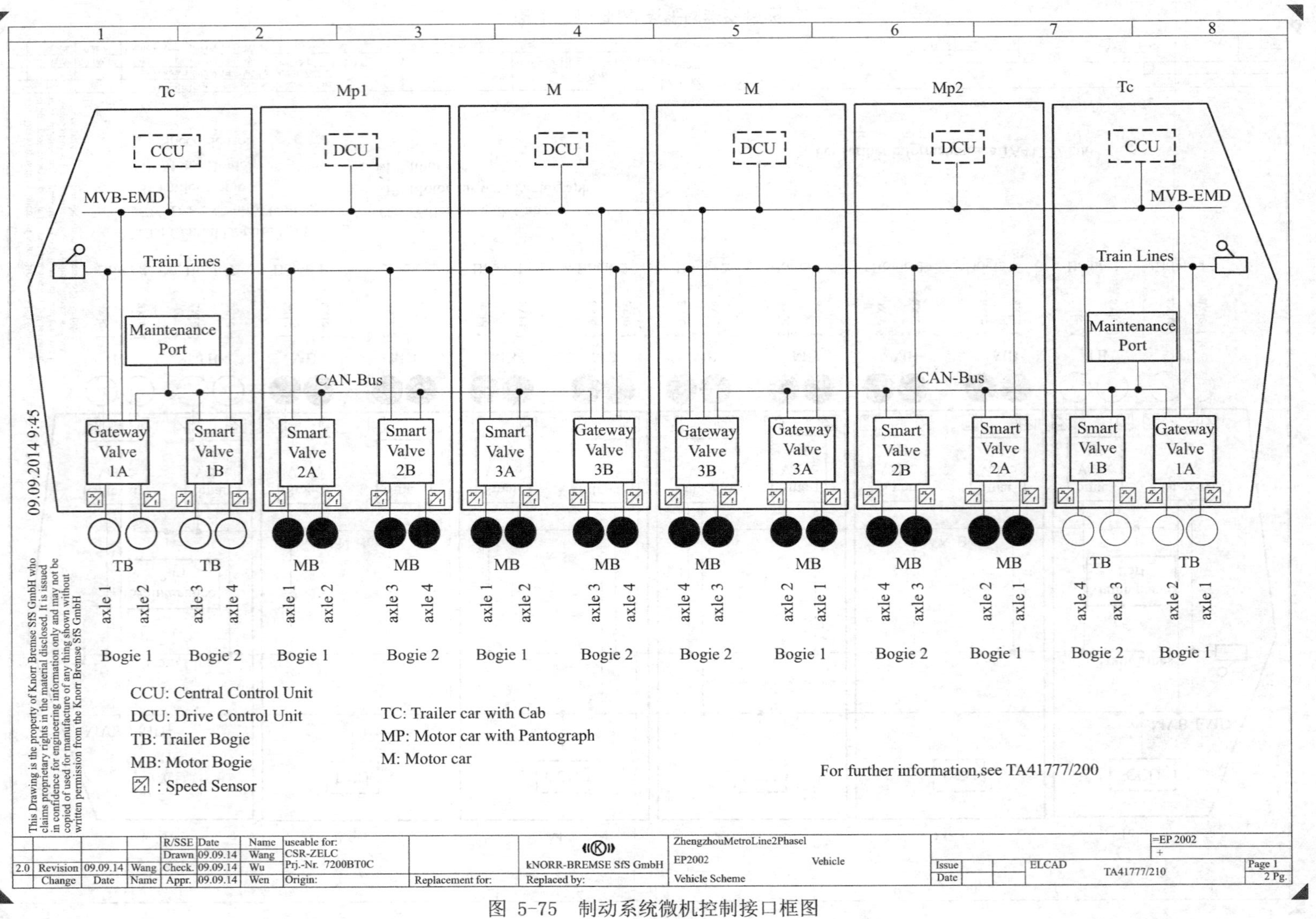

图 5-75　制动系统微机控制接口框图

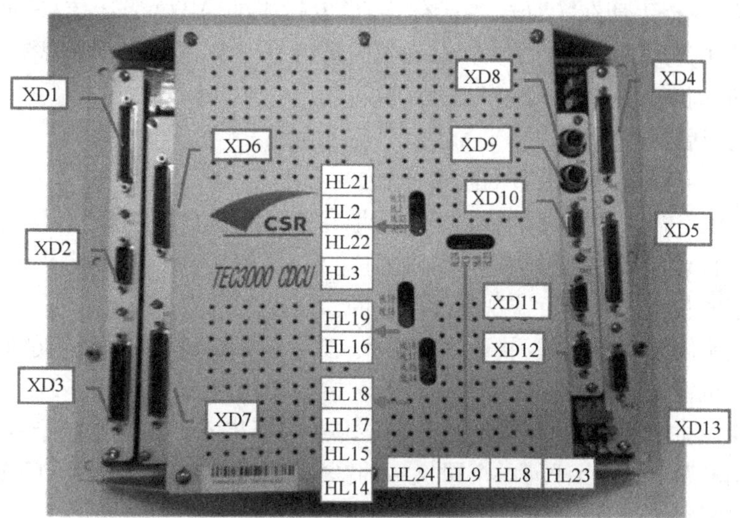

图 5-76　ACU 实物图

ACU 能实现完全微机化、数字化的实时控制。ACU 具有符合列车通信网络 IEC 61375 标准的 MVB 通信接口，对外与车辆总线相连，与中央控制单元等形成控制与通信系统。

ACU 主要实现以下功能：

(1)逻辑控制功能：接受外部控制命令，综合各种因素进行逻辑判断，输出数字信号控制各继电器、接触器等的通断，实现逻辑控制。

(2)与列车网络设备通信功能，ACU 与列车网络控制和诊断系统之间通过 MVB 交换数据，通信单元可以将数据转换成符合 MVB 协议格式的数据包，传输到列车网络控制和诊断系统上去。同时 ACU 接收来自列车网络控制和诊断系统的数据，并反馈变流器运行状态和故障信息。

(3)故障记录、诊断和保护功能：可以实时监测逆变器及 ACU 的故障，记录故障波形数据，并向列车控制与诊断系统上传故障信息，记录故障日志，ACU 故障数据可通过以太网进行下载。

辅助电源系统是一个独立的系统，只要 SIV 检测到高压供电，它就开始工作，向外提供三相 380 V/220 V/50 Hz 电源及 DC 110 V，它不受牵引/制动指令的控制。ACU 具备 MVB 接口，通过 MVB 总线与 CCU 或 VCU 交换信息，并可以通过总线进行控制。

五、列车网络控制系统功能原理

TCMS 主要包含四类功能，分别为：控制功能、故障检测、监视功能和诊断功能。

综合车辆运行工况及各设备的工作状态，TCMS 的主要功能之一是对车辆进行控制，主要完成模式控制、司机室激活控制、方向控制、紧急牵引控制、紧急牵引控制、空调启动控制、空压机管理等控制功能。

1. 控制功能

(1)模式控制

TCMS 判断列车处于人工驾驶模式或自动驾驶模式。当模式开关打到 ATO 模式，方向手柄在“向前”位，主控手柄在“0”位，并且有 ATC 发过来的 ATO 激活信号，列车处于自动驾驶模式。其他模式为人工驾驶模式。在自动驾驶运行过程中，自动驾驶模式建立条件丢失，列车进行紧急制动，列车模式自动转为人工驾驶模式。

(2)司机室激活控制

对列车的操作必须从对司机室的激活开始。

当司机钥匙没有插入司控器的钥匙孔，或者司机钥匙没有旋转至“激活”位时，TCMS 将处于一种“待机”状态，拒绝接收和执行诸如施加牵引、缓解制动等各种涉及安全的控制指令，但可以对全列车的状态信息进行监视和故障诊断。

当司机钥匙旋转至“激活”位后，TCMS 进入“激活”状态，将有“司机钥匙激活”信号的 Tc 车设置为主控司机室，并同时在显示器主界面对主控司机室进行图示。TCMS 激活后，只允许接收来自主控司机室的各种控制指令，而忽略非主控司机室的各种控制指令，但有一条指令除外，即“紧急制动”指令。当任何一个司机室的“紧急制动”按钮被按下，TCMS 均执行“紧急制动”指令，同时封锁牵引信号的输出。

当 TCMS 检测到两个司机室均有“司机钥匙激活”信号时，TCMS 会诊断出“司机室联锁故障”，并在显示器上做故障提示，并继续处于“待机”状态，拒绝执行各种控制指令。

(3)方向控制

列车的运行方向包括“向前”和“向后”，所谓的“前”与“后”均是以司机的主观视角来定义的。而对牵引系统来说，是没有前后之分的，牵引逆变器通过正相序或反相序输出交流电来控制牵引电机和车辆轮对的正转或者反转，来实现司机所期望的列车“向前”或者“向后”运行。因此，对列车的方向控制即是对每个牵引逆变器的“正向”和“反向”控制。

对于某一个牵引逆变器而言，如果期望列车朝 1 单元方向“向前”运行，牵引逆变器需要执行“正向”指令的话，那么如果期望列车朝 2 单元方向“向前”运行时，TCMS 则需要向该牵引逆变器发出“反向”指令。按照这个逻辑，TCMS 需要根据列车的每一个牵引逆变器的安装方位、主控司机室的位置以及该司机发出的方向指令进行逻辑判断，并逐个向每一个牵引逆变器单独发送“正向”或“反向”指令。

整列车的牵引逆变器安装布局采用中心对称方式，如果是 1 单元 Tc 车为操作端，当方向手柄打到“向前”位，则 TCMS 向 1 单元 Mp1 和 M1 车牵引逆变器发送“正向”指令，向 2 单元 M2 和 Mp2 车牵引逆变器发送“反向”指令；当方向手柄打到“向后”位，则 TCMS 向 1 单元 Mp1 和 M1 车牵引逆变器发送“反向”指令，向 2 单元 M2 和 Mp2 车牵引逆变器发送“正向”指令，并且 TCMS 将退行模式信号发给所有牵引逆变器；打到 0 位则判断为无方向。如果是 Tc2 车为操作端，则反之。

在设计有关列车方向的列车硬连线时也会做如上考虑，即“向前”和“向后”列车硬线在列车中部做交叉处理，当 1 单元收到“向前”的列车信号时，2 单元则收到“向后”的列车信号，反之亦然。因此在正常情况下，每个牵引逆变器从 TCMS 收到的“正向”或“反向”指令应该与其从列车硬连线上收到的“向前”或“向后”指令是一致的。TCMS 可以分别对每个牵引逆变器收到的 TCMS 指令和硬连线指令做比较，如果发现有不一致的情况，TCMS 会诊断出“牵引系统方向故障”，并在显示器上做故障提示。

列车的换向操作只允许在列车静止的状态下才允许进行。一旦列车开始运行后，TCMS 将锁定当前列车的方向信号，直到列车停止运行后才解锁。如果在列车运行过程中，不管是人为操作原因还是司控器故障原因导致方向信号变化了，TCMS 会诊断出“方向信号丢失故障”，并在显示器上做故障提示。

(4)紧急牵引控制

为了保证 TCMS 故障情况下，列车能够继续运行到下一站，列车设置了紧急牵引按钮，司机可以通过操作紧急牵引按钮来进入紧急牵引模式。紧急牵引模式下忽略 TCMS 的网络信号，牵引制动指令通过硬线传输，级位固定(70%牵引、70%制动)，紧急牵引模式下仅使用空气制动。

紧急牵引模式下 BCU、DCU 通过接收硬线的指令和硬线编码级位实现列车的牵引和制动控制，忽略 TCMS 的网络信号，并输出紧急牵引提示信息到 HMI。

当满足下列条件之一时，TCMS 系统的 HMI 提示司机应进入紧急牵引模式：

①出现三个或三个以上 DCU 通信故障(由 TCMS 诊断)。

②出现操作端 HMI 通信故障(由 HMI 诊断)。

③司机控制器牵引制动手柄电位器故障(由 TCMS 诊断)。

当出现下列情况之一时，司机应主动采取紧急牵引：

①HMI 黑屏。

②列车无法正常牵引。

(5)紧急制动控制

为了保证列车行车安全，TCMS 需要对某些影响列车运行的条件进行监视，当这些条件发生时，TCMS 将触发紧急制动，并且记录相关触发条件：

①列车起动 60 m 以内时，车门打开，且速度少于 75 km/h。

②速度超过 88 km/h。

③当列车处于非 ATO 和非 ATB 模式下，警惕按钮被释放 3 s 后。

④任意一端的紧急停车按钮动作。

⑤总风压力低于 500 kPa(5 bar)。

⑥DCU 检测到后溜网络施加紧急制动。

一旦 TCMS 触发紧急制动，直到列车停止才能恢复。TCMS 通过 DXMe 模块输出“紧急制动”信号(110 V 电平，高电平有效)。车辆厂在进行“紧急牵引”硬线电路设计时，需确保“紧急牵引”可以屏蔽 TCMS 输出的“紧急制动”信号。

2. 故障检测

(1)指令不一致检测

TCMS 从 IO 单元采集硬线指令，从 MVB 总线上采集牵引制动单元反馈的硬线指令，当两者发生 2 s 以上不一致，TCMS 在显示器上报警提示司机。

TCMS 从 MVB 总线上采集所有制动系统反馈的硬线指令，并比较所有反馈指令，当发生 2 s 以上不一致，TCMS 在显示器上报警提示司机。

TCMS 从 MVB 总线上采集所有牵引系统反馈的硬线指令，并比较所有反馈指令，当发生 2 s 以上不一致，TCMS 在显示器上报警提示司机。

(2)显示器设置参数错误检测

TCMS 主要检测显示器设置的轮径，车号等参数的设置错误。

TCMS 检测两个 Tc 车显示器发出的轮径值，当与显示器通信正常，但发出的轮径值不一致时，TCMS 在显示器上报警提示司机。

TCMS 还检测显示器轮径值的有效性，判断轮径值是否在 770～840 mm 之间，如果超出范围，TCMS 在显示器上报警提示司机。

(3)通信状态检测

TCMS 通过生命信号机制检测所有连接至网络上的设备的通信状态。

当设备生命信号停止跳变超过 8 个传输周期，TCMS 判定该设备通信失败，在显示器上显示通信故障。当设备恢复跳变后，TCMS 判定该设备通信正常，并复位通信故障。

3. 监视功能

车辆的监视功能由智能显示器 HMI 完成。

每列车辆配有两个 HMI，分别安装于两个 Tc 车辆的司机控制台上。对司机和检修人员提供其所需的必要信息。

HMI 提供两种用户模式：运行模式和检修模式。

控制电源 DC 110 V 接通后，两个司机室的 VCME 和 HMI 同时开启。激活端司机室的智能显示单元 HMI 正常显示且可进行亮度调节，非激活端司机室的 HMI 显示为黑屏。

4. 诊断功能

车载故障诊断系统是 TCMS 的一个重要组成部分，完成车载各部件故障数据的采集、分析、转储和显示功能。故障信息在司机台上通过 HMI 显示，并且通过 PTU 上传到地面维修和服务系统中，供长期的储存和深入的地面分析。

TCMS 的诊断功能可以协助司机和检修人员进行工作。当故障发生时，协助司机采取适当的操作，并使维护人员更容易地查找并解决故障。

如果列车发生故障，将以纯文本信息在 HMI 上显示给司机。每条纯文本信息都分配有故障代码，根据不同的故障类别进行故障评估。故障类别和纯文本信息显示在显示器的界面上。此外，司机可以从 HMI 上获得他所必须实施的操作的指导说明。

复习思考题

1. CCU 主要功能有哪些？
2. 绘画出 HXD_1 型电力机车网络拓扑结构图。
3. 举例说明 HXD_1 型电力机车冗余部件。
4. HXD_1 型电力机车设备分几段？功能是什么？
5. MVB 总线的设备分几级？对应设备和地址分别是什么
6. 绘画出 TCN GW 的电气原理结构图。
7. HXD_1 电力机车报文数据有哪几种类型？
8. 什么是车辆总线？
9. 过程数据编集包括哪些内容？
10. 消息数据怎样进行交换？
11. SIBAS 32 控制单元由什么组成？
12. ESD 的含义是什么？

13. 电磁干扰的种类有哪些?

14. APCS 15 变换器的特点有哪些?

15. SIBAS 32 控制单元的使用条件有哪些?

16. MVB 集成处理器模块的组成部分有哪些?

17. 继电器接口模块的组成部分有哪些?

18. 什么是 TCMS? 功能是什么?

19. TCMS 的网络结构是什么?

20. 请具体举例说明 TCN 通信网络在地铁车辆上的应用。

项目六　其他列车通信网络

任务一　串行通信接口技术

项目描述

现场总线以测量控制设备作为网络节点，以双绞线等传输介质为纽带，把位于生产现场、具备了数字急速和数字通信能力的测量控制设备连接成网络系统，按公开、规范的通信协议，在多个测量控制设备之间，以及现场设备与远程监控计算机之间，实现数据传输与信息交换，形成适应各种应用需要的自动控制系统。

在现场总线系统中，各现场设备分别作为总线上的一个网络节点，设备之间采用网络式连接，这是现场总线系统在结构上最显著的特征之一。在现场总线控制系统中由于设备增强了数字计算能力，有条件将各种控制计算功能模块、输入输出功能模块置入到现场设备之中。借助现场设备所具备的通信能力，直接在现场完成测量变送仪表与阀门等执行机构之间的信号传送，实现彻底分散在现场的全分布式控制。

现场总线是控制系统运行的动脉、通信的枢纽，因而应关注系统的开放性、互可操作性、通信的实时性，以及对环境的适应性问题。

学习目标

1. 知识目标

(1)掌握串行通信接口特性。

(2)掌握 RS-232 接口标准。

(3)掌握 RS-485/RS-422 接口标准。

2. 能力目标

(1)能够正确画 DB-25 型连接器结构图。

(2)能够正确画出 DB-9 型连接器结构图。

(3)能够正确画出 RS-485 连接电路。

知识课堂

一、物理层的四个特性

物理层有四个重要特性：

(1)机械特性：规定了物理连接时所使用的可接插连接器的形状尺寸、连接器中引脚的数量与排列情况等。

(2)电气特性:规定了在物理连接器上传输二进制比特流时线路上信号电平的高低、阻抗及阻抗匹配、传输速率与距离限制。早期的标准定义了物理连接边界点上的电气特性,而较新的标准定义了发送器和接收器的电气特性,同时给出互连电缆的有关规定。新的标准更利于发送和接收电路的集成化工作。

(3)功能特性:规定了物理接口上各条信号线的功能分配和确切定义。物理接口信号线一般分为数据线、控制线、定时线和地线等几类。

(4)规程特性:定义了利用信号线进行二进制比特流传输的一组操作过程,包括各信号线的工作规则和时序。

二、RS-232 接口标准

不同物理接口标准在以上四个重要特性方面不尽相同。下面将以实际网络中广泛使用的物理接口标准 EIA-232-D 为例介绍其特性。EIA-232-D 是美国电子工业协会(EIA, Electronic Industries Association)制定的物理接口标准,也是目前数据通信与网络中应用最广泛的一种标准。它的前身是 EIA 在 1969 年制定的 RS-232-C 标准。RS 为 Recommended Standard(推荐标准)的缩写,232 是标准号。RS-232-C 是 RS-232 标准的第三版。

RS-232-C 是一种应用十分广泛的物理接口标准,经 1987 年 1 月修改后,定名为 EIA-232-D。由于两者相差不大,因此 EIA-232-D 与 EIA RS-232-C 在物理接口标准中基本成为等同的标准,人们经常简称它们为“RS-232 标准”。

RS-232 主要用来定义计算机系统的一些数据终端设备(DTE)和数据通信设备(DCE)之间接口的电气特性。例如,CRT、打印机与 CPU 的通信大都采用 RS-232 总线。因此,在大多数微型机系统中,都带有 RS-232 接口。

1. RS-232 的机械特性

在机械特性方面,RS-232 规定使用一个 25 针(DB-25)的标准连接器,其结构及信号名称如图 6-1 所示。

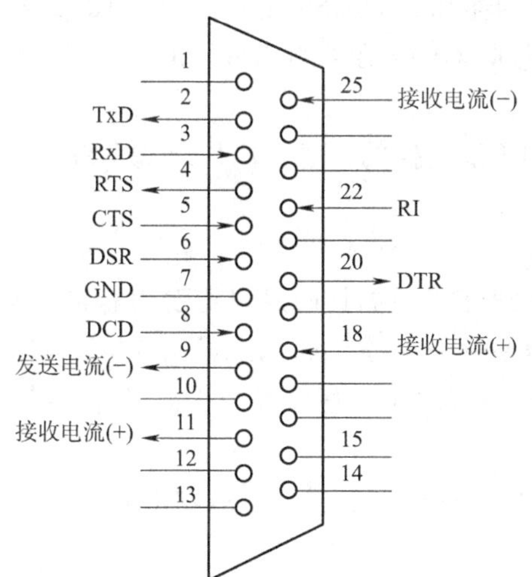

引脚序号	名称	信号方向	功能说明
2	TxD	DTE→DCE	发送数据
3	RxD	DTE→DCE	接收数据
4	RTS	DTE→DCE	请求发送
5	CTS	DTE→DCE	清除发送
6	DSR	DTE→DCE	数据设备就绪
7	GND		信号地
8	DCD	DTE→DCE	载波检测
9		DTE→DCE	发送电流(−)
11		DTE→DCE	发送电流(+)
18		DTE→DCE	接收电流(+)
20	DTR	DTE→DCE	数据终端就绪
22	RI	DTE→DCE	振铃指示
25		DTE→DCE	接收电流(−)

图 6-1　DB-25 型连接器结构及信号说明

此外,PC 机常使用一个 9 针(DB-9)的连接器,其结构及信号名称如图 6-2 所示。

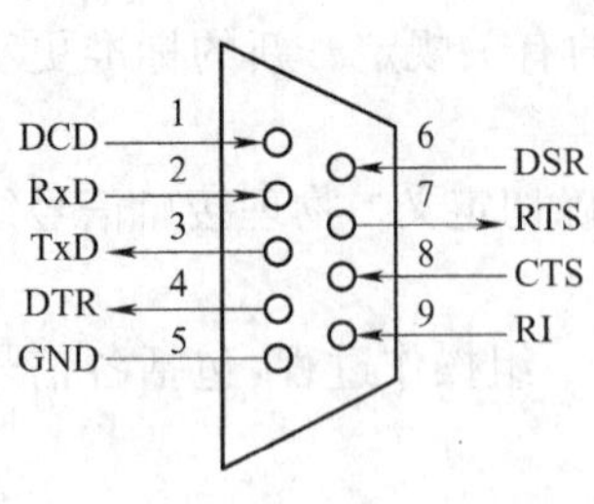

引脚序号	名称	信号方向	功能说明
1	DCD	DTE→DCE	载波检测
2	RxD	DTE→DCE	接收数据
3	TxD	DTE→DCE	发送数据
4	DTR	DTE→DCE	数据终端就绪
5	GND		信号地
6	DSR	DTE→DCE	数据设备就绪
7	RTS	DTE→DCE	请求发送
8	CTS	DTE→DCE	清除发送
9	RI	DTE→DCE	振铃指示

图 6-2　DB-9 型连接器结构及信号说明

2. RS-232 的电气特性

RS-232 的电气线路采用非平衡信号线路，每个非平衡型信号用一根导线，所有信号回路共用一根地线。信号速率限于 20 kbit/s 之内，电缆长度限于 15 m 之内。由于是单线，线间干扰较大。

在数据线上：mark(传号)＝－5～－15 V，逻辑“1”电平；space(空号)＝＋5～＋15 V，逻辑“0”电平。

在控制线上：on(通)＝＋5～＋15 V，逻辑“0”电平；off(断)＝－15～－5 V，逻辑“1”电平。

由于 RS-232 是在 TTL 电路出现之前研制的，所以它的电平是对称的，它规定高电平为＋3～＋15 V，低电平为－15～－3 V。特别指出，RS-232 数据线 TXD、RXD 使用负逻辑，其低电平表示逻辑 1，高电平表示逻辑 0，其他控制线均为正逻辑。其最高能承受±30 V 的信号电平。因此，RS-232 不能直接与 TTL 电平连接，使用时必须加上适当的电平转换接口电路，否则将使 TTL 电路烧毁。这一点使用时一定要特别注意。现在已经研制出专门的集成电路，以便进行电平转换。现有成品组件 SN75188 驱动器和 SN75189 接收器即是 RS-232 通用的集成电路转换器件。电路电容不大于 2 500 pF，接收器输入阻抗为 3～7 kΩ。

3. RS-232 的功能特性

RS-232 连接器信号分为两类，一类是 DTE 与 DCE 交换的信息，即 TxD 和 RxD；另一类是为了正确无误地传输上述信息而设计的联络信号。

(1)传送信息信号

发送数据 TxD(Transmitting Data)：由发送终端(DTE)向接收端(DCE)发送的信息，按串行数据格式及先低位后高位的顺序发出。正信号是一个空号(space，二进制 0)，负信号是一个传号(mark，二进制 1)。当没有数据发送时，DTE 应将此线路置为传号状态，包括字符或文字之间的间隔也是这样。

接收数据 RxD(Receive Data)：用来接收 DTE 发送端(或调制解调器)输出的数据。

(2)联络信号

这类信号共有 6 个：

①请求传送信号 RTS(Request To Send)：DTE 向 DCE 发出的联络信号。当 RTS＝1 时，表示 DTE 请求向 DCE 发送数据。

②清除发送 CTS(Clear To Send)：DCE 向 DTE 发出的联络信号。当 CTS＝1 时，表示本

地 DCE 响应 DTE 向 DCE 发出的 RTS 信号，且本地 DCE 准备向远程 DCE 发送数据。

③数据准备就绪 DSR(Data Set Ready)：DCE 向 DTE 发出的联络信号。DSR 将指出本地 DCE 的工作状态。当 DSR＝1 时，表示 DCE 没有处于测试通话状态，这时 DCE 可以与远程 DCE 建立通道。

④数据终端就绪信号 DTR(Data Terminal Ready)：DTE 向 DCE 发送的联络信号。当 DTR＝1 时，表示 DTE 处于就绪状态，本地 DCE 和远程 DCE 之间建立通信通道；当 DTR＝0 时，将迫使 DCE 终止通信工作。

⑤数据载波检测信号 DCD(Data Carrier Detect)：DCE 向 DTE 发出的状态信息。当 DCD＝1 时，表示本地 DCE 接到远程 DCE 发来的载波信号。

⑥振铃指示信号 RI(Ring Indication)：DCE 向 DTE 发出的状态信息。当 RI＝1 时，表示本地 DCE 收到远程 DCE 振铃信号。

4. RS-232 的规程特性

RS-23 的规程特性规定了 DTE 与 DCE 之间控制信号与数据信号的发送时序、应答关系与操作过程。图 6-3 给出了典型的 DTE(计算机)与 DCE(modem)之间按照 RS-232 规程进行数据交换的信号时序与操作过程。

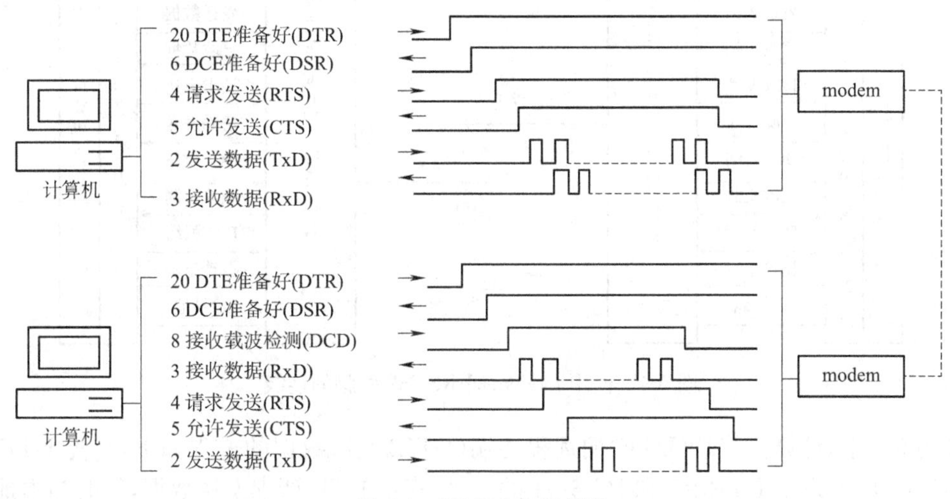

图 6-3　RS-232 典型规程

(1)物理连接建立

如果主机 A 发起一次物理连接，它首先通过 RS-232 的第 20 号连接线(以下简称 20 线)向 DCE 发送数据终端准备好 DTR 信号，拨号呼叫对方主机 B，建立物理连接。

主机 A 连接的 modem 在拨号之后，执行 modem 内部协议。双方通过 modem 发送用于检测通信线路状态和通信质量的载波检测信号。在确定通信线路接通并可以正常工作后，modem A 通过 6 号线，向主机 A 发送设备准备好 DSR 信号。

主机 B 在接到主机 A 拨号请求建立物理连接指示后，如同意建立物理连接，应向与其连接的 modem 发送 DTR 信号。在接收到主机 B 的 modem 的 DSR 信号后，进入数据传输准备状态。

至此，双方 DTE 通过 DCE 与通信线路建立起物理连接，完成数据传输准备工作。

(2)数据传输

如果主机 A 准备发送比特流，它将通过 4 号线向其 modem 传送请求发送信号 RTS。modem A

在接收到 RTS 信号后，做好发送准备，通过 5 号线向主机 A 发出允许发送信号 CTS。

主机 A 通过 2 号线向 modem A 传送准备发送数据的信号 TxD。modem A 将数字数据信号调制后，变成模拟数据信号，经通信线路传送到对方 modem B。modem B 经过解调后，还原成数字数据信号，通过 3 号线向主机 B 传送接收数据 RxD。

如果主机 B 也要向主机 A 发送数据，应采用与主机 A 相同的 RTS。CTS 控制信号交互过程。

(3)物理连接释放

当主机 A 一次通信结束，通过释放 DTR 信号来通知 modem A，通过 modem 的内部协议，结束一次物理连接。

5. RS-232 的应用

RS-232 接口中包括两个信道：主信道和次信道。次信道比较少用。在一般的串行通信接口中，即使是主信道，也不是所有的线都一定要用，最常用的也就是其中的几条最基本的信号线。根据具体的应用场合不同，有下面几种连接方式。

(1)使用 modem 连接

计算机通过 modem 或其他数据通信设备(DCE)使用一条电话线进行通信，示意如图 6-4 所示。

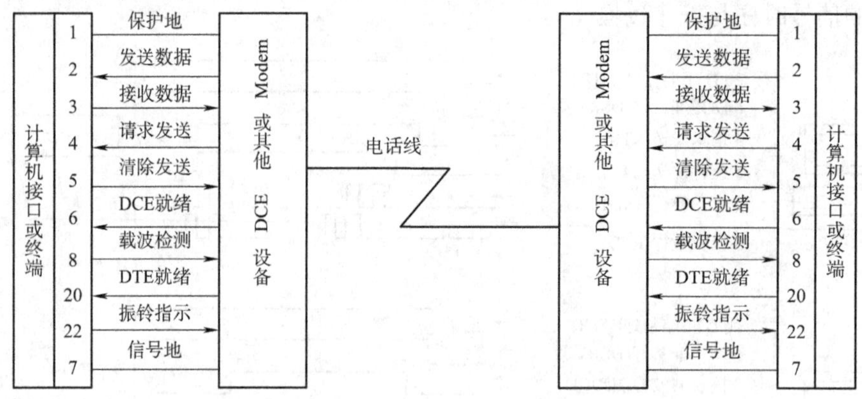

图 6-4　使用 modem 时 RS-232 引脚的连线

在图 6-4 中，计算机终端(DTE)向远程终端(DTE)发送数据的过程如下：首先 DTE 向本地 DCE(modem)发出 DTR=1 和 RTS=1 的信号，表示 DTE 请求发送数据，同时为本地和远程 DCE 之间建立通道开了绿灯，一旦通道建立好了，DCE 发回应答信号 DSR=1。当 DCE 做好发送数据准备后，又向 DTE 发回信号 CTS=1。只有当 DTE 收到从本地 DCE 发回肯定的 DSR 和 CTS 信号后，DTE 才能由 TxD 线向 DCE 发送数据。因此，RTS、DTR、DSR 和 CTS 四个信号同时为 1 是 TxD 发送数据的条件。当接收数据时，DTE 先向本地 DCE 发出 DTR=1 信号，表示本地和远程 DCE 之间可以建立通道。一旦通道建立好了，DCE 向 DTE 发出 DSR=1 信号。这时，数据就可以通过 RxD 线传到 DTE。因此，RxD 信号产生的条件是 DTR 和 DSR 两个信号同时为 1。这只是 RxD 信号的产生条件，至于 RxD 线上是否有信号，取决于远程 DCE 是否发送数据。

(2)直接连接

当计算机和终端之间不使用 modem 或其他通信设备(DCE)而直接通过 RS-232 接口连接时，一般只需要 5 根线(不包括保护地线以及本地 4、5 之间的连线)，但其中多数应采用反馈与交叉相结合的连接法，如图 6-5 所示。

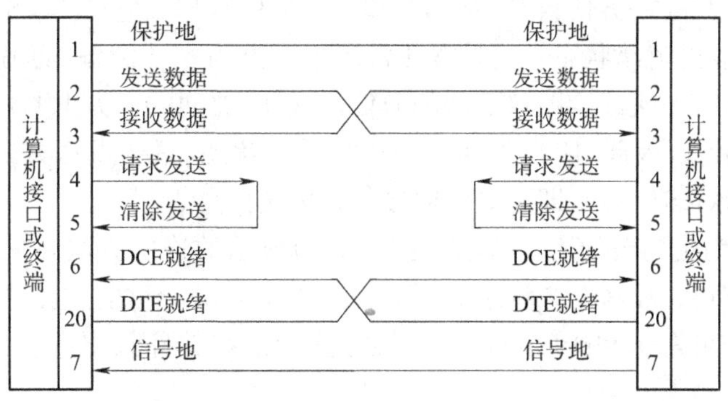

图 6-5　使用 RS-232 的直接连接法

在图 6-5 中，2、3 线交叉为最基本的连线，以保证直接连接的数据终端间能正常地进行全双工通信。20、6 也是交叉线，用于两端的通信联络，使两端能相互检测出对方“数据已就绪”的状态。4、5 为反馈线，使传送请求总是被允许的。由于是全双工通信，这根反馈线意味着任何时候都可以双向传送数据，用不着再去发“请求发送”(RTS)信号。这种没有 modem 的串行通信方式，一般只用于近程通信(不超过 15 m)。

(3)三线连接法

这是一种最简单的 RS-232 连线方式，只需 2、3 交叉连接线以及信号地线，而将各自的 RTS 和 DTR 分别接到自己的 CTS 和 DSR 端，如图 6-6 所示。

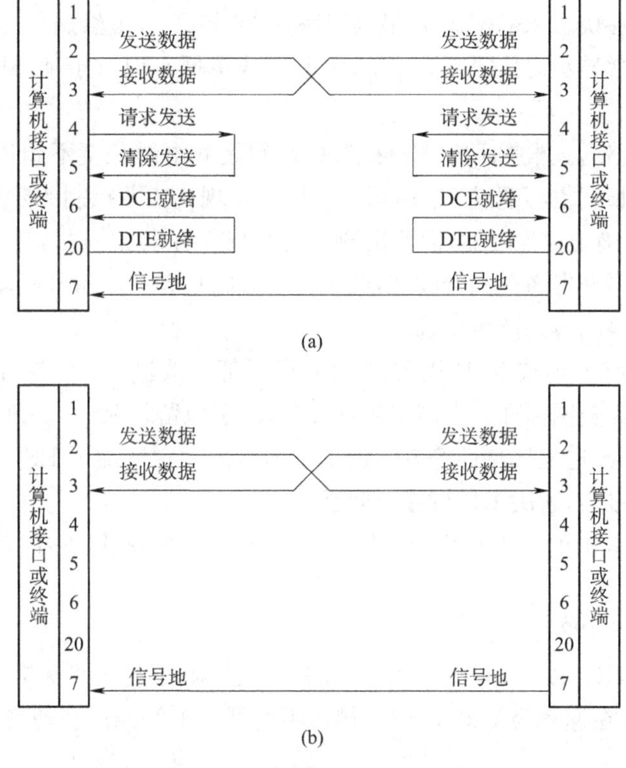

图 6-6　最简单的 RS-232 连接方式

在图 6-6(a)中，只要一方使自己的 RTS 和 DTR 为 1，那么它的 CTS、DSR 也就为 1，从而进入了发送和接收的就绪状态。这种接法常用于一方为主动设备，而另一方为被动设备的通信中，如计算机与打印机或绘图仪之间的通信。这样，被动的一方 RTS 与 DTR 常置 1，因而 CTS、DSR 也常置 1，因此，使其长期处于接收就绪状态，只要发送方令线路就绪(DTR=1)，并发出发送请求(RST=1)，即可立即向接收方传送信息。

图 6-6(b)所示为更简单的连接方法。图 6-6(a)所示的连接方法在软件设计上还需要检测“清除发送”(CTS)和“数据设备就绪”(DSR)，而图 6-6(b)所示的连接方法则完全不需要检测上述信号，随时都可发送和接收。这种连接方法无论在软件和硬件上，都是最简单的一种方法。

值得说明的是，以上讲的只是 RS-232 作为接口标准总线的连接方法，当然不限于这几种方式。至于计算机内部与串行接口之间并/串转换，还需视各种不同的微型机而采用不同的接口适配器(Interface Adapter)。如 Intel 8088/8086～80586 等各种 CPU，其内均没有串 行接口，因此它们在进行串行通信时，都需配备适当的接口适配器，如 Intel 8250 及 Intel 8251。但对于大多数单片机来讲，本身带有串行接口，因此可直接与 RS-232 串行接口总线相连。但由于 RS-232 电平与微型机内部电平(TTL 或 CMOS)不同，所以电平转换电路是必不可少的。

三、RS-485/RS-422 接口标准

RS-232 虽然使用很广，但由于推出时间比较早，所以在现代通信网络中已暴露出明显的缺点，主要表现在：

(1)传送速率不够快。RS-232 规定最高速率为 20 kbit/s，虽然这种传送速率与异步通信可以很好地匹配(通常异步通信限制为 19.2 kbit/s 或更低)，但对于某些同步系统，其传送速率却不能得到满足。

(2)传送距离不够远。根据 RS-232 标准，各装置之间电缆长度不超过 15 m，即使在较好的信号通信中，电缆长度也不超过 60 m，因此不能满足现代工业控制的要求。

(3)RS-232 未明确规定连接器，因而出现了互不兼容的 25 芯连接器。

(4)接口使用非平衡发送器和接收器，两个传输方向只有一个信号地，所以电气性能不佳。

(5)接口处各信号间容易产生串扰。

正因为 RS-232 有上述缺点，所以 EIA 对其做了部分改进，于 1977 年制定了新标准 RS-449，并于 1980 年成为美国标准。在制定新标准时，除了保留与 RS-232 兼容外，还在提高传输速率、增加传输距离、改进电气特性等方面做了很多努力。它增加了 RS-232 没有的环境测试功能，明确规定了连接器，解决了机械接口问题。

与 RS-449 一起推出的还有 RS-423-A 和 RS-422-A。实际上，它们都是 RS-449 标准的子集。

1. RS-423-A/RS-422-A

与 RS-232 类似，RS-423-A 也是一个单端的、双极性电源的电路标准，但它提高了传送设备的数据传送速率。在速率为 1 kbit/s 时，传输距离可达 1 200 m；在速率为 100 kbit/s 时，传输距离可达 90 m。

RS-423-A/RS-422-A 的数据线也是负逻辑且参考电平为地，不同的是 RS-232-C 规定为

−15～+15 V，而这两个标准规定为−6～+6 V。

RS-422-A 规定了平衡驱动、差分接收的电气接口，它能够在较长距离上明显地提高数据传送速率：它能够在 1 200 m 距离内把速率提高到 100 kbit/s，或在较近距离（12 m）内提高到 10 Mbit/s。这种性能的改善是由于平衡传输的优点而产生的，这种平衡驱动、差分接收结 构能从地线的干扰中分离出有效信号。实际上，差分接收器可以区分 0.2 V 以上的电位差，因此可不受参考电平波动及共模电磁干扰的影响。

图 6-7(a)为 RS-232-C 所采用的单端驱动非差分接收电路。该电路的特点是传送信号只用一根导线，对于多路信号线，其地线是公共的。因此，它是最简单的连接结构。它的缺点是驱动电路无法区分有用信号及干扰信号。而 RS-423-A 由于采用了差分电路接收器，接收器的另一端接发送端的信号地如图 6-7(b)所示，因而大大地减少了地线的干扰。RS-422-A 则更进一步采用了平衡驱动和差分接收方法，如图 6-7(c)所示，从根本上消除了地线干扰。这种驱动器相当于两个单端驱动器，它们的输入是同一个信号，而一个驱动器的输出正好与另一个反相。当干扰信号作为共模信号出现时，接收器则接收差分输入电压。只要接收端具有足够的抗共模干扰模电压工作范围，它就能识别这两种信号而正确接收传送信号。

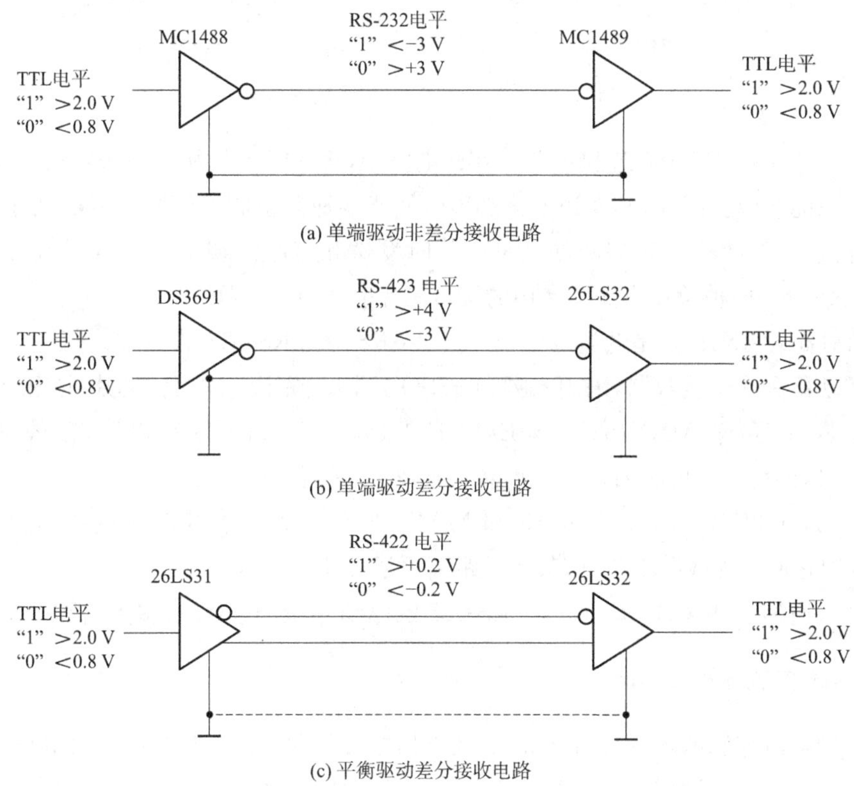

图 6-7　RS-232-C、RS-423-A、RS-422-A 接口电路

RS-423-A/RS-422-A 的另一个优点是允许传送线上连接多个接收器。虽然在 RS-232-C 系统中可以使用多个接收器循环工作，但它每一时刻只允许一个接收器工作，RS-423-A/RS-422-A 可允许 10 个以上接收器同时工作。多站连接方法将在 RS-485 部分介绍。

2. RS-485

在许多工业过程控制中，往往要求用最少的信号线来完成通信任务。目前广泛应用的 RS-485 串行接口总线就是为适应这种需要而产生的。它实际上就是 RS-422 总线的变形，两者不同之处在于：

(1)RS-422 为全双工，而 RS-485 为半双工。

(2)RS-422 采用两对平衡传输信号线，RS-485 只需其中的一对。RS-485 更适合于多站互连，一个发送驱动器最多可连接 32 个负载设备。负载设备可以是被动发送器、接收器和收发器。传输电缆两端有终端电阻，在平衡电缆上挂接发送器、接收器或组合收发器。

两种总线的连接方法如图 6-8 所示。

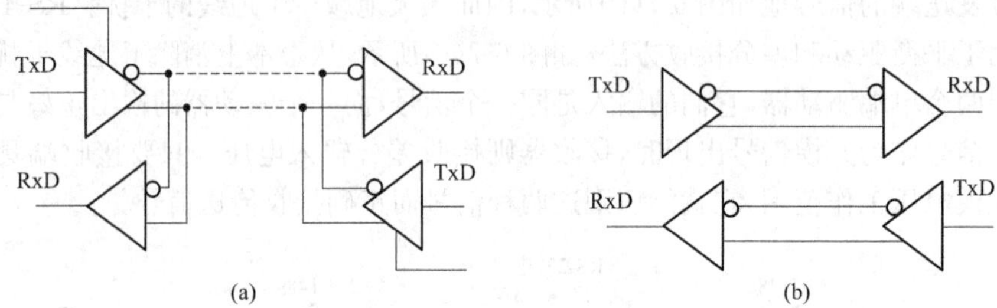

图 6-8　RS-485/RS-422 连接电路

图 6-8(a)所示为 RS-485 连接电路。在此电路中，某一时刻只能有一个站可以发送数据，而另一个站只能接收。因此，其发送电路必须由使能端加以控制。而图 6-8(b)所示电路由于是全双工连接方式，故任一时刻两站都可以同时发送和接收。和 RS-232-C 标准总线一样，RS-422 和 RS-485 两种总线也需要专用的接口芯片完成电平转换。

MAX481E/MAX488E 是低电源(只有＋5 V)RS-485/RS-422 收发器。每一个芯片内都含有一个驱动器和一个接收器，采用 8 脚 DIP/SO 封装。除了上述两种芯片外，和 MAX481E 相同系列芯片还有 MAX483E/485E/487E/1487E 等，和 MAX488E 相同系列的有 MAX490E。这两种芯片的主要区别是前者为半双工，后者为全双工。

MAX48lE/483E/485E/487E/491E 和 MAX1487E 是为多点双向总线数据通信而设计的，也 可以把它们作为线路中继站，其传送距离可超过 1 200 m。

对于一个通信子站来讲，RS-422 和 RS-485 的驱动/接收电路没有多大差别。

四、20 mA 电流环接口标准

这是一种电流控制的串行接口标准，它的推出主要是为了满足早期的直通电报机、电传打字机等机械式外设的控制需要。这些外设的接收部分是一个电流激励线圈或驱动线圈的电流放大器，相当于一个电流检测器，工作电流一般被设计为 20 mA，所以，规定有 20 mA 电流时为逻辑“1”，无电流时为逻辑“0”。当这些“0”“1”序列被接收后，电传机便打印出相应的字符。这就是 20 mA 电流环名称的由来。尽管 20 mA 电流环接口至今未成为正式颁布的标准，但由于它在抗干扰能力和传输距离等许多方面比 RS-232 接口优越，所以在串行通信，特别是远距离通信中应用却很广泛。许多微机系统(如 PC/XT)中，大多同时提供了 RS-232 和 20 mA

电流环这样两种串行通信标准的接口电路和连接器供用户选用。

20 mA 电流环是一个全双工的 20 mA 电流环接口。实际上 20 mA 电流源并不一定要在发送端，放在接收端也同样可以，只要环路中有一个电流源即可，当然也只能有一个电流源。一般把能提供 20 mA 电流源的一端叫作有源端，而把另一端称为无源端。因此，20 mA 电流环接口的结构形式可以是有源发送器/无源接收器或无源发送器/有源接收器两种。但绝对要避免收发两端都无源或都有源（特别是两端的电源电压极性相反）的无效连接。

在 20 mA 电流环中，发送方的开关 K 是受发送数据控制的，数据为“1”时，K 合上，回路中有 20 mA 电路，数据为“0”时，K 打开，回路中没有电流。

图 6-9 给出的是 20 mA 电流环接口的基本原理。实际中的 20 mA 电流一般是由一个电压源同一定阻值的电阻串联形成的。显然，为了取得 20 mA 电流，可以使用许多不同的电压值和电阻值。加上组成开关 K 的元件和电路也很多，所以 20 mA 电流环接口的实际电路形式是多种多样的。

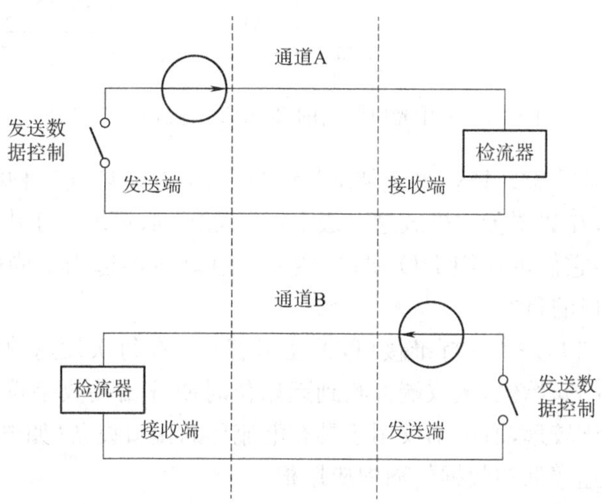

图 6-9　全双工 20 mA 电流环接口的基本原理

尽管直通式电流环接口电路的抗干扰能力比 RS-232 接口强，但由于其两端之间是共地的，仍难免产生干扰信号。所以，在通信距离较远时，特别是在干扰源较多、干扰信号较强的工业现场应用情况下，大都在收发两端之间采用光电隔离技术。可用的光电隔离器（也叫光电耦合器）芯片种类很多，如国外的 4N33、ON3111、NJL5122A、PC507 系列、TLP521 系列/621 系列和国产的 CD 型、MG01 型系列等。各种光电隔离器基本上都是由发光二极管和光敏器件（光敏三极管、光敏二极管、光敏电阻等）两部分组成，其中以发光二极管和光敏三极管组成的隔离器件应用最多。图 6-10 给出的是一个实际的带光电隔离的 20 mA 电流环接口电路。它通过收发两端的光电隔离器，将串行传输回路中的 20 mA 电流信号转换为接收端的 TTL 电平信号和将发送端的 TTL 信号转换为 20 mA 电流信号。从图中可看出，收发之间和收发两端与 20 mA 电流环之间没有直接的电气连接关系，而是通过光电耦合完成信号的传送，显然这样就极大地提高了系统的防噪声干扰能力。一方面，光电隔离器中发光二极管和光敏晶体管之间的间隙，使之能经受数千伏的电压，能有这样高的隔离保护电压，串行传输距离达到几千米远将不成问题。另一方面，接收端光电隔离器中的发光二极管接收器具有天然的共模抑制能力，该发光二极管响应的是接在它两端的差值电压，共模噪声将使它两端的电位提高或降低相同的值，从而使这种噪声通过二极管自行抵消。当然，为了确保上述隔离功能和共模抑制能力不失效，必须使接收器的本地信号地与远方发送器的地和 20 mA 电流源地相互独立，之间不能有任何形式的直接电气连接。实际中，也有只在接收端使用光电隔离器，而发送端直接将 TT 电平转换为 20 mA 电流信号的，如 PC/XT 异步通信适配器中就是这样。

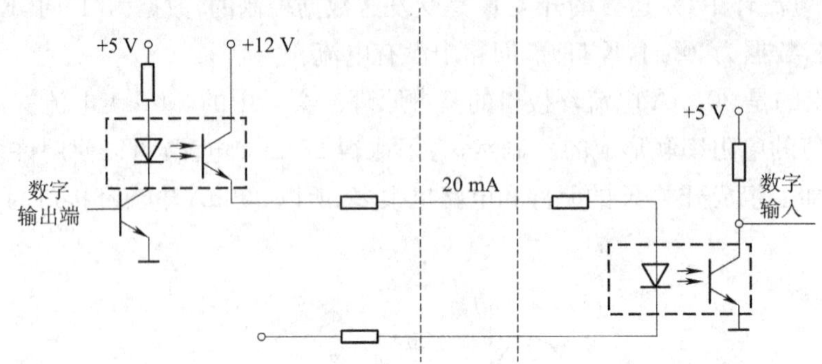

图 6-10　采用光电隔离的 20 mA 电流环接口电路

最后要说明的是，RS-232、RS-422A/423A 和 20 mA 电流环这三种接口只是在总线连接和逻辑表示上不一样，在数据传输格式这一级上却并无区别，都取决于串行接口内部的通信规程，所以在同一系统中它们可共用 I/O 端口，然后通过跳线器选用不同的总线标准连接器来达到选用不同标准接口的目的。

20 mA 电流环接口是一个非标准接口，无控制信号。在每次发送数据时必须以无电流的起始作为每一个字符的起始位，接收端检测到起始位时便开始接收字符数据。但是由于它的突出优点是传输距离比较远，所以不仅用于具有电流环的接口设备（如电传打字机等），而且在微机的点对点通信和速率低的数据传输中应用很广。

任务二　ARCNET 总线

学习目标

1. 知识目标

(1)掌握令牌总线网的工作原理。

(2)掌握令牌环网的工作原理。

(3)了解令牌总线网和令牌环网的区别。

2. 能力目标

(1)能够正确画出令牌总线 MAC 帧格式及构成帧中各个功能。

(2)能够正确叙述 ARCNET 工作原理。

(3)能够正确叙述 ARCNET 帧传递过程。

知识课堂

ARCNE 是一种网络访问规程(协议),是一种基于令牌传递协议的现场总线,于 1977 年由美国的 Datapoint 公司制定。ARCNET 过去曾普遍用于办公室自动化,经过优化,逐渐演进成了一种嵌入式网络技术。由于其具有快速性、确定性、可扩展性和支持长距离传输等特点,非常适合过程实时控制。该技术广泛运用于工业控制、智能楼宇、交通运输、机器人及电子游戏等领域。

ARCNET 是典型的令牌总线网络,1999 年成为美国国家标准 ANSI/ATA-878.1。从 OSI/RM 来看,ARCNET 定义了 ISO/OSI 七层网络体系模型中的数据链路层和物理层,可开放底层接口,允许用户自行开发嵌入式设备。

一、令牌总线网

IEEE 802.4 标准是令牌总线介质访问方法和协议标准。它规定了令牌总线介质访问控制(MAC)子层、物理层的服务规范、帧结构形式、控制方式的功能及其形式描述。

1. 令牌总线网的工作原理

令牌总线网的原理是使用一个称为令牌的特殊比特组合,作为控制介质访问权力的唯一标志。当总线上所有的站点都处于空闲状态时,令牌沿着总线各个节点顺序传递。当某一站点想发送数据时必须等待,直至检测到该站点接收到令牌为止。这时,该站点可以用改变令牌中特定位的值的方式将令牌抓住,并将令牌转变成数据帧的一部分,同时,该站点将自己要发送的数据附带上去发送。由于网上只有一个令牌,因此一次只能有一个站点发送数据。

令牌总线网的物理拓扑为总线拓扑,如图 6-11 所示。

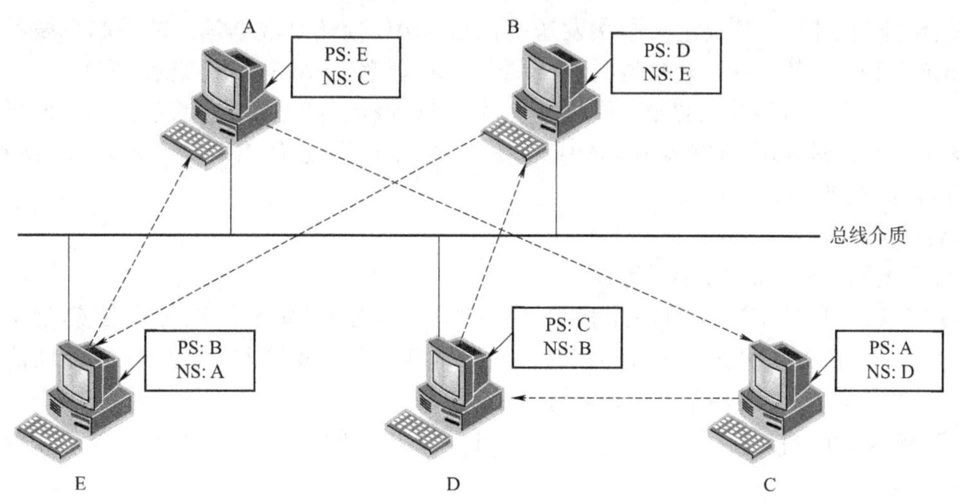

图 6-11 令牌总线物理和逻辑结构

令牌总线的基本原理是:用令牌控制对介质的访问,持令牌的站暂时控制了介质,并可以发送数据;令牌按一定的规则在网上的各站之间循环地传递,从而形成了一个逻辑环。图 6-11 中的逻辑环为 A→C→D→B→E→A→……除总线拓扑网络外,树状网、星状网等其他拓扑的网也可组成逻辑环路。实际上,网络中令牌的传送按虚线逻辑环路进行,而数据帧的传送仍在两站点间直接进行,这种结构叫作逻辑环网。一个站点要发送数据,必须持有令牌。持有令牌的站发完数据帧或发送的数据帧达到规定的个数,必须将发送控制权传送给逻辑环的下游站。这样,网上各站都有平等的发送数据帧的机会。网上允许只有一个令牌,没有发送时的竞争现象。

逻辑环网与物理环网(IEEE 802.5 标准)相对比,由于物理环网传送数据必须按环路进行,而逻辑环网传送数据有直接通路,所以逻辑环网延迟时间短。逻辑环网与一般争用总线网相比,在网络通信量增加的情况下,争用总线网冲突增加,系统开销随之增大,系统效率迅速下降,而逻辑环网传送令牌的时间为常数,不用解决冲突问题,效率依然很高。另外,争用总线网在访问竞争中各站平等,访问和响应具有随机性,属于概率性网,不具备时间确定性,不符合实时要求,而逻辑环网可实现有优先级的数据传送,且访问和响应时间有确定值,符合实时应用要求。因此,在列车通信网络中可以采用 ARCNET 这类令牌总线网络。

2. 令牌总线 MAC 帧格式

IEEE 802.4 令牌总线 MAC 帧格式如图 6-12 所示。

1	1	1	2或6	2或6	0~任意	4	1
PA	SD	FC	DA	SA	DATA-UNIT	FCS	ED
前导码	帧开始	帧控制	目标地址	源地址	数据	帧校验序列	帧结束定界符

图 6-12 MAC 帧格式

PA:前导码。它在每帧前面发送,用来使接收调制解调器根据前导码位模式得到电平信号,目的是使物理收发信号电路在接收时能达到稳态同步。前导码的最小持续时间为 2 s,同时要求发送的位必须是 8 位组的倍数。

SD:帧开始定界符。它表示一个有效帧的开始,长度为一个字节。

FC:帧控制字段。FC 决定了本次发送的帧是 MAC 帧还是数据帧。帧控制字段的格式为:FFMMMPPP。其中:FF 是帧类型,如果 FF=00,该帧为 MAC 帧;如果 FF=01,该帧为 LLC 数据帧;FF=10,该帧为站管理数据帧;FF=11,该帧为特殊用途的数据帧。MMM 是 MAC 动作,如果 MMM=000 表示无响应请求。PPP 是优先级,如果 PPP=000,优先级最低;PPP=111,优先级最高。

DA:目标地址。

SA:源地址。SA 和 DA 必须等长。

DATA-UNIT:MAC 数据单元字段(LLCPDU)。依据 FC 定义的三种数据帧,数据单元可以是用于 LLC 实体间交换的 LLCPDU,用于 MAC 管理实体间交换 MAC 管理信息的 MAC 管理数据,以及专门用于 MAC 控制帧的数据。

FCS:帧校验序列。它是基于 PA、SD、ED 和 FCS 以外的所有字段的一个 32 位循环冗余校验码(CRC)。

ED:帧结束定界符。ED 出现就结束该帧,并决定了 FCS 的位置。

由 SD、ED 联合组成异常终止序列,一个站发送终止序列可以停止已经开始的帧的发送。

二、令牌环网

环形网络的所有节点通过环接口设备(又称环中继转发器 RPU)接入环路,整个环路由一系列的环段(传输介质,也称链路)和 RPU 组成,如图 6-13 所示。

1. 令牌环网工作原理

(1)具有特定格式的令牌帧绕环行驶,将访问介质的权利从一个节点传递到物理连接的另外一个节点(从一个 RPU 传递到物理链路另一端的 RPU)。

(2)希望发送信息的节点将数据组成 MAC 帧,并仅在获得令牌之后,才可进行发送动作。

(3)每个节点均执行环内数据的再生和转发。

(4)只有接收节点(帧中的目的地址为本节点地址)进行数据帧的复制和接收。

(5)发送数据的节点在收到绕环一周的帧后,撤出该帧并释放令牌。

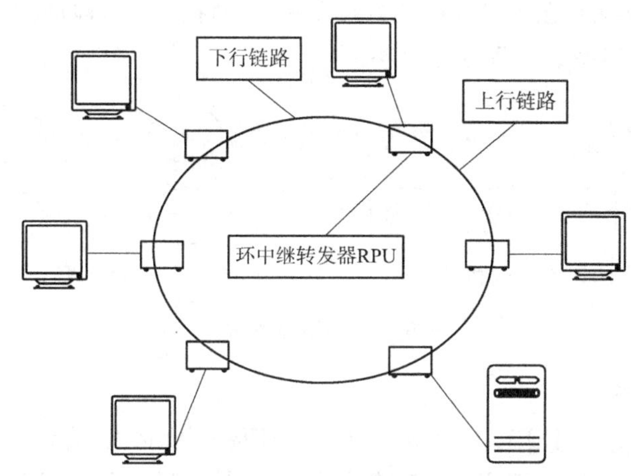

图 6-13　环形局域网一般结构示意图

2. 令牌环网的特点

(1)同一时刻,环上只有一个数据帧在传输(一个节点在传输数据)。

(2)网上所有节点共享网络带宽。

(3)有最小的传输延迟时间(令牌传输需要时间)。

(4)数据从一个节点传到另一个节点的时间是可计算的,可用于实时控制。

(5)符合 IEEE 802.5 标准。

三、ACNET 工作原理

ARCNET 局域网采用了优化的令牌总线协议(IEEE 802.4),除了具有令牌总线网的一般特点外,还具有如下特点:网络中每个节点保存有下一个节点的逻辑地址,可以生成一个网络活动节点地址表;为了避免目的节点没有空闲缓冲区而引起信息的丢失,设置了空闲缓冲区查询帧,通过查询可以减少不必要的数据重传,提高了网络运行效率。

1. ARCNET 的节点及地址

每个 ARCNET 物理节点包括一个数据链路层的通信控制器芯片和一个物理层的收发器芯片。每个节点有一个网络地址,令牌以递增的节点地址序号,从一个节点传递到另一个节点,形成逻辑环路。节点使用唯一的 MAC 地址标识自己。单个 ARCNET 子网最多可有 255 个节点。ARCNET 支持点对点的定向消息和单点对多点的广播消息。在数据链路层,采用令牌环机制,各节点通过传递令牌来协调网络使用权。

2. ARCNET 的物理层

在物理层,ARCNET 支持总线型、星型以及分布式星形拓扑结构。ARCNET 的传输速率为 2.5 Mbit/s,传输的介质有同轴电缆、双绞线、光纤,可满足绝大多数自动控制应用对速度、抗干扰性和物理介质的要求。新型的 ARCNETplus 速率已从原来的 2.5 Mbit/s 增加到 100 Mbit/s(使用光纤时)。

3. 逻辑环的建立

在 ARCNET 网络中,每个节点的物理地址都是唯一的(MAC),取值范围为 0～255,其中 0 为网络广播地址。每个节点在系统初始化或重构的时候确定它在逻辑环中的下一个节点,并将下一个节点的 ID 保存在各自专门的寄存器中,同时按 MAC 地址的大小顺序构成一个逻辑环。图 6-14 所示是典型的四节点逻辑环。

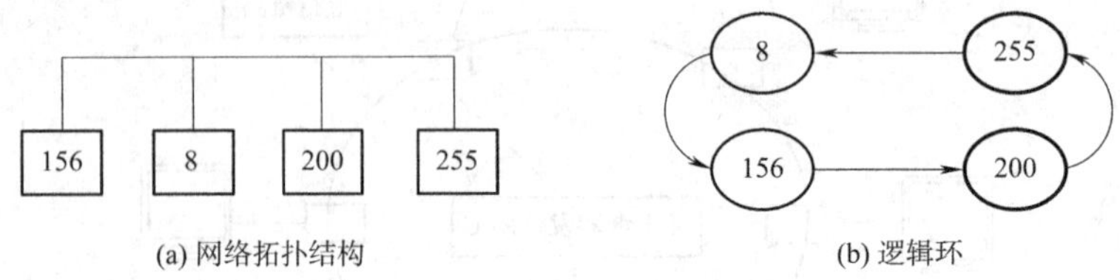

图 6-14　四节点逻辑环

4. ARCNET 帧类型

虽然 ARCNET 遵从 IEEE 802.4 的协议,但是在具体帧结构上还是存在着差异。ARCNET 有令牌帧、空闲缓冲区询问帧、确认帧、否认帧及数据传输帧等多种信息帧,其各帧结构如下:

(1)ITT 帧(令牌帧)

ALERT	EOT	DID	DID

(2)FBE 帧(空闲缓冲区询问帧)

ALERT	ENQ	DID	DID

(3)ACK 帧(确认帧)

ALERT	ACK

(4)NAK 帧(否认帧)

ALERT	NAK

(5)PAC 帧(数据传输帧)

ALERT	SH	SID	DID	DID	CP	DATA	CRC	CRC

ARCNET 帧中,不管是哪种帧,都由 ALERT 引导,它类似于 Ethernet 中使用的前导码。ALERT 由 6 比特间隔的传号(1)组成。传号(1)由正脉冲后跟负脉冲组成的双脉冲表示。空号(0)由无脉冲表示。

以上几种帧的含义如下：

(1)令牌(ITT)帧总是传递给它的后继工作站。EOT 是 ASCII 码中的传输结束控制符(04hex)。后跟的两个字节都是 DID(终点标识符)，即后继工作站的地址。重复使用 DID 的目的是增加可靠性。

(2)空闲缓冲器询问(FBE)帧中，ENQ 是 ASCII 字符集中的询问字符(05hex)。它后面跟的两个字节 DID 是想通过询问了解空闲缓冲器状态的工作站标识。重复使用 DID 也是为提高寻找终点工作站的可靠性。

(3)确认(ACK)帧由 ALERT 和 ACK 组成。ACK 是 ASCII 字符集中的确认字符(06hex)。当响应 FBE 帧而发送 ACK 时，表示接收工作站具有可供使用的缓冲器空间。ACK 帧之所以没有 DID 字段，是因为这种帧是作为广播方式发送的。

(4)NAK(否认)帧中，NAK 是 ASCII 字符集中的否认字符(15hex)。当响应 FBE 帧而发送 NAK 时，表示接收工作站不具有可供使用的缓冲空间。NAK 帧也没有 DID 字段，其原因与 ACK 帧相同。

(5)数据传输(PAC)帧中，SOH(标题开始)是 ASCII 字符集中的标题开始字符(01hex)。SID(源点 ID)和 DID(终点 ID)表示源点和终点工作站的地址。CP(连续指针)字段指示工作站在存储器中找到的传输数据的起点。数据字段 DATA 具有可变长度，处于 1 字节和 508 字节之间，用以携带用户数据。2 字节的 CRC 字段由发送站添加，用来保护 DATA 字段。

5. 帧的发送与接收

在启动时，首先要构成逻辑次序，即逻辑环。每个站都不断跟踪保持其前驱工作站和后继工作站的站标识。每个工作站将其自身的后继者(NID)设置为自身站地址(ID)加 1，并按下述公式设置超时值(TimeOut)：

$$\text{TimeOut} = 146 \times (255 - \text{ID}) \quad \text{s}$$

具有最大地址值的工作站首先超时，于是它创建 ITT 帧，并将该令牌帧发送给它的后继站。如果在 74 s 后没有响应，最大地址值的工作站便认为具有后继 NID 地址的站不存在，随后便将 NID 值增加 1，再次发送 DID 为新值的 ITT。这种过程重复直至该最大地址值的工作站找到自己的后继者为止。被找到的后继工作站像前驱工作站一样，重复此过程。

一旦找到所有活动工作站，正常的令牌传递操作便可开始。配置时间在 24～61 s，取决于活动站的数目和工作站地址的值。为使 TimeOut 初始值为 0 和将配置时间减至最小，建议将 ARCNET 一个工作站地址设置为 255。

在数据传送的过程中，一旦源节点 CPU 将待发的用户数据写入协议控制器的内部 RAM，在该节点持有令牌时，相当于接收到令牌传送(ITT)帧，首先向目的节点发送一个空闲缓存查询(FBE)帧，查询目的节点是否有足够的接收缓存。目的节点如有，则回答一个确认(ACK)帧，否则回答一个否认(NAK)帧。源节点只有收到来自目的节点的 ACK 帧后才向其发送一个含有用户数据的数据(PAC)帧。如果目的节点收到了数据，且通过 CRC 校验，则回送一个 ACK 帧，告诉源节点数据接收成功，否则目的节点不回发任何信息，导致源节点超时，源节点认为数据发送失败，等下一次收到令牌时重发该数据帧。至此，节点传输过程结束，令牌被传递给下一个节点。

ARCNET 支持广播消息。广播消息发出后无须回送确认帧，通过消息广播一次可以将消息传送给网络上的所有节点，可见广播速度很快。

数据传输过程举例如图 6-15 所示。

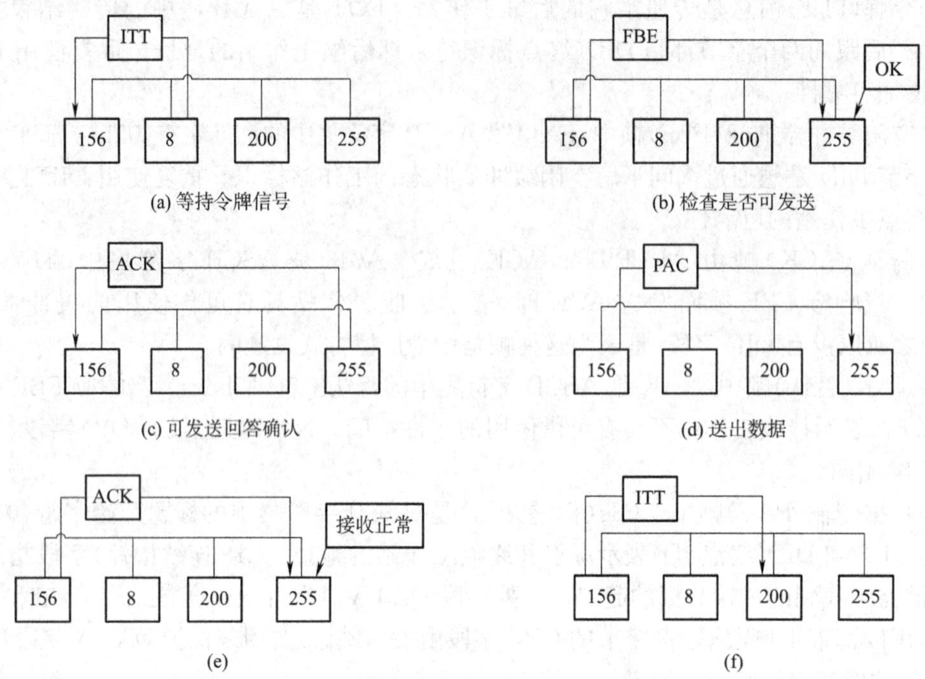

图 6-15　ARCNET 帧传递过程

任务三　CAN 总线

学习目标

1. 知识目标

(1)了解 CAN 总线的技术特点。

(2)掌握 CAN 总线工作原理。

2. 能力目标

(1)能够正确画出 CAN 总线的分层结构和功能。

(2)能够正确画出 CAN 总线报文的帧结构。

(3)能够正确叙述总线分配方法。

知识课堂

CAN(Controller Area Network)即控制器局域网络。由于其高性能、高可靠性及独特的设计,CAN 越来越受到人们的重视。

一、CAN 总线的技术特点

CAN 是分布式、实时控制的串行通信网络，由于其采用了许多新技术及独特的设计，与一般的通信总线相比，CAN 总线的数据通信具有突出的可靠性、实时性和灵活性。其特点可概括如下。

(1)CAN 为多主方式工作，网络上任一节点均可在任意时刻主动地向网络上其他节点发送信息，而不分主从，通信方式灵活，且无须站地址等节点信息。利用这一特点可方便地构成多机备份系统。

(2)CAN 网络上的节点信息分成不同的优先级，可满足不同的实时要求。高优先级的数据最多可在 134 ms 内得到传输。

(3)CAN 采用非破坏性总线仲裁技术，当多个节点同时向总线发送信息时，优先级较低的节点会主动退出发送，而优先级最高的节点可不受影响地继续传输数据，从而大大节省了总线冲突仲裁时间，尤其是在网络负载很重的情况下也不会出现网络瘫痪情况(以太网则可能)。

(4)CAN 只需通过报文滤波即可实现点对点、一点对多点及全局广播等几种方式传送/接收数据，无须专门的“调度”。

(5)CAN 的直接通信距离最远可达 10 km(速率在 5 kbit/s 以下)，通信速率最高可达 1 Mbit/s(此时通信距离最长为 40 m)。

(6)CAN 上的节点数主要取决于总线驱动电路，目前可达 110 个；报文标识符可达 2 032 种(CAN 2.0A)，而扩展标准(CAN 2.0B)的报文标识符几乎不受限制。

(7)采用短帧结构，传输时间短，受干扰概率低，具有极好的检错效果。

(8)CAN 的每帧信息都有 CRC 校验及其他检错措施，保证了数据出错率极低。

(9)CAN 的通信介质可为双绞线、同轴电缆或光纤，选择灵活。

(10)CAN 节点在错误严重的情况下具有自动关闭输出功能，以使总线上其他节点的操作不受影响。

二、CAN 总线技术规范

CAN 技术规范(Version 2.0)包括 A 和 B 两部分。A 部分给出了 CAN 报文的标准格式，B 部分给出了标准的和扩展的两种报文格式。CAN 2.0B 完全兼容 CAN 2.0A。

1993 年 11 月，ISO 正式颁布了道路交通工具—数据信息交换—高速通信控制器局域网标准(ISO 11898)。

1. CAN 的分层结构

为了使设计透明和执行灵活，遵循 ISO/OSI 标准模型，CAN 分为数据链路层(包括逻辑链路层 LLC 和媒体访问控制层 MAC)和物理层。在 CAN 技术规范 2.0A 的版本中，数据链路层的 LLC 和 MAC 子层的服务和功能被描述为“目标层”和“传输层”。

LLC 子层的主要功能是报文滤波、超载通知和恢复管理。

MAC 子层的主要功能是定义传送规则，以及控制帧结构、执行仲裁、错误检测、出错标定和故障界定。CAN 的分层结构和功能如图 6-16 所示。

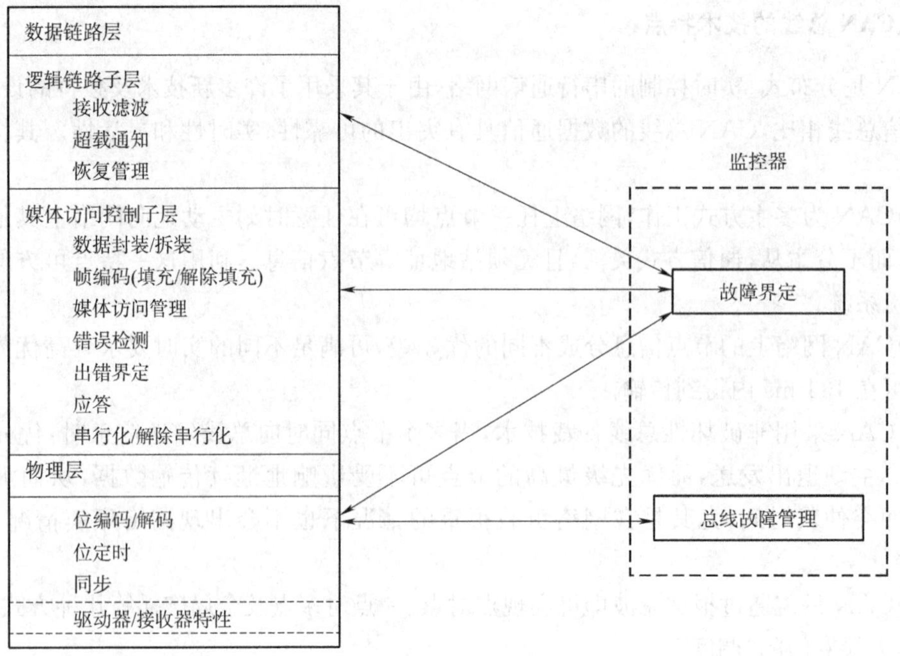

图 6-16　CAN 的分层结构和功能

2. CAN 总线报文的帧结构

CAN 总线的报文传送由四种不同类型的帧表示和控制:数据帧、远程帧、出错帧、超载帧。数据帧和远程帧借助帧间空间和当前帧分开。

(1)数据帧

数据帧携带数据,由发送器发至接收器。它由 7 个不同的位场组成,即帧起始、仲裁场、控制场、数据场、CRC 场、应答场和帧结束。数据长度可为 0。CAN 2.0B 的数据帧结构如图 6-17 所示。

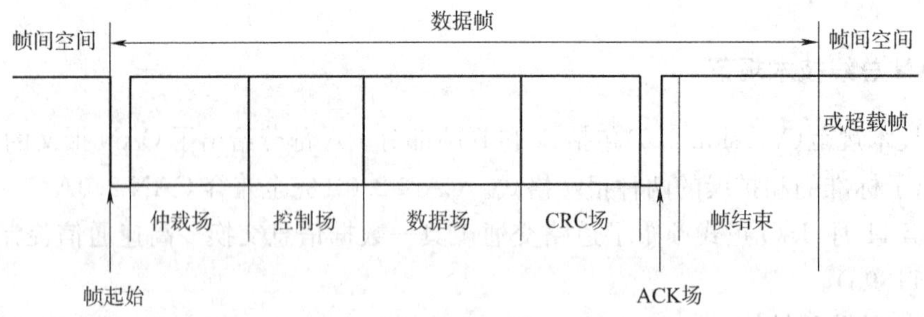

图 6-17　数据帧的结构

在 CAN 2.0B 中存在两种不同的帧格式,其主要区别在于标识符的长度:具有 11 位标识符的帧称为标准帧,而包括 29 位标识符的称为扩展帧。标准格式和扩展格式的数据帧结构如图 6-18 所示。

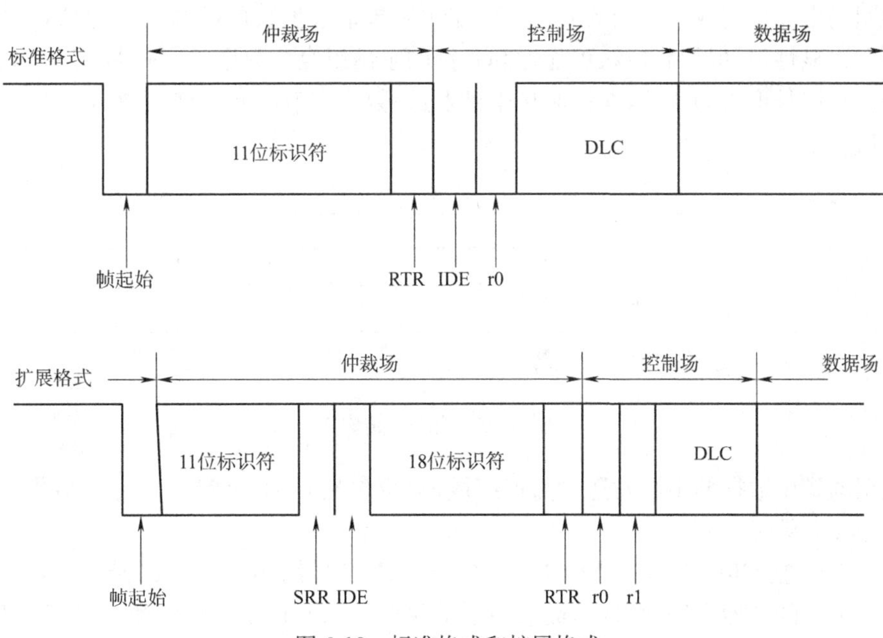

图 6-18　标准格式和扩展格式

①帧起始(SOF)标志数据帧和远程帧的起始,它仅由一个显性位构成,只有在总线处于空闲状态时,才允许单元开始发送。所有单元都必须同步于首先开始发送的那个单元的帧起始前沿。

②仲裁场由标识符和远程发送请求位(RTR)组成。

对于 CAN 2.0A,标识符的长度为 11 位,这些位按从高位到低位的顺序发送,最低位为 ID.0,其中最高 7 位不能全为隐性。RTR 位在数据帧中必须为显性,而在远程帧中必须为隐性。

对于 CAN 2.0B,标准格式和扩展格式的仲裁场不同。在标准格式中,仲裁场由 11 位标识符和远程发送请求位 RTR 组成,标识符位为 ID.28～ID.18。RTR 位在数据帧中必须为显性,而在远程帧中必须为隐性。

对于 CAN 2.0B,在扩展格式中,仲裁场由 29 位标识符 ID.28～ID.0、替代远程请求位 SRR(隐性位)、标识位扩展位 IDE(隐性位)、远程发送请求位 RTR 组成。

SRR 的全称是"替代远程请求位(Substitute Remote Request BIT)",是一隐性位。它在扩展格式的标准帧 RTR 位上被发送,并代替标准帧的 RTR 位。因此,如果扩展帧的基本 ID 和标准帧的识别符相同,标准帧与扩展帧的冲突是通过标准帧优先于扩展帧这一途径得以解决的。

IDE 的全称是"识别符扩展位(Identifier Extension Bit)"。对于扩展格式,IDE 位属于仲裁场;对于标准格式,IDE 位属于控制场。标准格式里的 IDE 位为"显性",而扩展格式里的 IDE 位为"隐性"。通过判别 SRR 和 IDE 是否均为隐性识别为扩展格式,而不是标准格式的数据帧或远程帧。

CAN 2.0B 的扩展帧和 CAN 2.0A 和 CAN 2.0B 的标准帧一样,在数据帧中 RTR 位必须为显性,而在远程帧中必须为隐性。

③控制场由6位组成。由图6-19可见,控制场包括数据长度码和两个保留位,这两个保留位必须发送显性位,但接收器认可显性和隐性的全部组合。数据长度码DLC指出数据场的字节数目。数据长度码为4位,在控制场中被发送,数据字节的允许使用数目为0~8,不能使用其他数值。

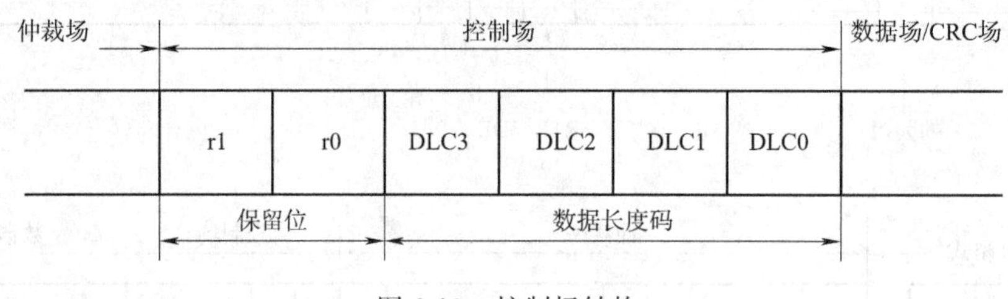

图6-19　控制场结构

④数据场是由数据帧中被发送的数据组成,它可包括0~8个字节。每个字节8位,首先发送的是最高有效位。

⑤CRC场包括CRC序列,后随CRC界定符。CRC场结构如图6-20所示。CRC序列由循环冗余码求得的帧检查序列组成,最适用于位数小于127(BCH码)的帧。CRC序列之后是CRC界定符,包含一个单独的"隐性位"。

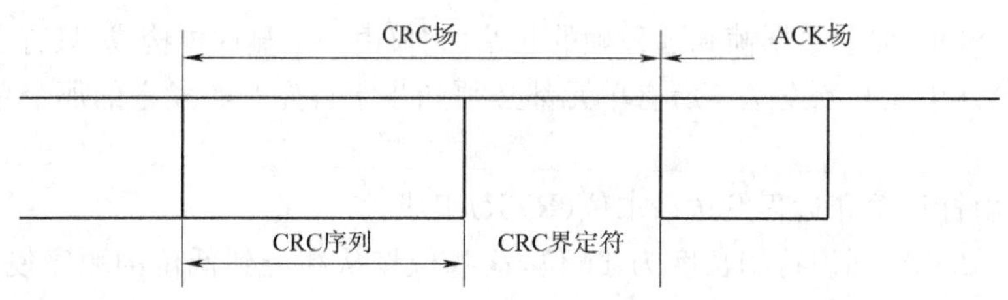

图6-20　CRC场组成

⑥应答场(ACK)为两位,包括应答间隙和应答界定符,如图6-21所示。在应答场中,发送器送出两个隐性位。一个正确地接收到有效报文的接收器,在应答间隙将此信息通过发送一个显性位报告给发送器。所有接收到匹配CRC序列的站,通过在应答间隙内把显性位写入发送器的隐性位来报告。应答界定符是应答场的第二位,并且必须是隐性位。

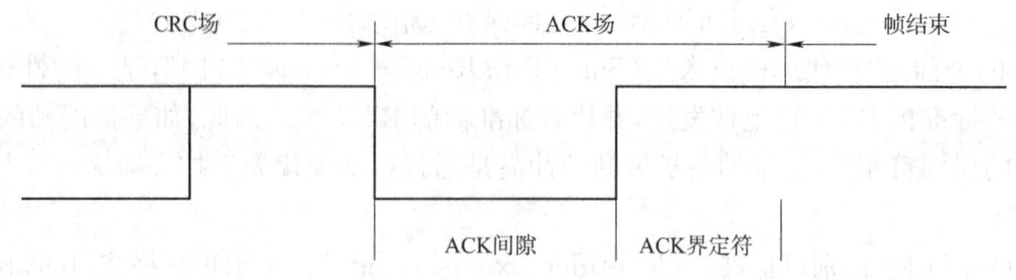

图6-21　应答场结构

⑦帧结束:每个数据帧和远程帧均由7个隐性位组成的标志序列界定。

(2)远程帧

远程帧是通过总线单元发送,以请求发送具有相同标识符的数据帧。远程帧激活为数据接收器的站可以借助于传送一个远程帧初始化各自源节点数据的发送。远程帧由6个不同位场组成:帧起始、仲裁场、控制场、CRC场、应答场和帧结束。远程帧和数据帧的结构基本相同,其RTR位为隐性位,且不存在数据场。远程帧结构如图6-22所示。

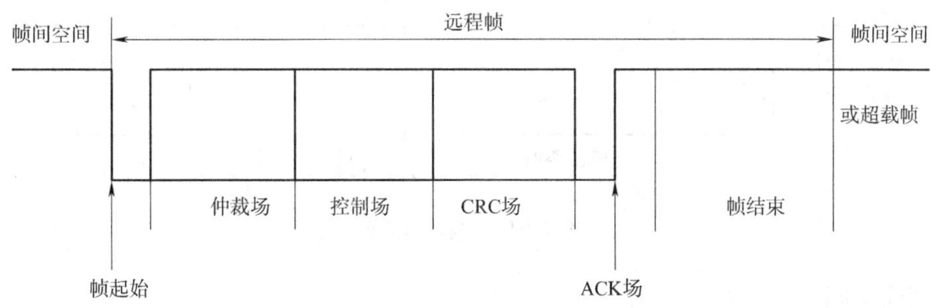

图6-22　远程帧组成

(3)出错帧

出错帧由两个不同的位场组成。第一个由来自各站的错误标识叠加而得到,随后的第二个位场是出错界定符(包括8个隐性位),如图6-23所示。

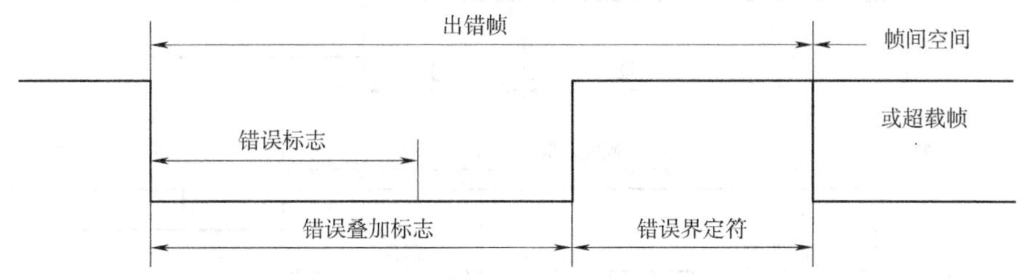

图6-23　出错帧组成

错误标志具有两种形式:

①激活错误标志(Active Error Flag):由6个连续的显性位组成。

②认可错误标志(Passive Error Flag):由6个连续的隐性位组成,除非被来自其他节点的显性位冲掉。

检测到错误条件的"错误激活"站通过发送错误激活标志指示错误。错误标志的格式破坏了从帧起始到CRC界定符的位填充规则,也破坏了应答场或帧结束场的固定格式。因此,所有其他的站由此检测到错误条件并开始发送错误标志。因此,"显性"位序列的形成就是各个站发送的不同错误标志加叠在一起的结果。这个序列的总长度最小为6位,最大为12位。

检测到错误条件的"错误认可"的站试图通过发送错误认可标志指示错误。该"错误认可"站以错误认可标志为起点,等待6个相同极性的连续位。当这6个相同的位被检测到时,错误认可标志的发送就完成了。

出错界定符包括8个隐性位。错误标志发送后,每个站都送出1个隐性位,并监视总线,直到检测到1个隐性位为止,然后开始发送剩余的7个隐性位。

(4)超载帧

超载帧用于提供当前的和后续的数据帧的附加延迟。它包括两个位场:超载标志和超载界定符,如图6-24所示。存在两种导致发送超载标志的超载条件:一个是要求延迟下一个数据帧或远程帧的接收器的内部条件;另一个是在间隙场检测到显性位。超载标志由 6 个显性位组成,超载界定符由 8 个隐性位组成。

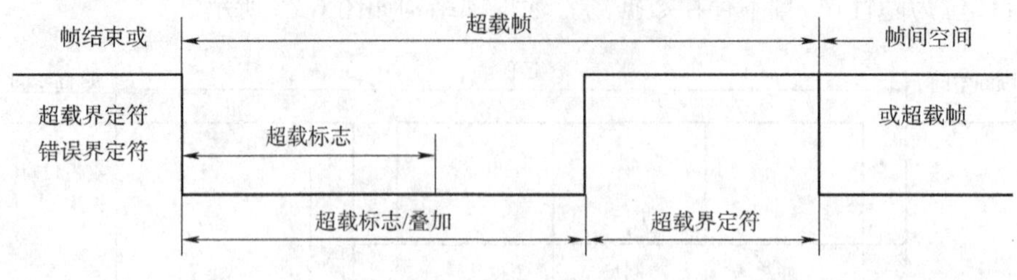

图 6-24 超载帧组成

(5)帧间空间

数据帧、远程帧均以称之为帧间空间的位场分开。而在超载帧和出错帧前面没有帧间空间,并且多个超载帧前面也不被帧间空间分隔。帧间空间包括间歇场和总线空闲场,对于前面已经发送报文的“错误认可”站还有暂停发送场,如图 6-25 所示。

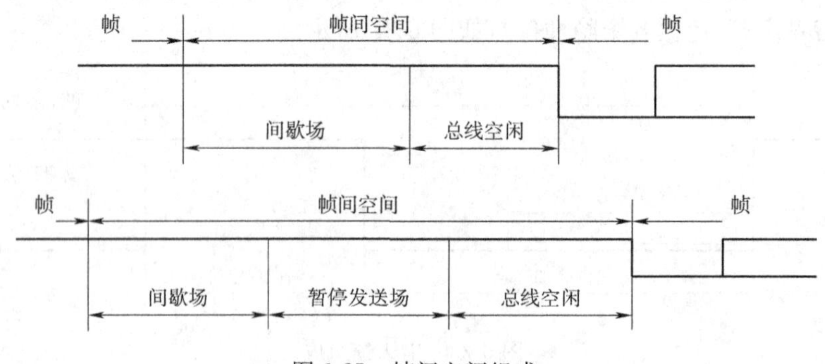

图 6-25 帧间空间组成

间歇场由 3 个隐性位组成,间歇期间不允许启动发送数据帧或远程帧,它仅起标注超载条件的作用。总线空闲场周期可为任意长度,此时总线是开放的,因此任何需要发送的站均可访问总线。

暂停发送场是指错误认可站发送完一个报文后,在下一次报文发送认可总线空闲之前,它紧随间歇场后送出的 8 个隐性位。

三、CAN 与其他通信方案的比较

在实践中,有两种重要的总线分配方法:按时间表分配和按需要分配。在第一种方法中,不管每个节点是否申请总线,都对每个节点按最大期间分配。由此,总线可被分配给每个站并且是唯一的站,而不论其是立即进行总线存取或在一特定时间进行总线存取。这将保证在总线存取时有明确的总线分配。在第二种方法中,总线按传送数据的基本要求分配给一个站,总线系统按站希望的传送分配(如 Ethernet CSMA/CD)。因此,当多个站同时请求总线存取时,总线将终止所有站的请求,这时将不会有任何一个站获得总线分配。为了分配总线,多于一个总线存取是必要的。

CAN 实现总线分配的方法,可保证当不同的站申请总线存取时,明确地进行总线分配。

这种位仲裁的方法可以解决当两个站同时发送数据时产生的碰撞问题。不同于Ethernet网络的消息仲裁,CAN的非破坏性解决总线存取冲突的方法,确保在不传送有用消息时总线不被占用。甚至当总线在重负载情况下,以消息内容为优先的总线存取也被证明是一种有效的系统。CAN总线的传输能力不足,所有未解决的传输请求都按重要性顺序来处理。在CSMA/CD这样的网络中,如Ethernet,系统往往由于过载而崩溃,而这种情况在CAN总线中不会发生。

任务四 LonWorks总线

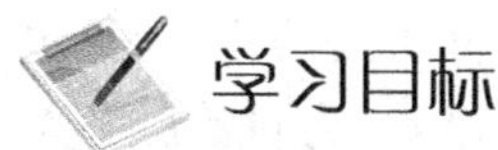

学习目标

1. 知识目标

(1)了解LonWorks总线基础知识。

(2)掌握LonWorks网络拓扑结构。

(3)掌握LonWorks网络工作原理。

2. 能力目标

(1)能够画出LonWorks网络拓扑结构图。

(2)能够叙述LonWorks的协议内容。

知识课堂

一、LonWorks概述

LonWorks(Local Operating Network)网络,是由美国Echelon公司于1991年推出的局部操作网络技术。它是一个开放的控制网络平台,是目前控制领域中应用最广的通用控制总线技术之一。它集计算机、网络、控制于一体,同时具有通信功能,被广泛用于航天航空、电力监控、铁道运输及工业自动化等领域。

LonWorks网络控制技术在控制系统中引入了网络的概念,在该技术的基础上,可以方便地实现分布式的网络控制系统,并使得系统更高效、更灵活、更易于维护和扩展,具体有以下特点:

(1)开放性和互操作性。LonWorks网络协议完全遵循ISO(国际标准化组织)/OSI的7层参考模型、而且是完全开放的,对任何用户都是对等的。其协议已被一些国际标准组织确认为一些标准,如EIA 709和IEEE 1473。网络协议完整到任何制造商的产品都可以实现互操作。LonWorks也被我国铁道行业标准《列车通信网络》(TB/T 3035—2002)所采纳。

(2)通信介质。可采用包括双绞线、电力线、无线、红外线、光缆等在内的多种介质进行通信,并且多种介质可以在同一网络中混合使用。这一特性使得不同工业现场的不同设备实现互联,增强了网络的兼容性。

(3)网络拓扑结构灵活多变,支持总线形、环形、自由拓扑等网络拓扑结构。可根据具体应用的结构特点采用不同的网络连接方式,能最大限度地降低网络布线的复杂性和工作量,提高系统的可靠性。

(4)分布式无主站控制。LonWorks 网络采用无主站点对点的对等结构,各节点地位均等,每个节点都能完成控制和通信功能,而不依赖于计算机、PLC 或其他形式的中央处理器。部分节点的故障不会造成系统瘫痪,提高了系统的稳定性,降低了维护难度。

(5) 网络结构。能够使用所有现有的网络结构,如主从式、对等式以及客户机/服务器式(Client/Server)。

二、LonWorks 网络拓扑结构

LonWorks 网络是局部操作网络,它是底层设备网络,跨越传感器级、现场设备级和控制级,其网络规模类似于局域网,但可以比局域网大。LonWorks 网络采用分布式结构,为无主结构,实现网络上节点互相通信,即点对点方式或对等通信。从控制的角度看,为自治服务系统,适用于智能大厦、家庭自动化、交通运输系统、公共事业和众多的工业系统。

LonWorks 控制网络结构包括五大部分:网络协议(LonTalk 协议)、网络传输媒体、网络设备、执行机构和管理软件。其中,网络设备包括智能测控单元、路由器和网关等;执行机构包括互感器、变送器等;管理软件包括 LonTalk 开放式通信协议,并为设备之间交换控制状态信息建立了一个通用的标准。在 LonTalk 协议的协调下,以往那些孤立的设备融为一体,形成一个网络控制系统。典型的 LonWorks 网络构架如图 6-26 所示。

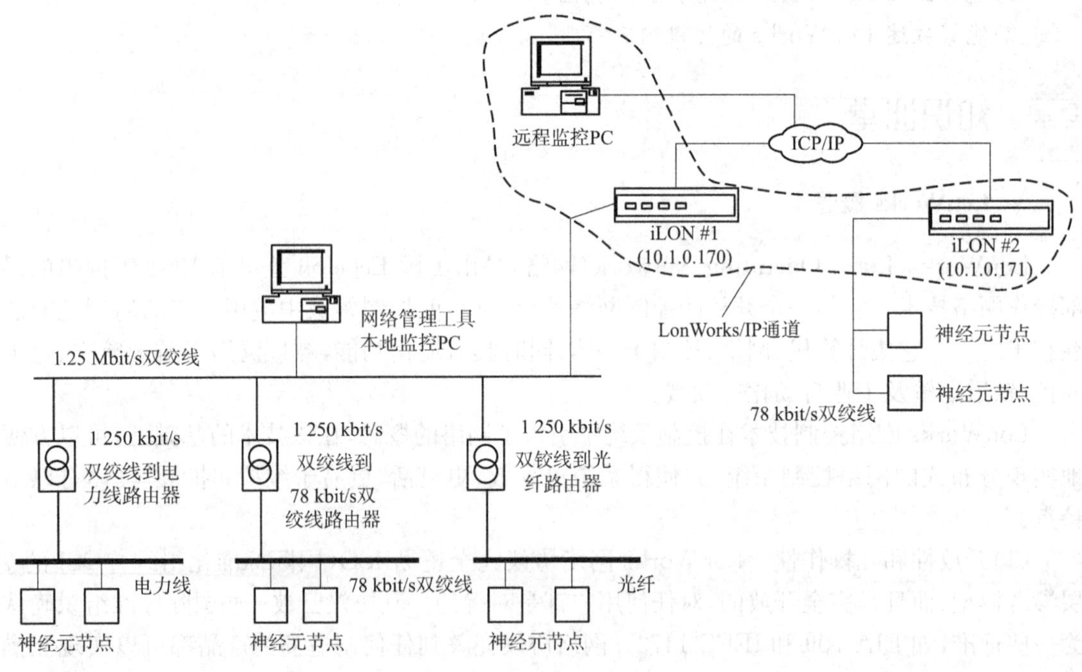

图 6-26　节点 LonWorks 网络构架

1. 节点

一个典型的节点包含一个 Neuron 芯片、一个电源、一个通过网络介质通信的收发器以及与被监控设备接口的应用电路。图 6-27 所示为典型节点的组成结构。通常,将每个能连接到网络上的 LonWorks 设备称为节点。节点包括一个神经元和收发器。根据节点功能,节点可

以嵌入传感器、执行器、I/O 外围电路等。节点的应用程序不仅可接收和发送网络上的信息，而且还可以进行传感信号的获取和数据处理，如 PMW 控制、数据采集和调度等。

(1)Neuron 芯片。它是节点的核心部分，通过 3 个 8 位处理器、一整套完整的 LonTalk 通信协议，来确保节点间使用可靠的通信标准进行互操作。一个 Neuron 芯片可以传输传感器或控制器的状态、执行控制算法以及与其连接起来。

(2)收发器。该元件在节点内部，在物理上连接 Neuron 芯片和信道。收发器实现 LonTalk 协议的第一层，主要功能是提供智能节点与 LonWorks 网之间的接口，将节点的电路与网络信道连接起来。

(3)I/O 驱动器。它用来连接节点内部 Neuron 芯片、节点所检测的硬件(如传感器等)或控制的硬件(如执行器等)。

(4)电源。在特定电压下它为节点电路提供电流。

LON 节点有如图 6-27 所示的两种类型。图 6-27(a)所示的节点中，Neuron 芯片是唯一的处理器。这种 LON 网节点适合于 I/O 设备较简单、处理任务不复杂的系统，称为基于 Neuron 芯片的节点。

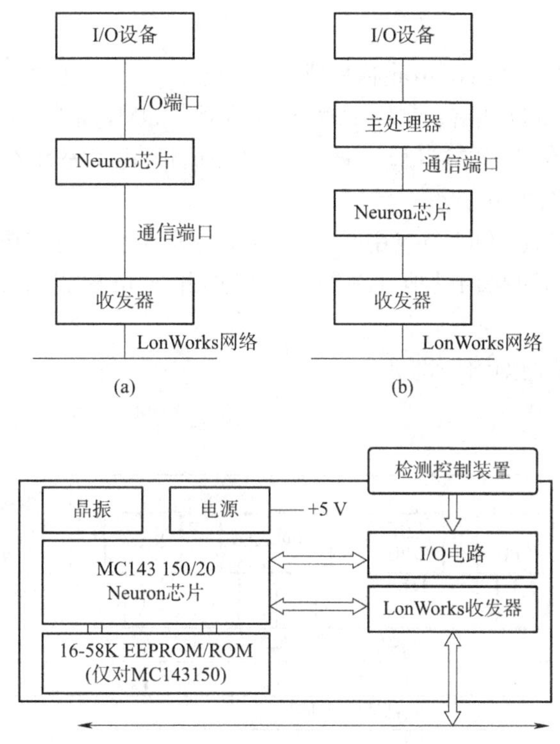

图 6-27　Lon Works 节点类型

然而，Neuron 芯片毕竟是 8 位总线，目前支持的最高主频是 10 MHz。因此，它所能完成的任务和实现的功能也十分有限。对于一些复杂的控制(如带有 PID 算法的单回路、多回路的控制)可能会力不从心。而采用基于主机的节点结构是解决这一矛盾的很好方法。在图 6-27(b)所示的节点中，Neuron 芯片只作为通信处理器，充当 LON 网络的网络接口，节点应用程序由附加的主处理器来执行，这类节点适合于对处理能力、输入/输出能力要求较高的系统，称之为基于主机的节点,主处理器可以是微控制器、PC 机等。

2. 通信介质

LonWorks 可支持多种通信介质,如双绞线、无线、红外、光纤、同轴电缆等。所支持的网络拓扑也各有不同,如图 6-28 所示。

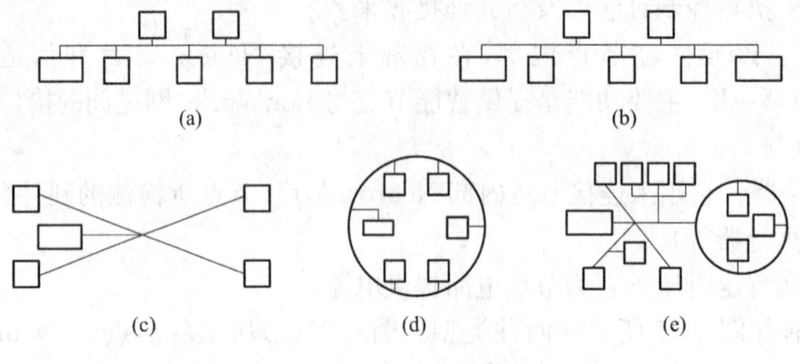

图 6-28 网络拓扑图

三、Neuron 芯片

LonWorks 技术的核心是 Neuron 芯片或称为神经元芯片。它主要包括 3150 和 3120 两大系列,其中 3120 系列芯片中包括 EEPROM、RAM、ROM,而 3150 系列芯片中则无内部 ROM,但拥有访问外部存储器的接口。Neuron 芯片内部固化了完整的 LonTalk 通信协议,确保节点间的可靠通信和互操作。

Neuron 芯片在大多数 LON 节点中是一个独立的处理器。若需要使节点具备更强的信号处理能力或 1/O 通道,可采用其他处理器来处理并由 Neuron 芯片交换数据,此时 Neuron 芯片只完成通信功能。‘

Neuron 芯片内部结构如图 6-29 所示。

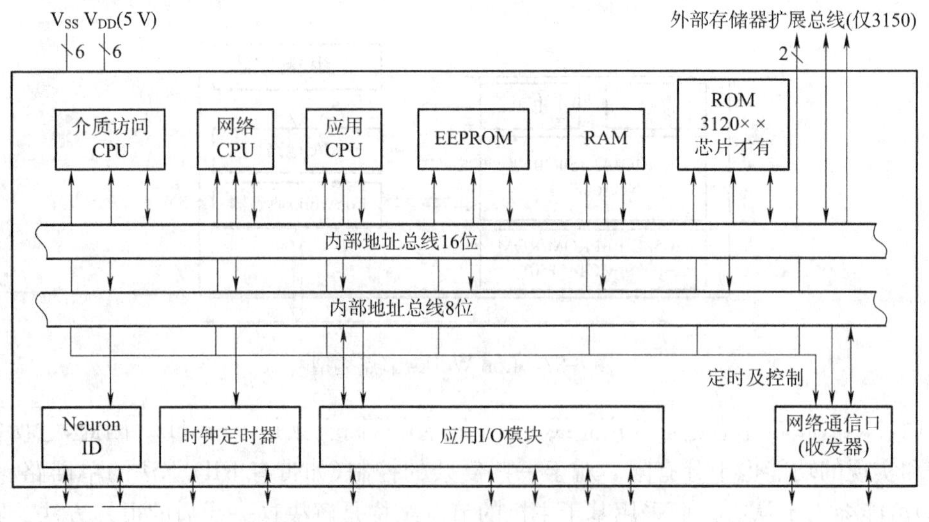

图 6-29 Neuron 芯片内部结构

1. 主要性能特点

Neuron 芯片的主要性能特点如下。

(1)高度集成,所需外部器件较少。

(2)三个 8 位的 CPU,输入时钟可选择范围:625 kHz~10MHz。

(3)片上的存储器有:1KB 静态 RAM(3120,312OE1)、2KB 静态 RAM(3150,3120E2)、512B EEPROM(3120,3150)、1KB EEPROM(3120E1)、2KB EEPROM(3120E2)和 10KB ROM(3120、3120E1、3120E2)。

(4)11 条可编程 I/O 引脚(有 34 种可选择的工作方式):

I/O0~I/O7 有可编程上拉电阻。

1/O0~1/O3 具有高电流吸收能力。

(5)两个 16 位的定时器/计数器。

(6)15 个软定时器。

(7)休眠工作方式:这种工作方式能在维持操作的情况下降低电流损耗。

(8)网络通信端口:5 个管脚提供三种方式,即单端方式、差分方式和专用方式。

(9)固件包括:LonTalk 协议、I/O 驱动器程序和事件驱动多任务调度程序。

(10)服务引脚:用于远程识别和诊断。

(11)48 位的内部 Neuron ID:用于唯一识别的 Neuron 芯片。

(12)内置低压保护以加强对片内 E2PROM 的保护。

2. 芯片的 CPU 结构

Neuron 芯片内部有三个 CPU:介质访问控制(Media Access Control, MAC) CPU、网络 CPU 和应用 CPU,如图 6-30 所示。CPU-1 是 MAC CPU,完成介质访问控制,处理 LonTalk 协议的第 1 和第 2 层,包括驱动通信子系统硬件和执行算法。CPU-1 和 CPU-2 用共享存储区中的网络缓存进行通信,正确的对网上报文进行编解码。CPU-2 是网络 CPU,它实现 LonTalk 协议的第 3~6 层,处理网络变量、寻址、事务处理、权限证实、背景诊断、软件计时器、网络管理和路由等。同时,它还控制网络通信端口,物理地发送和接收数据包。该处理器用共享存储区中的网络缓存区与 CPU-1 通信,用应用缓存区与 CPU-3 通信。CPU-3 是应用 CPU,它完成用户的编程,其中包括用户程序对操作系统的服务调用。

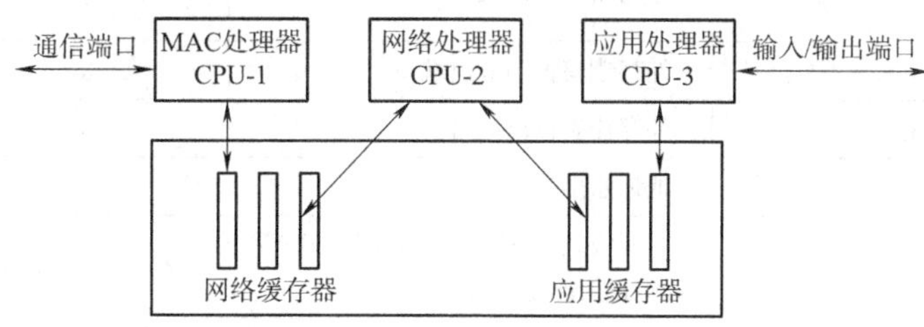

图 6-30 芯片的 CPU 结构

3. 引脚配置

Neuron 芯片的引脚配置如图 6-31 所示。各引脚的功能说明见表 6-1。

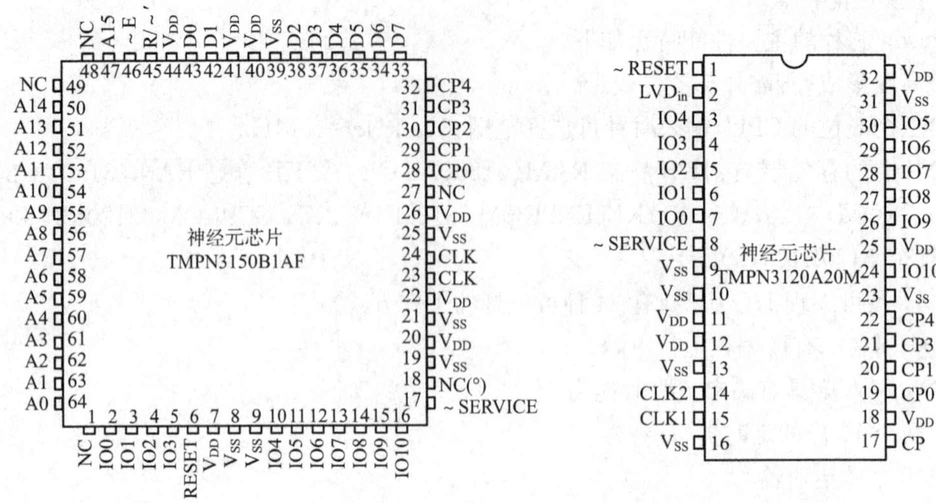

图 6-31　Neuron 芯片的引脚配置

表 6-1　Neuron 芯片引脚功能说明

符　号	I/O	功　能	3150 引脚数	3120 引脚数
CLK1	输入	连接振荡器或外部时钟输入	24	15
CLK2	输出	连接振荡器		
～RESET	I/O 内有上拉电阻	复位引脚(低有效)	23	14
—SERVICE	I/O 内有可编程上拉电阻	服务引脚,工作期间指示灯输出	6	1
I/O0～I/O3	I/O	普通 I/O 口,大电流吸收能力	2,3,4,5	7,6,5,4,
I/O4～I/O7	I/O 内有可编程上拉电阻	普通 I/O 口,IO4～IO7 可用作定时器,计数器 1 的输入(IO0 为输出),IO4 可用作定时器/计数器 2 的输入(IO0 的输出)	10,11,12,13	3,30,29,28
I/O8～I/O10	I/O	普通 I/O 口,可与其他设备实现串口通信	14,15,16	27,26,24
D7～DO	I/O	存储器数据总线	43,42,38,37	N/A
R/～W	输出	外存读写控制输出端口	45	N/A
～E	输出	外存控制输出端口	46	N/A
A15～A0	输出	地址输出端口		
V_{DD}	输入	电源输入(5 V),在外面所有的 V_{DD} 引脚 必须连在一起	20,22,26,40	2,11,12,18,25,32
V_{SS}	输入	电源输入(0 V,接地),在外面所有的 V_{SS}必须连在一起	19,21,25,39,8,9	10,13,16,23,31,9
CP0～CP4	网络通信接口	双向端口,通过指定工作方式支持通信协议	28,29,30,31,32	19,20,17,21,22
NC	N/A	无内部连接,引脚悬空		N/A

四、LonTalk 协议

LonTalk 协议是 LonWorks 系统的核心。该协议提供一系列通信服务，使设备中的应用程序能在网上对其他设备收发报文而无须知道网络拓扑结构、名称、地址或其他设备的功能，已成为 ANSI/EIA 709.1 控制联网标准。

LonTalk 协议遵循由国际标准化组织（ISO）定义的开放系统互联（OSI）模型。它提供了 OSI（开放系统互联）参考模型所定义的全部 7 层服务，支持灵活寻址。表 6-2 给出了对应 7 层 OSI 参考模型的 LonTalk 协议为每层提供的服务。

表 6-2　LonTalk 协议层

OSI 层		目的	提供的服务
7. 应用层		应用兼容性	LONMARK 对象，配置特性标准网络变量类 型，文件传输
6. 表 ZK 层		数据翻译	网络变量，应用消息，外来帧传输，网络接口
5. 会话层		远程操作	请求/响应，鉴别，网络服务
4. 传输层		端到端可靠传输	应答消息，非应答消息，双重检查，通用排序
3. 网络层		传输分组	点对点寻址，多点之向广播式寻址，路由消息
2. 链路层	LLC 子层	帧结构	帧结构，数据解码，CRC 错误检查
	MAC 子层	介质访问	P-坚持 CSMA，冲突避免，优先级，冲突检测
1. 物理层		物理连接	介质，电气接口

1. 物理信道

LonTalk 协议支持以不同通信介质分段的网络，它支持的介质包括双绞线、电力线、无线、红外线、同轴电缆和光纤。每个 LonWorks 节点都需要物理地连接到信道上，信道是数据包的物理传输介质；LonWorks 网络由一个或多个信道组成。

不同信道通过路由器相互连接，路由器是连接两个信道，并控制两个信道之间数据包传送的器件，路由器有四种不同的安装算法：配置路由器（ConfiguredRouter）、自学习路由器（LearningRouter）、网桥（Bridge）和中继器（Repeater）。可以任选一种算法来安装路由器。

由网桥或重复器连接的信道的集合称为段（Segment）。节点可以看见相同段上的其他节点发送的包。而智能路由器（配置路由器和自学习路由器）则根据设置决定是否将数据包继续向前传送。故可用来分离段中的网络交通，从而增加整个相同的容量和可靠性。

2. LonTalk 协议的网络地址结构

LonTalk 地址唯一地确定了 LonTalk 数据包的源节点和目的节点（可以是一个或几个节点），路由器也使用这些地址来选择如何在两个信道之间传送数据包。

网络地址可以有三层结构：域、子网和节点，如图 6-32 所示。

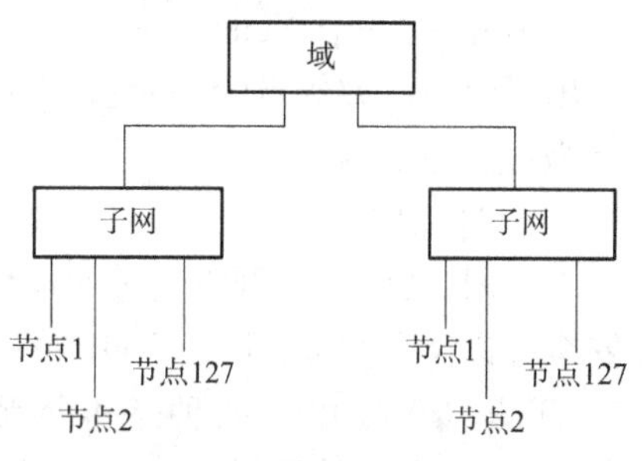

图 6-32　网络地址示意

第一层结构是域。域的结构可以保证在不同的域中通信是彼此独立的。例如，不同的应用的节点共存在同一个通信介质中，那么，不同域的区分可以保证它们的应用完全独立，彼此不会受到干扰。Neuron 芯片可以配置为属于一个域或同时属于两个域。同时作为两个域的成员的一个节点可以用作两个域之间的网关。域 ID 可配置为 0、1、3 或 6 个字节。使用较短的域 ID 可以减少数据包的开销，这可由系统安装者根据实际需要来决定。

第二层结构是子网。每一个域最多有 255 个子网。一个子网是一个域内节点的逻辑集合。一个子网最多可以包括 127 个节点。一个子网可以是一个或多个通道的逻辑分组，有一种子网层的智能路由器产品可以实现子网间的数据交换。在一个子网内的所有节点必须位于相同的段上。子网不能跨越智能路由器。若将一个节点同时配置为属于两个域，则它必须同时属于每个域上的一个子网。

除下列情况外，可将一个域中的所有节点都配置在一个子网内：

(1)节点位于由智能路由器分割的不同段内。

(2)网络的节点数目>127。这时若将所有节点配置为属于同一个子网就超过了一个子网的最大容量，此时可在一个段上配置多个子网以增加段的容量。

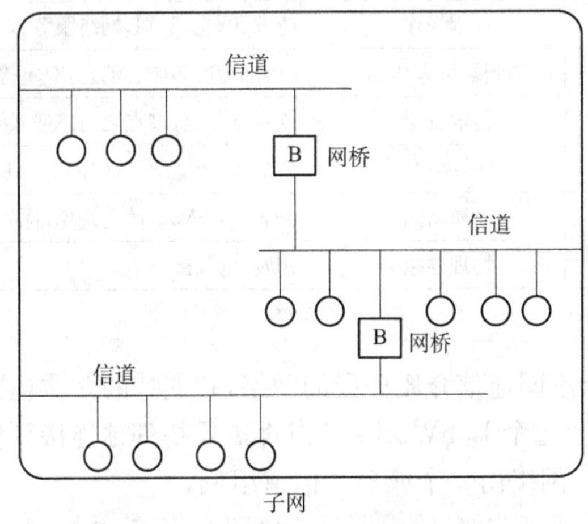

图 6-33　子网配置的各种方式

第三层结构是节点。子网内每一个节点被赋予一个在该子网内唯一的节点号。该节点号为 7 位，因此，一个域内最多有 255×127＝32 385 个节点。

节点也可以被分组，一个分组在一个域中跨越几个子网，或几个信道。在一个域中最多有 256 个分组，每一个分组对于需要应答服务最多有 64 个节点，而无应答服务的节点个数不限，一个节点可以分属 15 个分组去接收数据。分组结构可以使一个报文同时为多个节点接收。

另外，每一个 Neuron 芯片有一个独一无二的 48 位 ID 地址，这个 ID 地址是在 Neuron 芯片出厂时由厂方规定的，一般只在网络安装和配置时使用，可作为产品的序列号。图 6-34 所示为报文地址结构。

3. 通信服务

(1)报文服务。网络通过的通信服务要使网络同时实现高的有效性、快的响应时间、好的安全性以及高的可靠性是不可能的，实际网络提供的通信服务只能是在这几个方面折中的结果。LonTalk 协议提供了四种基本类型的报文服务：确认(Acknowledged)、请求/响应(Request/Response)、非确认重复(Unacknowledged Repeated)以及非确认(Unacknowledged)。使用确认服务是最可靠的，但是对于较大的组来说，却比非确认或非确认重复服务需要使用更大的网络带

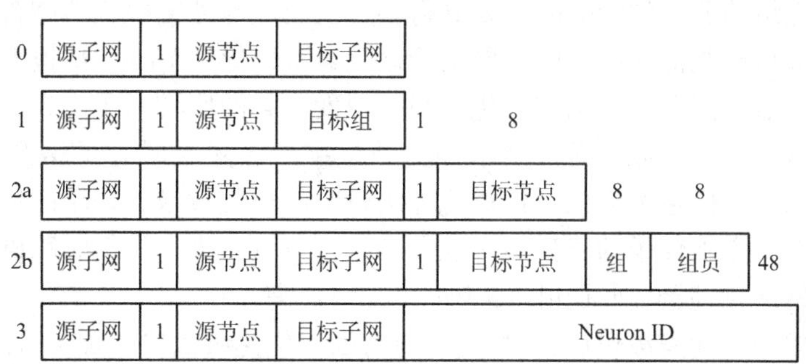

图 6-34 报文地址结构

宽。具有优先级的数据包将能够保证这些数据包被及时的传送，但是却损害了其他较大的传送。对一个对象增加证实服务虽然增加了安全性，但完成一个证实却比完成一个非证实事务所需的数据包数多了两倍。

请求/响应是最可靠的服务，即一个报文被发送给一个或一组节点，并等待来自每个接收节点的响应。输入报文由接收端的应用在响应生成之前处理。与确认服务一样，发送时间、重发次数和接收时间是可选项。响应中可以包括数据，从而使服务适用于远程调用或 Client/Server 方式。

确认是与请求/响应相等价的服务，即一个报文被发送给一个或一组节点，发送者将等待来自每个接收者的确认。若没有接收到来自所有目标的确认，并且发送者的时间已超出，发送者则重新发送。发送时间、重发次数和接收时间是可选项。确认由网络 CPU 来生成与应用 CPU 无关。其 ID 号用于跟踪报文和确认，从而使应用不再接收重复的报文。

非确认重复的可靠性较前两者要低。非确认重复服务即是报文被多次发送给一个或多个节点，同时不期望得到响应。该服务一般用于向一大组节点广播，若在确认或请求/响应方式下，由所有响应产生的交通量可能将使网络过载。

可靠性最低的是非确认服务。它是指一个报文被发送给一个或一组节点且只被发送一次，同时不期望得到响应。该服务一般用于要求有最好的性能，网络带宽受限制，同时网络对报文的丢失不敏感的情况。

(2)冲突。LonTalk 协议使用其独有的冲突避免算法，该算法具有在过载的情况下信道仍然能负载接近最大能力的通过量，而不是由于过多的冲突而使通过量降低。当使用支持硬件冲突检测的通信介质(如双绞线)时，只要收发器检测到冲突的发生，LonTalk 协议可以有选择地取消数据包的传输。它允许降低立刻重新发送被冲突破坏的包。若没有冲突检测，假定使用的服务为确认或请求/响应服务，节点将不得不等待到重试时间结束，才能知道节点没有接收到目的节点的确认，这时节点才重发该数据包。对于非确认服务，未检测到的冲突意味着包没有被接收到并且不作任何重试。

(3)优先级。LonTalk 协议通过提供优先服务机制以改善对重要消息包的响应时间。协议允许用户在信道上分配优先级时隙，它专门用于具有优先级的节点。信道上的每个优先级时隙对每个消息的发出额外附加有一定的时间(最小为 2 比特时间)，从而换取一定的带宽供信道上实现无竞争的优先访问。附加的时间值大小与比特速率、振荡器的精度以及收发器的需求有关。例如，信道上所有节点使用 TP/XF-1250 双绞线收发器(速率为 1.25 Mbit/s)，振荡器的频率精度$\leqslant$0.2%，每个优先级时隙宽为 30 比特时间。由于不存在竞争，配置优先级的节点相对于无优先级的节点的响应时间要好得多。优先级与冲突检测的结合将获得更优的响应时间。为每个节点分配优先级时隙的网络管理工具可以保证节点在信道上被赋予一个特定的优先级时隙。节点只能在分配给它的优先级时隙发送它的所有赋予优先级的消息包。就实质而言，优先级的使用极大地降低了网络冲突的概率。优先级时隙的数目(M)可以是 0～127，具体是多少取决于信道类型以及信道优先级时隙的配置数量。较小的优先级数代表较高的优先级。若某个节点被赋予的优先级时隙是“0”，该节点将无优先级时隙供发送消息。优先级时隙 1 预留给网络管理器，即其在网络上的优先级最高。

当节点内生成一个优先级包后，在挂起的所有的无优先级输出包被传输之前，该优先级包将在优先级队列被传送出节点。同样，当一个优先级包到达路由器时，它加入路由器队列的前面(但在所有已排队的优先级包后)，若已配置了路由器的优先级时隙，则它使用路由器的优先级时隙向前传送。

五、LonWorks 产品

1. 收发器

每一个网络设备都有一个收发器。收发器在一个 LonWorks 设备与 LonWorks 网络之间提供了一个物理通信接口，常用的 LonWorks 收发器类型见表 6-3。

表 6-3　LonWorks 收发器的类型

收发器类型	数据速率	收发器类型	数据速率
EIA-232 型	39 kbit/s	射频型 300 MHz	1.2 kbit/s
自由或总线拓扑的双绞线型	78 kbit/s	射频型 300 MHz	4.8 kbit/s
带变压器的双绞线型	78 kbit/s	射频型 300 MHz	9.6 kbit/s
带变压器的双绞线型	1.25 Mbit/s	红外型	78 kbit/s
电力线型	2 kbit/s	光纤型	1.25 Mbit/s
电力线型	5 kbit/s	同轴电缆型	1.25 kbit/s
电力线型	10 kbit/s		

2. 路由器

LonWorks 是唯一支持多种传输介质的系统，它允许开发者选择那些最能满足他们的要求的传输介质和通信方法。不同通信媒介之间用路由器相连。

路由器是一个特殊的节点，由两个 Neuron 芯片组成，用来连接不同通信媒介的 LON 网络。路由器能够控制网络流量，增加网络的吞吐量和网络速度。

3. LonWorks 网络接口和网间接口

LON 网的网络接口允许 LonWorks 应用程序在非 Neuron 芯片的主机上运行，从而实现任意微控制器、PC 机、工作站或计算机与 LON 网络的其他节点通信。

4. 开发工具

开发工具通常包括一个可以在多个设备上开发及调试程序的环境，一个安装和配置这些设备的网络管理器，以及一个用来检查网络流量以保证有足够的网络容量的协议分析器，同时也包括检查错误。LonBuilder 和 NodeBuilder 用于开发基于 Neuron 芯片的应用，具有高度可配置性，是开发和调试应用程序、安装和配置节点以及分析网络通信的集成工具。

任务五　WorldFIP 总线

学习目标

1. 知识目标

(1)了解 WorldFIP 总线基础知识。

(2)掌握 WorldFIP 网络拓扑结构。

(3)掌握 WorldFIP 总线协议。

2. 能力目标

(1)能够画出 WorldFIP 网络拓扑结构。

(2)能够叙述 WorldFIP 的协议内容。

知识课堂

一、WorldFIP 总线概述

WorldFIP 总线是一种实时的工业控制网络,可用于连续或断续过程的自动化控制系统。在 WorldFIP 网络系统中,传感器、执行器、现场设备正常称为“0”级设备,可编程逻辑控制器 PLC 或控制器称为“1”级设备。“0”级设备与“1"级设备之间,以及“1"级设备之间的连接网络使用的是同一种协议。WorldFIP 总线运用的构架如图 6-35 所示为报文地址结构所示。在系统的构架体系中,控制器和协调管理器(总线管理器)都可以根据需要灵活设置,控制器也可以具有协调管理器的功能,从而使 WorldFIP 网络控制系统兼容集散控制系统(DCS)和现场总线控制系统(FCS)的优势和特点,也可以独立地构成集散控制系统或现场总线控制系统。

连接到 WorldFIP 总线上的设备称为站点或节点。总线上的站点可以分为两类,一类是具有协调管理功能的站点一总线仲裁器 BA(Bus Administrator),即管理对传输介质的访问(只调度通信,不调度进程);另一类是基本站点,具有生产者/消费者功能,这类站点可以向总线发布信息或从总线接收信息。任何一个站点可以同时具备上述两种功能,但在任何一个给定的时刻,整个网络上只能有一个执行总线仲裁器功能的设备(站点)。

1. WorldFIP 总线的传输服务

WorldFIP 总线提供两种传输服务,变量交换服务和报文传送服务。

(1)变量交换服务

变量交换服务是 WorldFIP 网络中最主要的一种通信服务。WorldFIP 协议定义的变量是网络信息或对象的一种数据表达。协议赋予变量三种特性,即通用特性、静态特性和动态特性。通用特性包括变量名称、标识符、变量类型及变量数值;静态特性包括变量的刷新周期、同步标识符等;动态特性包括变量刷新状态、刷新定时等。标识符用于标识变量,在一个 WorldFIP 网络中是唯一的。WorldFIP 网络上的变量数据发送设备(站点)称为生产者

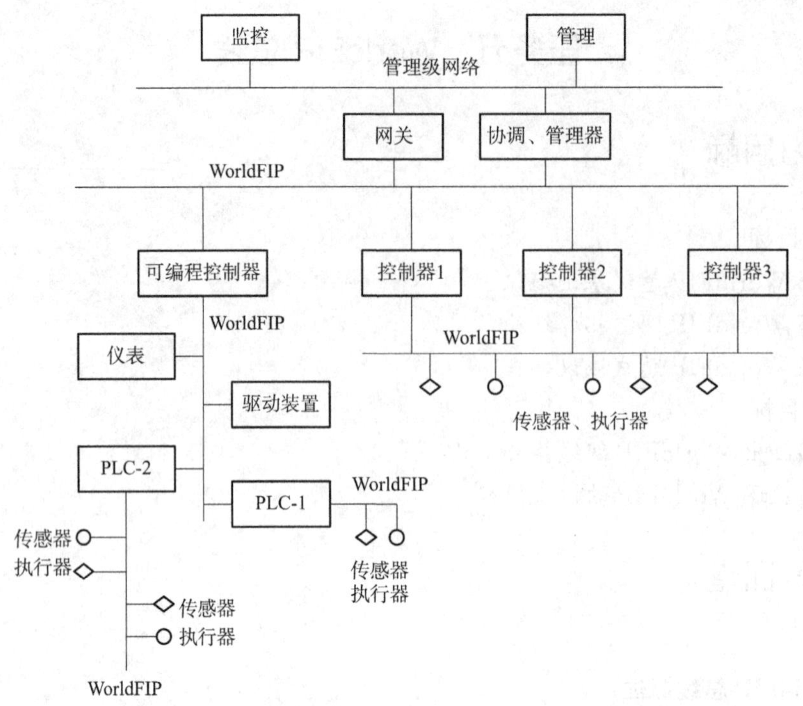

图 6-35　WorldFIP 总线运用的构架

(Producer);网络上变量的接收设备(站点)称为消费者(Consumer)。WorldFIP 网络上任一变量只有一个生产者,但可以有多个消费者。变量生产者内部设有特定的、以变量标识符标识的存储缓冲区(称为信源);变量消费者内部设有同一个标识符标识的存储缓冲区(称为信宿),变量数据在信源与信宿之间的传送称为变量交换。因此,变量交换可以看作为是一种存储缓冲区之间的数据交换,也称为基于缓冲区的变量交换。

变量交换具有周期性交换和非周期性交换两种形式。周期性交换的所有变量标识符和传输周期在系统开始组态时形成一个调度表,由总线仲裁器 BA 根据调度表的内容实现周期性变量交换;非周期的变量交换是随机的,总线仲裁器 BA 根据用户(基本站点)的请求来实施网上变量的传输交换。

变量传输采用 16 位的变量标识符(称为变量地址)寻址,网络上可以存在 65 536 个变量。因此,变量寻址是全局性的逻辑寻址。

(2)报文传送服务

报文传送服务是一种信息传送,是附加在变量交换传输机制上进行的服务,其一般为点对点的传输服务,但也支持同一网段内的多播寻址。

报文传送是一种事件传输,采用 24 位的网络地址寻址,24 位地址包含网段地址和网段内的站地址,这是一种物理寻址。

2. WorldFIP 总线的基本通信模式

WorldFIP 总线上所有的数据传输均由总线仲裁器 BA 发起和控制,WorldFIP 总线通信的基本模式称为“生产者—消费者”,又称 P—C 模式,P—C 模式通信如图 6-36 所示。

无论是周期传输或非周期传输,总线上的每一次有效数据通信都是由总线仲裁器 BA 发

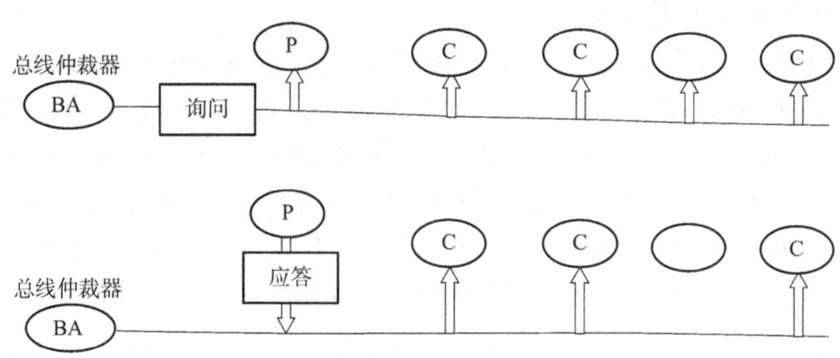

图 6-36　P-C 模式通信示意图

P—信息生产者(发送);C—信息消费者(接收)

送的询问帧 ID_DAT 来启动的。总线仲裁器按顺序在询问帧中发出一个标识符,生产者(P)识别出自己的标识符后即从专用内存缓冲区取出该变量数据,向总线上用 RP_DAT 帧的形式广播发送相关的变量数据,此变量的消费者(C)则将该数据接收到自己的缓冲区,同时消费者一般还要对数据是否符合时间约定进行检测。因此,在每个站点中对应于逻辑标识符的是专用内存缓冲区。WorldFIP 网络基本通信模式的信号流程如图 6-37 所示。

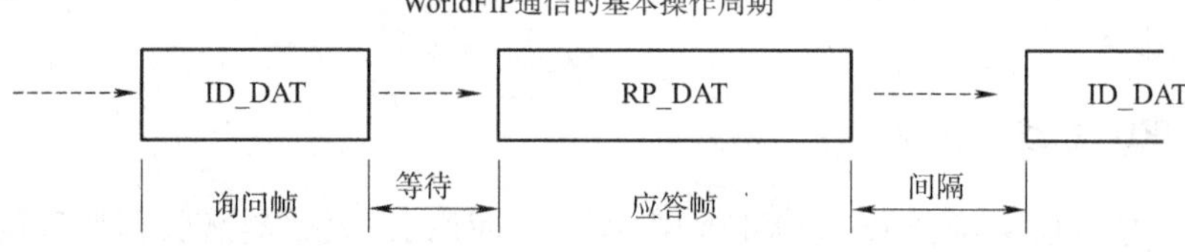

图 6-37　WorldFIP 网络基本通信模式的信号流程

总线仲裁器根据调度表,周期性地扫描标识符列表,从而可以实现变量数据的实时刷新机制。WorldFIP 总线上的非周期通信(事件)和消息传递,根据请求在完成周期通信后的富余时间内进行性。

3. WorldFIP 的协议构架

WorldFIP 的通信协议采用三层结构的构架,即应用层、数据链路层和物理层,WorldFIP 通信协议层次如图 6-38 所示。每个层次的协议均采用标准的协议模块,图中分别注明了采用的标准名称和标准号。这种方法使 WorldFIP 总线具有很强的通用性和开放性。

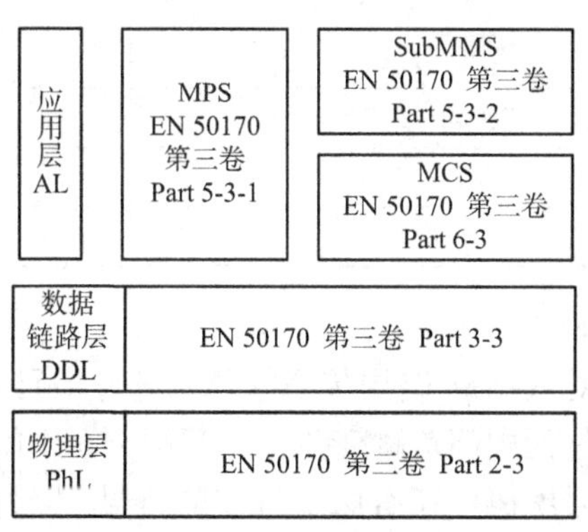

图 6-38　通信协议层次

4. WorldFIP 网络的拓扑结构

WorldFIP 网络可以采用总线、星形和自由拓扑结构，若传输介质为光纤电缆时，只能采用星形拓扑结构。在总线拓扑结构中，双绞线电缆采用菊花链方式连接各个站点。在自由拓扑结构中，主干电缆为单线对双绞线，各个站点使用单线对电缆通过接线盒连接到主干电缆。自由拓扑大大简化了网络接线，但这种拓扑结构的通信速率受到限制，仅可应用于31.25 kbit/s。

WorldFIP 网络可由一个网段或多个网段构成，在双绞线连接下的多网段结构需要采用重复器 Repeater 连接各个网段。一个多网段结构的拓扑结构如图 6-39 所示。

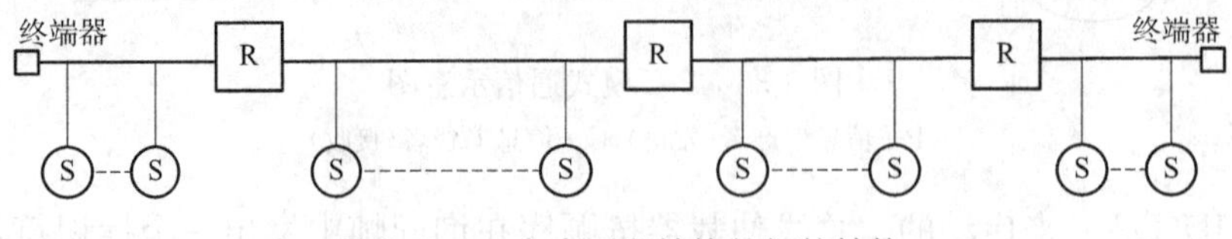

图 6-39　一个多网段结构的拓扑结构

整个 WorldFIP 网络允许最多使用 3 个中继器连接 4 个子段，每个子段最多可有 32 个物理连接点，通过使用分线盒可以连接 256 个站点，典型速率为 1 Mbit/s。典型的传输介质是工业级屏蔽双绞线，并具有专用线路驱动芯片管理介质冗余。在一条通道出现故障的情况下，另一条能自动切入。物理层具有信号检错和杂音侦听的机制，并能将出现的状态通知网络管理或中断链路层服务。

二、WorldFIP 总线的协议

WorldFIP 总线模型符合 ISO/OSI 模型，但只有应用层、数据链路层和物理层三个层次的模型，每层的协议均采用 EN 50170 标准中第三卷定义的内容构成。

1. WorldFIP 物理层

WorldFIP 的物理层与 IEC 1158-2 中物理层的标准基本一致。

物理层为数据链路上的两端实体间提供建立、维护和拆除物理连接信道所必须的功能，目的在于保证可靠的电信号的传输，即按 bit 为单位的同步与传输。WorldFIP 支持的物理传输介质为屏蔽双绞线或光纤，WorldFIP 总线的传输速率与最大距离见表 6-4。

表 6-4　WorldFIP 总线的传输速率与最大距离

传输速率	双绞线介质传输最大距离	光纤介质传输最大距离
31.25 kbit/s	5～20 km	40 km
1 Mbit/s	1～4 km	40 km
2.5 Mbit/s	500 m～1.5 km	40 km
5 Mbit/s	300～700 m	40 km
25 Mbit/s	80～200 m	40 km

(1)WorldFIP 的信号编码

物理层使用曼彻斯特码对数据链 路层传来的位流进行编码，编码用的每一位时间长度被分成等时长的两部分，“1”用位元中间负跳变传送，“0”用位元中间正跳变传送。除了“1”和“0”的编码之外，WorldFIP 的信号编码中还有两个特殊的符号 V＋和 V－。WorldFIP 的信号编码如图 6-40 所示。

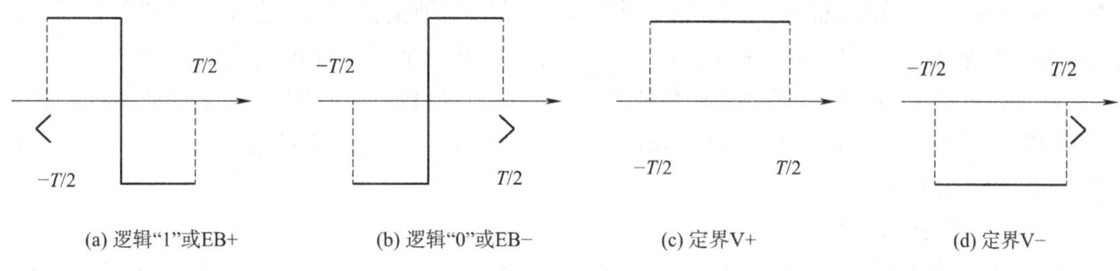

图 6-40　WorldFIP 的信号编码

(2)WorldFIP 总线传输的信号序列

所有 WorldFIP 传送的信号序列都由 3 部分组成：帧起始序列 FSS（Field Start Sequence）、数据与控制段 CAD（ Control And Data）及帧结束序列 FES（Field End Sequence），帧结构如图 6-41 所示。

帧起始序列 FSS 包含前导和帧起始定界符。前导 PRE（Preamble）是一个 8 位的“10101010 序列”，用于接收方同步发送方的时钟；帧起始定界符 FSD(Field Start Delimiter)也是一个 8 位的字符串序列，用以向数据链路层指示有用信息 CAD 的开始。

控制和数据段 CAD 仅包含来自数据链路层的逻辑信息(“0"和“1”)。

帧结束序列 FES 仅包含一个帧结束定界符 FED(Field End Delimiter)，也是一个 8 位的字符串序列“1V＋V—V＋V—101”，由数据链路层来标识有效信息 CAD 段的结束。

物理层为每个传输数据增加了 3 个字节的符号。

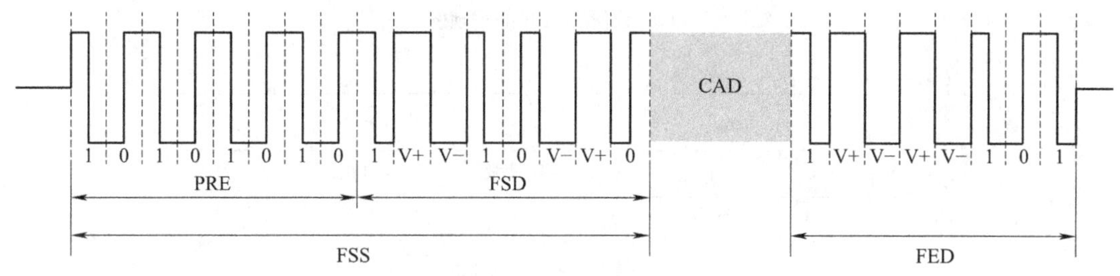

图 6-41　帧结构示意

2．数据链路层

WorldFIP 数据链路层的介质访问控制采用总线仲裁方式，而在通信方式上则采用生产者/消费者模式。这种总线仲裁的设计思路是按照一定的时序，为每个信息产生者分配一定的时段，在总线仲裁器 BA 里存放着调度顺序表；总线仲裁器 BA 按照这个调度顺序表发出询问请求，逐个呼叫每个生产者，如果这个生产者在总线上状态正常，应在规定时间内对总线仲裁者的呼叫做出反应。

总线仲裁器 BA 使用询问帧 ID_DAT 在总线上广播一个标识名，连接到总线上所有站的链路层同时记录 ID_DAT 帧，仅有一个站被识别为标识的生产者，其他站作为使用者。信息的生产者以响应帧 RP_DAT 广播被标识的变量值，这个变量值将同时被所有用户接收。然后，总线仲裁者按顺序表继续下一个识别过程，如此周而复始的按照调度顺序表的顺序进行下去。

如果响应帧类型错误或控制字段(FCS)有误，总线仲裁器 BA 会检测到一个传输错误；如果响应帧超时，总线仲裁器 BA 会检测到帧丢失。无论哪种错误发生，总线仲裁器 BA 都可以记录，但不影响通信过程，总线仲裁器将按调度表进行下一个变量标识的询问过程。

WorldFIP 总线上的一切通信活动都是由总线仲裁器 BA 管理的。总线仲裁器 BA 在协议中又被称为链路活动调节器 LAS(Link Active Scheduler)，具有链路活动的调节能力，并能形成链路活动调度表。

(1)WorldFIP 的帧结构和报文

WorldFIP 的传输机制使用两种类型的帧：询问帧(ID_DAT)和响应帧(RP_DAT)。每一个 WorldFIP 帧的数据段均以一个控制字节开始，网络站点以此字节识别接收到的帧类型。这个控制段用来表示变量传输请求或确认帧等；以 2 个字节的帧校验序列(FCS)结束，用于验证接收到的帧的完整性。WorldFIP 的帧结构可以用图 6-42 来说明。

一个变量(产生者或使用者)的数据可以是 8 字节，也可以是 16、32、48 甚至 128 字节。一则报文(消息)，则可以长至 256 字节。应用层在用户层信息的前面加上两个字节的识别码(ID)。这两个字节第一个是变量类型即 PDU 类型，第二个字节是数据长度。数据链路层则在应用层基础上加上一头一尾。头上是一个字节的状态字，表示该信息是最近刷新的，还是重复以前的数据；尾上加两个字节，用于 CRC 校验。

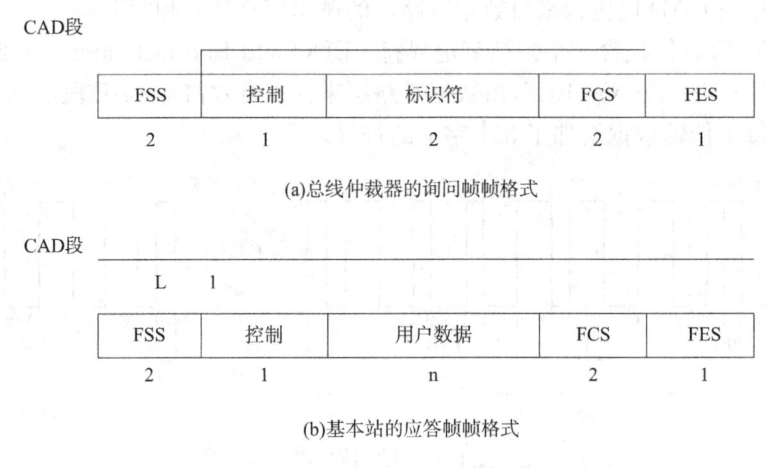

图 6-42　WorldFIP 的帧结构

(2)WorldFIP 总线的介质访问控制

WorldFIP 总线的介质访问由总线仲裁器 BA 控制。总线仲裁器 BA 将总线的访问时间划分为周期性传输段、非周期性传输段和消息传输段，周期变量循环传输，非周期变量和消息报文则根据需求利用周期内的富余时间进行传输，总线的访问控制如图 6-43 所示，图中以 20 ms 为一个周期 V1、V2、V3 为周期性变量；E1、E2 为非周期变量；M1、M2、M3 为消息报文。

3. WorldFIP 介质访问方式的特点

WorldFIP 介质访问的特点在于它将总线上的时间片划分为不同的基本周期，而每个基本周期又分为周期变量传输和非周期变量传输，允许两类信息互不干扰地在一条总线上同时传递，用户可以自己选择两类信息在“管道”中的比例，以满足实际需求。为加强安全性，还可构造防火墙，保证在从控制部分提取有用信息的同时，不会影响到严格的时间控制，做到了信息技术和控制技术的结合，既能保证控制的安全，又能很容易地组成系统，“向上”“向下”均有很大的发展余地。

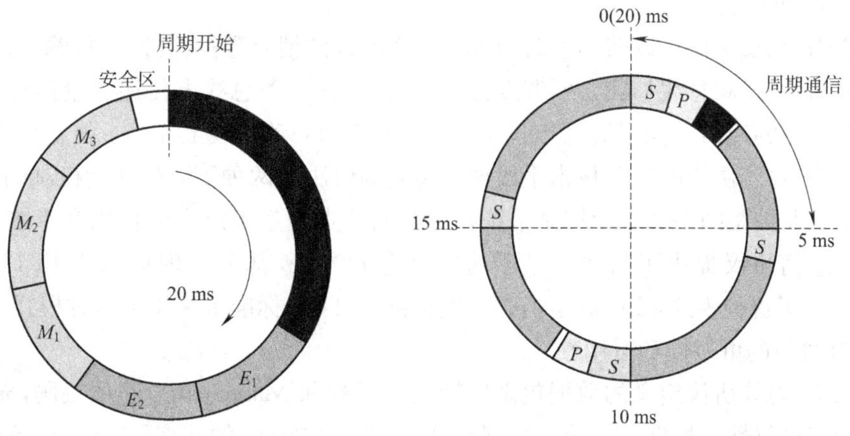

图 6-43　总线的访问控制

在比较典型的现场总线中，数据管道几乎全部用来传递报文，因此很难保证“有严格时间要求”的数据不受干扰，如 CAN 和 LonWorks 的介质访问属于改进了的 CSMA/CD 方式，虽然也解决了总线的争用问题，但数据的发送时间不具有确定的时间上限，不具有本质实时性。而在典型的底层控制总线中，由于只能严格地传递“有严格时间要求"的变量，报文传输的效用难以很好发挥。WorldFIP 则可以很好地弥补这个缺陷，数据请求可以在确定的时间中得到响应，满足列车控制系统对实时性的要求，这点和 MVB 有异曲同工之处。

WorldFIP 创立并成功地使用了生产者/消费者通信模式。生产者/消费者通信模式在每个智能装置的通信栈中建立了一个缓冲区，多个装置的通信缓冲区实际上形成了一个分布式数据库。连接到总线并具有通信能力的设备既可以是由总线仲裁器中的调度表来约定成为数据生产者，也可以是由用户要求确定的数据使用者。这是一种采用固定周期刷新的多副本分布式数据库，其运作模式有以下三个步骤：

(1)数据产生——某一设备成为生产者时，将数据写入缓冲区。

(2)数据刷新——网络将数据复制进多个使用者的缓冲区中。

(3)数据使用——需要此数据的使用者再从其缓冲区中读取。

所以，生产者/消息者通信模式是一对多的、基于表格的模式。这种一对多的通信方式，采用缓冲区构成分布式数据库。它以复制方式通信，实现异步并发传输信息，通信效率非常高，可以实现任何装置间通信，网络结构灵活。

三、WorldFIP 总线的特点

WorldFIP 总线是面向工业控制的，在技术上有很多特点与优势，其主要特点可归纳为协议的同步性、高可靠性、可用性及应用的成熟性。

WorldFIP 总线协议首先满足各种环境下对生产控制的要求和工业用户的实际需要，并考虑了相关技术(尤其是信息技术)发展所带来的影响，融合了控制技术和信息技术。WorldFIP 在一条总线上，在单一协议的框架内及有调度的访问控制下，既传输实时数据，又传输随机信息，两者之间互不影响；既是实时的，可预测性的，又是面向未来可与 Internet 连接的现场总线。

1. 协议的同步性

WorldFIP 总线协议可以兼容实时数据和非实时性的消息数据，并同步传输。协议采用的生产者/使用者模式和总线仲裁器的调度方式，保证了在一条总线上传递大量信息的同时，不会干扰实时变量的通信。控制信息和非控制信息能在同一条总线上互不干扰地传递。

WorldFIP 总线协议的这种技术手段比较稳妥地解决了两种不同的调度机制的兼容问题，非常适用于工业控制网络和工业控制系统。协议的特点产生了巨大的作用和影响力，为后续产生的一些通信协议提供了借鉴。基于这一概念和方法，基金会现场总线 FF(Foundation Fieldbus)采用了这种模式，IEC 制定的列车通信网络 TCN 标准也采用了这种模式。

2. 具有很高的可靠性和可用性

WorldFIP 总线协议定义的数据包采用帧校验序列和 Manchester Ⅱ型编码，充分保证了数据传输的高可靠性。根据一些统计数据和推算，在 1 Mbit/s 的速率下 24 h 内不停地工作，其产生的误码帧在 20 年内不会超过一帧，这是其他现场总线难以相比拟的。WorldFIP 采用固化的协议处理器芯片、软硬件结合的措施，在充分保证系统稳定性、可靠性的基础上，同时提高了系统的灵活性和可移植性。

WorldFIP 采用 IEC 物理层标准，支持电缆冗余，大部分协议固化在硬件上，稳定性强且支持双介质冗余。在网络安全性方面的考虑有其独到之处。在一个网络中有多个网络仲裁器，在任一给定时刻只有一个起作用，其他处于热备份状态，监听网络状态。每一个用户站的网络冗余则是通过一个控制器驱动两路驱动器，接入两根独立的网线实现的。当一根网线被破坏，自动切换到另一根网线。物理层带有冗余机制，软硬件处理冗余，硬件采用专用芯片，安全可靠，可用性强。

WorldFIP 的高可靠性还表现为具有很强的抗干扰能力。通信系统能适应恶劣环境；能完全满足 IEC 关于电磁兼容性的 EMC 标准。它的通信模式支持后台传输报文、周期和事件变量，保证报文和事件的传输不影响实时控制。

3. 通信协议的一致性

WorldFIP 现场总线不论低速还是高速，只有一套协议，能适应各种结构和规模的控制系统，不需要任何网桥或网关，低速与高速网络的衔接只用软件完成。基于上述性能，WorldFIP 总线可以布置在系统的不同层次网络中，能够支持控制功能下放和设备识别，从而实现了控制网络系统体系的简化和统一性。

在列车控制系统中，WorldFIP 总线可以采用统一的通信协议，通过采用不同的通信速率来解决列车级(低速)和车厢内部(高速)的控制问题。WorldFIP 总线的网络拓扑主要是总线拓扑，也可以采用自由拓扑。WorldFIP 总线原协议并不支持自组态，为满足英国铁路客户的需求，ALSTOM 公司对该总线进行了扩展，在不改变主要软硬件的基础上，实现了自组态，使其能够自适应编组变化。WorldFIP 采用广播方式通信，可在线增加或删除站点，而不影响当时的网络通信。当增加一个站点后，它会自动产生一个存在变量，并对 BA 的扫描做出响应，从而更新 BA 所管理的变量调度表。BA 的变量调度表能自动产生一个网络管理变量，以反映网络上站点的存在情况，该网络管理变量在每个扫描循环之后被更新。

4. 应用上的成熟性

WorldFIP 总线是一个成熟的工业控制网络，它在应用上的成熟性，主要表现在应用范围广、应用时间长以及具有充分的技术支持。

WorldFIP 总线的应用范围广泛，网络上可以连接不同类型的站点，这些站点可以是控制器、输入/输出单元、传感器或人机接口等。根据不同类型的站点，用户可以选择适当的数据传输速率，以适应不同的系统运用和不同的应用目标。因此，WorldFIP 总线在很多领域中得到运用。

WorldFIP 总线已经运用了多年，长期的运用积累了大量、丰富的经验，这些经验为 WorldFIP 总线的改进、完善和优化提供了资源，也是 WorldFIP 总线成熟性的一种表现。

WorldFIP 总线成熟性表现的第三个方面是 WorldFIP 组织所提供的技术支持。用户只需支付一定的成本费用即可从 WorldFIP 组织获得包括技术培训、技术支持和技术测试在内的技术服务。WorldFIP 组织可以根据不同性质的用户提供不同层次的技术培训、技术指导；帮助用户在产品开发、系统安装等使用中正确地运用总线协议及各种器件；可以为用户提供产品规划、硬件设计和测试支持；还可以为用户的产品提供互操作能力的测试。除了技术支持外，WorldFIP 组织还开发并提供 WorldFIP 的开发工具，推出了互操作性规范，以帮助用户能够更好、更方便地运用 WorldFIP 总线。

任务六　工业以太网

学习目标

1. 知识目标

(1)了解工业以太网的基础知识。

(2)了解工业以太网优缺点。

(3)了解工业以太网的发展。

2. 能力目标

(1)能够叙述工业以太网有哪些优点。

(2)能够叙述工业以太网有哪些缺点。

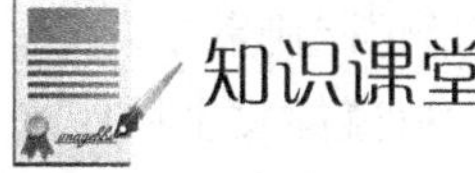

知识课堂

一、以太网的优点

以太网作为一种局域网接入技术具有以下优点：

1. 数据传输速率很高

以太网支持的数据传输速率包括 10 Mbit/s、100 Mbit/s、1 Gbit/s 和 10 Gbit/s，比目前任何一种现场总线都快。以太网从扁平的总线共享模式发展到结构化的交换模式后，任意终端之间的通信通过交换机实现透明的转发，由于每个端口都是独立的冲突域，不存在信道共享引起的竞争问题，系统的通信容量成倍增加。在相同通信量的条件下，通信速率的提高意味着网络负荷的减轻，而网络负荷的减轻则意味着实时性的提高。

2. 支持多种物理介质和拓扑结构

以太网支持多种传输介质，包括同轴电缆、双绞线、光缆、无线等，使用户可根据带宽、距离、价格等因素做出相应选择。以太网支持总线形、星形、令牌环形等多种拓扑结构，可扩展性强，同时可采用多种冗余连接方式，提高网络的性能。

3. 易与信息网络集成且利于资源共享

由于具有相同的通信协议，以太网能实现办公自动化网络和工业控制网络的无缝连接。随着实时嵌入式操作系统和嵌入式平台的发展，嵌入式控制器、智能现场测控仪表将方便地接入以太控制网络，组建统一的企业网络。网络上的用户无论处于什么地方，也无论资源的物理位置在哪里，都能使用网络中的共享数据、设备及其他服务，极大地解除了地理位置上的束缚。这种强大的资源共享能力得益于以太网巨大的用户群，是目前其他任何一种现场总线都无法比拟的。

4. 开放性好

基于 TCP /IP 协议的以太网是一种标准的开放式网络，不同厂商的设备很容易互联。这种特性非常适合于解决控制系统中不同厂商设备的兼容和互操作的问题。以太网是目前应用最广泛的局域网技术，遵循国际标准规范 IEC/IS 0802. 3，受到广泛的技术支持。几乎所有的编程语言都支持以太网的应用开发，如 Java、VC＋＋、VB 等。采用以太网作为现场的控制总线，可以保证有多种开发工具供选择。

5. 成本和费用低廉

由于以太网的应用最为广泛，受到了硬件开发商和生产厂商的高度重视与广泛的支持，因此可以有多种硬件产品供用户选择。与目前众多的现场总线相比，价格也低廉得多。在工程和应用方面，由于以太网已沿用多年，已为众多的技术人员所熟悉，并对以太网的设计、开发和应用等方面有很多的经验。现有的大量资源可以极大地降低以太网系统的开发、培训和维护费用，从而可有效降低系统的整体成本，加快系统的开发和推广速度。

二、以太网的缺点

以太网作为工业控制系统的通信网络，存在着通信不确定性和本质非实时性的缺点。通信不确定性和本质非实时性对于以太网来说，其实都产生自同样的根源，这主要是因为以太网的介质接入方法 CSMA/CD 有无法预见的延迟特性，网络上的每个节点要通过竞争来取得数据包的发送权。节点监听信道，当发现信道空闲时，才能发送数据，如果信道忙碌则需要等待，而数据开始发送后，还需要检查是否发生碰撞，数据若发生碰撞，需退出重发；碰撞发生后所采用的 BEB 补偿算法又是以太网数据通信时响应时间不可预见的另一个重要因素。当实时数据与非实时数据在传统以太网上同时传输时，由于实时数据与非实时数据在源节点的竞争及与来自其他节点的实时与非实时数据的碰撞，实时数据将有可能经历不可预见的大延时，甚至长时间发不出去。

对于 10 Mbit/s 网络，一个时隙时间为 51. 2 μs。因此，冲突所导致的等待时间最长可以达到 1 023 个时隙，即 51 ms。由于网络节点采用 BEB 算法，帧重传时延是不确定的。与此同时，CSMA/CD 协议中没有整个网段的集中调度策略，每个节点按照本地的调度策略发送信息。因此，会造成不同节点同时发送信息，而产生通信冲突，降低网络性能，不能满足工业控制系统的实时性要求。以太网的整个传输体系并没有有效的措施及时发现某一节点的故障而加以隔离，从而有可能使故障节点独占总线而导致其他节点传输失效，控制响应的实时性问题就不能得到解决。

对于工业现场控制网络，以太网的这种不确定性和本质非实时性会导致系统控制性能的下降。更有甚者，这种不确定性还会使现场报警等紧急信息不能及时发送出去，导致灾难事件的发生。以太网的通信延迟不确定性已经成为它在工业实时控制应用中的主要障碍。因此，普通的以太网要应用于工业控制系统时，通信的实时性和确定性问题成为亟待解决的重点。

三、以太网的解决方案

人们习惯将用于工业控制系统的以太网统称为工业以太网，但按照国际电工委员会(IEC)标准委员会SC65C的定义，工业以太网是用于工业自动化环境，符合IEEE 802.3标准，按照IEEE 802.1D“介质访问控制(MAC)网桥”规范和IEEE802.1Q“局域网虚拟网桥”规范，对其没有进行任何实时扩展而实现的以太网。因此，按照这一理解，事实上的工业以太网主要是通过采用减轻以太网负荷、提高网络速度、交换式以太网和全双工通信、流量控制及虚拟局域网等技术来提高网络的实时响应速度，而在技术的本质上是与商用以太网兼容的控制网络。

事实上，对于响应时间小于5 ms的应用，通用意义上的工业以太网已不能胜任，为了满足高实时性能应用的需要，各大公司和标准化组织纷纷提出各种提升工业以太网实时性的技术解决方案。这些方案建立在IEEE 802.3标准的基础上，通过对其和相关标准的实时扩展提高实时性，并且做到与标准以太网的无缝连接，这就是实时以太网。

近年来，以太网技术应用到工业自动化领域的研究再次兴起，主要是以太网技术的发展使得以太网在工业环境中应用的难题逐步得到解决。以太网的通信速率从10 Mbit/s提高到1 Gbit/s，甚至到目前的10 Gbit/s，以及交换技术、全双工通信、信息优先级、流量控制、虚拟局域网(VLAN)、自动负载平衡、自动协商、服务质量(QoS)等一些新技术，也为提高以太网的实时性提供了新的途径。同时，结合工业控制的实时性要求和通信特点，可以提出以下关于以太网实时性与确定性的工业解决方法。

1. 降低以太网的通信负荷

通过降低以太网通信负荷，可以使共享式以太网上的冲突大大降低，有效地改善以太网的通信实时性。实际应用经验表明，对于共享式以太网来说，当通信负荷在25%以下时，可保证通信畅通；当通信负荷在5%左右时，网络上碰撞的概率几乎为零。通信负荷主要由节点数目、数据长度和发送频率决定。在过程控制中，数据的发送频率一般是固定的，为0.5～2 s。每个节点发送的数据长度也很小，一般仅为几位或几个、十几个、几十个字节，而且突发性的大量数据传输也很少发生。因此，通信负载的大小主要取决于节点数目。完全可以通过限制每个网段的节点数目，降低网络信息流量。同时，使用UDP通信协议，可以充分保证报文传输的有效负荷，避免不必要的填充域数据在网络上传输所占用的带宽，使网络保持在轻负载工作条件下，从而减少和避免碰撞的发生。

2. 通信速率的提高

近年来，以太网的通信速率不断提高，目前10 Gbit/s以太网的标准也已经推出。高速率意味着对于相同大小的数据，其传输时间大大缩短。同时，以太网通信延迟时间的长度和冲突发生的次数密切相关，并且与时隙的长度有关。而通信速率的提高，可以在一定程度上减少碰撞发生的可能，并且减小了时隙的长度。这使得以太网的通信延迟大大缩短，提高了网络的实时性和确定性。

3. 采用交换式以太网和全双工通信

在交换式以太网中，交换机将以太网划分为若干个微网段，网段的微化增加了每个网段的吞吐量和带宽。每个微网段即为一个子冲突域，各个子冲突域通过交换机进行隔离。同时，交换机各端口之间可以同时形成多个数据通道，使每个节点都有一个私有的单独信道连接到另一个节点，因此端口之间数据的输入和输出不需要竞争底层传输信道，不再受到 CSMA/CD 介质接入控制协议的约束。

全双工通信可以同时发送和接收数据，不仅增加了可利用的带宽（相对半双工，带宽增加了一倍），而且使数据可以及时传送，减小甚至消除冲突区域，使以太网具有有限的通信延迟，增强了其时态行为可预测能力。

采用交换式以太网和全双工通信克服了传统以太网的缺点，使原来的“共享式”带宽变成了“独占式”带宽，大大提高了实时性能，极大地减少了冲突的发生，在一定程度上克服了以太网的延迟时间不确定性。

4. 采用信息优先级和流量控制

在工业控制中，将测量和控制信号等实时数据与其他数据进行优先级的划分，首先保证现场实时数据的传送，然后再考虑其他相对次要数据的传送。对于交换式以太网，可以根据 IEEE 802.1p 标准，给不同的信息分配不同的优先权，紧急事件信息可以分配最高的优先权，使其不必在交换机缓冲器中进行排队，优先完成传输。同时，IEEE 802.3x 增加的流量控制功能，也可以提高以太网的实时性。各种交换技术应用不同的策略来实现数据的优先级划分：

（1）第 2 层交换，通过硬件地址、以太网端口和优先级标签来划分数据的优先级。其中，优先级标签是指 IEEE 802. ip/Q 协议在以太网数据帧头中使用特定的 3 个数据位来划分数据的优先级。

（2）第 3 层交换，通过位于 IP 版本 4 中数据包服务类型（TOS）字段中 3 个数据位的优先权子字段进行数据的优先级划分。在 IP 版本 6 中数据包头中，第 4～7 位是优先级位，由发送者设定。

（3）第 4 层交换，UDP 包头的目的端口字段可以被交换机用来作为优先级判据，由用户进行设置。

5. 采用虚拟局域网和服务质量

采用虚拟局域网可以通过广播过滤器而不是物理地址建立通信组，当某个设备在交换机范围内变动时，广播过滤器自动完成物理地址和逻辑地址的映射，保持通信组的持续性，使信息在虚拟局域网所定义的端口中传播时只有极小的时延，同时其他的虚拟局域网收不到广播信息，减少了不必要的广播流量，有效地控制了广播风暴的发生。

QoS 是指 IP 的服务质量，也是指 IP 数据流通过网络时的性能。它的目的就是向用户提供端到端的服务质量保证。它有一套度量指标，包括业务可用性、延迟、可变延迟、吞吐量和丢包率等，主要用来反映工业控制中的实时性能。不同的应用有不同的实时性要求。在实时性应用中，单个的数据必须不超过某个延迟时间，如果某个数据来得太迟，就失去应用价值，这种类型的典型应用是工业现场摄像头影碟数据或者时间关键（对时间响应的要求非常严格）的控制信号的传送。这种应用中，迟到的数据和丢失的数据一样都会引起麻烦，而在非实时应用中能够利用延迟到达的数据。

对于传统的现场总线，信息层和控制层、设备层充分隔离，底层网络承载的数据不会与信息层数据竞争带宽，同时，底层网络的数据量小，故无须使用 QoS。工业以太网的出现，很重要的一点就是要实现从信息层到设备层的“无缝”集成，满足 ERP（企业资源规划）、SCM（供应链管理）等应用对管理信息层直接访问现场设备能力的需求。此时，控制域数据必须比其他数据类型得到优先服务，才能保证工业控制的实时性。

服务质量保证了工业现场相对较少的对实时性要求比较高的数据（例如控制信号）的实时性。同时，在减小实时信息通信时延的同时，实现非实时信息传输更大的吞吐量。

拥有 QoS 的网络是一种智能网络，它可以区分实时和非实时数据。在工业以太网中，可以使用 QoS 识别来自控制层的拥有较高优先级的采样数据和控制数据，使其优先得到处理并转发，而其他拥有较低优先级的数据，如管理层的应用类通信数据，则相对被延后。为了实现这种智能，具有 QoS 的网络应包含三个过程：

（1）分类。具有 QoS 的网络能够识别哪种应用产生哪种分组。没有分类，网络就不能确定对特殊分组进行的处理。

（2）标注化。在识别分组之后，要对它进行标注，这样其他网络设备才可以方便地识别这种数据。

（3）优先级。一旦网络可以区分控制域的数据，优先级处理就可以确保工业过程控制的采集数据和控制数据在网络发生突发高负载时，仍能优先得到转发，而不至于产生延迟。

6. IPv6 技术

当前世界上广泛使用的网络 IP 协议版本是 IPv4，IPv4 为 TCP/IP 和 Internet 提供了基本的通信机制。IPv4 是针对 20 世纪 70 年代网络应用的实际情况指定的，随着网络规模的进一步扩张及新应用、新业务的不断涌现，IPv4 已经不能满足网络发展的要求，其主要表现在以下两个方面：

（1）迫在眉睫的地址空间耗尽。在 IP 协议设计之初，由于只有很少的组织应用局域网，设计者决定使用全球范围地址。然而用户主机数据的急剧增加，使得现在全球入网主机数急剧上升，并且以每年翻一番的速度增长。由于 IPv4 地址结构的制约，地址空间不能被有效利用，这使得地址分配十分紧张，并导致主干路由器的寻径表急剧扩张。因此迫切需要更新 IP 协议。

（2）新的网络应用。由于网络音频和视频、影视点播、电视会议等多媒体应用的兴起，要求网络能保证一定的带宽、一定的优先级和一定的实时机制。

由于因特网的迅速发展，因特网上可分配的 IP 地址空间已越来越有限，IP 地址贫乏的现实促进了 IPv6 的诞生，成为第二代因特网网络上主要的通信协议。从 IPv4 升级到 IPv6 将带来诸多改进，如简化路由、扩大地址空间，以更好地支持商业计算。IPv6 将改进因特网的网络连接和工作方式，用户可以通过它更容易地得到 IP 地址，更便宜、更迅速的路由，以及企业很需要的 QoS 和加密之类的特性。新一代网际互联协议 IPv6 是在 1998 年由 RFC2460 标准化的第六版本。IPv6 在继承 IPv4“端到端”和“尽力而为（Best Effort）”的基础上，针对 IPv4 的不足和 Internet 的未来发展预测，对 IPv4 做了大幅度的根本性变革和功能扩充，因而具有许多新的特性。

IPv6 不是对 IPv4 的简单改进，它一方面改进协议本身执行的性能，以适应低层网络运行速度的提高；另一方面增强协议功能，以支持新的应用需求。

IPv6 报头由 64 位的报头和 2 个 128 位的 IPv6 源地址和目的地址组成，IPv6 报头总长为 40 个字节。IPv6 报头格式如图 6-44 所示。

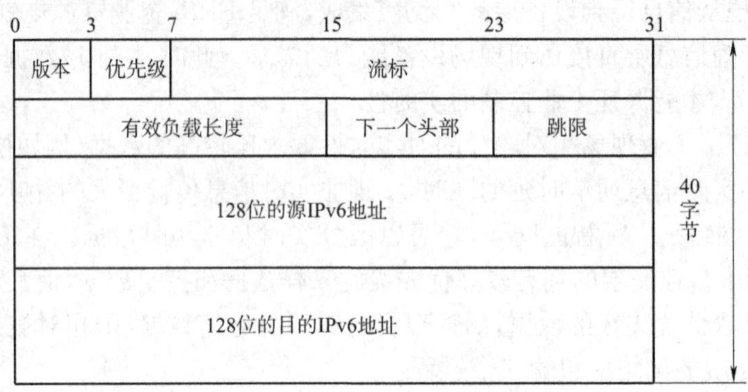

图 6-44　IPv6 报头格式

①版本。长度为 4 bits，值为 6。由于本字段占据头部第一个字节的前 4 位（与 IPv4 类似），因此，允许接收方的 IP 协议栈进行区分。

②优先级。长度为 4 bits，由发送者设置。

③流标。长度为 24 bits，用于标记要求路由器进行特殊处理的数据包，如无错服务或定时服务数据包等。

④负载长度。长度为 16 bits，表示数据的长度，头部长度不包括在内。

⑤下一头部。长度为 8 bits，类似 IPA 的协议字段。TCP ＝ 6，UDP＝17，ICMPv6（Internet Control Message Protocol 第 6 版本）＝58。

⑥跳限。长度为 8 bits，类似 IPv4 的 TTL。每经过一个路由器数据减 1。

128 bits 的目的地址和源地址。

由于 IPv6 协议的上述特点，可以在工业以太网中应用 IPv6 协议，部分实现工业以太网的实时调度。

通过 IPv6 报头中优先级字段的设置，可以设置数据的优先级。在工业以太网中，通过划分数据的优先级，可以使重要的网络数据被优先发送，从而提高网络的确定性，使网络的实时性得到保障。

IPv6 报头中的流标字段可以给某种特殊的网络数据流做标记，该数据需特殊处理。利用这种特性，可以给工业网络中的实时数据加上标记，使第三层交换可以利用这个特性更快地传输实时数据。

由于 IPv6 协议相对简单，路由器处理数据更快，使数据传输时延更小，一定程度上也提高了网络的可靠性能。IPv6 没有广播，数据流量大大减少，节省了带宽，也在一定程度上提高了网络的实时性能。

7. 实时以太网标准解决方案

所谓实时以太网，是指不改变 ISO/IEC 8802-3 CSMA/CD 的通信特征、相关网络组件或 IEC1588 的总体行为，但可以在一定程度上进行修改，满足实时行为，包括确保系统的实时性，即通信确定性、现场设备之间的时间同步行为、频繁的较短长度的数据交换。为此，实时以太网标准首先需要解决实时通信问题。同时，还需要定义应用层的服务与协议规范，以解决开放系统之间的信息互通问题。

实时以太网除了能实现现场设备之间的实时通信，还应该能够支持传统的以太网通信，例如常用的以太网办公自动化网络。这样才能保证将现场网络与办公网络融合为一个整体，在现场设备之间实现实时通信的同时，也能保证现场网络与办公网络之间的以太网通信，从而使管理者能在办公环境下轻易获取现场设备的各种数据，进而对现场设备的运作状态进行监控。

考虑到各种行业及不同控制精度对于控制网络的要求不同，不可能通过一种简单的实时网络方案来解决应用中出现的各种不同问题，因此，IEC 61784-2 吸收了多种不同的实时以太网通信方案作为应用行规。这些新的实时以太网通信方案除了解决以太网的实时通信问题，同时也有效地增加了以太网的传输带宽，扩大了网络的传输范围。IEC 发布的实时以太网系列 PAS 文件见表 6-5。

表 6-5　IEC 发布的实时以太网系列 PAS 文件

协议簇	实时以太网协议	IEC/PAS 标准号
CPF2	Ethernet/IP	IEC/PAS 62413—2005
CPF3	ProfiNet	IEC/PAS 62411—2005
CPF4	P-Net	IEC/PAS 62412—2005
CPF6	Interbus	IEC/PAS 62453-2-2006
CPF10	VNet/IP	IEC/PAS 62405—2005
CPF11	TCNet	IEC/PAS 62406—2005
CPF12	EtherCAT	IEC/PAS 62407—2005
CPF13	Ethernet Power Link	IEC/PAS 62408—2005
CPF14	EPA	IEC/PAS 62409—2005
CPF15	Modbus-RTPS	IEC/PAS 62030—2005
CPF16	Sercos-Ⅲ	IEC/PAS 62410—2005

复习思考题

1. 串行通信接口技术标准是什么？
2. 令牌总线和令牌环网工作原理及区别分别是什么？
3. LonWorks 总线的特点和主要组成是什么？
4. WorldFIP 介质访问方式的特点是什么？
5. 请简明阐述工业以太网在将来车载网络上的应用前景。
6. 请讨论其他列车通信网络标准还有哪些？

项目七　其他列车通信网络的应用

任务一　HXD3 型电力机车网络控制系统

项目描述

列车通信网络是面向控制的一种连接车载设备的计算机局域网络系统，是分布式列车控制、系统的核心组成部分，它以计算机网络为核心，把计算机技术、控制技术、设备故障诊断技术、网络通信技术紧密结合起来。列车通信网络将整个列车计算机控制系统的各层次及各层次的各单元之间连接起来，作为系统信息交换和共享的渠道，实现全列车环境下的信息交换，列车通信网络的应用，使得列车控制系统真正成为一个分布式控制系统，并为列车系统的信息化打下了基础。

每一列车在运行中必须有且只能有一个控制总线上的节点，称为控制节点。正常情况下以启动的司机室的主节点为控制节点，称为主控节点。主控节点管理列车总线的运行，必要的时候主控节点可以切换。车辆总线的运作由各车厢的节点来管理。

基于计算机技术和通信技术，动车组普遍配置了基于网络的分布式计算机控制系统，提供整列车的控制、监测、诊断等功能，即列车控制及管理系统（Train Control and Management System TCMS），又称为列车网络控制系统。

列车通信网络就是应用于列车上的实现不同硬件装置之间通信的计算机通信网络，列车的控制、监测与诊断系统是车载分布式的计算机网络系统。在每节车辆（或车辆组）内通过车辆总线将分布在同一车厢（或车辆组）内的各计算机控制装置联网；通过列车总线把分布在不同车厢中的主控单元（节点）联网，甚至安装在列车前、后端车上的列车控制、诊断中心，再通过司机操作台上的显示屏，可选择显示列车中各受控设备的工作状态，从而实现对列车的控制和对全列车的综合监控作用。

学习目标

1. 知识目标

（1）掌握 HXD3 型电力机车控制监视系统结构。

（2）掌握 HXD3 型电力机车各画面信息。

（3）掌握 HXD3 型电力机车微机控制系统。

2. 能力目标

（1）能够叙述 TCMS 系统结构各部分功能。

（2）能够正确画出 HXD3 型电力机车网络拓扑结构图。

（3）能够正确叙述 TCMS 与 CI、APU 的基本通信协议。

知识课堂

一、概　　述

HXD_3 型电力机车控制监视系统（TCMS），采用标准化、模块化设计原则，其核心任务是：根据司机指令完成对主变流器及异步电动机的实时控制、辅助变流器的实时控制、牵引/制动特性控制、传动系统的时序逻辑控制，显示机车运行状态，具备完整的故障保护、故障记忆及显示功能，并具有一定程度上的故障自排除、自动切换和故障处理指导功能。

HXD_3 型电力机车的控制系统结合目前国内现有的机车行车安全综合信息监控系统和 CCBⅡ型电空制动系统，配以机车外围电路来进行设计。TCMS 包括 1 个主控制装置和 2 个显示单元。其中主控装置采用冗余设计，设有两套控制环节：一套为主控制环节（Master），一套为热备控制环节（Slave）。当主控制环节发生故障时，备用控制环节立即自动投入工作。

机车控制监视系统在硬件上主要由电源模块、逻辑运算控制部分、数字量输入/输出部分、模拟量信号采集部分、通信部分等组成。主控制单元采用 32 位 CPU，并在配置上采取冗余、双机热备措施，以提高系统的可靠性。系统构成如图 7-1 所示，机车控制监视系统机箱外形结构如图 7-2 所示。

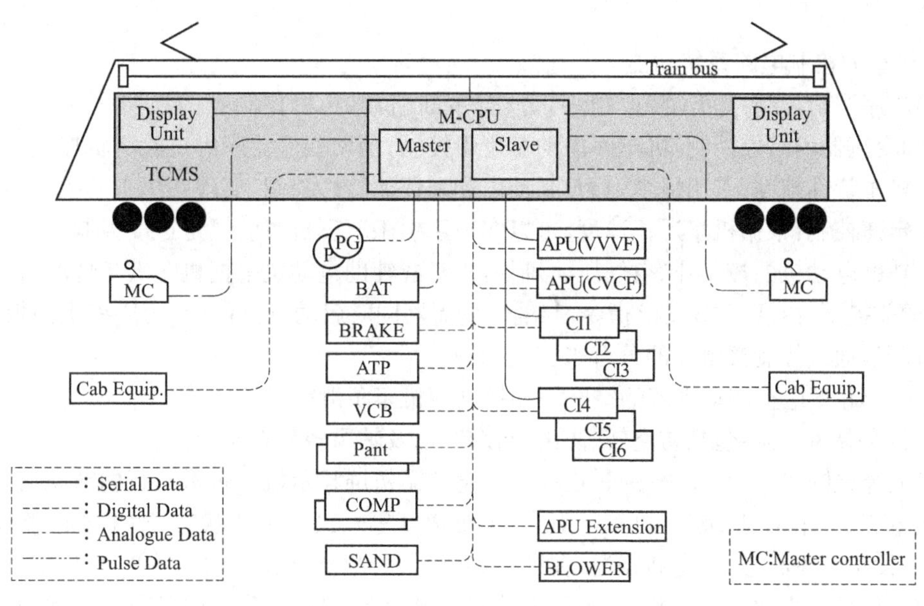

图 7-1　微机系统构成

机箱内包括 AVR 电源模块，为 TCMS 提供工作所需的各种直流电，如 24 V、±15 V、5 V；PUZ 处理器单元，包括 CPU、软件以及与显示屏通信的接口；DET 检测模块，检测主控制系统是否存在故障，以便在主系统发生故障时立即进行主辅系统的切换；SIF 串行通信接口，完成 TCMS 与两个主变流器和辅助变流器之间的通信；DI 数字量输入模块，将接收到的各种开关信号处理后传送给处理器单元；AUX 辅助模块，具有数字量输出、模拟量输入及脉冲量输入的功能，实现对各辅助继电器的控制及特殊信号的输入功能；MDM 重联控制模块，

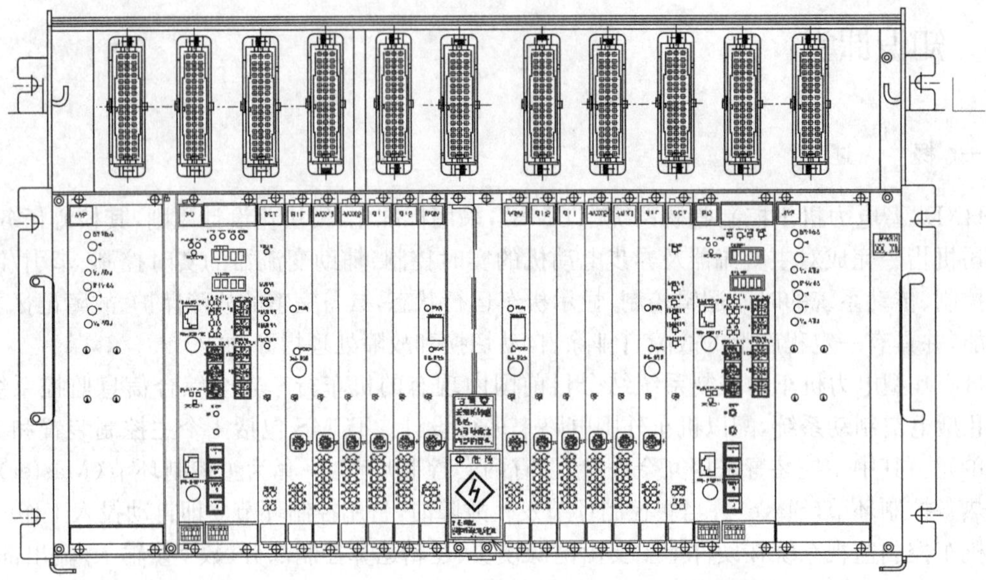

图 7-2　机车控制监视系统机箱外形结构

将本车的信息通过 Ethernet 传往他车，并将收到的他车信息传送给处理器单元，实现机车的重联功能。

1. 机车的控制电路系统功能

(1)顺序逻辑控制：如升、降受电弓，分、合主断路器，司机控制器的换向、牵引、制动的转换，主、辅变流器的启停控制，机车库内动车逻辑控制，辅助变流器库内试验逻辑控制等。

(2)机车特性控制：采用恒牵引力/制动力和准恒速特性控制，实现对机车的控制要求。

(3)定速控制：根据机车运行速度，可以实现牵引工况下机车的恒定速度控制。

(4)辅助电动机的控制：除空气压缩机外，机车各辅助电动机根据机车准备情况，在外部条件具备的前提下，由 TCMS 发出指令，与辅助变流器同时启动、运行。空气压缩机则根据总风缸压力情况，通过控制接触器的分合来实现控制。

(5)CCBⅡ型电空制动系统的空气制动控制和机车防滑行保护。

(6)机车黏着控制：包括防空转、防滑行控制，以及轴重转移补偿控制。

(7)故障诊断、显示与保护：通过设在司机室的微机屏显示机车正常运行的状态信息(如网压、原边电流、机车工况、级位、机车牵引力、机车速度等)、设备工作状态(如主变流器、辅助变流器等)、设备开关状态(如主断路器、辅助接触器、各种故障转换开关)，同时即时显示机车的故障信息，包括发生故障的设备、故障处理的方法等，并记录故障发生时的有关数据。

2. TCMS 柜构成

上层：打开上半部分的平开门后，可以看到 TCMS 装置的控制单元主体和继电器盘。

下层：打开下半部分的平开门后，可以看到 LKJ2000 监控装置、机车安全监控装置 TAX2、主体化机车信号车载系统 JT1-CZ2000，如图 7-3 所示。

TCMS 柜背面是螺钉固定式的罩，打开这个罩后，接口盘在上下两层配置。

TCMS 装置配线用的连接端子在装置背面上部，全部采用 27 芯连接器。

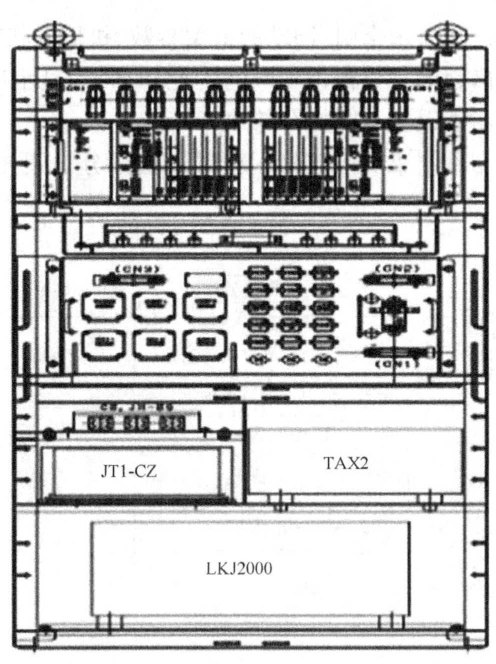

图 7-3　TCMS 柜

二、HXD_3 型电力机车 TCMS 概要

HXD_3 型电力机车共设置 2 套辅助变流器(APU1、APU2)。辅助变流器是辅助电动机供电电路的核心,分别同 2 套主变流器安装在一起。辅助变流器都有 VVVF 和 CVCF 两种工作方式,可以自动依据连接的辅助电动机的情况进行设置。机车正常运行时,APU1 以 VVVF 方式工作,APU2 以 CVCF 方式工作,分别为机车辅助电动机供电。正常情况下,APU1、APU2 以额定 50%的容量工作。当某一套辅助变流器发生故障时,不需要切除任何辅助电动机,另一套辅助变流器由 TCMS 系统自动转换控制,可以承担机车全部的辅助电动机负载。此时 APU 按照 CVCF 方式工作,辅助电动机系统按全功率运行。在两台压缩机中仅可投入操纵端压缩机。APU1 通过工作接触器 KM11 输出的负载有:牵引风机电动机 MA11、MA12、MA13、MA14、MA15、MA16 和冷却塔风机电动机 MA17、MA18。APU2 通过工作接触器 KM12 输出的负载有:空气压缩机电动机 MA19、MA20,主变压器油泵 MA21、MA22,司机室空调 EV11、EV12,水泵 WP1、WP2,辅助变流器风机 APBM1、APBM2,司机室辅助加热设备,卫生间及压缩机加热设备。

1. 控制与保护功能

TCMS 将完成机车下列方面的控制和保护功能:主断路器(VCB)控制、机车控制系统的输入/输出、机车的逻辑控制、机车的牵引特性控制、机车的制动特性控制、定速控制、冗余控制、自动过分相控制、主变流器控制、辅助变流器的控制、自动警惕控制及重联控制、智能故障诊断及显示、机车保护控制。

2. 信息显示

显示部分的设计原则是显示简洁、明了醒目,但又兼顾现有的习惯。

画面的上部为常显的信息,显示时间、速度、工况、重联状态等,中间区域为主信息显示区,根据不同的工况、按键的选择，显示牵引/制动的有关参数、机器的状态、开关信息；底部为功能键区，由于采用触摸显示屏，因此它将根据不同的工况和选择，显示出不同的功能键。通过显示屏亦可显示出机车重联与否以及重联机车的故障信息。

显示模式在开机后根据不同工况来转换。模式转换部分框图如图 7-4 所示，显示画面示例如图 7-5～图 7-9 所示。

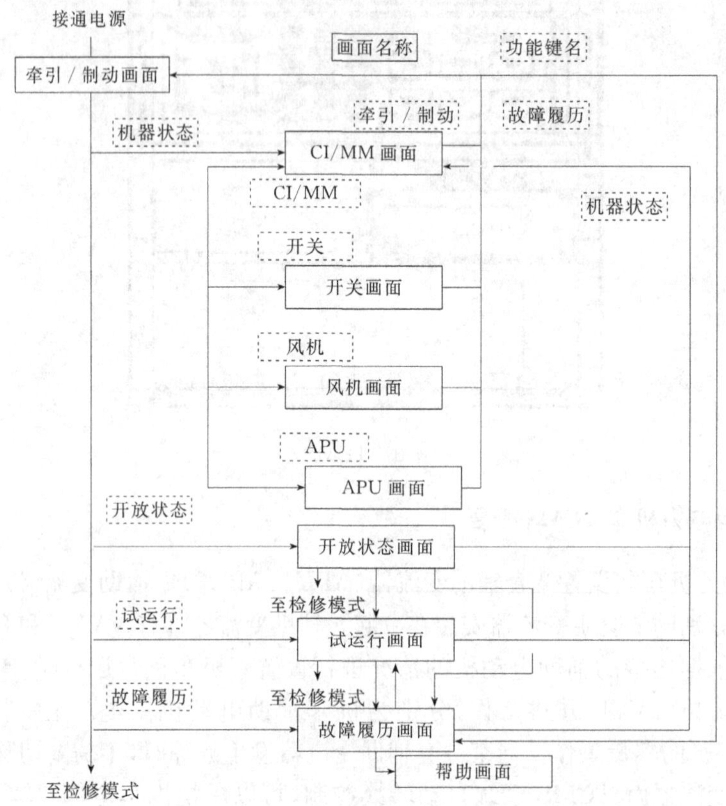

图 7-4　模式转换部分框图

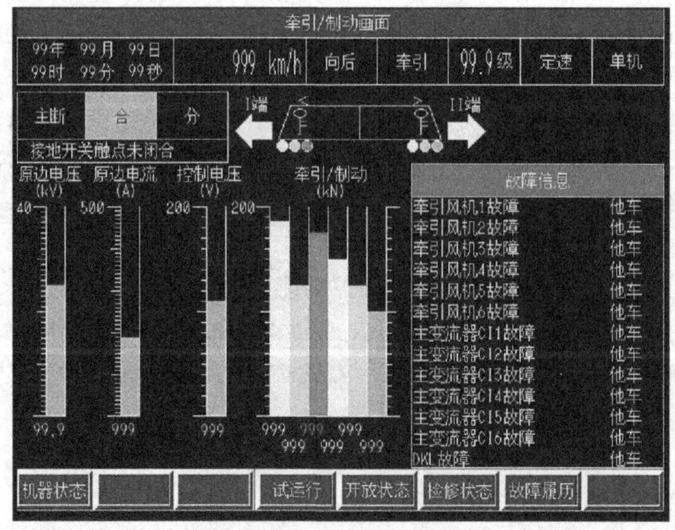

图 7-5　牵引/制动主画面

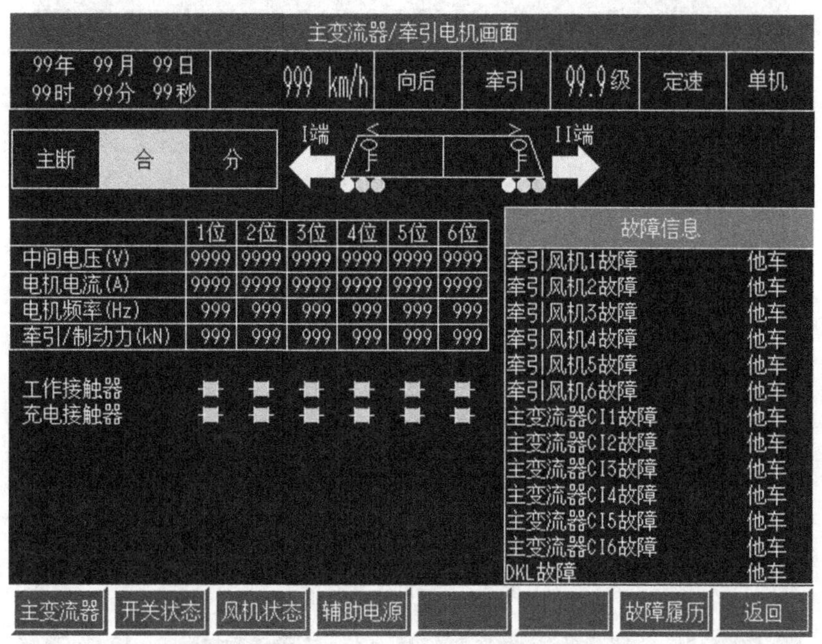

图 7-6　变流器画面

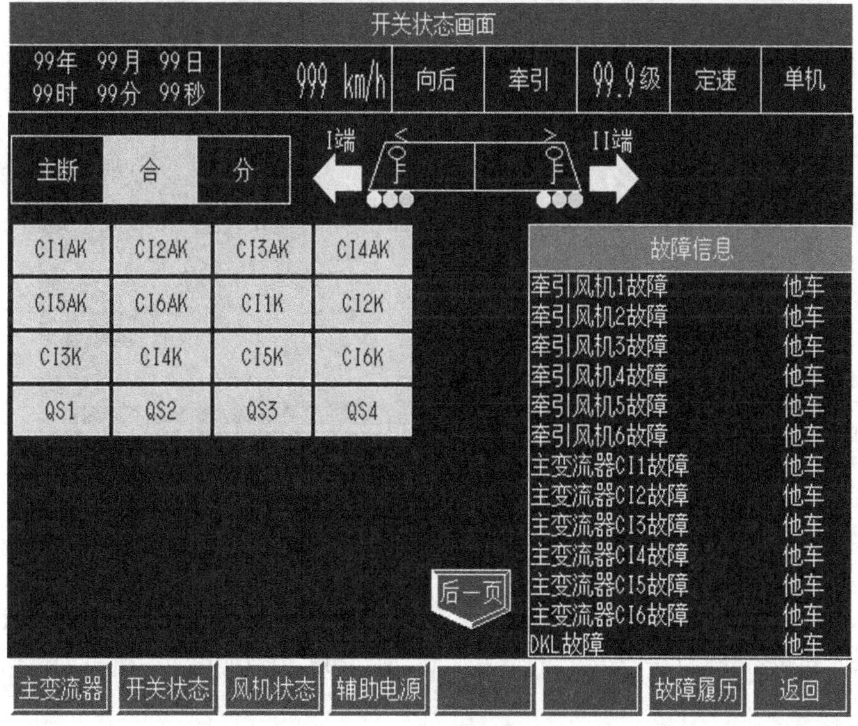

图 7-7　开关状态画面

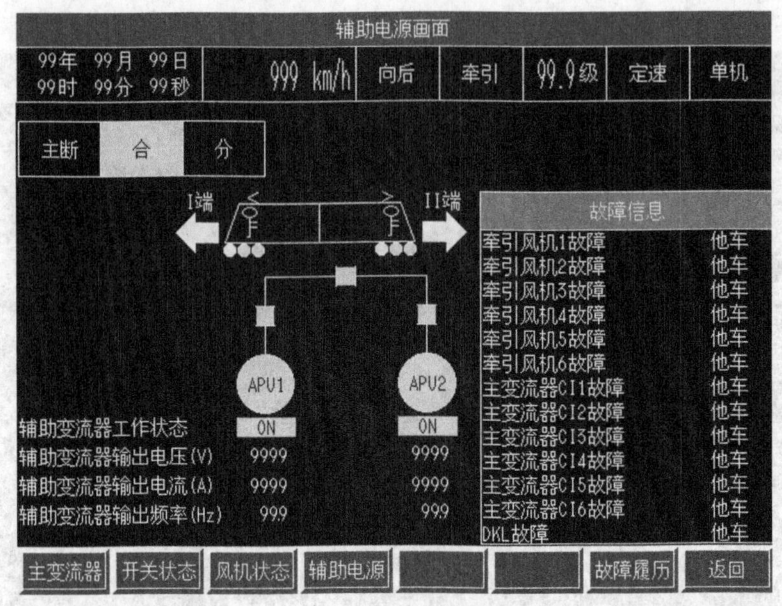

图 7-8　辅助电源画面

故障履历画面

99年 99月 99日 99时 99分 99秒 | 999 km/h | 向后 | 牵引 | 99.9级 | 定速 | 单机

编号	名称/内容	发生时间	恢复时间	故障时机车状态
9999	XXXXXXXXXXXXXX	99/99/99 99:99	99/99/99 99:99	999kV/999A XX 99级999 km/hXXXXXX
9999	XXXXXXXXXXXXXX	99/99/99 99:99	99/99/99 99:99	999kV/999A XX 99级999 km/hXXXXXX
9999	XXXXXXXXXXXXXX	99/99/99 99:99	99/99/99 99:99	999kV/999A XX 99级999 km/hXXXXXX
9999	XXXXXXXXXXXXXX	99/99/99 99:99	99/99/99 99:99	999kV/999A XX 99级999 km/hXXXXXX
9999	XXXXXXXXXXXXXX	99/99/99 99:99	99/99/99 99:99	999kV/999A XX 99级999 km/hXXXXXX
9999	XXXXXXXXXXXXXX	99/99/99 99:99	99/99/99 99:99	999kV/999A XX 99级999 km/hXXXXXX
9999	XXXXXXXXXXXXXX	99/99/99 99:99	99/99/99 99:99	999kV/999A XX 99级999 km/hXXXXXX
9999	XXXXXXXXXXXXXX	99/99/99 99:99	99/99/99 99:99	999kV/999A XX 99级999 km/hXXXXXX
9999	XXXXXXXXXXXXXX	99/99/99 99:99	99/99/99 99:99	999kV/999A XX 99级999 km/hXXXXXX
9999	XXXXXXXXXXXXXX	99/99/99 99:99	99/99/99 99:99	999kV/999A XX 99级999 km/hXXXXXX
9999	XXXXXXXXXXXXXX	99/99/99 99:99	99/99/99 99:99	999kV/999A XX 99级999 km/hXXXXXX
9999	XXXXXXXXXXXXXX	99/99/99 99:99	99/99/99 99:99	999kV/999A XX 99级999 km/hXXXXXX

说明处置　重新整理　上一条　下一条　前一页　后一页

机器状态　试运行　故障履历　返回

图 7-9　故障履历画面

3. 微机显示屏

HXD3 型电力机车采用集中式微机控制系统，微机控制柜将机车主变流器、辅助变流器、控制电器柜、司机室控制开关等电器的信息汇总，通过分设在Ⅰ、Ⅱ端司机室的微机显示屏进行各种信息显示。显示模式主要可以分为运行模式和维护模式两大类。

(1)运行模式(主显示画面)

运行模式主要显示机车的运行工况：电钥匙位置、受电弓状态、主断路器状态、机车运行方向、牵引/制动工况、机车速度、司机控制器级位、是否定速、是否重联、接触网电压、主变压器原边电流、蓄电池电压以及 6 台牵引电机牵引/制动力。

机车故障信息：主变压器 MT，6 组主变流器单元 CI1、CI2、CI3、CI4、CI5、CI6，2 组辅助变流器单元 UA11、UA12，6 台牵引通风机 MA11、MA12、MA13、MA14、MA15、MA16，2 台复合冷却器通风机 MA17、MA18，2 台空气压缩机 MA19、MA20，2 台变压器油泵 MA21、MA22，2 台辅助变流器通风机 MA29、MA30，2 台主变流器水泵 MA27、MA28。机车自身出现故障时，在故障信息区显示相应故障信息，同时蜂鸣器将发出警报。机车自身无故障时，故障信息区无任何显示。

①主变流器、牵引电机状态画面

该画面主要显示 6 组主变流器单元 CI1、CI2、CI3、CI4、CI5、CI6 的充电接触器 AK 和工作接触器 K 的闭合状态，中间电压，对应的牵引电机电流、转子频率，电机牵引/制动力。

②开关状态画面

该画面可以显示的开关有：主变流器各单元的充电接触器 CI1AK、CI2AK、CI3AK、CI4AK、CI5AK、CI6AK，工作接触器 CI1K、CI2K、CI3K、CI4K、CI5K、CI6K，受电弓高压隔离开关 QS1、QS2，主电路入库转换开关 QS3、QS4。

③风机状态画面

该画面可以显示的风机有：牵引电机通风机 MA11、MA12、MA13、MA14、MA15、MA16，油泵 MA21、MA22，水泵 MA27、MA28。

④辅助电源画面

该画面可以显示辅助变流器的工作情况，2 套辅助变流器的输出电压、输出电流、输出频率。同时，以图形显示故障切换接触器 KM11、KM12、KM20 的工作状态和充电单元 PSU1、PSU2 的工作状态。

⑤故障履历画面

进入故障履历画面，可以查看机车近期发生的 300 个故障的情况，包括故障编号、故障名称、故障发生时间、故障恢复时间、发生故障时的机车状态(有接触网电压、主变压器原边电流、机车牵引/制动、级位、机车速度)，以及故障处理说明。

在故障履历画面上有一个“故障处理说明”的触摸键，使用者可以通过触摸进入故障处理画面，机车微机控制系统将会给出针对该故障的几种故障处理建议。

(2)维护模式(辅助显示画面)

进入维护模式(辅助显示画面)必须由专门人员操作，因此设有密码。

①密码输入画面

通过触摸屏，操作人员输入三位数的密码，按确定后可以进入维护模式。

②设定菜单画面

在该画面中，可以进行时钟设定、距离设定、车轮直径设定和动作次数设定。

时钟设定画面：可以设定年、月、日、时、分。

距离设定画面：可以设定累计行走距离。

车轮直径设定画面：可以设定车轮直径。设定值必须在 1 150～1 250 mm，否则，车轮直径默认为 1 250 mm。

动作次数设定画面：可以设定主断路器 QF1，受电弓 PA1、PA2，辅助变流器输出接触器 KM11、KM12、KM20，空气压缩机接触器 KM13、KM14，主变流器各单元的充电接触器

CI1AK、CI2AK、CI3AK、CI4AK、CI5AK、CI6AK，工作接触器 CI1K、CI2K、CI3K、CI4K、CI5K、CI6K 的动作次数。

(3)状态菜单画面

该画面可以用来查看机车的累计行车距离、电器动作次数、传送信息和信号信息。

①累计行车距离画面

该画面可以用来查看机车累计行车距离。

②电器动作次数画面

该画面可以用来查看机车主断路器 QF1，受电弓 PA1、PA2，辅助变流器输出接触器 KM11、KM12、KM20，空气压缩机接触器 KM13、KM14，主变流器各单元的充电接触器 CI1AK、CI2AK、CI3AK、CI4AK、CI5AK、CI6AK，工作接触器 CI1K、CI2K、CI3K、CI4K、CI5K、CI6K 的动作次数。

③传送信息画面

该画面可以用来查看机车主变流器各单元 CI1、CI2、CI3、CI4、CI5、CI6 和辅助变流器 APU1、APU2 与 TCMS 之间通过通信发送和接收的信息。

需要查看信息时可以通过触摸显示屏上的 CI1、C12、CI3、CI4、CI5、CI6、APU1-1、APU1-2、APU2-1、APU2-2 等十个触摸键进行显示切换。

④信号信息画面

该画面可以用来查看机车各主要设备同 TCMS 之间通过硬导线发出和接收的信息。

在显示屏上有 AUX1、AUX2、DI1、DI2 四个触摸键，查看时，可以进行显示切换。

触摸 AUX1，第 1 页中显示的是输出信息：操纵台辅助显示模块信号灯的输出线 472、473、474、475、476、477，478、479、480、481、482、483、484、485、486、487、489、490、494 的信息；撒砂阀控制信号 810、820 的信息；受电弓控制信号 451、452 的信息。第 2 页中显示的是模拟量输入信息：主变压器的原边电流和控制电压。

触摸 AUX2，第 1 页中显示的是输出信息：CCBⅡ型电空制动系统的控制信号 831、832、833、495、496 的信息，行车安全综合信息系统的控制信号 963、964、965、966、967 的信息，辅助接触器控制信号 461、462、463、464、465 的信息。第 2 页中显示的是输入信息：主司机控制器的级位信息和机车速度传感器 BV47、BV48 的信息。

触摸 DI1，第 1 页中显示的是输出信息：主变流器 UM1 的信号线 577、578、579、580、581、582、583、584、585 的信息，主变流器 UM2 的信号线 677、678、679、680、681、682、683、684、685 的信息，辅助变流器 APU1 的信号线 590、591 的信息，辅助变流器 APU2 的信号线 690、691 的信息，机车行车安全综合信息系统的信号线 962 的信息，CCBⅡ型电空制动系统的信号线 821、822、823、824、825、801、802、803、805 的信息，各牵引通风机自动开关的信号线 401、402、403、404、405、406 的信息，受电弓隔离信号线 421、422 的信息。第 2 页中显示的是输入信息：复合冷却器通风机自动开关的信号线 407、408 的信息，空气压缩机 1 的信号线 419 的信息，空气压缩机 2 的信号线 420 的信息，主变压器油泵自动开关的信号线 411、412 的信息，高压隔离开关的信号线 427、428 的信息，空气压缩机自动开关的信号线 409、410 的信息，空调机组自动开关的信号线 413、414 的信息，空气压缩机接触的信号线 429、430 的信息，主断路器的信号线 431 的信息，辅助电路库内试验转换开关的信号线 432 的信息，主变流器试验开关的信号线 434 的信息，原边过流继电器的信号线 435 的信息，压力继电器 440 的信息。

触摸 DI2，第 1 页中显示的是输入信息：Ⅰ端司机室给定 501、502、503、504、506、507、508、514、515、516、517、518、519、520、523、524 的信息，警惕装置开关信号线 521 的信息，主变压器温度继电器信号线 438 的信息。Ⅱ端司机室给定 601、602、603、604、606、607、608 的信息，紧急制动信号 804 的信息，蓄电池充电器的信号线 423、424 的信息，接地开关信号线 425 的信息。第 2 页中显示的是输入信息：Ⅱ端司机室给定 614、615、616、617、618、619、623、624 的信息。

4. 试验状态画面

该画面可以用来进行机车主司机控制器的试验、启动试验、零级位试验、辅助电源试验。首先进行试验选择，然后根据显示屏的提示操作有关开关，进行试验，并通过显示屏的提示，确认机车有关控制、逻辑环节是否工作正常。

该功能主要用于机车出车前或故障修复后的控制、逻辑试验检查。

（1）主司机控制器的试验画面

在该画面可以进行调速手柄零位确认、制动 1 级手柄确认试验。

（2）启动试验画面

在该画面可以进行主变流器各单元 CI1、CI2、CI3、CI4、CI5、CI6 的控制单元试验，检查其输出电流。

（3）零级位试验画面

在该画面可以进行主变流器 CI1、CI2、CI3、CI4、CI5、CI6 的工作情况的试验检查。

（4）辅助电源试验画面

该画面可以进行试验，检查辅助变流器 1、2 的输出电流、输出电压、输出频率。

三、故障现象及判断处理

1. 故障现象

（1）机车在运行中发生主断路器跳闸、受电弓降落，伴随产生列车管减压。

（2）机车状态显示屏、LCDM 制动屏黑屏。

（3）TCMS 屏主界面故障栏提示：受电弓 1、2 故障，空气压缩机 1、2 故障，牵引通风机 1～6 故障，空调机组 1、2 故障等。主断路器状态栏提示：主断气路压力低。

2. 原因分析

辅助变流器 APU 的工作接触器 KM11 或 KM12 的接触器线圈的整流桥短路，在线圈得电瞬间，355 线过流导致 LV 柜的 QA45 自动开关（机车控制）跳开，造成机车 TCMS 系统的信号输入电源失电。

3. 判断处理

（1）检查 LV 柜 QA45（机车控制）自动开关的闭合状态。

（2）如 QA45 自动开关跳开，则闭合 QA45 自动开关。正常升弓，闭合主断路器，在辅助变流器启动过程中，如同样故障现象再次发生，判断为 KM11 或 KM12 故障。

（3）在 TCMS 屏主界面点击下方“开放状态”，分别进行 APU1、APU2 切除操作，并升弓试验。如隔离一组 APU 后机车正常，则使用单台 APU 维持运行。

4. 故障处理与记录

TCMS 在机车出现故障时，以显示屏显示和报警灯指示两种方式通知操作人员，并自动完成相应的保护动作，记录发生故障时的相关信息，为后期诊断提供有用且必要的信息，而且还可以通过便携式计算机将故障履历下载，以便于分析和保存。

四、HXD3 型电力机车微机网络控制系统及信息流向

1. 网络控制系统

(1)网络控制系统结构

HXD3 型电力机车网络控制系统为分布式计算机体系结构，按功能可划分为列车控制级、车辆控制级和传动控制级。网络系统拓扑结构如图 7-10 所示。

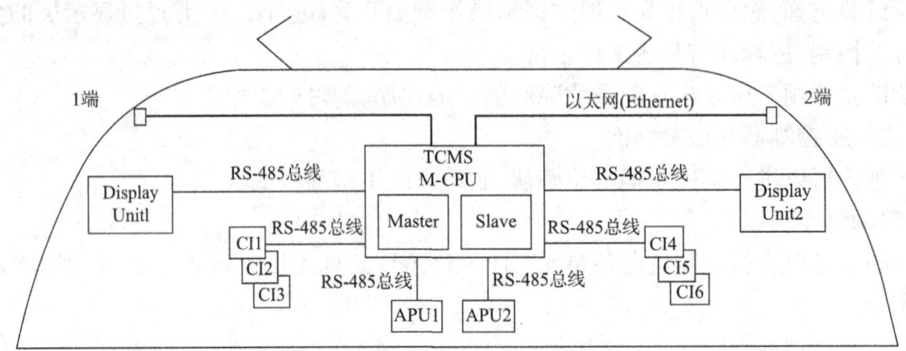

图 7-10　HXD3 型电力机车网络系统拓扑结构

TCMS—控制监视系统装置；Display Unit1、Display Unit2—显示单元 1，2；CI1～CI6—主变流器；APUI、APU2—辅助变流器；M-CPU—主控制单元；Master—主系统；Slave—辅助系统。

每台车为 1 个基本运转单元，车内以 TCMS 为中心，分别与显示单元、主变流器、辅助变流器通过 RS-485 接口进行通信，构成星形网络。车与车之间采用总线式 10 Mbit/s 以太网进行信息传输。TCMS 同时完成列车级信息与车辆级信息的转换。

(2)系统特点

①HXD3 型电力机车网络控制系统是包含列车级功能、车辆级功能和传动控制级功能的多计算机系统。列车及车辆级功能由 TCMS 实现，传动控制级功能由 CI 来实现。

②系统具有功能强大的多处理器体系，能进行设备的自诊断。系统配置与编程基于强大的软件工具。

③车辆级控制设备构成星形网络，通过 RS-485 接口进行点对点通信。中心结点 TCMS 具有 Master、Slave 两套系统，采用双机热备的机制，保证了网络系统的可靠性。

④机车与机车之间采用总线式 10 Mbit/s 实时以太网传输信息，传输速度快，传送数据量大。传统的以太网是一种非集中控制的、基于总线的广播式网络，采用 CSMA/CD(载波监听与多路访问/冲突检测)工作机制，即总线上的每个节点如果监听到信道空闲就可以传送数据帧，并继续监听下去；一旦监听到发生冲突，就立即放弃该数据帧的发送，并等待一段随机的时间，然后再次尝试发送数据帧。这种机制容易造成数据传输时延，在重载情况下，甚至会使网络崩溃、瘫痪。因此，传统的以太网无法满足列车通信实时性、可靠性的要求。HXD3 电力机车采用的实时以太网是基于 UDP/IP 协议开发的半双工通信网络。总线上各个节点信息由令牌控制，按照先后顺序以广播的形式定周期发送，因此避免了冲突的产生。它的传输速率为 10 Mbit/s，接口为符合 IEEE 802.3 标准的串行链路，传输介质是屏蔽双绞线。该实时以太网

具有传输速率高、实时性强、结构简单、造价低廉、易于维护等特点。

(3)网络控制系统的组成与功能

HXD3 型电力机车网络控制系统包含控制监视系统装置(TCMS)、主变流器(CI1～CI6)、辅助变流器(APU1、APU2)和显示单元(Display Unit 1、Display Unit 2)。TCMS 既是车辆级控制核心,又是列车级的控制节点,在整个机车控制中占有主导地位。TCMS 与各控制设备的通信接口性能参数见表 7-1。

表 7-1　TCMS 与各控制设备的通信接口性能参数

适用范围	接　口	通信制式	传输速率	协　议
与显示单元	RS-485 串行链路	4 线/全双工	38.4 kbit/s	东芝标准协议
与 CI	RS-485 串行链路	2 线/半双工	100 kbit/s	基于 HDLC 协议的东芝标准协议
与 APU	RS-485 串行链路	2 线/半双工	9.6 kbit/s	基于 HDLC 协议的东芝标准协议
与他车 TCMS	IEEE 802.3 串行链路	半双工	10 Mbit/s	UDP/IP

(4)信息流向

TCMS 通过各种人机接口接收司机控制命令,采集各种反馈信号,进行相关运算,生成相应控制命令,通过 RS-485 接口发送给主变流器、辅助变流器完成相应的功能;通过实时以太网发送给他车的 TCMS,并由该 TCMS 发送至他车的主变流器、辅助变流器,使其执行相应操作。各车内的主变流器、辅助变流器的状态信息以相反的方向传输至 TCMS 进行汇总和处理。TCMS 将计算结果、故障信息、有关参数发送至显示单元,从而完成整车的控制、监视和保护功能。信息流向如图 7-11 所示。

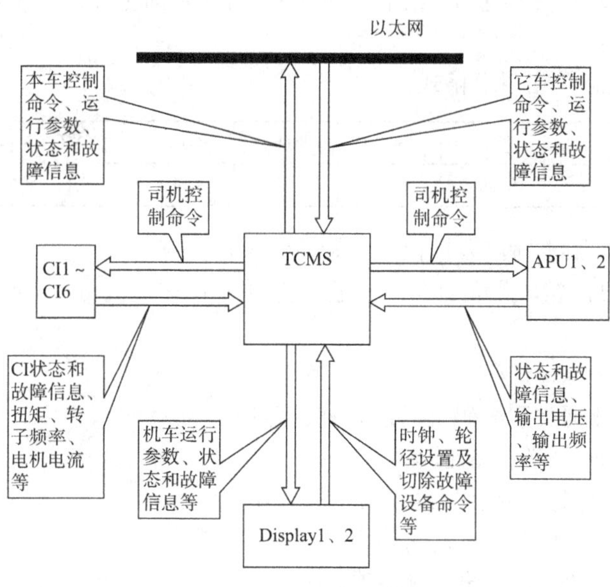

图 7-11　信息流向

(5)TCMS 与 CI、APU 的基本通信协议

该协议是基于 HDLC 协议的东芝标准协议,是东芝公司借鉴欧洲 IEC 61375 标准,并针对日本铁路机车车辆内部设备互连的实际需求而独立研制开发的。它保证了网络控制系统通

信的高可靠性和强实时性。其基本协议如下：

①信号采用 NRZI(Non-Return to Zero,Inverted;不归零制倒置)的编码方式,数据帧格式为 HDLC。

②数据传输波特率为:100 kbit/s(CI)；9.6 kbit/s(APU)。

③采用 16 位循环冗余校验(CRC)的方式。

④通信接口:光电隔离的 RS-485。

⑤电缆:三绞屏蔽线,包括一对数据线和信号地线。

⑥传输周期:20 ms(CI);200 ms(APU)。

⑦传输控制(图 7-12):

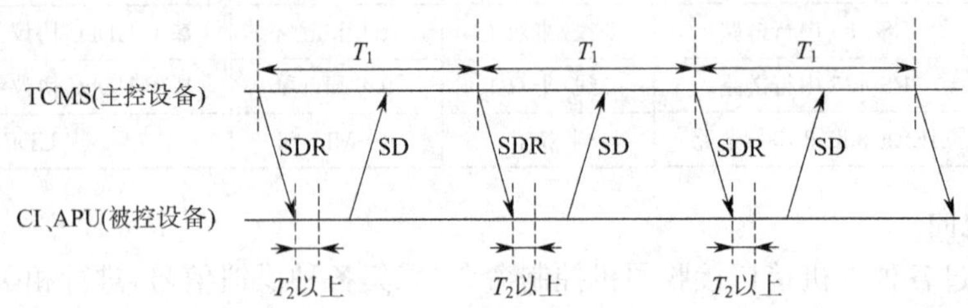

图 7-12　传输控制

T_1:20 ms(CI)或 200 ms(APU)。

T_2:2 ms(CI)或 10 ms(APU)。

如图 7-10 所示,TCMS 作为主控设备向 CI、APU 等被控设备发送状态数据请求(SDR),被控设备接收到该请求帧并经过 T_2 以上时间间隔后,开始向主控设备发送状态数据(SD)。

⑧传输数据格式:

TCMS 发送的状态数据请求格式:

F	地址	C	地址 1	类别 1	地址 2	类别 2	TEXT 1,…,N	CRC	F
8 bits	8 bits	8 bits	8 bits	8 bits	8 bits	8 bits	8 bits×N	16 bits	8 bits

其中:F——标志,用于确定数据帧的开始与结束；

地址——目的地址(接收设备地址),设置为广播方式；

C——控制字段；

地址 1——下一个源地址(下一级发送设备地址)；

类别 1——发送数据类别编码,设置为一般信息；

地址 2——源地址(发送设备地址)；

类别 2——发送数据类别编码,设置为一般信息；

TEXT 1,…,N——TCMS 发送给各个设备的实时数据；

CRC——帧校验序列,采用的生成多项式为 CCITT-1。

CI、APU 发送的状态数据格式:

F	地址	C	地址 1	类别 1	TEXT 1,…,N	帧检验序列 CRC	标志 F
8 bits	8 bits	8 bits	8 bits	8 bits	8 bits×N	16 bits	8 bits

其中：地址——目的地址（接收设备地址），设置为广播方式；

地址 1——源地址（发送设备地址）；

类别 1——发送数据类别编码，设置为一般信息；

TEXT 1，…，N——各个设备发送给 TCMS 的实时数据。

任务二　CRH380A 型动车组网络控制系统

学习目标

1. 知识目标

(1)掌握 CRH380A 型动车组的网络基本结构。

(2)了解 CRH380A 型动车组的网络硬件设备。

(3)掌握 CRH380A 型动车组的司机模式页面操作。

2. 能力目标

(1)能够正确画出 CRH380A 型动车组网络拓扑结构图。

(2)能够操纵 CRH380A 型动车组司机模式的界面。

知识课堂

一、CRH380A 型动车组网络结构

CRH380A 系列动车组采用 ARCNET 环形网络标准。

1. ARCNET 环形网络拓扑结构

该型动车组列车信息控制系统是通过贯穿列车的 ARCNET 总线来传送信息。如图 7-13 所示，CRH380A 型动车组网络的两个列车信息中央装置（中央装置）分布在列车的两端头车，8 个列车信息终端装置（终端装置）分布在 8 辆车中。各车中央装置和终端装置依次被双路光纤环网串联连接，形成 ARCNET 双环网列车总线，同时有一条备份传输线贯穿各个车辆，形成备用列车总线。中央装置采用电流环传送线连接头车显示装置、IC 卡读写装置等设备；采用节点信号电缆连接头车连挂解联装置。终端装置采用光纤连接各车牵引变流器、制动控制装置；采用电流环传送线连接各车空调控制装置、侧门目的地显示器等设备；采用节点信号电缆连接各车配电盘、车内外车号显示器。

列车信息控制系统采用列车级和车辆级两级网络结构。列车级网络为连接编组各车辆的通信网络，连接各中央装置和终端装置，采用双重环网结构；车辆级网络为连接车辆内设备的通信网络。

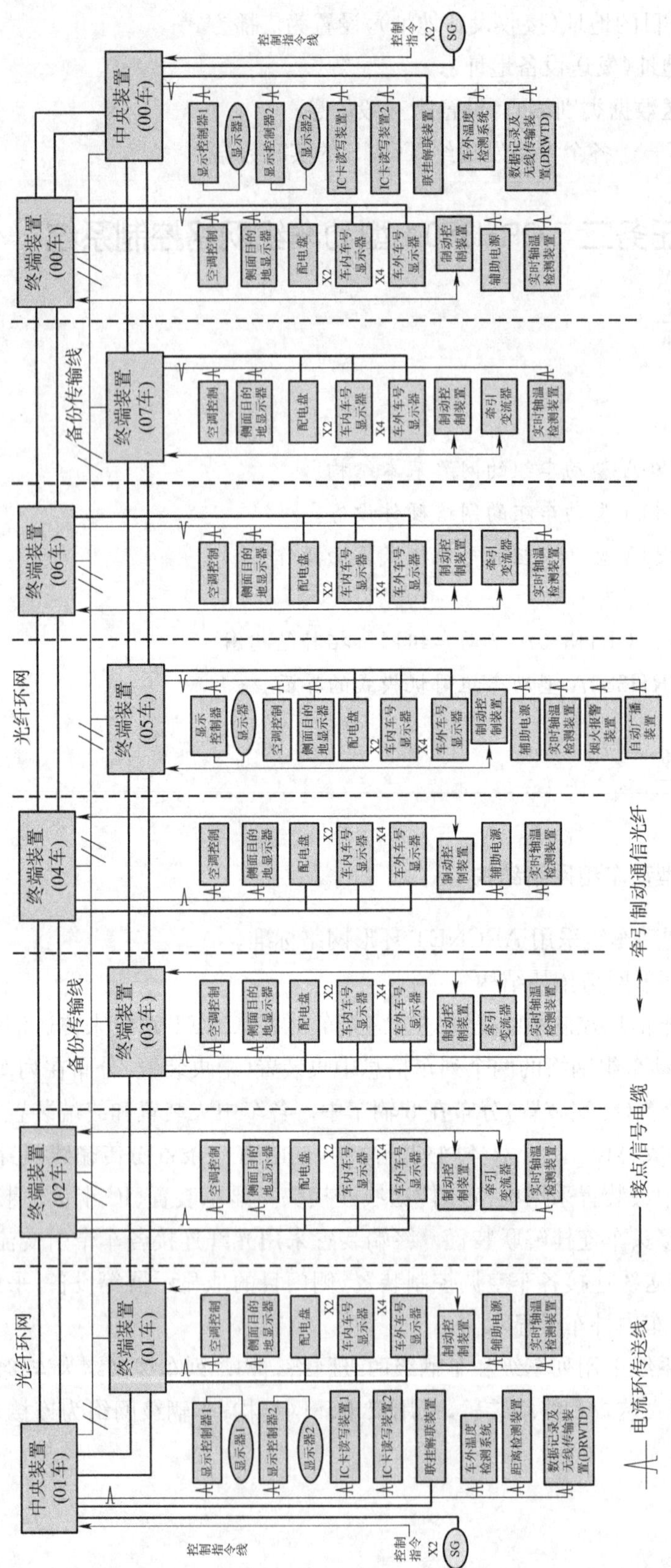

图 7-13　CRH380A型动车组环形网络拓扑结构

2. 列车级总线

列车级总线有两种类型：第一为光纤，连接所有中央装置与终端装置，采用 ANSI/ATA-878.1(ARCNET)协议，传送速度为 2.5 Mbit/s；第二为备份传输线（自我诊断传输线），采用双绞线，以总线方式连接中央装置与终端装置，采用 HDLC 作为数据交换协议，传送速度为 38.4 kbit/s。

列车网络系统通过贯穿列车的光纤双重环形网络及由多股绞合线组成的备份传送线传输信息。控制指令传送，则采用独立于监视器部分的双重 CPU 方式，是网络系统的冗余设计之一。

图 7-27 的光纤环网即列车网络的列车级总线。两端头车（01、00 车）设置有中央装置，具有全列车整体信息管理和向司机台显示器传送数据的功能。每辆车分别设置有一台终端装置，实现车厢车载设备的控制与信息传输功能。中央装置与列车信息终端装置之间由双环形网及备份传送线连接，具有向左和向右两条传输路径，具有较强的传输可靠性，是网络系统的冗余设计之一。

3. 车辆级总线

车辆级总线指中央装置/终端装置与车辆内设备之间信息交换的通道。中央装置/终端装置与设备之间采用点对点通信方式，其中牵引变流器(CI)、制动控制单元(BCU)与终端装置采用光纤连接；其他设备与中央装置、终端装置采用双绞线电流环方式或数字线连接。图 7-14 所示为车辆级网络总线。

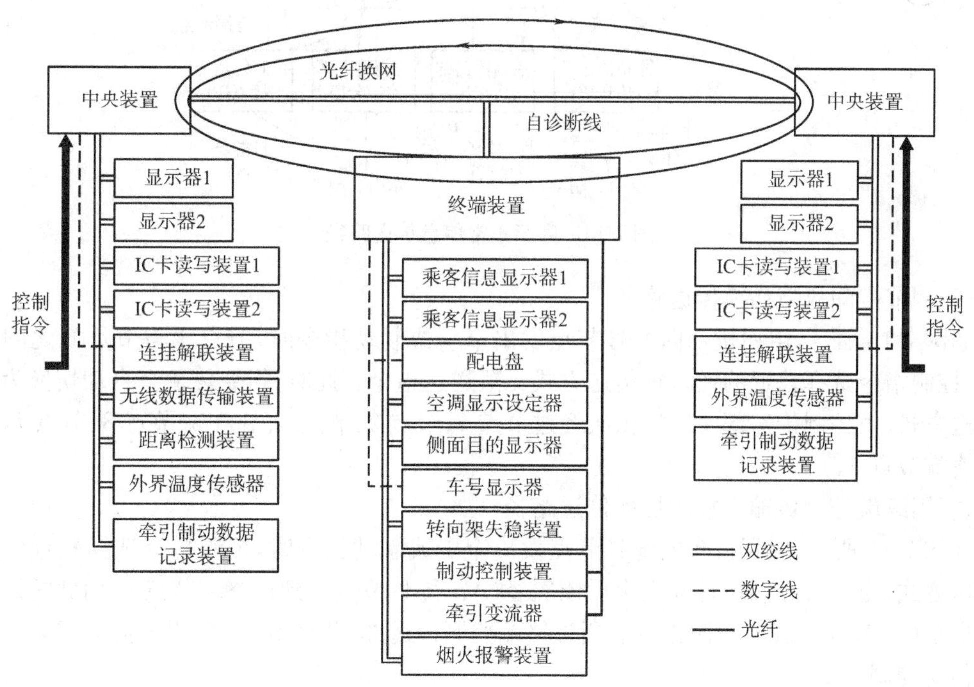

图 7-14　车辆级网络总线

4. 列车信息通道的冗余性

列车信息传送以节点为基础，各节点携带发送目的地和发送方的地址将数据传输到相邻的节点。各节点进行判断，如果接收数据的目的地是本节点地址则接收，否则传到相邻的节点。广播或多播数据携带全局地址进行传输，当接收数据的目的地址回到发送节点时，因数据已循环了一周，所以将其废弃。

(1)正常传送路径

如图 7-15 所示，正常情况下，由司机台向 6 号光节点发出牵引或制动指令时，控制指令选择较近的逆时针传送方式，由中央控制传送部发出后依次经过节点 1、节点 4 到达终端节点 6，再经过终端控制传送部向牵引变流器或制动控制装置传送控制指令。

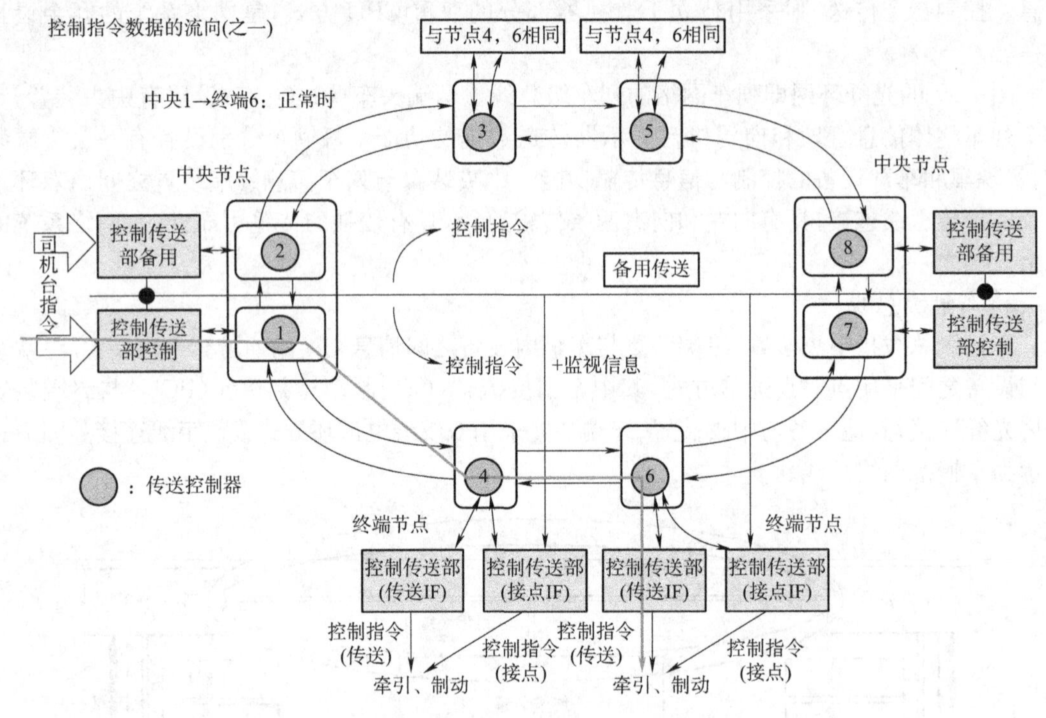

图 7-15 列车正常信息传送路径

(2)因节点间故障切换传送路径

如图 7-16 所示，由司机台向 6 号节点发出牵引或制动指令时，节点 4 与节点 6 之间出现故障，控制指令选择较近的逆时针传送方式无法送达指令。此时，指令传输会自动切换为顺时针传送方式，由控制传送部发出后依次经过节点 1、节点 2、节点 3、节点 5、节点 8、节点 7，最终到达终端节点 6。

(3)因终端控制传输部故障切换传送路径

如图 7-17 所示，由司机台向 6 号节点发出牵引或制动指令时，控制指令选择较近的逆时针传送方式，由中央控制传送部发出后依次经过节点 1、节点 4 到达终端节点 6，而此时终端控制传送部(传送 IF)故障，控制指令会通过终端控制传送部(节点 IF)向牵引变流器或制动控制装置传送控制指令。

(4)因中央控制传输部故障切换传送路径

中央控制传输部 1 系、2 系采用双 CPU 结构，运行时有内部冗余措施。1 系故障时，使用 2 系的数据(异常检测及切换在 50 ms 内完成)。因此，如图 7-18 所示，当中央控制传输部故障时，备用控制传输部会完成指令传送工作，从节点 2 将指令传送到节点 6。

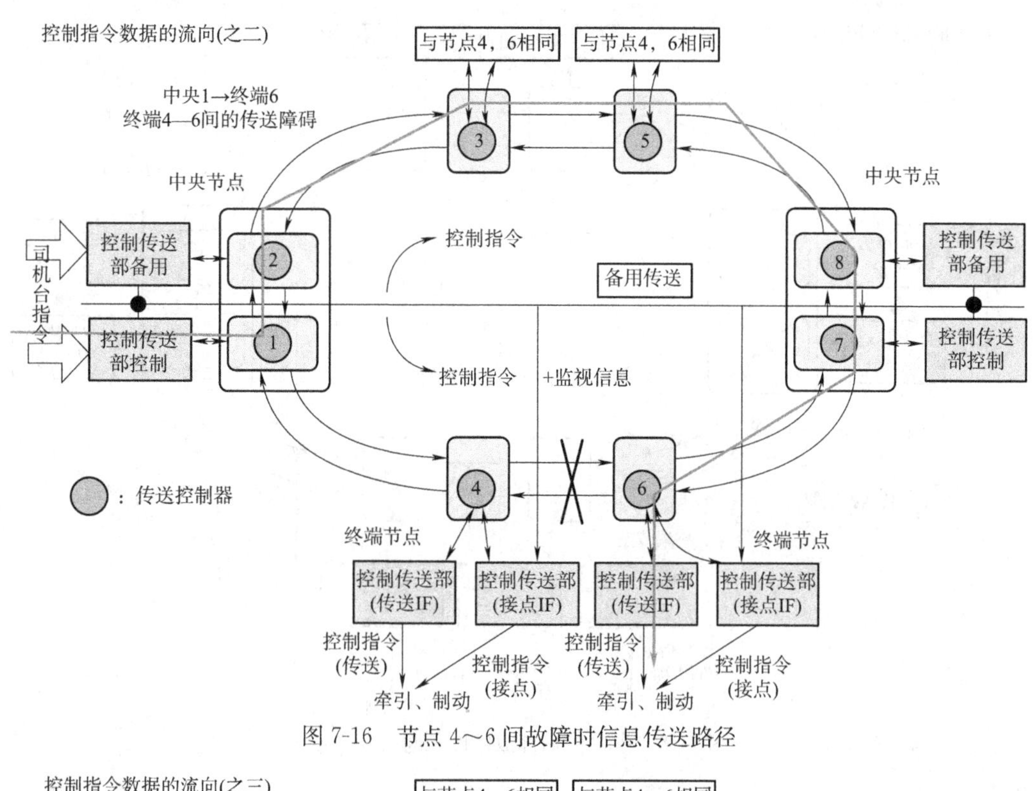

图 7-16　节点 4～6 间故障时信息传送路径

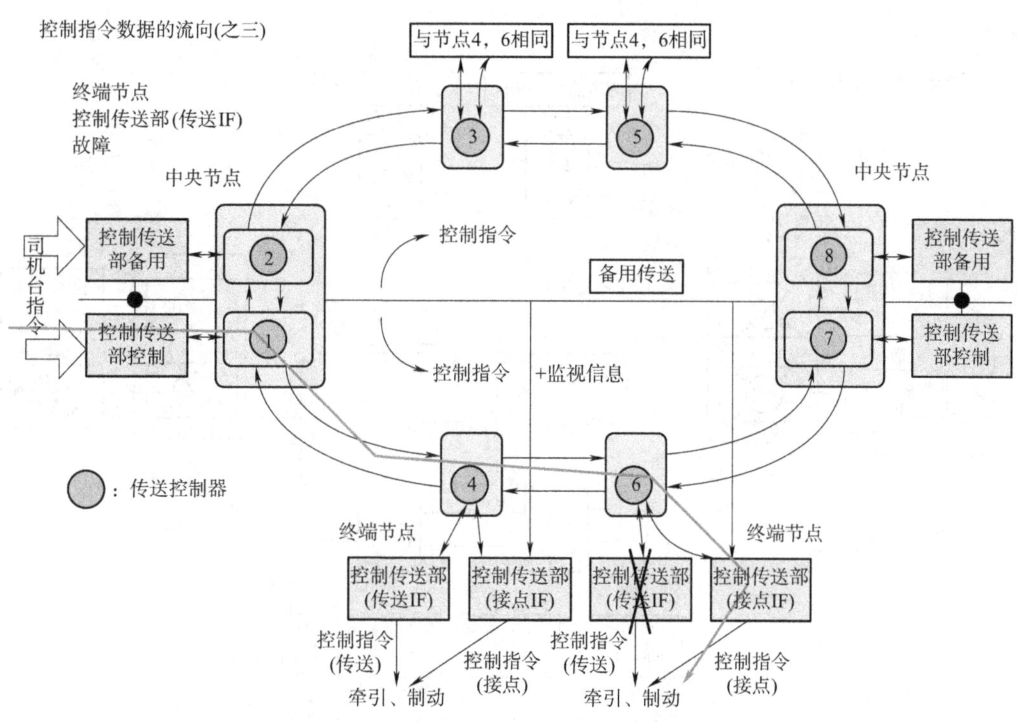

图 7-17　节点 6 终端传输部故障时信息传送路径

(5)备用传送路径

一旦光纤网络发生故障,可不通过光纤传输系统实现控制传送部之间数据通信。如图 7-19 所示,当光纤网出现故障,顺时针和逆时针方向皆不能传送指令时,可直接通过备用传送线传

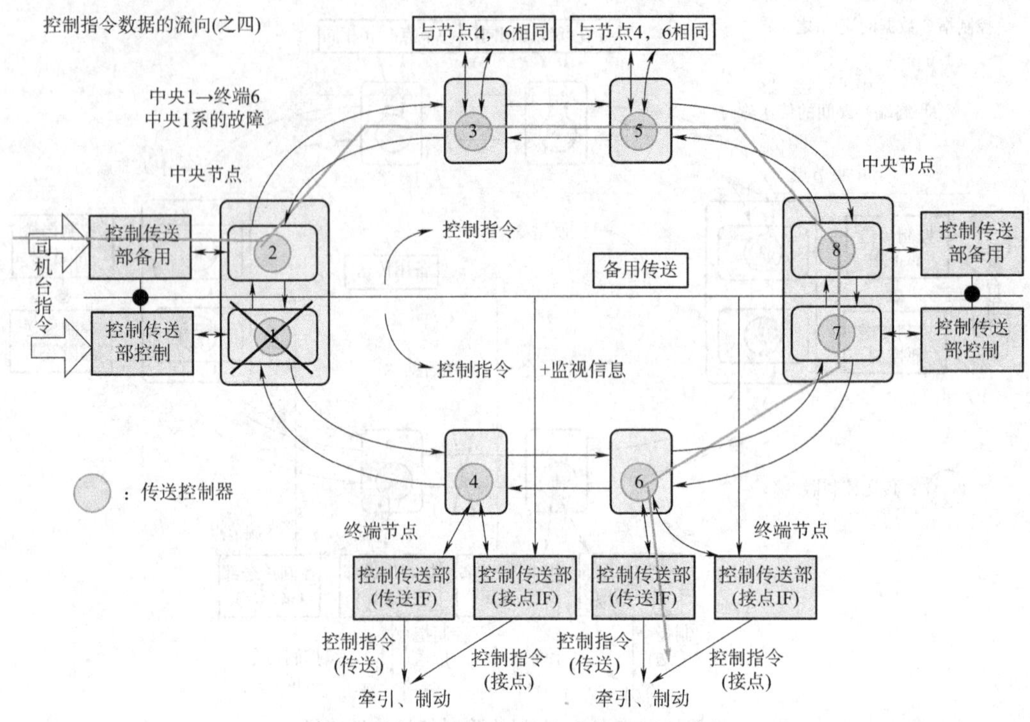

图 7-18　中央传输部故障时信息传送路径

送指令。

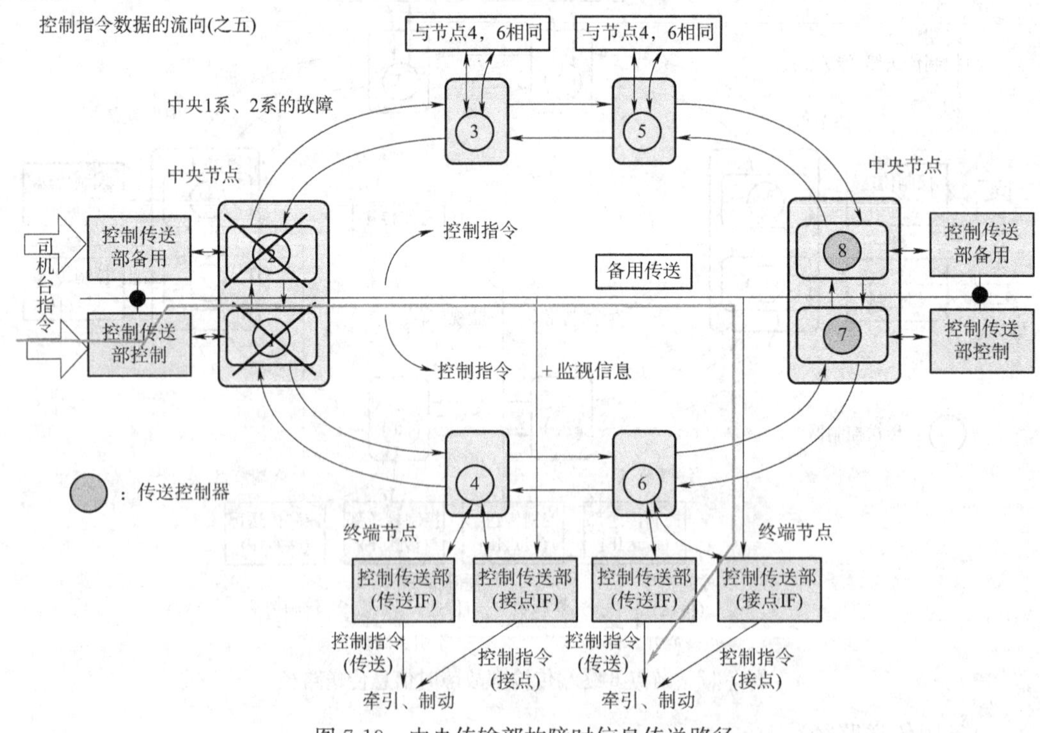

图 7-19　中央传输部故障时信息传送路径

二、CRH380A 型动车组网络硬件设备

1. 列车级网络硬件设备

列车级网络由中央装置、终端装置、显示控制装置、列车信息显示器、IC 卡读写装置等设备构成。CRH380A 型动车组的车辆信息系统构成见表 7-2。

表 7-2　CRH380A 型动车组车辆信息控制系统构成

单　　元	1U				2U			
车辆编号	01	02	03	04	05	06	07	00
车辆种类	T1	M1	M2	M3	M4	M5	M6	T2
中央装置	1							1
终端装置	1	1	1	1	1	1	1	1
显示控制装置	2				1			2
列车信息显示器	2				1			2
IC 卡读写装置	2							2

(1)中央装置

中央装置由铝合金箱体组成，外形尺寸为 482.6 mm(宽)×400 mm(高)×345 mm(深)。箱体后部有两层印刷电路板，一层安装外部连线插座，另一层作为各电路板底板，电路板通过连接器与底板连接。

中央装置由 13 块电路板组成，由左至右分别命名为 MDM8、TRC3-1、TRC2、CPU3-1、DIS2、DIO、PSB1、TXC1、TXC2、PSB2、TRC3-2、CPU3-2、MDM8。具体排列位置如图 7-20 所示。

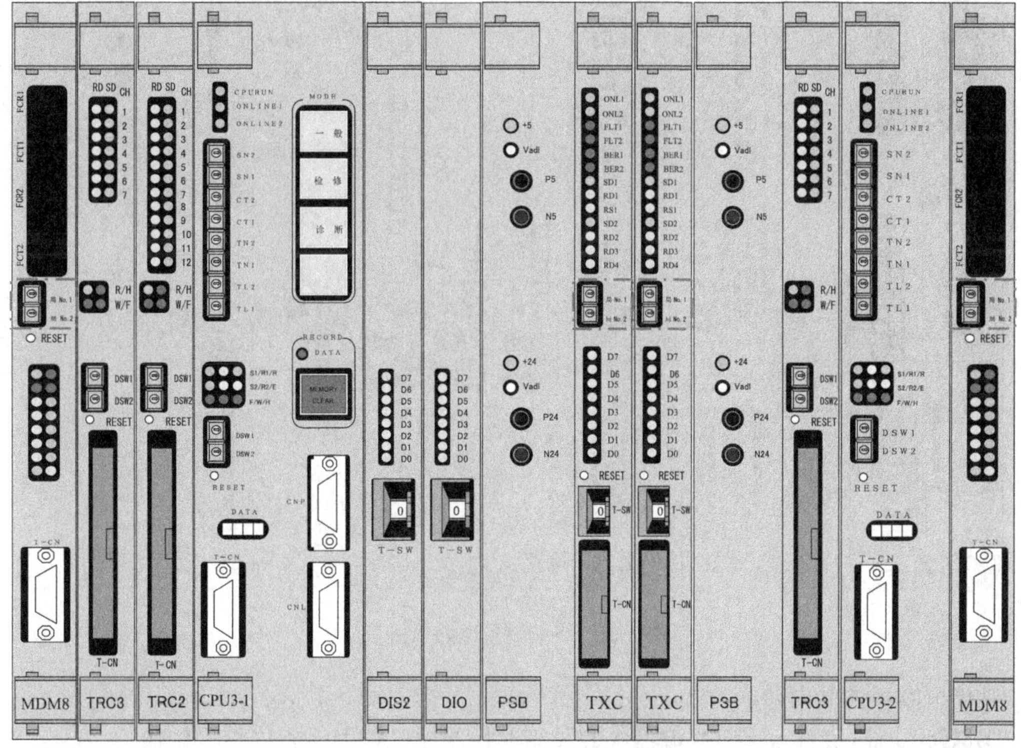

图 7-20　中央装置电路板接口

各电路板的基本功能：

①MDM8 板：负责与其他 MON 设备的光信号传输。

②TRC3 板：负责 30 mA 电流环信号传输。

③TRC2 板：负责 20 mA 电流环信号传输。

④DIS2 板：负责 24 V、100 V 开关量信号输入。

⑤DIO 板：负责 24 V、100 V 开关量信号输出。

⑥PSB 板：电源板，输入为 DC 100 V，输出电压为 DC 24 V 与 DC 5 V。

⑦TXC 板：牵引、制动、方向手柄及操作台上开关等控制指令传送。

⑧CPU 板：为中央装置设计的专用嵌入式计算机，用于信息的处理、计算及记录，冗余设计为 CPU3-1 板和 CPU3-2 板。其中与 CPU3-1 板交互的电路板为 MDM8、TRC3-1、TRC2、DIS2、DIO、PSB1、TXC1；与 CPU3-2 板交互的电路板为 MDM8、TRC3-2、PSB2、TXC2。

(2)终端装置

终端装置由输入输出连接器、电路板、后板、架子构成。终端装置由 10 块电路板组成，但有 11 个位置，由左至右分别命名为 MDM8、MDM9、保留、CPU3-2、TRC2、DIS2、DIO、AIN、PSB、RXC、PSA，其中 MDM8、CPU3-2、TRC2、DIS2、DIO、PSB 的功能与中央装置同类电路板相同。具体排列位置如图 7-21 所示。

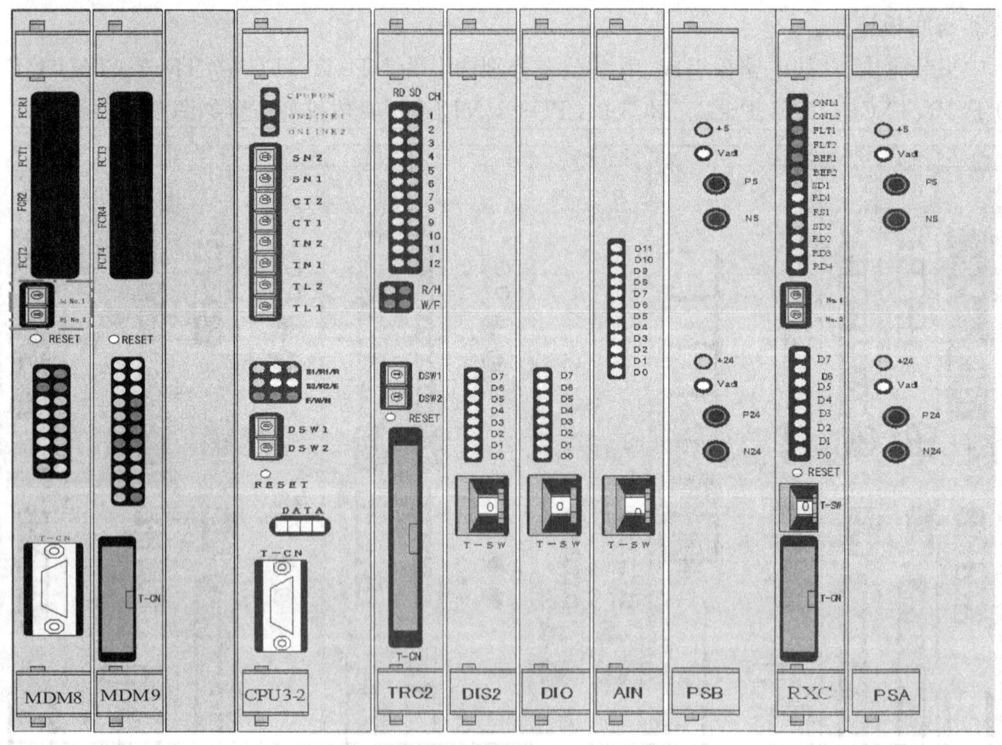

图 7-21　终端装置电路板接口

其他电路板的基本功能：

①MDM9 板：负责与牵引变流器(CI)及制动控制器(BCU)进行光信号传输。

②AIN 板：负责模拟量信号输入。

③RXC 板:负责来自 TXC 的控制指令输出。

④PSA 板:电源板,输入为 DC 100 V,输出电压为 DC 24 V 与 DC 5 V。

(3)显示控制装置

显示控制装置是用来控制显示器的,其中 PSB 和 CPU6 电路板的功能分别与中央装置 PSB 和 CPU 电路板相同。图 7-22 为显示控制装置电路板接口。

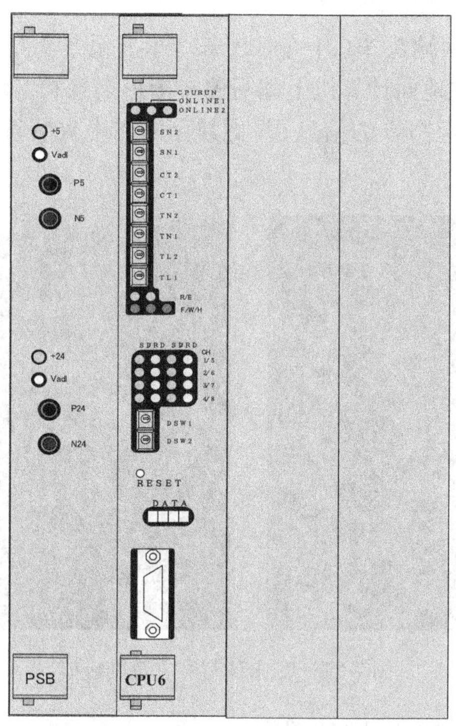

图 7-22 显示控制装置电路板接口

(4)列车信息显示器

每个操纵台上设置了两台供司机用的列车信息显示器,在提高平时使用时的使用能力外,在万一发生故障时,仍可维持基本的显示功能。除了两端司机室外,在 05 车监控室还装有 1 台显示器,供机械师使用。列车信息显示器为触摸式,通过操作触摸屏,可以进行画面切换。图 7-23 为列车信息显示器及其接口。

图 7-23 列车信息显示器及其接口

显示器相关参数：

①显示画面：彩色 LCD8 色（黑、红、绿、紫、蓝、黄、白）。

②分辨率：640×480。

③显示文字数：40 字×24 行。

④输入：阻抗模式触摸输入方式。

(5)IC 卡读写装置

IC 卡读写装置安装在两端头车（01 车、00 车），车上系统与地面系统之间的通信采用 IC 存储卡（功能类似优盘）。在地面计算机上编写停车图形信息和告示文，并写入 IC 卡；从 IC 卡读写装置上读出 IC 卡内已经写入的信息，并将其存储在中央装置储器中。IC 卡读写装置及其接口如图 7-24 所示。

图 7-24　IC 卡读写装置及其接口

中央装置可读写 IC 卡，IC 卡读写操作：

①读取 IC 卡：从 IC 卡上读取告示文、停靠站、公里里程等信息。

②写入 IC 卡：将列车信息控制装置上记录的各种信息和牵引变流器上记录的故障信息写入 IC 卡中。

IC 存储卡规格：

①方式：非接触式。

②型号：RT-256 KB/AVS(或 RT-512 KB/AVS)。

③存储容量：256 KB(或 512 KB)。

④20 mA 电流环形方式，速度为 38.4 kbit/s。

2. 车辆级网络硬件设备

车辆级网络硬件设备较多，主要有牵引控制单元、制动控制单元、空调控制单元等设备组成。CRH380A 型动车组各车辆中央装置和终端装置的设备构成见表 7-3。

表 7-3　CRH380A 型动车组各车辆中央装置和终端装置的设备构成

设备名称	01 车		02 车	03 车	04 车	05 车	06 车	07 车	00 车	
	中央	终端	终端	终端	终端	终端	终端	终端	终端	中央
显示控制装置	○					○				○

续上表

设备名称	01 车		02 车	03 车	04 车	05 车	06 车	07 车	00 车	
	中央	终端	终端	终端	终端	终端	终端	终端	终端	中央
IC 卡读卡器	○									○
列车信息显示器	○					○				○
SG(速度发生器)	○									○
连挂/解联装置	○									○
LKJ2000	○									○
距离检测装置	○									
配电盘		○	○	○	○	○	○	○	○	
空调控制器		○	○	○	○	○	○	○	○	
侧面目的地显示器		○	○	○	○	○	○	○	○	
辅助电源		○							○	
车号显示器		○	○	○	○	○	○	○	○	
制动控制装置(BCU)		○	○	○	○	○	○	○	○	
牵引变流器(CI)			○	○			○	○		
广播服务装置								○		
自动播放装置								○		

(1)制动控制系统

车辆的制动是通过制动控制器发出的电气指令驱动空气制动装置来实现的。来自司机台的制动指令通过中央装置由光纤传输到各车的终端装置,各车的制动控制器根据各车的速度、空气弹簧压力(负荷)等信息计算出需要的制动力,控制中空变换阀、中继阀和各压力控制阀开合。并采用延迟控制协调再生制动,负担一部分的拖车制动力。图 7-25 为制动控制系统框图。

(2)空调控制系统

空调的控制主要是控制压缩机变频来实现的,依据温度传感器检测到的车内温度与空调设定温度进行比较,如温差大压缩机则采用高频率转动(高功率),如温差小压缩机则采用较低频率转动(低功率),如温差在设定温度范围内则压缩机停转。

空调显示设定器显示从车辆信息控制装置终端传输的内容,并向压缩机变频装置发出转动频率指令。同时,空调显示设定器还显示从变频装置传来的状态信息,并将状态信息传送到车辆信息控制装置终端。

如图 7-26 所示,CRH380A 型动车组客室车辆通常有两组空调,每组空调都有一个变频装置。车辆内空调的变频装置通过双绞线电流环与空调显示设定器相连,空调显示设定器通过双绞线电流环与车辆信息控制装置终端相连。空调显示设定器起到了在车辆信息控制装置终端与压缩机变频装置之间传输数据的作用。

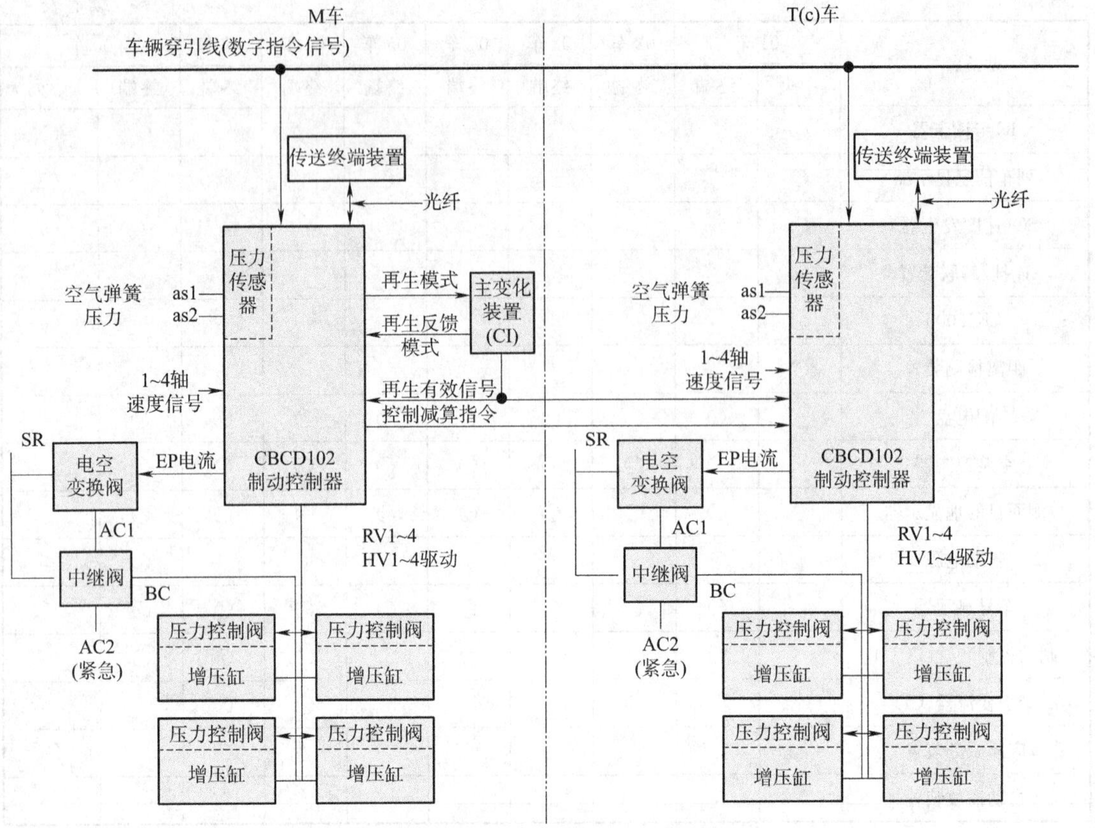

图 7-25　制动控制系统框图

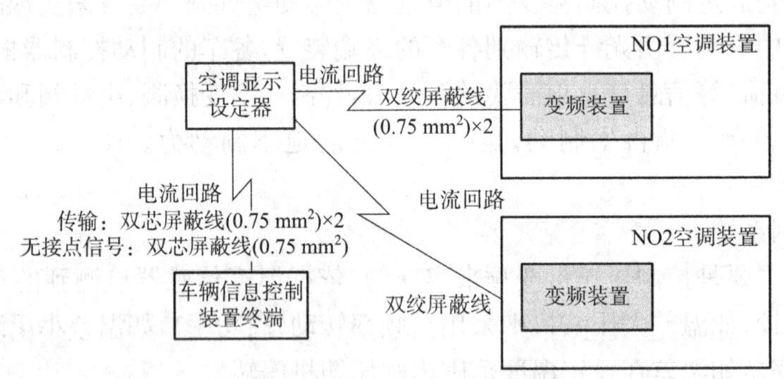

图 7-26　空调控制系统框图

三、CRH380A 型动车组网络车载信息系统

列车信息控制系统由监控器和控制传输部分组成。硬件为一体化装置，但各自独立构成网络。控制传输部为双重系统，确保系统冗余性。通信采用 ANSI 878.1ARCNET 标准。头车设置的中央装置为双重系统构成，确保其可靠性。前后中心的控制单元间采用母线仲裁。

1. 车载信息系统的构成

如图 7-27 所示，该系统由列车信息中央装置（头尾车各 1 套）和终端装置（每车各 1 套）构成,同时还有车辆信息显示器、显示控制装置、卡读写装置等附属设备。在头、尾车司机室内各有两台显示器(1 主 1 备),能实时显示车辆运行过程中的相关数据以及记录相应的运行数据,在乘务员室内也有一台显示器,司乘人员可通过触摸显示器,来实现控制指令的传送,了解车辆实时运行状态;地面检修人员可通过对显示器的触摸实现车上的检查功能,使检查自动化,通过车上操作发现实时故障和部分故障履历,并指导故障的处理。

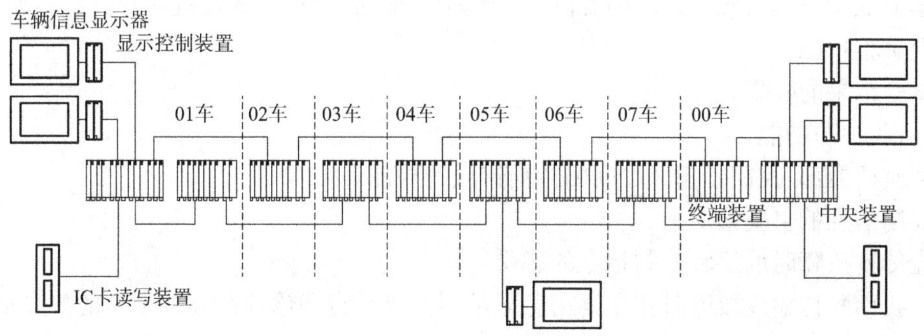

图 7-27　车载信息系统构成图

两种显示器(司机室和乘务员室)分别针对司机和乘务员的职能设置了不同的权限,头尾车的 4 台显示器能查询显示车辆上各种状态的信息并执行司机部分操作命令,乘务员室的显示器主要用于显示和执行乘务人员相关信息。但运行中出现故障时,各台显示器都能同步显示故障的信息及相应的处理方案。

2. 车载信息系统的主要功能

(1)实现牵引和制动的指令系统信息的串行传输,可通过界面传输司机的控制指令。

(2)设备的切除、复位功能。

①可以向牵引变流器、辅助电源装置以及配电盘传送复位指令。

②设备远程切除指令的传送。

③辅助绕组电源感应电路的控制。

④三相 AC 400 V 电源感应电路的控制(BKK 远程断开及闭合操作)。

(3)空调温度控制器的开启/复位以及温度和工作模式的设定。

(4)司乘人员提示功能

①发生故障时自动显示故障名称、部位以及应急处理办法,并鸣响蜂鸣器。

②通过正卡输入并显示担当区段、车次、时刻表、站名等信息。

③显示两列编组重联状态及连挂信息。

④显示最新故障信息。

(5)服务设备控制功能

①控制车内信息显示器、目的地显示器显示内容。

②控制车号显示器显示内容。

③向自动播放装置传送播音时间信息。

④解编时关闭其他编组广播输出。

⑤服务设备(空调、室内灯、广播)的控制及状态显示。

(6)数据记录功能

①故障时记录设备动作信息。

②主故障发生时记录状态。

③累计走行距离及牵引/再生电力。

④正式运营或试运行中收集车辆性能、项目选择、空调运转率、空调运行状态等信息。

(7)车上试验功能

①车上试验:车上各设备(牵引变流器、制动器、辅助电源、门等)内置的与自诊断功能相协调的车上试验功能。

②试验结果的收集。

(8)自我诊断功能

①各监视器部/控制传输部之间的传输错误的检测。

②控制信息的自我诊断。

③光传输故障时的运转控制指令的备份。

④自我诊断传输线故障时在车辆信息显示器上显示自我诊断线连接不良的故障信息。

(9)其他功能

①远程装载功能。

②升弓位置异常监测功能。

③自动过分相控制功能。

3. 车载信息系统的显示模式及切换

本系统有三大模式界面:一般模式、检修模式和诊断模式。通过副驾驶座椅背后配电盘内的MON中央装置的模式切换开关可以进行一般、检修、诊断三种模式之间的切换。模式切换开关如图7-28所示。

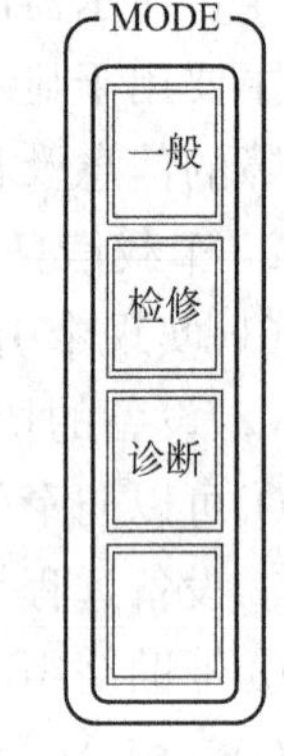

图7-28 模式切换开关

(1)一般模式

司乘人员运行中常用的模式,可细分为司机模式、列车员模式和记录模式。

①司机模式

可以查看列车行驶状态、车辆信息、出库信息、制动信息、电源电压、配电盘信息、车门状态及车次设定等功能。

②列车员模式

可以查看车门信息、空调状态、实现对服务设施、广告显示、空调模式等项目的设定等功能。

③记录模式

可以实现各运行信息的记录下载,以及试运行功能的实现。一般模式下可以做到:运行里程的检测、车辆检查信息的显示(变流器、受电弓状态、VCB等)、监视器信息的修改和输入、运行状态的显示(列车号、各单元状态等)、安全装置动作状态、编组形式、空调的控制、室内灯广播等的控制、发生故障时的状态记录、故障的实时显示及处理的指南、电力累计、运行或试运行中车辆性能信息的收集等近60项功能。

(2)检修模式

检修模式是在车辆入库或在检修基地做检修时所使用的功能状态。

①可实现车上7个主要功能的检查和试验(主变流器、主风管的压力、常用和非常用制动

的试验、辅助制动试验、加压和非加压辅助电源的检查以及车门开关的测试)，并对这些检查试验的相关信息进行记录、存储。

②可以设定车轮直径、编组信息、车号车次、停车站等项目；可以实现对主故障记录的信息查询。

③对 IC 卡信息的读取和写入。

④模拟故障的设定。

(3)诊断模式

可以实现对自身设备的诊断，以及传送网络的诊断。

4. 司机模式部分功能页面转换关系

因各种模式页面和功能较多，本书仅对司机模式的部分功能进行讲解。

如图 7-29 所示，为司机模式下的部分功能页面转换关系图，包含：行驶状态、车辆信息、故障、切除状态、制动、牵引、车次、车门信息等功能模块。

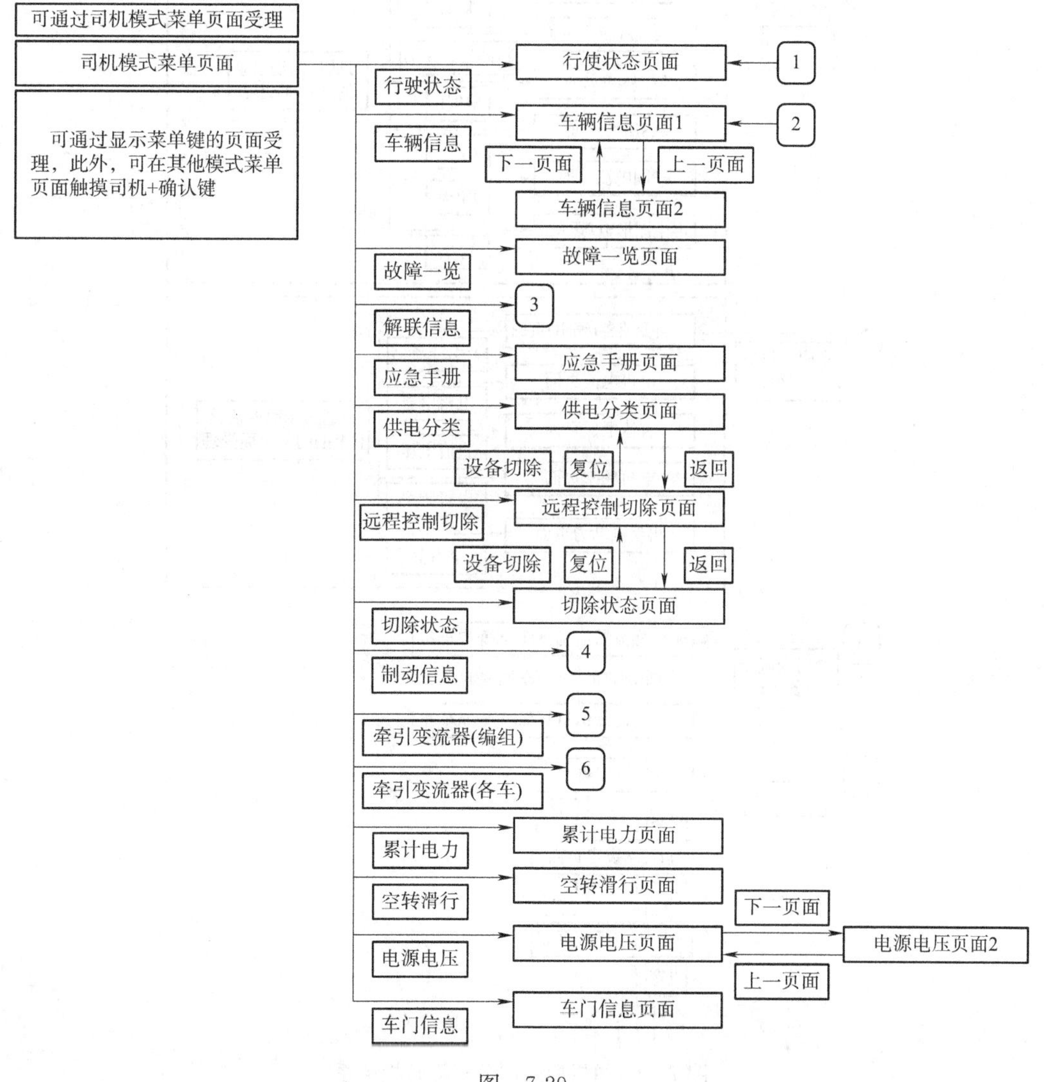

图　7-29

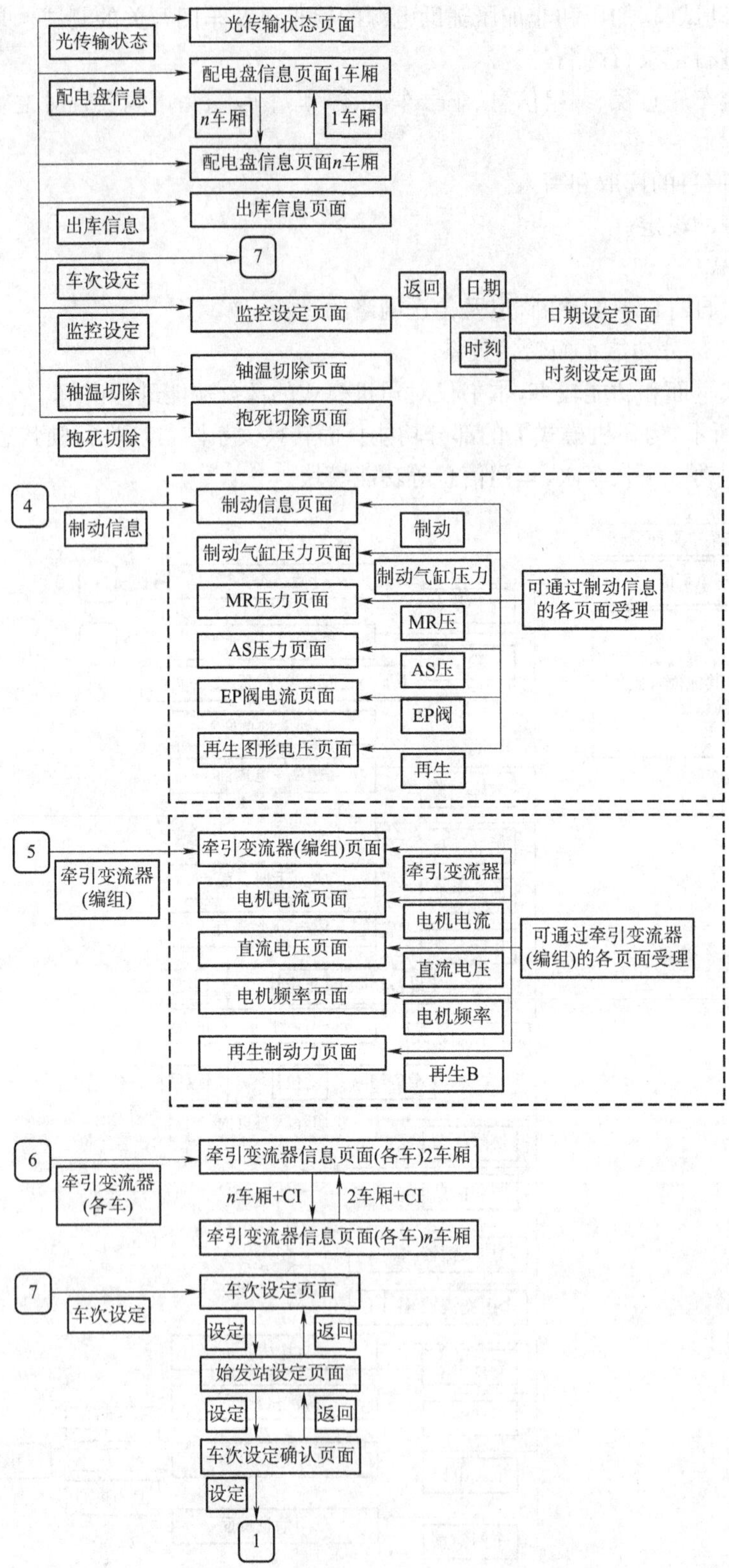

图 7-29　司机模式部分页面转换关系

5. 司机模式部分功能页面操作

三大模式选择键在正常情况下文字以白色显示，背景以蓝色显示，如：司机；触按相应选择键时，被选中的文字以黑色显示，背景以绿色显示，如：司 机；触按【司机】键切换至司机模式页面。在司机模式下，需确认主要设备的状态，并能进行故障设备的切除操作。

司机模式页面如图 7-30 所示，司机模式页面的菜单包括：行驶状态、车辆信息、故障一览、解联编组信息、配电盘信息、出库信息、切除状态、制动信息、牵引变流器(编)、牵引变流器(车)、累计电力、空转滑行、电源电压、供电分类、车门信息、光传输状态、车次设定、监控设定、轴温切除、远程控制切除、抱死切除、当前站设定、车次转换、警惕报警、BP 救援、轴温实时检测等。

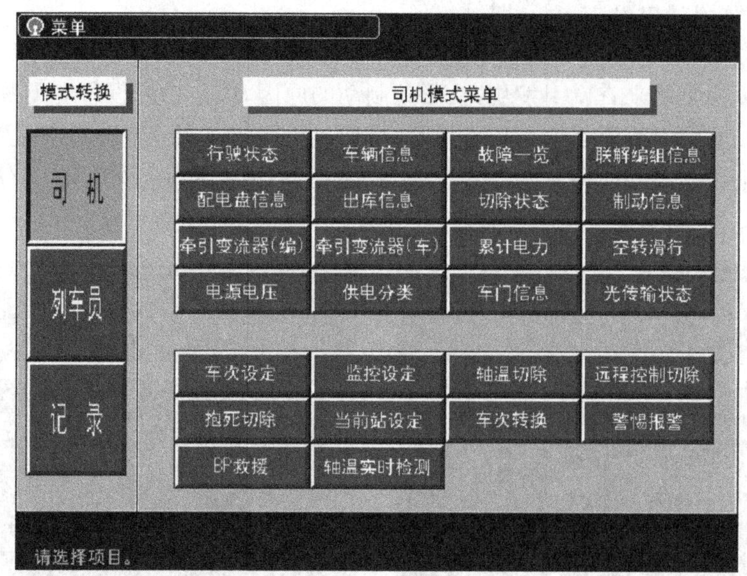

图 7-30　司机模式页面

(1)行驶状态页面

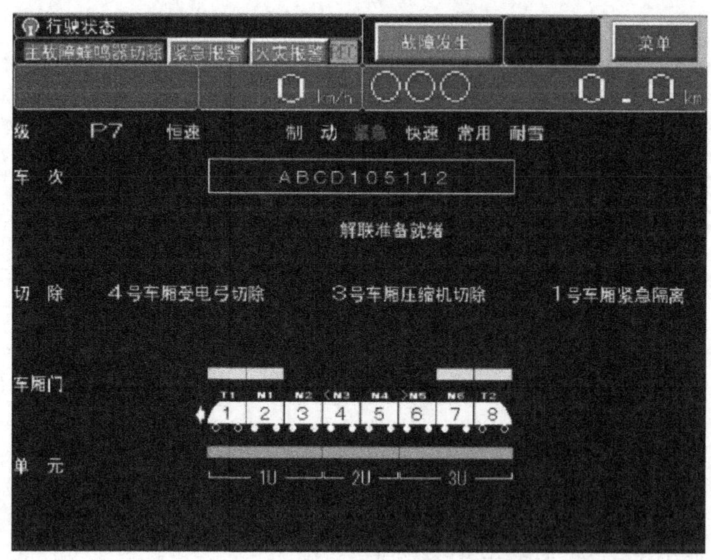

图 7-31　行驶状态页面

如图 7-31 所示，行驶状态页面说明：

①级：牵引级（P1～P10）、制动级（B1～B7、快速）。

②恒速：恒速时显示。

③制动：分为紧急、快速、常用、耐雪。

④车次：最多可由 4 个英文和 6 个数字组成。

⑤解联准备就绪：解联准备就绪时显示。

⑥切除：显示设备切除信息，无切除信息时不显示。

⑦车厢门：打开时显示，关闭时无显示。

⑧单元：正常时绿色显示，异常时红色显示。

（2）车辆信息页面

车辆信息页面是用来查看引发快速、紧急制动的原因，以及重要设备有无故障。如图 7-32 所示，各车的制动、牵引变流器等是否有故障，可通过页面 1（左图）查看对应位置的颜色，如对应位置为红色则说明出现此种异常。各车的 CMP 是动作还是停止、EGS 是断开还是闭合、有无电压等信息，可通过页面 2（右图）查看。

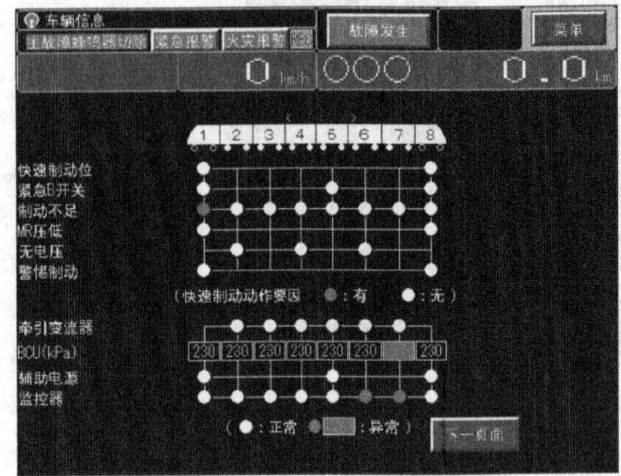

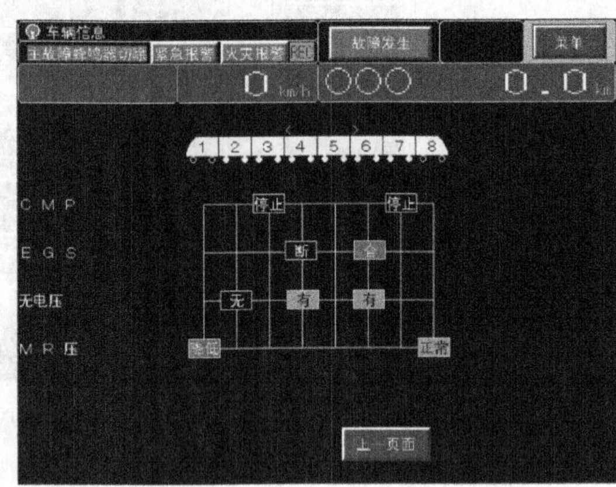

图 7-32　车辆信息页面

（3）切除状态页面

切除页面是用来展示各车主要设备的切除状态信息。如图 7-33 所示，展示的设备有：受电弓、VCB、M 车、压缩机、紧急隔离、门状态等，可通过切除状态页面查看具体车辆的具体设备对应位置的颜色，如对应位置为红色则说明该车该设备当前处于切除状态或隔离状态，如对应位置为白色则说明该车该设备当前未切除。

（4）制动信息页面

如图 7-34 所示，级、制动、恒速参照行驶状态页面。各车的制动气缸压力（kPa）、AS 压力（kPa）、MR 压力（kPa）、EP 阀电流（mA）、再生 BCU（V）、再生 CI（V）等参数在对应位置进行显示。

制动信息相关参数：

①制动气缸压力：显示范围：0～780 kPa，分辨率 10 kPa。

②AS 压力：显示范围 0～780 kPa，分辨率 10 kPa。

③MR 压力：显示范围 0～1 000 kPa，分辨率 10 kPa。

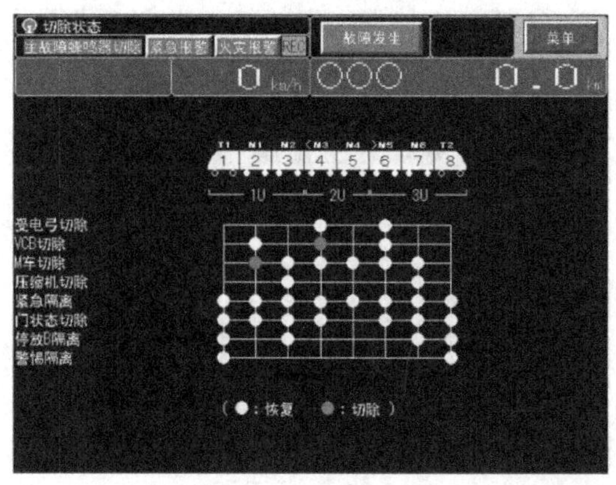

图 7-33　切除状态页面

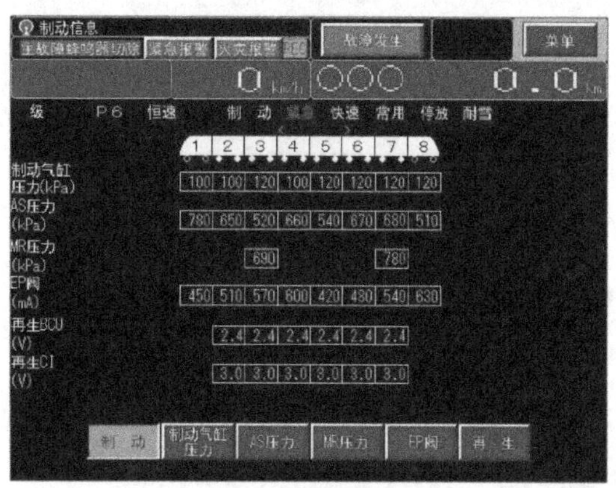

图 7-34　制动信息页面

④EP 阀：显示范围 0～700 mA，分辨率 1 mA。

⑤再生 BCU：显示范围 0～20.4 V，分辨率 0.1 V。

⑥再生 CI：显示范围 0～10.0 V，分辨率 0.1 V。

图 7-35、图 7-36 分别为各车制动气缸压力和 AS 压力显示页面，该页面除了显示各车的制动气缸压力、EP 阀电流和 AS 压力外，还显示各车制动信号。MR 压力页面、EP 阀页面与其类似。

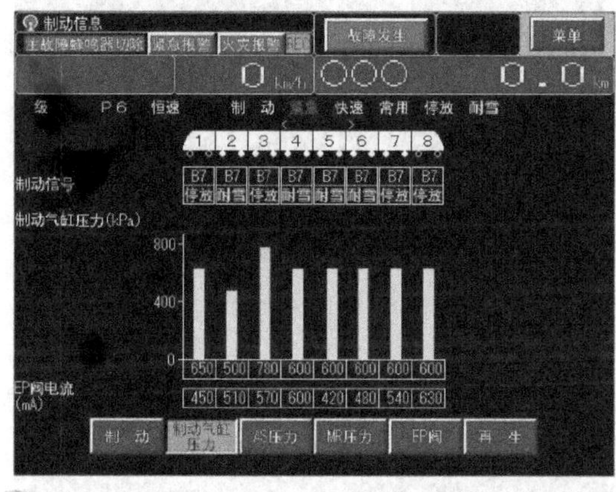

图 7-35　制动气缸压力页面

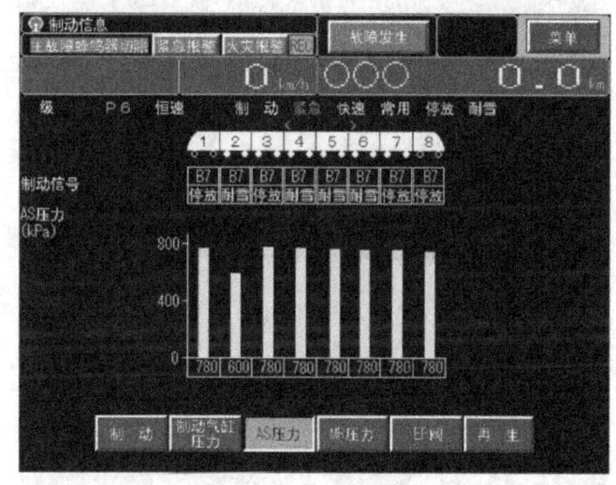

图 7-36　AS 压力页面

图 7-37 为各车再生制动显示页面，该页面主要显示各车的 BCU/CI 再生电压值(V)，包括数值和柱状图。

(5)牵引变流器信息页面

如图 7-38 所示，级、制动、恒速参照行驶状态页面。列车编组各车的断流器的状态(开/合)、电机电流的设定值和反馈值(A)、直流电压的设定值和反馈值(V)、电机转子频率(Hz)、再生制动力(t)等参数在对应位置进行显示，可总览显示整个编组各车的牵引变流器信息。

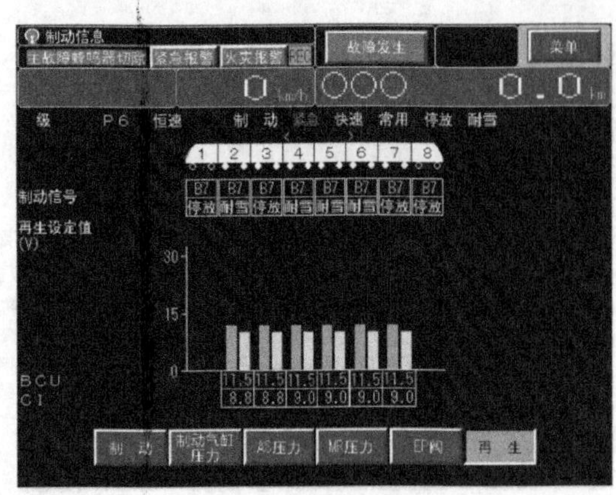

图 7-37　再生制动页面

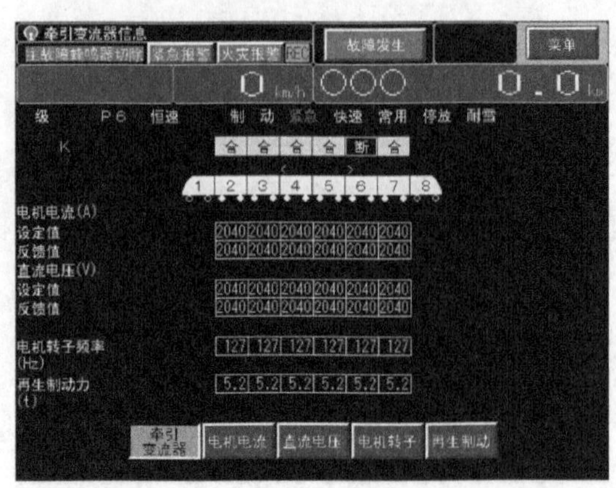

图 7-38　牵引变流器(编组)页面

图 7-39～图 7-42 分别为电机电流(A)、直流电压(V)、电机转子(Hz)、再生制动力(t)的页面。各页面使用数值和柱状图的展示方式,单独显示一种参数。

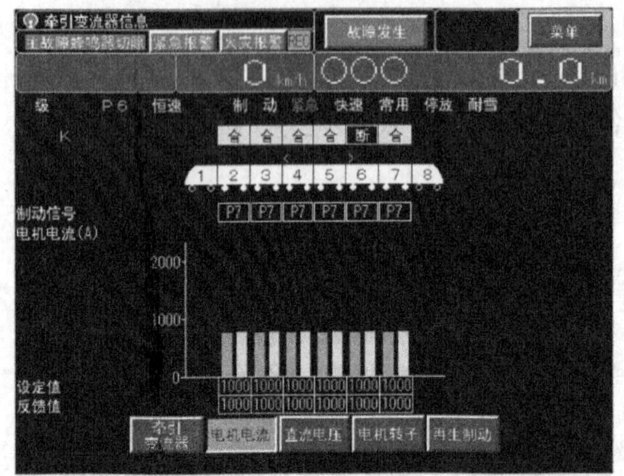

图 7-39　电机电流页面

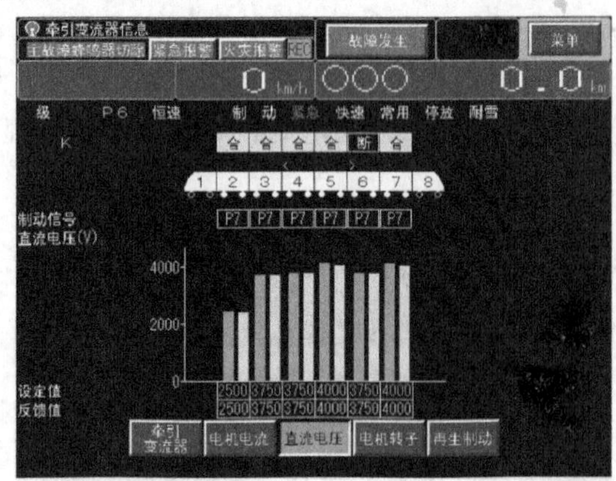

图 7-40　直流电压页面

图 7-41　电机转子页面

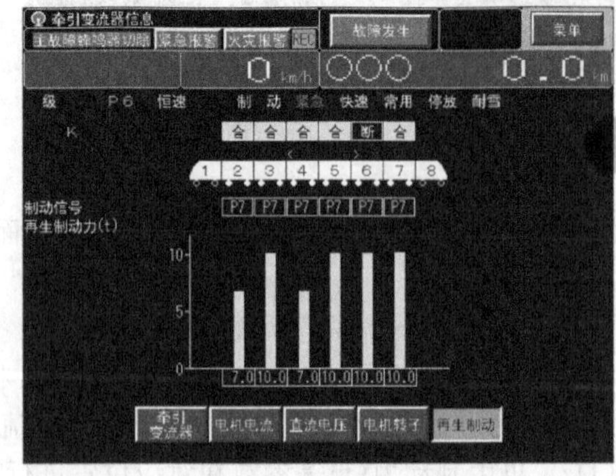

图 7-42　再生制动页面

如图 7-43 所示,为各车牵引变流器信息页面。可选择查看 02 车～07 车的牵引变流器各模块的工作状态。对应模块正常时，为白底色；如对应模块处在工作状态，为绿底色；如对应模块异常时，为红底色。根据颜色即可快速查出异常模块。

(6)车门信息页面

如图 7-44 所示，级、制动、恒速参照行驶状态页面。该页面主要显示列车各车车门的打开与否、压紧与否等信息。该页面将列车所有车门，根据车号和所处的方位分布在一个页面中。如车门打开，则对应位置车门为绿色；如车门关闭，则对应位置车门为黑框。如车门未压紧，则对应位置为空框；如车门压紧，则对应位置有“压”字。根据此页面，可以快速判断出是否有异常车门，并能在异常时快速找出异常车门。

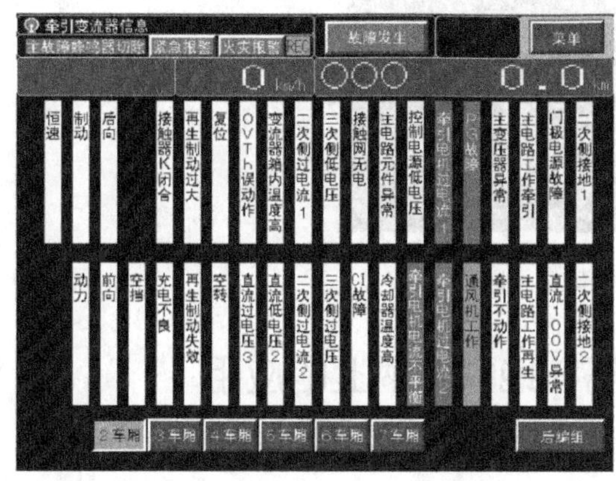

图 7-43　牵引变流器(各车)页面

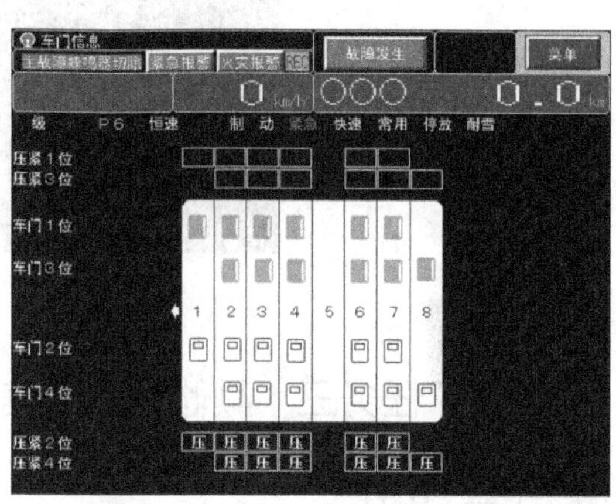

图 7-44　车门信息页面

(7)车次设定页面

如图 7-45 所示，为车次设定页面。车次最多由 4 个字母和 6 个数字组成，通过触摸页面【向左】或【向右】按键，可调整光标左右移动，再按动键盘上字母或数字即可对车次进行更改。如在设定过程中有输入错误，可触摸删除按键将输入内容删除。

在车次设定页面，车次设定完毕确认无误后，触摸【设定】按键，页面转移到始发站设定页面，如图 7-46 所示。在该页面，通过触摸【上一页面】或【下一页面】按键，寻找站名，并触摸对应的站名按键选择始发站。如选择错误需要重新选择时，触摸【返回】按键即可重新选择，最后触摸【设定】按键转到车次设定确定页面。

图 7-45　车次设定页面

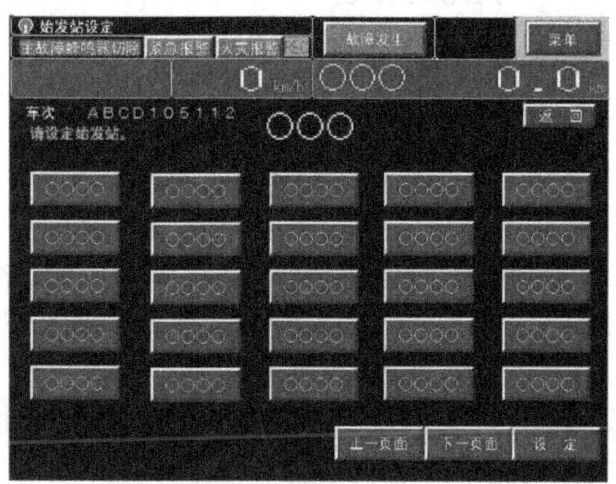

图 7-46　始发站设定页面

图 7-47 为车次设定确定页面，在此页面确定列车车次和始发站是否正确，如有问题则触摸【返回】按键，返回始发站设定页面，可重新设定始发站和列车车次。如确认无误则触摸【确认】按键，完成列车车次和始发站的最终设定。

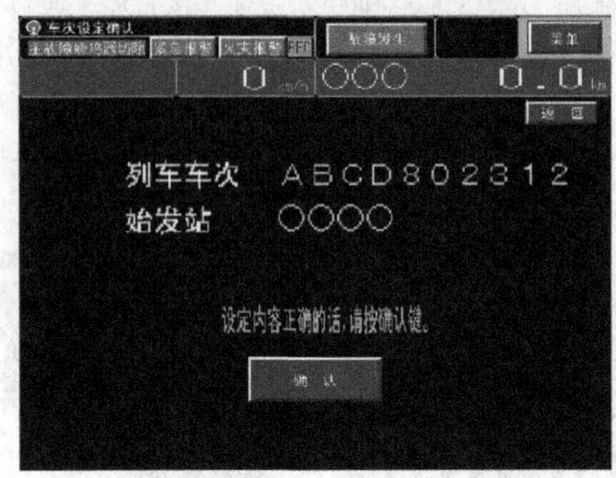

图 7-47 车次设定确定页面

任务三 其他列车通信网络在地铁车辆上的应用

学习目标

1. 知识目标

(1)掌握 WorldFIP 总线在地铁车辆上的应用。

(2)掌握 LonWorks 总线在地铁车辆上的应用。

2. 能力目标

(1)能够掌握 WorldFIP 总线在城市轨道交通中的运用。

(2)能够掌握 LonWorks 总线在城市轨道交通中的运用。

(3)具有严格执行实践工作程序、工作规范和安全操作规程的意识。

知识课堂

一、WorldFIP 总线在地铁车辆上的应用

在我国城市轨道交通迅猛发展的过程中，轨道交通车辆呈现出多样化的状态。列车控制系统是轨道交通车辆的一个极其重要的部件，WorldFIP 总线技术在这个领域具有宽阔的应用前景。将 WorldFIP 总线应用于列车通信系统，可以提高列车整体性能，能很好地适应城市对轨道交通的需求，具有较高的实际应用价值，其中，南京地铁 1 号线列车控制系统采用的 WorldFIP 网络就是一个成功的典型例子。

南京地铁 1 号线列车为两单元编组，每个单元由 A、B、C 三辆车组成，A 车为带司机室的无动力拖车，B 车为带受电弓的动车，C 车为不带受电弓的动车。其硬线和网络的功能划分原则如下：

(1)凡有关安全的功能(安全环路、紧急制动、车门控制等)由硬线实现,网络可冗余控制;网络故障不影响安全功能。

(2)牵引制动功能(空电混合、指令评估、传输、分配等),在由硬线保证最小控制功能的基础上,由网络适度参与,以实现整车性能的优化。

(3)其他功能(除了牵引制动功能以外)最大限度地网络化、离散化;由网络根据整车的需要进行控制。

(4)紧急牵引应能由硬线独立控制完成,网络可不参与。南京地铁 1 号线列车网络结构如图 7-48 所示。

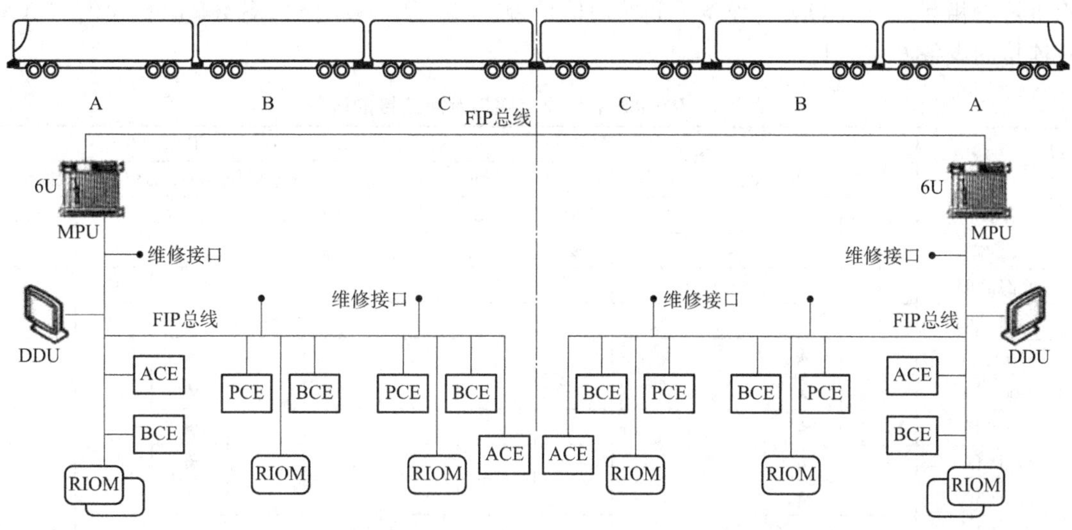

图 7-48　南京地铁 1 号线列车网络结构

WorldFIP 车辆网络上各设备的 FIP 地址是通过系列化的数据插头或低压二进制信号输入组合来定义的。制动控制电子单元 BCE 的地址是通过硬跳线来定义的,除此之外,其他每个设备都安装有一个数据,插头来定义地址。数据插头是一个 9 针连接器,内部有小的存储器(4KB E2PROM),它能够存储设备网络地址及其在列车的位置,数据插头安装在每个单元的维护串行通信口上。

WorldFIP 网络的物理信道采用特征阻抗 120 Ω 的屏蔽双绞线,连接方式为“菊花链”方式,用以减小连接电缆的有效长度,提高网络的抗干扰能力。

MPU 是车辆网络的主节点,管理和调度车辆网络上的通信,同时,其中的一个 MPU 还兼任列车网络的主节点,管理和调度列车网络上的通信。在正常运行情况下,以运行端的 MPU 为列车网络的主节点(由操作的司机台钥匙确定),后端的 MPU 可以作为冗余备用。MPU 上运行 TIMS 的主功能软件,除了管理网络的通信外,也是控制命令的发布者。

DDU 是列车控制综合显示屏,通过人机界面交互方式为司机提供列车运行状态和发布命令,实现运行和维护 TIMS 的功能。TIMS 需要收集每一个子系统的信息,包括完整的列车运行信息和运行故障信息,并由 TIMS 产生出综合的信号用于在 DDU 上显示。列车的故障分三个等级,分别为严重故障、中度故障和轻度故障,这些信息除了通过 DDU 报告给司机外,还需要传送到维修支持系统。

RIOM 单元具有 32 个二进制输入接口、8 个输出接口和 4 个标准的 RS-485 串行通信接口，用以连接那些未能直接连接到 WorldFIP 网络上的子系统、设备和传感器。TIMS 通过 RIOM 与这些设备的连接是为了将这些设备的信息纳入 TIMS 系统内，同时控制和监测这些设备的工作。MPU 在应用软件的每个循环中访问 RIOM，读取串行口和 IO 口的信息。

整列车(6 辆编组)共有 32 个 RS-485 串行通信口，其中 A 车有 8 个、B 车和 C 车各有 4 个。RS-485 串行通信口采用主/从轮询机制进行数据交换，RIOM 为主设备，其他总线上的设备为从设备，每一个设备单元都有一个唯一的地址。RIOM 在串行通信总线上发送一个请求(设备地址标志)，与指定地址一致的设备则以信息数据作为响应，同时，这一个完整的通信过程也可以相互检查 RIOM 与设备之间的通信是否正常。RIOM 上的 RS-485 串行通信端口及所连接的设备见表 7-4。

表 7-4　RS-485 串行通信端口及所连接的设备

	A 车								B 车和 C 车			
	RIOM11				RIOM10				RIOM21	RIOM31	RIOM41	RIOM51
设备	LS12	LS13	LS14	LS01	LS12	LS13	LS14	LS01	LS12	LS13	LS14	LS01
FDU					★							
前部 IDU	★								★			
后部 IDU	★								★			
Door 1A		★								★		
Door 2A		★								★		
Door 3A		★								★		
Door 4A		★								★		
Door 5A		★								★		
Door IB			★								★	
Door 2B			★								★	
Door 3B			★								★	
Door 4B			★								★	
Door 5B			★								★	
ACU								★				
APU				★								★
PECU				★								★
ATC						★						

通过串行通信端口和 RIOM 连接到 TIMS 上的有下列子系统和设备：

(1)旅客信息 PIS 系统的显示器，包含车厢内部显示单元(IDU)和列车前端显示单元(FDU)。每节车厢所有的 IDU 都连接相同的串行通信口，所有的 IDU 具有相同的组地址。运行的信息同时发送给所有的显示器，而为了检测显示器功能状态的信息则单独发送给每个信息显示器。A 车的 FDU 通过独立的串行通信口连接到 TIMS 上。

(2)车门子系统。每节车厢同一侧的 5 个门连接一个单独的串行通信口，从而监测车门的状态。

(3)音频系统的音频设备。每节车厢的音频功率单元(APU)和乘客紧急通话单元(PECU)与 RIOM 的一个串行通信口连接，A 车的音频控制单元 ACU 则通过另外独立的串行通信口连接到 RIOM 上，从而达到监测和控制目的。

(4)列车自动控制(ATC)系统。ATC 的串行通信口位于每个 A 车上，ATC 向 TIMS 传送 ATS 时间、列车精确位置和 ATC 状态等。

RIOM 单元的 I/O 接口用于逻辑信号的输入与输出。逻辑输入量由 RIOM 周期性读取获得的，通过 FIP 车辆网络传输到 MPUO 逻辑输出变量由 MPU 通过 FIP 车辆网络周期性地发送给 RIOM，逻辑输出变量是实际上的物理控制输出。通过二进制 I/O 接口连接到 TIMS 上的设备有：

(1)空调设备。TIMS 使用二进制 I/O 信号监测每节车厢空调设备的状态和给定的初始 授权。

(2)照明设备。TIMS 可以获取每节车厢的照明设备状态(有故障/无故障)。

(3)受电弓。TIMS 可以监测每个 B 车的受电弓状态。

(4)司机台控制设备。司机操作台上的控制开关信息均通过每个 A 车的逻辑端口输入，从而使 TIMS 能够监测列车的状态，如：驾驶模式、司机室激活、紧急制动、停车制动等。

南京地铁 1 号线自开通以来，列车的 TIMS 运行可靠、故障率低，说明 WorldFIP 总线具有良好的性能和运用可靠性。

二、LonWorks 总线在地铁车辆上的应用

广州地铁 1 号线列车故障诊断系统是 20 世纪 90 年代由德国西门子公司提供，采用西门子 SIBAS 32 总线控制技术，由于其诊断系统没有冗余结构和“黑匣子”，若一端的 CFSU(中央故障存储单元)出现故障时，对应单元车的故障诊断功能就丧失，对列车状态的故障显示内容不够；一些可能影响到列车运营的故障诊断信息没有涉及，且故障诊断信息涉及较浅显，不利于车辆检修及运营；另外广州地铁 1 号线至今运营已超过 10 年，存在诊断系统设备老化、进口备件价格昂贵、采购周期长等问题，因此开展了国产化诊断系统的前期研制工作。其硬线和网络的功能划分原则如下：

(1)诊断系统的国产化方案

广州地铁 1 号线列车原诊断系统网络为双绞线，系统的 SIBAS-KLIP(远端输入/输出接口)逻辑部分将发生的故障通过逻辑电路组成同步串行信号，来自列车总线或车辆总线的对称的串行信号在 MED(Manchester 编码/译码器)中解码，并转换成 TL 电平的时钟信号或数据信号。

(2)系统网络规划

在国产化诊断系统方案中，对每个故障信息输入都进行并行采集，然后通过 Lon Works 网送入诊断主机(相当于 CFSU)，诊断主机再通过 HDLC 协议网络将数据按原系统的格式发出，使故障代码在 HDLC 协议网中重新再现。国产化方案采用原系统的车辆总线和列车总线，暂不需另外加装电缆，将原系统两条总线采用变压器隔离的 LonWorks 总线网络、通信介质均采用列车原有双绞线；诊断主机取代原系统的 CFSU，诊断单元取代原系统的 KLIP。系统结构如图 7-49 所示 HDLC 协议网络保持原通信协议，故障监控网络采用新测控装置和通信协议。

(3)网络架构

国产化诊断网络由 LonWorks 网络连接各单元，整个网络由两级网络构成。一级网络是列车级 LonWorks 总线，包括诊断主机及其网关、列车级 LonWorks 网线、各个车厢的代理节点(诊断单元)，代理节点是连接列车网和车辆网的桥梁，有两个独立的 LonWorks 通信口；上行 LonWorks 通信接口负责列车级网络通信，接收列车主机的信息，并将信息转发给下行 LonWorks 通信模块；下行 LonWorks 通信接口负责车厢级网络通信，转发集中控制命令，接收车厢级各应用节点传输的参数、工作状态等信息，并将这些信息存放到代理节点的数据库中，供诊断主机调用。

二级网络是车辆级 LonWorks 总线及车辆级应用节点。其中包括接收来自继电器、

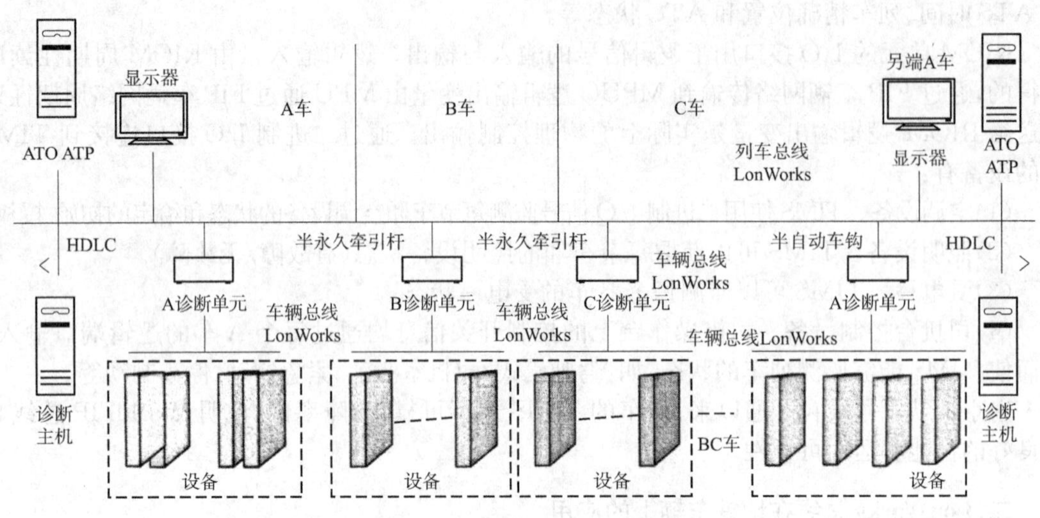

图 7-49　列车诊断系统结构图

DCU、EBCU、辅助系统、车门等的故障或状态信息，通过 LonWorks 网络将这些信息传递给列车诊断主机，同时它还可接收主机发出的控制信号和诊断主机对网络上数据的不大于 50 ms 的轮巡访问，实现对各车辆子设备的控制和监测功能。

(4)诊断系统组网设计

网络采用自由拓扑形式，考虑到广州地铁 1 号线原有列车上的布线情况，线缆仍然采用双绞线，而在功能允许的情况下，可以利用一条贯穿于整列车的 110 V 供电线基于 LonWorks 网络控制技术设计成为备份的列车总线。另外诊断主机设有备份系统，当一端诊断主机不工作后，诊断主机的备份系统和列车总线可以继续传输数据且进行双线冗余，两条线在端部连接起来，形成环网，这样即使某一部分断开也不会影响整个列车网络的正常运行。

复习思考题

1. TCMS 由哪几部分组成？
2. HXD_3 型电力机车控制监视系统机箱由哪几个模块构成？各模块功能是什么？
3. 机车控制电路系统功能有哪些？
4. 绘制 HXD_3 型电力机车网络拓扑结构图。
5. 分析 HXD_3 型电力机车网络拓扑结构的系统特点。
6. 分析 TCMS 与各控制设备的通信接口性能参数。
7. 简述 CRH380A 型动车组的网络拓扑结构。
8. CRH380A 型动车组的主要网络设备有哪些？
9. CRH380A 型动车组的主要网络设备是如何分布的？
10. CRH380A 型动车组车载信息系统的主要功能有哪些？
11. 简述 CRH380A 型动车组车次设定的操作过程。
12. WorldFIP 总线在城市轨道交通中的应用特点是什么？
13. LonWorks 总线在城市轨道交通中的应用特点是什么？
14. 请举例说明其他通信网络标准在城市轨道交通中的应用。

参考文献

[1] 路向阳. 我国列车通信网络的发展与应用[J]. 机车电传动,2001(6):1-5.

[2] 张元林. 列车控制网络技术的现状与发展趋势[J]. 电力机车与城轨车辆,2006(4):1-4.

[3] TANENBAUM A S. 计算机网络[M]. 4 版. 潘爱民,译. 北京:清华大学出版社,2004.

[4] 吴迎年,张建华,侯国莲. 网络控制系统研究综述(Ⅰ)[J]. 现代电力,2003(10):74-81.

[5] 杨守君,刘会岩. HXD_3 型交流传动电力机车[J]. 电力机车与城轨车辆,2007(4):9-13.

[6] 罗军舟. TCP/IP 协议及网络编程技术[M]. 北京:清华大学出版社,2005.

[7] 武奇生. 计算机网络与通信[M]. 北京:清华大学出版社,2009.

[8] 倪文波,王雪梅. 高速列车网络与控制技术[M]. 成都:西南交通大学出版社,2008.

[9] 何成才,黄秀川. 动车组网络技术[M]. 成都:西南交通大学出版社,2009.

[10] 刘庆,曾鸣. 用 VB 实现局域网通信[J]. 计算机与现代化,2006(7):32-35.

[11] 钱清泉. 电气化铁道微机监控技术[M]. 北京:中国铁道出版社,2011.

[12] 雷霖. 现场总线网络控制技术[M]. 北京:电子工业出版社,2004.

[13] 李正军. 现场总线及其应用技术[M]. 北京:机械工业出版社,2005.

[14] 阳宪惠. 现场总线技术及应用[M]. 北京:清华大学出版社,2001.

[15] 阳宪惠. 工业数据通信与控制网络[M]. 北京:清华大学出版社,2003.

[16] 郭俊强,李成. 移动通信[M]. 北京:北京大学出版社,2008.

[17] 谢维达,钱存元. 列车通信与网络[M]. 北京:中国铁道出版社,2014

[18] 冯江华,郭其一. 现代列车牵引控制技术[M]. 北京:科学出版社,2017.

[19] 陈永疆. HXD_{1C} 型机车预充电接触器故障分析及改进建议[J]. 电力机车与城轨车辆,2014(5):86-88.

[20] 朱红姣,贺强,赵林林. 城轨车辆常见网络故障分析与排查[J]. 技术应用,2021(5):101-102.

[21] 曹成鹏. 城市轨道交通列车网络控制系统可靠性提升的对策[J]. 仪器仪表与分析监测,2021(2):7-13.

[22] 盛忠明. 地铁列车 FIP 网络通信故障起因判别及解决方法[J]. 应用技术,2021:132-136.

[23] 石艳红,陈谦. 高速列车总线式与交换式网络控制系统重联设计[J]. 机车电传动,2021(5):108-112.

[24] 孙昊雯,张福景,程宝,等. 高速智能列车网络控制系统的可靠性建模与预计[J]. 铁道机车与动车,2021(4)18-21.

[25] 项颖. 关于 CRH1 型动车组 TCMS 系统故障分析方法的应用[J]. 铁道车辆,2021(3):51-54.

[26] 邓建芳,李志明. 基于 5G 网络的地铁列车定位技术研究[J]. 网络信息工程,2021(10):86-88.

[27] 杨凯,罗帅,王勇,等. 基于 Encoder-Decoder 网络的列车轮对激光曲线提取[J]. 光电子·

激光,2021(6):602-612.
[28] 周学勋,陆琦.基于FPGA的列车网络地址转换的设计与实现[J].机车电传动,2021(3):52-59.
[29] 周志恒,贺德强,陈彦君,等.基于GA-BP神经网络的列车关键部件预防性维修优化模型及应用[J].铁道科学与工程学报,2021(6):1382-1393.
[30] 张传凯,刘佳龙.基于LSTM网络高速列车悬挂系统故障预测方法研究[J].现代城市轨道交通,2021(2):31-35.
[31] 郭文韬,李常贤.基于TRDP的动车组单车网络调试软件设计[J].工业控制计算机,2021(2):21-23.
[32] 张大林,郝梓腾,王洪伟,等.基于TRDP协议的高速动车组列车通信网络检测平台[J].高速铁路技术,2021(4):91-95.
[33] 曾艳华,韩通,李杰,等.基于列车活塞效应的多竖井铁路隧道自然通风网络解算分析[J].铁道学报,2021(5):183-189.
[34] 赵强.基于蒙特卡罗算法的列车网络控制系统可靠性仿真分析[J].铁道车辆,2021(4):23-28.
[35] 单正辉.基于全以太网的列车网络控制系统在美国地铁列车上的应用[J].铁道车辆,2021(2):53-63.
[36] 张旭,马可.基于时间敏感网络的列车以太网通信技术研究[J].铁道机车车辆,2021(3):1-4.
[37] 李元轩.列车车辆以太网拓扑可靠性分析研究[J].铁道机车车辆,2021(6):58-64.
[38] 师帅.列车多网融合以太网技术在西安地铁中的应用[J].设计制造,2021(4):64-68.
[39] 翟国锐,徐燕芬.全自动无人驾驶城轨车辆列车网络控制系统研究[J].铁道车辆,2021(6):17-20.
[40] 黄赫,张森.全自动无人驾驶地铁列车安全型网络控制系统设计[J].电力机车与城轨车辆,2021(3):18-24.
[41] 薛树坤,徐燕芬.时速250公里CR300复兴号动车ETB初运行及控制服务研究[J].工业控制计算机.2021(4):41-45.

附录　名词术语英(缩省略)中对照表

英文缩写	英文全称	中文全称
A/D	Analog/Digital	模数转换
AC	Access Control	访问控制
ACC	Air Condition Controller	空调控制器
ACE	Auxiliary Control Equipment	辅助控制器
ACK	Acknowledgment Frame	确认帧
ACSE	Association Control Service Element	关联控制服务元素
ACU	Auxiliary Control Unit	辅助控制单元
ACU	Air-conditioning Control Unit	空调控制单元
ACU	Audio Communication Unit	音频通信单元
AI	Analog Input	模拟输入
AO	Analog Output	模拟输出
APU	Audio Power Unit	音频放大单元
AR	Application Relationship	应用关系
ARCNET	Attached Resources Computer NET	广泛的局域网(LAN)技术
ARQ	Automatic Repeater Quest	自动请求重发
ASK	Amplitude Shift Keying	移幅键控
ATC	Automatic Train Control	列车自动控制
ATCS	Advanced Train Control System	先进列车控制
ATM	Asynchronous Transfer Mode	异步传输模式
ATO	Automatic Train Operation	列车自动运行
ATP	Automatic Train Protection	列车自动保护
ATS	Automatic Train Supervision	列车自动监控
AU	Auxiliary Unit	辅助逆变器
AUX	Auxiliary	辅助装置
AX	Analog X	模拟输入/输出
AXM	Analog X Module	模拟输入/输出模块
BA	Bus Arbitration Device	总线仲裁器
BC	Bus Coupler	总线耦合器
BCE	Brake Control Equipment	制动控制设备
BCH	Battery Charger	电池充电器
BCT	Bus Connector	总线连接器
BCU	Brake Control Unit	制动控制单元
BECU	Brake Electronic Control Unit	制动电子控制单元
B-ISDN	Broad band Integrated Services Digital Network	宽带综合业务数字网
BS	Based Station	基站
BSC	Binary Synchronous Communication	二进制同步通信规程
CAD	Control And Data	数据和控制段
CAN	Controller Area Network	控制器局域网

CASE	Common Application Service Elements	公共应用服务元素
CATV	Community Antenna Television	有线电视
CBTC	Communication Based Train Control	基于通信的列车自动控制系统
CC	Carbone Controller	车载控制器系统
CCR	Commitment Concurrency and Recovery	委托、并发与恢复元素
CCTV	Closed Circuit Television	闭路电视
CCU	Center Control Unit	中央控制单元
CD	Condition Data	条件数据
CDMA	Code Division Multiple Access	码分多址
CFSU	Central Fault Storage Unit	中央故障存储单元
CI	Cab Internal	驾驶室内部(通信)
CI	Computer Interlocking	计算机联锁
CIMS	Computer Integrated Manufacturing Systems	更容易构成计算机有线电视
ComC	Communication Controller	通信控制器
CPS	Control Power Supply	电源柜控制单元
CPU	Central Processing Unit	中央处理器
CR	Communication Relationship	通信关系
CRC	Cyclic Redundancy Check	循环冗余校验码
CRT	Cathode Ray Tube	阴极射线管
CS	Check Sequence	校验序列
CSMA/CD	Carrier Sense Multiple Access/Collision Detect	载波监听多路访问/冲突检测
CTC	Centralized Traffic Control	调度集中
DA	Date Access	数据存取
DCC	Dispatch Control Center	调度控制中心
DCE	Data Communication Equipment	数据通信设备
DCS	Distribution Control System	分部控制系统
DCS	Data Communication System	数据通信系统
DCU	Door Control Unit	门控单元
DDC	Direct Digital Control	直接数字控制
DDU	Driver Display Unit	司机显示单元
DI	Digital Input	数字输入
DID	Destination Identifier	终点标识符
DIO	Digital Input Output	数字输入/输出
DLC	Data Link Control	数据链路控制
DNS	Domain Name Service	域名服务
DR	Driver	牵引驱动器
DS	Directory Service	目录服务
DSU	Database Storage Unit	数据库存储单元
DTE	Data terminal Equipment	数据终端设备
DTECS	Distributed Train Electronics Control System	分布式列车控制系统
DTS	Data-Transmission System	数据传输系统
DVA	Digital and Audio Announcements	数字语音广播
DX	Digital X	数字信号输入/输出
DXH	Digital X Housing	数字型输入/输出外罩
DXM	Digital X Module	数字量输入/输出模块块
EBCU	Electronic Brake Control Unit	电子制动控制单元

EDCU	Electronic Door Control Unit	电子门控制单元
EDU	Electronic Control Unit	电子控制单元
EMC	Electromagnetic Medium Distance	电磁兼容
EMD	Electrical Medium Distance	电器中距离
EMI	Electro Magnetic Interference	电磁辐射干扰
ENQ	Enquiry Character	询问字符
EOT	End Of Transmission	传输结束控制
EPROM	Electrically Programmable Read Only Memory	可编程存储器
ERM	Event Record Model	事件记录模块
ETCS	European Train Control System	欧洲列车控制系统
ETH	Ethernet	以太网网络
EVR	Event Recorder	事件记录仪
FBE	Free Buffer Enquiry	空闲缓冲区询问帧
FC	Frame Control	帧控制
FCS	Field Bus Control System	现场总线控制系统
FCS	Frame Check Sequence	帧检验序列
FDM	Frequency Division Multiplexing	频分多路复用
FDU	Front Check Sequence	前部显示单元
FEC	Forward Error Correcting	前向纠错方法
FED	Frame End Sequence	帧结束序列
FIFO	First-In First-Out	先进先出
FPGA	Field Programmable Gate Array	现场可编程门阵列
FS	Frame Status	帧状态
FSD	Fire Sounding Device	火灾探测单元
FSK	Frequency Shift Keying	频移键控
FSS	Frame Start Sequence	帧起始序列
FTAM	File Transfer Access and Management	文件的传送、访问和管理
FTP	File Transfer Protocol	文件传输协议
GIS	Geographic Information System	地理信息系统
GPRS	General Packer Radio Service	通用无线分组业务
GPS	Global Positioning System	全球定位系统
GSM	Generation Global System for Mobile Communications	第三代移动通信的通用系统
GTW	Gateway	网关
GW	Gateway	网关
GWM	Gateway Module	网关模块
HART	Highway Addressable Remote Transducer	可寻址远程传感器高速通道
HDLC	High-level Data Link Control	高级链路扩展规程
HSCB	High Speed Circuit Breaker	高速断路器
HTTP	Hyper Text Transfer Protocol	超文本链接
HVAC	Heating Ventilation and Air Condition	供暖、通风和空调
I/O	Input/Output	输入/输出端
IDD	Intelligent Display Device	智能显示器
ID-DAT	Identification Data	询问帧
IDE	Identifier	标志位
IDU	Internal Display Unit	内部显示单元
IEC	International Electrotechnical Committee	国际电工协会

IEEE	Institute of Electrical and Electronics Engineers	电子电气工程师协会
IES	Isolation Equipment Switch	隔离设备开关
IF-UT	Internet Unit	接口单元
IP	Internet Protocol	网络协议
IRT	Isochronous Real Time	等时同步实时
ISCS	Integrated Supervisory Control System	综合监控系统
ISO	International Organization for Standardization	国际标准化组织
ITT	Invitation Transmit Token	邀请发送令牌帧
JTM	Job Transfer Manipulate	作业传输与操作
KLIP	Intelligent Terminal for Peripheral Interfacing (德语缩写)	智能外围设备连接终端
LAN	Local Area Network	局域网络
LCC	Life Cycle Cost	生命周期成本
LCR	Longitudinal Redundancy Check	纵向冗余校验码
LCU	Low-voltage Control Unit	低压控制单元
LED	Light Link Control	发光二极管
LLC	Logical Link Control	逻辑链路控制
LNS	LonWorks	LonWorks 网络
LON	Local Operating Network	局部操作网络
LRU	Line Replaceable Unit	快速更换单元
MA	Movement Authority	移动授权
MAC	Media Access Control	介质访问控制
MAS	Moving Autoblock System	移动自动闭塞运行控制系统
MAU	Multiple Access Unit	多路访问器
MC	Master Control	主控制器
MCU	Micro Control Unit	微控制单元
MD	Message Data	信数据
MED	Manchester Encode/Decode	曼彻斯特编码/解码器
MGW	Media Gateway	媒体网关
MHS	Message Handling Systems	报文处理系统
MMI	Man Machine Interface	人机界面
MPU	Main Processor Unit	主控制单元
MSD	Main Starting Delimiter	主起始分界符
MSG	Message	消息传送请求位
MUX	Multiplexer	多路复用器
MVB	Multifunction Vehicle Bus	多功能车辆总线
NAK	Negative Acknowledgment	否认帧
NCS	Networked Control System	网络化控制系统
NID	Network Identification	网络标识符
NRT	Non-Real Time	非实时部分
NRZ	Non-Return to Zero	不归零码
O/E	Optical/Ethernet	光纤/以太网
OBE	On Board Equipment	车载设备
OCC	Operational Control Central	运行控制中心
ODC	Operate Direct Control	操作指导控制系统
ODVA	Open Device Net Vendor Associationor	独立供应者组织

OIS	Operational Information System	操作指导控制系统
OLE	Object Linking and Embedding	对象连接与嵌入
OPC	Object Linking and Embedding for Process	设备互操作性技术
OSI	Open System Interconnection	开放系统互联
PA/PIS	Public Address/Passenger Information System	广播/乘客信息系统
PAC	Data Frame	数据帧
PAS	Pascal	Pascal 语言
PAS	Public Address System	乘客广播系统
PC	Personal Computer	个人计算机
PCE	Propulsion Control Equipment	牵引控制设备
PCI	Peripheral Component Interconnect	外设组件互连标准
PCM	Pulse Code Modulation	脉冲编码调制
CMCIA	Personal Computer Memory Card Interface	个人计算机存储卡接口适配器
PCS	Pneumatic Control System	气动信号控制系统
PCU	Propulsion Control Unit	牵引控制单元
PD	Process Data	过程数据
PDM	Process Data Management	过程数据管理
PECU	Passenger Emergency Communication Unit	乘客紧急通信单元
PEI	Passenger Emergency Internal	旅客紧急内部(通信)
PID	Proportion Integration Differentiation	比例、积分、微分控制
PIDS	Passenger Information Display System	乘客信息显示系统
PIS	Passenger Information System	乘客信息系统
PIU	Process Interface Unit	过程接口单元
PLC	Programmable Logic Controller	可编程逻辑控制器
PSD	Phase Sensitive Demodulator	相位灵敏调解器
PSK	Phase Shift Keying	移相键控
PSTN	Public Switched Telephone Network	公用交换电话网
PTD	Portable Test Device	便携式测试设备
PTI	Positive Train Identification	列车识别系统
PTU	Portable Toolkit Unit	便携式维护工具
PVC	Permanent Virtual Circuit	永久虚电路
PWM	Pulse Width Modulation	脉宽调制
RAM	Random Access Memory,	随机存储器
RCM	Communication Module	RS-485 通信接口模块
REP	Repeater	中继器
RIO	Remote Input/ Output	远程输入/输出
RIOM	Remote I/O Module	远程 I/O 模块
ROM	Read Only Memory	只读存储器
ROSE	Remote Operation Service Elem	远程操作服务元素
RP-DAT	Response Data	响应帧
RPU	Remote Processing Unit	远程处理单元
RQ	Require	变量传送请求位
RT	Real Time	实时部分
RTR	Remote Transmission Request	远程发送请求位
RTSE	Reliable Transfer Service Element	可靠传输服务元素
RTU	Remote Terminal Unit	远程终端单元

SASE	Specie Application Service Elements	特定应用服务元素
SBS	Silicon Bilateral Switch	控制总线接口
SC	Star Coupler	星型耦合器
SCADA	Supervisory Control and Data Acquisition	电力监控系统
SCC	Station Control Center	控制多个车站控制中心
SCU	Sequence Control Unit	顺序控制器
SD/ED	Start Delimiter/End Delimiter	(帧)开始/结束标志
SIBAS	Siemens Bahn Automatisierungs System	西门子铁路自动化系统
SMTP	Simple Mail Transfer Protocol	简单邮件传送协议
SNMP	Simple Network Management Protocol	简单网络管理协议
SOF	Start Of File	文件起始符
SRR	Substitution Remote Request	替代远程诸求
SRT	Soft Real Time	软实时
STDM	Statistical Time Division Multiplexing	统计时分多路复用
SVc	Exchange Virtual Circuit	交换虚电路
SYN	Synchronous	同步字符
TBC	Traction and Brake Controller	牵引制动控制器
TC	Traction Inverter	牵引逆变器
TCC	Train Control and Communication	列车控制与通信
TCMS	Train Control and Management system	列车控制及管理系统
TCN	Train Communication network	列车通信网络
TCP	Transmission Control Protocol	传输控制协议
TCU	Traction Control Unit	牵引控制单元
TDM	Time Division Multiplexing	时分多路复用
TDT	Train Depart Timer	发车指示器
TIS	Train Information System	列车信息管理系统
TMS	Train Management System	列车管理系统
TOD	Train Operator Display	司机驾驶显示
TTL	Transistor Transistor Logic	晶体管—晶体管逻辑(电路)
TWC	Train Way Communication	车—地通信
UDP	User Datagram Protocol	用户数据协议
UIC	International Union of Railways	国际铁路联盟
VAC	Ventilation Air Conditioning	通风与空调
VCM	Vehicle Control Module	车辆控制模块
VCR	Vertical Redundancy Check	垂直冗余校验
VCU	Vehicle Control Unit	车辆控制单元
VGA	Video Graphics Array	视频图形阵列
VLSI	Very Large Scale Integration	超大规模集成电路
VOBC	Vehicle On Board Controller	车载控制器
VTCU	Vehicle and Train Control Unit	列车中央(车辆)控制单元
VTP	Virtual Terminal Protocol	虚拟终端协议
VVVF	Variable Voltage Variable Frequency	变压变频
WDM	Wave Division Multiplexing	波分多路复用
WE	Wayside Equipment	轨旁设备
WTB	Wire Train Bus	绞线式列车总线
ZC	Zone Controller	区域控制